不负人民

忻州特色的脱贫攻坚之路

总策划／郭奔胜
策　划／王改瑛　王利民　刘存旺　马欣荣
撰　稿／彭图　王保国　韩玉光

山西出版传媒集团
三晋出版社

的贫困宣战，取得了脱贫攻坚首战首胜、再战再胜、连战连胜、决战决胜、决战完胜，一路披荆斩棘，攻城拔寨，走出了一条独具忻州特色的脱贫攻坚之路。

2017年6月21日，习近平总书记视察山西、视察忻州时，对忻州市整村搬迁的探索实践给予充分肯定，并向全国发出"撸起袖子加油干"的重要指示。

忻州市全市脱贫攻坚工作一直走在全省前列，脱贫攻坚成效考核连续四年位列山西省第一方阵。创设性制定破解"人、钱、地、房、树、村、稳"七个问题的35条意见，整村搬迁成为忻州品牌工程。

忻州市坚持"六环"联动，推进整村搬迁的创新举措，在国务院第五次大督查中以脱贫攻坚典型经验通报表扬，并在中央1号文件中推向全国。

安置房产权办证全国率先试水，忻州市安置房产权办证做法被国家发改委作为政策指引向全国推介。

截至2019年，忻州市11个国家级贫困县全部摘帽。2020年，忻州市现行标准下农村贫困人口全部实现脱贫，2222个贫困村全部退出，45.7万贫困人口全部脱贫，到2020年10月底，2019年底剩余的4203名贫困人口达到脱贫标准，全部完成退出。贫困发生率由建档立卡初期的23.59%降为零。

在脱贫攻坚中，忻州市实施生态扶贫"五个一批"工程，治理面积和贫困户受益数位居全省前列。在全省率先探索出防贫返贫的"忻保障"模式；在全省率先开展扶贫领域腐败和作风问题专项治理；建设光伏电站1568座，惠及13.57万贫困户，规模全省最大；电商扶贫示范县实现全市11个贫困县全覆盖；省级扶贫龙头企业达33家，数量为全省第一。

截至2021年7月，全市603个行政村销号，完成安置房不动产登记发证21669本。移民搬迁后续的基础设施公共服务同步跟进，68个集中安置点水、电、路、暖、气、网全部配套，校、医、文、洁、保、服等公共服务功能基本完善。在迁出地，实施退耕还林、荒山绿化、光伏项目、土地复垦增减挂交易"四个全覆盖"，多渠道保障搬迁群众收益；在迁入地，以杂粮、电商、光伏、旅游等特色产业为牵引，带动移民参与市场化产业。还通过为搬迁的移民量身打造扶贫车间、新建技能培训基地、帮扶实现自主创业等多种形式，实现了"搬得来、稳得住、能致富"。在脱贫攻坚的同时开始了乡村振兴的新农村建设工程。

决战脱贫攻坚是忻州市强力推进精准脱贫、奋力冲刺全面建成小康社会的关键时期，是忻州近代史上减贫人口最多、群众增收最快、农村面貌变化最大的时期。全市的区域性整体贫困问题基本解决，贫困帽子彻底被甩掉。

脱贫攻坚使忻州经历了一场翻天覆地的变化。短短几年，这里的农村从整体上一扫昔日脏陋破败的落后气息，代之以整洁文明的时代新貌，贫困村民摆脱了捉襟见肘的生活，思想观念、精神面貌都悄悄发生了深刻的变化。

全市坚持开发式扶贫方针，把发展作为解决贫困的根本途径，因地制宜、因户施策。全市构建了"一县一业、一乡一特、一村一品"产业发展格局，做强特色种植业，实施杂粮、养殖、蔬菜、林果、中药材"三品一标"，建设高标准农田156.65万亩，全市推广有机旱作农业103.29万亩，发展设施农业4.48万亩，粮食种植面积和粮食总产分别稳定在620万亩以上、16.5亿公斤以上。

坚持强羊、壮牛、兴猪、稳鸡，全市羊、牛、猪、家禽饲养量分别达537.2万只、35.6万头、135.1万头、910万只。2018年，神池县被确定为山西省首批有机旱作农业示范县，神池县谷子栽培模式成为全省高寒冷凉谷子种植区的推广新模式，并作为引领全省三新技术的典型经验被广泛推广；繁峙县成为国务院扶贫办"金驴产业扶贫"十大示范县之一；河曲县四海进通创业园被评为"全国农村创业创新园区"；岢岚绒山羊是山西省养羊业唯一国家级品牌，岢岚县被称作"三晋绒山羊第一县"。

全市14个县(市、区)全部被纳入国家电商示范县，其中11个贫困县县级电商公共运营中心全部建成，适宜建店的行政村电商服务网点实现全覆盖，电商服务覆盖率均达到70%以上。河曲县成功创建国家电子商务进农村综合示范县。

全市创建旅游扶贫示范村39个、全省AAA级乡村旅游示范村10个、全省首批"黄河人家、长城人家、太行人家"54个。全市22个景区、34个涉旅经营主体、41个旅游项目累计带动3.4万人持续增收。

实施贫困地区电网升级改造工程433项，建设并网1568座光伏扶贫电站，总规模超过93万千瓦，累计结算电费9.7亿元以上，分配到村9.5亿元，惠及3204个村、13.5万户贫困户，带动了32.24万贫困人口增收。村级光伏扶贫和集中式光伏扶贫规模均为全省第一。

开展建筑特色风貌整治152个村，建设省级改善农村人居环境示范村131个，村居院落、村容户貌文明卫生、干净整洁，全市基础设施基本完备、公共服务基本完善，群众生产生活条件明显改善，农村环境焕然一新。

打造杂粮食品、肉制品、中药材、饮品、酿品、保健食品6大农产品精深加工产业集群，建成中国杂粮之都产业融合园区，发展省级现代农业产业示范区3个、省级现代农业产业园6个，培育国家、省、市、县四级农业产业化龙头企业178个，鼓励发展合作社1.4万余个、家庭农场2100余个，建成"一村一品"基地4000余个，为巩固拓展脱贫攻坚成果同乡村振兴有效衔接打下了坚实基础。

忻州市致力做好品牌塑造，打造"忻州杂粮"区域公用品牌。创建"静乐生活""五台斋选"等县域公用品牌，发展企业品牌、产品品牌80余个；全市有效"三品"企业(合作社)达408家920余个，农产品地理标志24个；"一都七乡"获得国字号荣誉认证；代县黄芪、繁峙杂粮获得"全国有机农产品基地"认证；成功创建"山西省食品安全示范县"；忻府区被中国蔬菜流通协会授予"中国优质辣椒生产基地"荣誉称号。

建立贫困劳动力务工就业实名制登记台账、就业岗位菜单和就业状态清单，全面掌握贫困劳动力就业返岗需求、求职意愿、年龄结构、素质技能等信息，完成贫困劳动力建档立卡27.31万人，组织15524家企业发布用工信息，提供就业岗位17.63万个，达成就业意向4.19万人。

全市深化"人人持证、技能社会"工程，"忻州月嫂""五台瓦工""繁峙绣娘""静乐裁缝""保德好司机"等"忻"字号劳务品牌走出忻州、走向全国，成为忻州名片。全市贫困劳动力转移就业约7.5万人次，基本实现了"就业一人、脱贫一户"。

忻州市在全省率先出台了《关于进一步激发脱贫攻坚内生动力打好精神扶贫主动战的实施意见》。开展职业技能培训、以工代训、定单培训、定向培训、定岗培训，转变群众观念，提升职业技能，拓展就业渠道。全市完成职业技能培训17.09万人次，其中贫困劳动力培训5.96万人次。

规划建设扶贫产业园区14个、扶贫车间167个，招商引资劳动密集型企业进驻，累计吸纳贫困劳动力2690人。"县有产业园区、乡有扶贫车间、村有家庭工坊"的新型产业扶贫格局不断发展壮大。

坚持按需设岗，挖掘就业潜力，多渠道、多形式开发护林、护路、防疫等公益岗位2.5万个，带动2.5万人，落实各类补助补贴1.7亿元。

实施返乡创业带头人计划、创业服务能力提升计划，新建50个技能培训基地，完成农民工创业培训6533人次，帮扶2983户实现自主创业，带动就业6625人。推进劳务协作，加大劳务输出，先后在山东青岛等地建立6个市级劳务输出基地。全市贫困劳动力外出务工15.77万人。

在每个易地搬迁集中安置点建立就业服务工作站，拓宽就业门路，扩大岗位供给。组织有劳动能力的搬迁群众参加培训1.85万人次，提供职业介绍1.31万人次，实现就业1.27万人。

坚持"绿水青山就是金山银山"理念，把生态扶贫作为最大的民生工程，把生态治理和脱贫攻坚紧密结合。在一个战场同时打赢了脱贫攻坚和生态建设两场战役。"生态+脱贫+振兴"的"宁武模式"，成为全市整沟治理的样板。

把退耕还林作为调整种植结构、增加贫困群众收入的有效途径，稳步实施退耕还林，及时兑现政策补助。全市累计实施退耕还林50.34万亩，带动7.66万贫困人口稳定增收2.257亿元。以组建扶贫攻坚造林专业合作社为载体，探索造林务工增收模式和机制。组建616个造林合作社，通过议标方式由合作社造林230.22万亩，带动贫困劳动力3.7万余人次，累计获得务工收入4.066亿元。

建立"县建、乡聘、站管、村用"的生态护林员管理机制，吸纳贫困管护人员7820

名,其中森林管护员2744人、生态护林员4515人、未成林管护员561人,累计发放管护费3.56亿元。

实施提质增效项目,以精细管理和优良品种改造为重点,高标准建设一批示范基地、示范园区。完成经济林提质增效38.75万亩、沙棘林改造19.8万亩,236个合作社、5209人参与了项目实施,带动3671名贫困社员稳定增收。持续推进特色林产业、林下经济,将贫困户精准嵌入林业产业化发展过程中,培植贫困群众稳定增收的致富产业。实施以沙棘为主的特色经济林16万亩、特色林产业项目2600亩、林下经济项目6250亩,带动1.68万名贫困群众稳定增收。

2020年,全市共开发护林员、保洁员等岗位24689个,光伏收益设置岗位88386个,吸纳贫困人口11.3万人;全市技能培训17252人,取得全民技能提升合格证16481人、职业技能鉴定证14824人;全市务工就业贫困人口15.77万人。全市共认定扶贫产品供应商112家,认定扶贫产品403种,销售金额11.8亿元。复工复产保增收。推动扶贫项目、龙头企业、扶贫车间复工复产。2020年全市3051个项目全部开工;82家扶贫龙头企业、45家扶贫农民专业合作社、167家扶贫车间全部复工,累计吸纳贫困劳动力6994人,辐射带动贫困人口9.6万人。

2020年,全市农村居民人均可支配收入9926元,年均增幅8.1%。全市建档立卡贫困人口人均纯收入从2015年的2636元增加到2020年的10230元,年均增幅31.16%,贫困群众稳定增收途径持续拓宽,自主脱贫能力稳步提高。全市65%以上有劳动能力的贫困人口依靠自己的双手创造美好明天,工资性收入和生产经营性收入占比上升,转移性收入占比有所下降。全市贫困人口彻底告别了危旧老房,住进了宽敞明亮、功能齐全的新房子。

聚焦"两不愁三保障"核心要求,全市贫困人口民生保障水平全面提升:做好控辍保学工作,精准落实教育扶贫各项资助政策,学前教育资助人数约5.06万人,保障贫困子女有学上、上得起学;全面落实"三保险三救助""双签约""分级诊疗""一站式结算"等健康扶贫政策,贫困群众住院医疗费用个人报销比例达90%以上,大病、慢病门诊医疗费用个人报销比例达80%以上,保障贫困群众看得上病、看得起病。完成农村危房改造39570户;建设农村饮水安全工程3733处、水质检测中心15座,安全饮水达标达质;关心关爱特殊困难群体,将12.7892万贫困群众纳入农村低保或特困供养范围,落实老年人、残疾人、孤残儿童各项补贴政策,实现应保尽保、应救尽救。全市贫困群众"两不愁"质量水平明显提升、持续改善,"三保障"突出问题总体解决、持续巩固,民生保障水平显著提高、持续向好。

八年精准扶贫路,五年脱贫攻坚战。到2020年底,全市脱贫攻坚取得了决定性胜利,交出了令人满意的答卷。民生保障全面提升,乡村风貌显著改善,干部作风不断优化,农村治理水平和效能显著提升,群众获得感和幸福感显著增强。

2020年11月20日,忻州市获评地级市"全国文明城市"称号,静乐县获评县级"全国文明城市"称号。同时,岢岚县王家岔乡、忻府区顿村、岢岚县宋家沟乡宋家沟村荣获"全国文明村镇"称号;静乐县财政局、国家税务总局忻州经济开发区税务局、河曲县人民检察院、繁峙县人民法院荣获"全国文明单位"称号;繁峙县繁城镇北城街村李香香家庭荣获"全国文明家庭"称号;忻州市高级中学荣获"全国文明校园"称号;忻府区长征街街道办事处和平东街社区荣获"全国未成年人思想道德建设先进单位"称号。

脱贫攻坚以来,随着全国文明城市、国家卫生城市、国家园林城市、中国杂粮之都的成功创建,国家全域旅游示范区、国家智慧城市试点市建设的深入推进,以及市区四大产业板块南部晋西北生活体验区、中部杂粮产业融合示范区、北部温泉康养区、东部新兴产业集聚区的进一步优化,忻州市不仅在农村脱贫攻坚中取得全面胜利,在城市发展上也不断取得重大突破,忻州市委、市政府全面贯彻新发展理念,紧紧围绕省委的部署要求,主动服务和融入新发展格局,牢牢把握坚持高质量发展这一新时代的硬道理,持续引深、创造性落实市委"一个牵引、六大突破"总体部署,持续推动七大能级同步跃升,打开门户,南融、东进、西引、北联,建设太忻一体化经济区,锚定建设开放发展前沿城市,努力把忻州打造成为有特色、有魅力、有品质、生产生活性价比最优的精品城市,在这个新的起点上,必将谱写中国式现代化"忻州实践"更加壮丽的篇章。

《不负人民》的采风团队由忻州市文联领导带队,先期在忻州市扶贫开发办公室了解情况,搜集资料,拉出提纲与采访重点,然后深入全市14县(市、区)与五台山风景区进行实地采访。经过近两个月时间的考察采访,亲耳聆听采访对象讲述,与脱贫户座谈,察看扶贫车间,深入搬迁户家中……掌握了翔实的素材,观照忻州历史背景及改革开放以来忻州市的发展现实,撰写了这部长篇纪实作品,客观地反映了忻州市八年精准扶贫、五年脱贫攻坚及推动乡村振兴的实际情况。

作品突出以习近平同志为核心的党中央引领,突出山西省委、省政府和忻州市委、市政府的筹划布局,坚持实事求是,重点描绘了忻州市在脱贫攻坚战役中的创造性实践和人民群众的自发性参与,较全面地对忻州脱贫攻坚与乡村振兴有效衔接作出全方位报告。

编者
2021年8月

目录

前言　　　　　　　　　　　　　/001

时代之问　　　　　　　　　　　/001

"撸起袖子加油干"　　　　　　　/014

数风流人物还看今朝　　　　　　/023

挪穷窝,建起广厦千万间　　　　/099

杂粮之都的绿色品牌　　　　　　/119

我们的阳光银行　　　　　　　　/155

六畜兴旺到我家　　　　　　　　/165

我们的绿水青山,我们的金山银山 /182

村村户户都有新套套　　　　　　/198

快手、抖音"十进十销"　　　　　/205

"三大法宝"授之以渔　　　　　　　/212

惠农福农输血造血　　　　　　　/222

迎老乡　回故乡　建家乡　　　　/242

启智启志启德　　　　　　　　　/255

风景这边独好　　　　　　　　　/276

乡村振兴"忻保障"　　　　　　　/313

后记　　　　　　　　马欣荣　　/347

时代之问

2021年2月25日上午,全国脱贫攻坚总结表彰大会在北京人民大会堂隆重举行。中共中央总书记、国家主席、中央军委主席习近平向全国脱贫攻坚楷模荣誉称号获得者颁奖并发表重要讲话,庄严宣告,经过全党全国各族人民共同努力,在迎来中国共产党成立一百周年的重要时刻,我国脱贫攻坚战取得了全面胜利,现行标准下9899万农村贫困人口全部脱贫,832个贫困县全部摘帽,12.8万个贫困村全部出列,区域性整体贫困得到解决,完成了消除绝对贫困的艰巨任务,创造了又一个彪炳史册的人间奇迹!这是中国人民的伟大光荣,是中国共产党的伟大光荣,是中华民族的伟大光荣!

联合国秘书长古特雷斯大为赞赏,他说:"中国是为全球减贫作出最大贡献的国家。"

这是一个时代的"神话",也是一个时代的史诗。这一牵动全世界目光的人类史上最优秀的减贫答卷,令人惊叹,也让人心潮澎湃。事实上,中国共产党的这百年奋斗史,也就是一路为人民服务的光辉历程。而为人民服务,说到底,就是为人民谋

忻州城区人民公园　来源:《忻州日报》

幸福。从20世纪80年代中期到90年代后期，中国进入大规模开发式扶贫阶段。2001年，中国颁布实施《中国农村扶贫开发纲要(2001—2010年)》，构建了专项扶贫、行业扶贫、社会扶贫"三位一体"的"大扶贫"开发格局。特别是十八大以来，党和政府进一步将扶贫和脱贫工作提升到"五位一体"总体布局和"四个全面"战略布局的高度，作出了新的部署和精细的安排。2013年11月，习近平总书记在湖南湘西土家族苗族自治州十八洞村考察时，首次提出"精准扶贫"的概念。

中国式精准扶贫，从此在幅员辽阔的中国大地上拉开了帷幕。

而忻州，无疑是这场全国范围的脱贫攻坚战中的一个高光样本。关于扶贫、关于脱贫、关于乡村振兴，我们几位作者在采访间隙，有过几次较长的对话，深感这一世界减贫史上的奇迹来之不易。我们从忻州两区一市十二县一路走来，所闻所见令人感慨良多。八年精准扶贫路，五年脱贫攻坚战。这个让无数人付出无数心血的时间线段，在人类历史上仅仅只是白驹过隙，然而正是这短暂的一瞬，却彻底改变了老百姓的生存状况，"两不愁三保障"，简单的6个字，对于中国人民，已经盼望了几千年，可谓望眼欲穿啊！"雄关漫道真如铁，而今迈步从头越。"2021年，是建党百年、建国七十二周年的辉煌节点，回望来时路，可谓百年沧桑、百年风华，而一个政党、一个国家始终在兑现着向人民做出的庄严承诺。国之强，看民生；国之盛，看民心。忻州，这座具有1800余年建城史的人文之地，自2000年撤地建市以来，一直

岢岚县广惠园移民新村　来源：《忻州日报》

使出冲天的牛劲儿奋蹄迈进在新征程上，硬是走出了一条忻州转型"忻"路，其青春靓丽的忻州形象，其蓬勃向上的忻州力量已经令世人瞩目，脱贫攻坚完美收官，乡村振兴全面起航，在"两个百年"的历史交汇点，向党的百年华诞献上了自己的忻州诗篇。

忻州历史上乃农耕文明与游牧文明交错之处，商贾往来互市之乡；有雁门关、宁武关、偏头关长城要隘，是金戈铁马战守之地；是汾河、滹沱河、桑干河三河源头，糜谷薯豆杂粮之都。忻州市位于山西省北中部，横跨省土，纵截晋域。黄河西来南下，九曲于西界，与内蒙古、陕西隔河相望；太行北巍而南延，回环于东鄙，与河北省依山而邻；内长城北接朔州、大同2市；汾河、滹沱河南连吕梁、太原、阳泉3地。土地总面积25157.641平方千米，占全省1/6，是山西省土地最广，唯一连接太行、吕梁两山，横跨省际东西的地域大市。

这里是革命老区。抗战时期，建立于忻州的晋察冀、晋绥两个革命根据地，成为全国抗战的出发点，平型关大捷、忻口战役等在这里发生，为全民族抗战和新中国成立作出重大牺牲和杰出贡献。这里也是贫困地区，全市14县（市、区）就有11个国家级贫困县，其中五寨、神池、岢岚、静乐4县属吕梁山国家连片特困县；五台县、繁峙县属燕山—太行山国家连片特困县。另有偏关、宁武、静乐3个全省深度贫困县。国家扶贫开发工作重点县11个，占全省36个的30.6%；有贫困村2222个，占全省贫困村的27.8%，占全市行政村的45.5%；有贫困人口45.7万人，占全省贫困人口的15.2%。全市2.51万平方千米的国土面积，约80.2%是贫困区域，具有典型的区域性贫困特征。贫困面积大、贫困人口多、贫困程度深的市情特点，使忻州成为全省脱贫攻坚主战场。

为什么一个人杰地灵光萦绕的地方却摆脱不了贫困的困扰？一方水土，为何养育不了一方人？

忻州市精准起势，高站位回答时代之问。

贫困的帽子，一定要摘；贫困的影子，一定要甩掉！

忻州市委发出最强动员令："决不能拖全国后腿，摘不下贫困帽子，就对不起脚下这块红色土地！"

春风在吹号，河水在赛跑。脱贫攻坚战打响以来，忻州市立足全省脱贫攻坚最大主战场的市情实际，把脱贫攻坚作为全市"十三五"期间的头等大事和第一民生工程，摆在了忻州的每一寸土地上。

世界减贫看中国，山西减贫看忻州。

我们不难看到，在这事关忻州荣辱未来的大决战中，所有的策略、所有的方案、所有的行动，都始终以习近平总书记关于扶贫工作的重要论述为根本遵循，全面落实省委、省政府相关决策部署，以脱贫攻坚统揽经济社会发展全局，以精准扶贫理念贯穿各项工作始终，高站位部署，大力度推动，精准化落实，全方位保障。全市上上下下牢固树立"抓发展首先抓脱贫、抓脱贫就是抓发展"的思想,坚持一切围绕脱贫、一切为了脱贫、一切服从脱贫、一切服务脱贫。做决策,优先脱贫攻坚;办事情,突出脱贫攻坚;动资金,保障脱贫攻坚;用干部,挂钩脱贫攻坚;抓考核,强化脱贫攻坚。以人类发展史上前所未有的大规模、大气魄,向贫困宣战!

这是忻州精神,也是忻州气魄,更是忻州故事的精彩部分!

答案,再清楚不过了。全市深度贫困堡垒要如期彻底攻克,区域性贫困问题要得到根本解决,要与全国、全省同步实现全面脱贫。全面建成小康社会,一个不能少;共同富裕路上,一个不能掉队。市委迅速成立了脱贫攻坚领导小组,市委书记担任第一组长,市长担任组长,分管副书记和副市长分别担任常务副组长、副组长,实行分管扶贫领导和分管行业领导"双组长"的领导体制,下设12个专项脱贫办公室和26个专项扶贫领导组,明确了专项责任、联动责任、帮扶责任和部门统揽责任。有了战略部署,有了作战计划,有了行动指南。

贫,要如何扶?贫,要如何脱?所有的会议精神都在及时传达,所有的工作都在层层落实。很快,各县均成立了脱贫攻坚总指挥部,县委书记担任总政委,县长担任总指挥,分管副书记和分管副县长分别担任常务副总指挥、副总指挥,组织指挥脱贫攻坚;乡镇均成立了脱贫攻坚指挥部和扶贫工作站,书记任指挥部政委,乡镇长任指挥部指挥,并配备副书记或1名党员副乡镇长,专门负责脱贫攻坚工作,兼扶贫工作站站长。坚持书记抓、抓书记,市、县、乡党政"一把手"和农村"两委"主干积极履行第一责任人责任,既当"指挥员",又当"作战员",一线驻村蹲守,一线督促指导,一线解决问题。实行县、乡两级向上一级党委政府书面报告脱贫攻坚工作和党政正职脱贫攻坚专题述职等制度,重大情况及时报告,重要问题研判解决。"党政正职亲自抓、分管领导具体抓、行业部门指导抓、乡镇村委直接抓、干部群众主动抓、全市上下齐心干"的脱贫攻坚组织领导体系不断完善。

俗话说,没有过不去的火焰山,也没有过不去的大渡河。更何况,忻州人民要做的事,就一定能做成、一定能做好。

"脱贫攻坚是一项系统工程,14个县、20多个部门,如何组织大兵团作战?

代县干部培训党性教育现场教学点　　秦泽玉摄

全市脱贫攻坚决战决胜誓师大会　来源：《忻州日报》

不负人民
——忻州特色的脱贫攻坚之路

工作多年从未遇过的困局。但这个重任，拼尽全力也要担着。"时任忻州市扶贫开发办公室主任杨志勇说，"描绘作战图，规划行军路，安排时间表，你不当先锋谁当？"

"五岭逶迤腾细浪，乌蒙磅礴走泥丸。"毛主席这豪迈的诗句，正是忻州儿女面对困难时的精神风貌。

2.5万平方千米的脱贫攻坚前沿阵地上，我们的铁军在昼夜战斗！

用披星戴月不为过，用彻夜不眠不为过，用殚精竭虑亦不为过。所有的工作，都在有条不紊地进行着。强化党委领导，是保障；完善组织体系，是关键。忻州市委协调各方、总揽全局，人大行使监督检查职能，政府狠抓工作落实，政协积极参政议政，纪委提供纪律保障，政法全力保驾护航，统战凝聚各界优势，群团汇聚各方力量，部门发挥职能作用。市四套班子、市直34个系统和442个单位按照各自职能职责，制定脱贫攻坚统揽全局的具体工作举措，14个县（市、区）和五台山风景区细化出台举措。承担脱贫攻坚26个专项行动的牵头单位和配合部门，各司其职、各尽其责，协同配合、推动落实；60个中央和国家机关、省驻忻帮扶单位开展多种形式的帮扶活动，全力支持和配合全市脱贫攻坚工作。一时间，全市形成了横向到边、纵向延伸的脱贫攻坚大格局。

时任忻州市副市长裴峰说："只有笃定'功成不必在我，功成必定有我'的主动担当精神，才能汇聚起脱贫攻坚的巨大洪流，形成合围之势，奋勇闯关夺隘。"

时任忻州市委常委、岢岚县委书记王

005

志东说:"脱贫攻坚作风硬不硬是检阅干部的一个窗口,蓝图绘得再好,没有党员干部在一线实干,一切不是等于零而是小于零。"

保德县脱贫摘帽考核综合排名进入全省第一方阵,被认为是"出人意料"的成果。时任县委书记温建军说:"为民务实,勇毅笃行。只要上下齐心,形成'撸起袖子加油干'的强大合力,就没有什么困难不能战胜,没有什么美好向往不能实现。"

曾在静乐县挂职副县长、常年奔忙在全县14个乡镇80多个造林工地,被大家称为"黑脸县长"的李淑辉带领以贫困户为主体的造林专业合作社,日复一日、年复一年钻山下沟,艰苦奋斗。

时任保德县扶贫开发办公室主任白利军,在山西省率先创建起四级脱贫档案体系,户明白卡、村档案簿、乡档案册、县档案库,四级档案管理规范、标准统一、真实可信、脉络清晰,成为全省、全市学习的样板,自己却因劳累过度导致眼底出血。

时任神池县扶贫开发办公室主任许焕晓,在工作中脚部骨折,但每天坚持拄双拐上班,全力做好全县脱贫攻坚成效考核工作。

从山西省住建厅到河曲县南也村任职的第一书记冯毅埋头干实事,自来水入户、建饲草加工房、发展肉驴养殖……一口气办了70多件事。两年任职期满,村民们仍要他留下,在联名申请书上摁下一大片鲜红的手印。

五寨县挂职副县长董云龙,来自国家中医药管理局,为了发展壮大中药材产业,走乡进村的时间远远多于在办公室,现在他张口闭口总说"我们县",俨然一个地道的五寨人。

忻州市委驻繁峙县扶贫工作队大队长兼光裕堡乡大李牛村第一书记郭舜良,在五台山北台顶脚下那个小山村一干就是9年,大李牛由贫困山村一跃跻身山西省十大旅游名村。

宁武县西麻峪寨村第一书记兼工作队长张尚富,来自忻州市住房公积金中心,先后驻扎于忻府区、定襄县和宁武县3县(区)6乡镇20多个村,15年一直战斗在扶贫第一线。

河曲县赵家沟乡时任党委书记李宇星3个月实干苦干,以惊人的速度打响了全县整村搬迁"当头炮"。

偏关县天峰坪镇镇长李彦明以特别能吃苦的精神,摸索发展"集中+联村+分布"的光伏扶贫电站集群,带动全县光伏产业大发展。

代县段家湾村党支部书记、村主任刘桂珍扎根深山志不移,既是村里带头人,又是村医生、代课老师,40多年四副担子叠加一肩……

神池县大泉洼村民徐庆丽随整村搬迁住进新居后,积极学技术、做生意,贷款开起美容院;静乐县"90后"姑娘姚艳梅带领贫困户搞起了"稻田剪纸画"和"杂粮迷宫"……脱贫攻坚政策引领,实干精神蔚然成风,昔日争着从贫困山村往外跑的一大批年轻人,纷纷回乡创业。

敢于斗争,还要善于在斗争中创新引领。在当年八路军百团大战打响第一枪的静乐县,窑会村第一书记刘冬梅以令同行惊讶的线上销售能力,组织村民把鹅卵石、羊粪、沙土等卖给城里人种花、养鱼、养宠物,把"土面面""粪蛋蛋"换成"钱串串",将本村及周边500多亩红皮土豆销往全国各地,蹚出一条电商新路,使静乐县成为全市红皮土豆培育和集散地。

"为有牺牲多壮志,敢教日月换新天。"有战斗就有牺牲,同全国脱贫攻坚战场上牺牲的英雄们一样,忻州扶贫干部张建山、郭尔泰、黄忠明、吕晓强、马光敏、杨继明、王虎虎、任利、张瑞祥、韩飞龙等以生命赴使命,用坚定奉献与牺牲意志,把生命最后的力气献给扶贫事业,留下令人敬仰的背影。忻州人民将永远铭记他们的名字。

每一个共产党员都在践行着自己的铮铮誓言,每一个领导干部都在舍小家为大家,每一个扶贫队员都在新的岗位上坚守着、奋斗着、摸索着……

在这个没有硝烟的战场上,忻州的扶贫干部经受了大大小小无数次的战斗考验和炮火般的洗礼。他们夙夜在公,只争朝夕,脱皮掉肉,不胜不休。无数次在山路上奔波,有人胳膊摔伤了,打着绷带不下"火线";有人顾不上照顾年幼上学的孩子;有人带着年迈的母亲住在村里继续帮扶;有人大半年在沟沟岔岔开车奔波7万多千米;有人一年只休过3天假……近13000名分布在忻州市各个沟崂山乡的

帮扶干部,以顽强的扎根精神,为贫困户遮风挡雨。

与此同时,忻州市委、市政府及时制定了科学有效的脱贫攻坚督查巡查办法,加强纪检、审计、财政等党政部门监督、人大法律监督、政协民主监督、社会组织监督、群众团体监督、信访网络舆论监督,实现对脱贫攻坚全过程、全方位的监督。没有铁的纪律,谈什么铁军风范;没有铁的意志,如何能攻坚克难。工作的重点在于细节,事业的成败也在于细节。一定要精,一定要细,一定要严,一定要守。严格考评体系,逐年制定脱贫攻坚成效考核办法,实行产业、健康、资金绩效专项考核制度,建立市际交叉检查、第三方评估、暗访等年度脱贫成效综合考核制度,建立省、市、县三级督查组动态考核制度,建立重点工作月通报、季督查等定期考核制度,建立群众满意度测评等群众评议制度,健全年度目标责任考核一票否决、通报约谈等超常规考核制度。强化考评结果运用,推动脱贫攻坚向更高质量提升。

忻州市还建立了县委书记脱贫攻坚述职制度,强化县级落实主体责任,实行一票否决;设立25个专项脱贫办公室,各司其职;县、乡两级设立指挥部;对三支队伍实行召回制度,并对被召回的92名第一书记和工作队员的选派单位一把手实行责任倒查;率先进行整村搬迁和资金整合试点,统筹整合使用财政涉农资金4.85亿元。

脱贫攻坚成败之举在于精准。忻州市

始终坚持精准扶贫、精准脱贫基本方略，把精准识别、精准帮扶、精准退出贯穿脱贫攻坚全过程，作为做好工作的基础和推动工作的必遵之略。精准识别做到应纳尽纳、应扶尽扶、不漏一户、不掉一人。对每个贫困村都分成建档立卡贫困户、脱贫户、边缘贫困户、中等收入户、富裕户、干部户六大类，对贫困户重点帮扶，对边缘贫困户结队帮扶，对脱贫户巩固提升，对中等收入户支持帮助，对富裕户引导鼓励。精准帮扶，分类施策，积极引导。坚持动态管理常态化，相继开展建档立卡大规模动态调整及"回头看"16 次，及时纠正漏评、错评、错退问题。

全市在脱贫攻坚战场上锤炼干部、考核干部，调兵遣将，把最优质的干部资源集中到脱贫攻坚的主战场。从过程找经验，以结果论英雄，先后选拔使用实绩突出的扶贫干部 1337 人，表彰第一书记和驻村工作队员 6050 人次。忻州市已经把脱贫攻坚一线干部建设成了一支攻坚拔寨、迎难而进、能打硬仗的干部队伍。为了激励广大脱贫攻坚干部在其位谋其政、履其职、尽其责，锤炼过硬的政治素养，提升全面的学习能力，激发顽强的实干精神，中央和国家机关 9 个单位分别包扶 11 个国定贫困县，省、市、县 1921 个单位共组建 3472 支驻村工作队 10721 名驻村干部、2224 名第一书记开展驻村帮扶工作；省、市、县、乡四级 6.5 万名党员干部结对帮扶贫困人口；3.1 万名各级"两代表一委员"深入第一线投入脱贫攻坚；1000 余名离退老干部通过捐助、慰问等形式真帮实扶，助力脱贫攻坚。这些举措，都有力推动了党员干部状态持续提振、能力持续提升、作风持续好转。

建党百年来，中国共产党制胜的法宝之一，就是依靠群众、发动群众。全市坚持群众主体、干部帮带，充分发挥人民群众的积极性创造性，尊重群众首创精神，发挥群众参与热情，鼓励群众主动作为，组织开展技能培训 12.4 万人，评选自主脱贫典型 684 个，实现了党的政策要求与群众的愿望需求有机统一、无缝衔接，贫困地区和贫困群众脱贫致富的内在活力、发展动力得到了有效激发。长期以来，我们

宁武怀道乡千亩食用菌大棚　来源：《忻州日报》

不负人民——忻州特色的脱贫攻坚之路

始终坚持哪里有困难，党的旗帜就飘扬在哪里。为了充分发挥基层党组织的引领带动作用，加强贫困村基层党组织建设，选好配强村级组织，全市动员3853名本土人才回村任职，鼓励3517名在外本土人才回乡干事创业，选派473名机关事业干部到420个行政村任职，基层干部精准帮扶、带头致富能力显著提高；农村基层党组织凝聚力、战斗力显著加强；农村治理水平、治理效能显著提升。

2018年9月19日，时任山西省人大常委会副主任、忻州市委书记李俊明深入五寨县调研脱贫攻坚工作时指出，要进一步规范驻村帮扶工作日志，健全帮扶台账，坚持实事求是原则；要遵循工作规律，明确工作责任，第一书记要履行好帮扶责任，村党支部书记要切实担起脱贫攻坚第一责任人的职责，与帮扶干部一起带领村民脱贫摘帽奔小康。

有了第一书记，有了驻村工作队，有了包村单位领导、包村干部，有了专职副乡镇长，有了"两代表一委员"、老干部、回乡人才等，多路大军齐赴脱贫攻坚高地，开展了送观念帮立志、送温暖帮急需、送政策帮增收、送项目帮发展的"四送四帮"和村情民意大走访、突出问题大整改、基础工作大巩固、政策举措大落实、资金项目大盘点、内生动力大提升、干部作风大整治"七大行动"；争取资金项目倾斜，扶持特色产业发展，拓宽稳定就业渠道，保障各类政策兑现，解答各类疑难问题，确保扶到点上、扶到根上、扶到心坎上。努力做到剩余任务及失学辍学、基本医疗保障、危房改造、安全饮水、产业扶贫、就业扶贫、易地扶贫搬迁、兜底保障、账实不符等问题清零的"十项清零"。

忻州市始终把脱贫质量放在首位，聚焦最薄弱的环节、最困难的群体、最容易出问题的领域，紧盯"两不愁三保障"开展大走访、大排查，通过建立省、市、县三级督查组动态考核制度以及对重点工作月通报、季督查、年度目标责任考核一票否决等超常规考核制度，针对各类问题短板弱项开展大整改，保证脱贫攻坚工作务实、过程扎实、结果真实，确保脱贫成效经

全市脱贫攻坚大决战动员大会　来源：《忻州日报》

得起实践、历史和人民群众的检验。

万事开头难,万事有了一面,也就有了另一面。在脱贫攻坚过程中,忻州市坚持把与一部分干部的畏难、懈怠情绪和不作为、慢作为、乱作为等"虚假脱贫"和形式主义作斗争贯穿到脱贫攻坚战的每一个环节。临阵怯战者,下!临阵退缩者,下!五年来,共对204名扶贫干部进行了撤换和追责处理。

2020年2月10日,忻州市脱贫攻坚大决战动员大会召开。时任山西省人大常委会副主任、忻州市委书记李俊明作重要讲话。时任忻州市委副书记、市长郑连生作具体安排。时任忻州市委副书记、政法委书记朱晓东主持会议。忻州市人大常委会主任王珍,时任忻州市政协党组书记王建廷、市政协主席刘钢柱、副市长裴峰等市四大班子负责同志出席会议。

会议指出,2015年市委三届七次全会贯彻中央扶贫工作会议精神,提出以脱贫攻坚统揽经济社会发展全局,特别是2017年习近平总书记亲临视察以来,我们众志成城、攻城拔寨、连续作战,首战首胜、再战再胜、连战连胜、决战决胜,为决战完胜奠定了坚实基础。回顾4年脱贫攻坚,我们深刻体会到,习近平总书记亲临视察是最大的动力,坚持脱贫统揽是最大的制胜法宝,整村搬迁是忻州最大的品牌,生态扶贫是最大的特色,健康扶贫是最大的惠民工程,光伏扶贫是最稳定的带贫益贫产业,电商扶贫为群众插上了增收翅膀,扶贫车间是基层创新,整治风貌是改变村容村貌的有力抓手,整沟治理走出了生态治理、脱贫攻坚、乡村振兴相结合的路子,先行先试是基本方法,攻城拔寨是主要打法。

在忻州市委、市政府看来,脱贫攻坚乃是最大的政治任务、最大的民生工程、最大的发展机遇。以初心担使命,用党魂聚战魂。八年,是一条路,也是一盏灯。全市以脱贫攻坚统揽经济社会发展全局,带领全市人民勠力同心,把脱贫攻坚作为全市的头等大事来抓,全市人民奋战苦战在全省脱贫攻坚最大的主战场,相继实现首战首胜、再战再胜、连战连胜、决战决胜,一路披荆斩棘、攻城拔寨,走出了一条独具忻州特色的脱贫攻坚之路。

从大的历史框架来看,扶贫这一举措并不是当代中国特有的现象,在古代,在国外,扶贫救困一直是政府与社会高度重视的大事。《礼记·大同》章中所说的"鳏寡孤独废疾者"就是对日常生活中贫困人口的界定,包括年老没有妻子的男人(鳏)、年老没有丈夫的女人(寡)、年老而没有子女(独)、幼年死去父母(孤)、身体残缺(废)、长期患病(疾)等几种人,《孟子》将他们称为"穷民",认为应该优先得到照顾。南宋时,曾任瑞安知县的董煟编写了一部《救荒活民书》,总结了历代救荒赈灾政策的利弊得失,所举的救荒政策已多达数十项。中国古代扶贫政策,源于统治者的"仁政"思想,扶助贫困人口往往是这一思想的体现,其根本目的主要是为了缓解社会矛盾、维护统治秩序。比如,唐代有刘

晏的物价调节，宋代有范仲淹的赈灾救荒之术，元代有张养浩的货币改革等。

灾荒，总是伴随着人类发展的历史，从来没有中断。邓云特在《中国救荒史》中统计，从公元1世纪到20世纪40年代，约2000年中有史料记载的各种自然灾害共发生过5023次，平均每年近3次，每10年左右就会有一次范围较广、灾情较为严重的灾害。每当这时就需要国家对这些因灾致贫的人口给予帮助。形成于西周时期的荒政便是专门针对自然灾害而推出的扶贫对策。也就是说，中国古代的扶贫，实则是一种临时性的赈灾济贫扶困，属于治标之策，并没有从根本上解决百姓的生计问题。一部中国史，就是一部中华民族同贫困作斗争的历史。屈原有过"长太息以掩涕兮，哀民生之多艰"的感慨，杜甫有过"安得广厦千万间，大庇天下寒士俱欢颜"的憧憬，孙中山也有过"家给人足，四海之内无一夫不获其所"的夙愿。这些，都反映了中华民族对摆脱贫困、丰衣足食的深深渴望。然而，只有到了今天这样一个新的时代，只有中国共产党领导下的中国特色社会主义国家制度，才能让理想成为现实，才能让老百姓真正告别贫困，从此过上幸福的生活。

2020年9月18日，时任忻州市委书记郑连生在岢岚县调研。他强调，要深入学习贯彻习近平总书记视察山西重要讲话重要指示精神，贯彻落实省委十一届十次全会和市委四届九次全会的安排部署，努力打造农产品精深加工六大产业集群，持续推动产业扶贫，促进农民增收，在基层党组织的引领保障下，坚决打赢脱贫攻

生态静乐　来源：《忻州日报》

坚战、推进乡村振兴。

2020年10月17日,在第七个国家扶贫日来临之际,为凝聚决战收官力量,为决战完胜脱贫攻坚,忻州市隆重举行脱贫攻坚"一奖双模双先"颁奖仪式。忻州市脱贫攻坚奖共设有奋进奖、贡献奖、奉献奖、创新奖、组织创新奖5类奖项,每类奖项25名,共计125名。

获奋进奖的有:忻府区九原街街道大庄村党支部书记马银旺、岢岚县岚漪镇北道坡村党支部书记王云、河曲县刘家塔镇董家庄村原党支部书记田吉荣等25人;获贡献奖的有:忻州市民政局社会救助科负责人王卫、偏关县扶贫开发办公室主任兼驻村办主任王卫兵、忻州市委派驻河曲县扶贫大队长付建华等25人;获奉献奖的有:代县宝通光能新能源科技有限公司总经理王虎生、五寨甚喜茶园食品有限公司党支部书记张文明、宁武县遇卿文化艺术馆馆长亢玉清等25人;获创新奖的有:忻州市妇联发展部部长王轶男、繁峙县畜牧兽医中心主任高月平、五台山风景名胜区新闻宣传中心主任王海晋、原平爱心助学站智库党支部书记石建华等25人;获组织创新奖的有:中共偏关县委组织部、神池县农村商业银行、国家中医药管理局规划财务司综合与审计处等25个单位。

2021年2月25日,全国脱贫攻坚总结表彰大会在北京人民大会堂隆重举行。忻州市7个先进集体和13名先进个人受到中共中央、国务院表彰。

7个先进集体是:忻州市扶贫开发办公室、岢岚县脱贫攻坚领导小组、代县扶贫开发办公室、保德县居民办事处惠民社区居民委员会、中央和国家机关工委驻宁武县帮扶工作队、山西省自然资源厅驻岢岚县驻村工作队、山西省住房和城乡建设厅驻河曲县驻村工作队。

13名先进个人是:裴峰、范武胜、王丹、张喜伟、王卫兵、沙万里、田丰、张鹏、董鹏、权威、刘小营、聂伟、董云龙。

回首脱贫攻坚之路,会看到中国人民在中国共产党领导下在解决困扰中华民族几千年的绝对贫困问题上取得了伟大历史性成就,创造了人类减贫史上的奇迹。

而这样的奇迹绝不是偶然的,正如习近平总书记所说,伟大事业孕育伟大精神,伟大精神引领伟大事业。脱贫攻坚伟大斗争,锻造形成了"上下同心、尽锐出战、精准务实、开拓创新、攻坚克难、不负人民"的脱贫攻坚精神。正是这样的精神,让忻州人民团结一心,英勇奋斗,战胜了前进道路上的一切困难和风险,取得了脱贫攻坚战的胜利成果。

2021年3月5日,习近平总书记在两会期间说,脱贫摘帽不是终点,而是新生活、新奋斗的起点。

2022年6月1日,全市巩固拓展脱贫攻坚成果同乡村振兴有效衔接领导小组会议召开。忻州市委书记朱晓东强调,全市各级各部门要保持"时时放心不下"的高度自觉,坚持"发展是硬道理、业绩是新担当、交账是军令状"的工作理念,认真

落实市委"负责任、动脑筋、讲良心"的工作要求,坚决做到问题不查清不放过、整改不到位不放过、成效不认可不放过,以扎实的整改成效推动巩固、衔接各项工作不断实现新突破。

2022年6月21日,忻州市"沿着领袖足迹、走向乡村振兴"主题活动在岢岚县举行。忻州市委书记朱晓东现场观摩并讲话。他强调,全市上下要牢记领袖嘱托,弘扬伟大脱贫攻坚精神,撸起袖子、甩开膀子、扑下身子真抓实干,继续将领袖嘱托转化为忻州乡村全面振兴、忻州人民共同富裕的生动实践,向党中央和省委、省政府及全市人民交出合格答卷,以优异成绩迎接党的二十大胜利召开。忻州市委副书记、市长李建国现场观摩并主持座谈会。他说:要弘扬脱贫攻坚精神,坚定信心、咬定目标,苦干实干、久久为功,以经济社会发展统筹巩固拓展脱贫攻坚成果同乡村振兴有效衔接,一年接着一年干、一项接着一项干、一任接着一任干,进一步把忻州脱贫攻坚成果巩固好、拓展好,为全面推进乡村振兴奠定坚实基础。

忻州市人大常委会主任王珍,市政协主席范建民,市领导王黎明、张敏、崔峥岭,市政府秘书长张良生,各县(市、区)委书记、县(市、区)长,全国脱贫攻坚模范、全国脱贫攻坚先进个人及忻州市乡村振兴局班子成员参加。

展望未来,征途漫漫,唯有奋斗。在未来的岁月中,忻州人民会更加紧密地团结在以习近平同志为核心的党中央周围,坚定拥护"两个确立",坚决做到"两个维护",以永不懈怠的精神状态、一往无前的奋斗姿态,真抓实干、埋头苦干,向着实现第二个百年奋斗目标奋勇前进!

"撸起袖子加油干"

岢岚县宋家沟易地扶贫搬迁集中安置点　来源:《忻州日报》

据宋·乐史《太平寰宇记》记载:"岢岚山,后魏以山名邑。隋大业中,置岢岚镇。"宋为岢岚军,"岢岚河在县东,水从岚州宜芳县走马岭下流出,去县四十里,西入合河县界。"

这条河,就是岢岚县境内的岚漪河,千百年来,涓涓河水在目睹岢岚这块厚土上的春去秋来后默默地流入了黄河。

也正是这条不甚为人所知的晋北小河,亲眼见证了发生在岢岚山下令人称奇的巨大变化。

2017年6月21日至23日,中共中央总书记、国家主席、中央军委主席习近平来到山西。6月21日,习近平总书记在忻州市岢岚县赵家洼村和宋家沟新村考察调研。

那一刻,岚漪河涌起了清澈的浪花。来自新华社的记者霍小光在一篇报道中记下了那些令人难忘的瞬间:

习近平总书记乘坐的中巴车拐下省道,沿着崎岖的山路驶向赵家洼村。

赵家洼村所处的吕梁山片区,深度贫困和生态脆弱相互交织,是山西省脱贫攻坚的贫中之贫、坚中之坚。

不负人民
——忻州特色的脱贫攻坚之路

岢岚县广惠园集中搬迁安置区　马欣荣摄

2016年在青海考察脱贫攻坚工作时，习近平总书记说，全国集中连片特困地区就差吕梁还没有去了。那里脱贫攻坚难度很大，一定要实地看一看。

一片黄土裸露的山地旁，映入眼帘的是依山而建的一间间土坯房。一些村民外迁后废弃的房子已十分破旧，有的墙体开裂、屋顶塌陷。

山大沟深，土地贫瘠，生存环境恶劣，是赵家洼村给人的第一印象。

总书记走进村民刘福有家。

"来，咱们拉拉话。"习近平坐在炕沿上，招呼老两口在自己身旁坐下。

"家里的地还种得动吗？""今年旱情严不严重？""孩子们在外面打工能帮助你们吗？"习近平详细了解了他家的情况。

刘福有两口子已年逾古稀，92岁的老母亲与他们生活在一起，5个孩子成家后都搬出了穷山沟。

"去年全家收入不到7000元。种粮收入只有500多元，大部分是种粮补贴和退耕还林补贴。"刘福有说。

"对这家贫困户，下一步准备采取什么脱贫措施？像这种情况县里还有多少？"总书记问当地干部。

"他家主要是'三保障'问题比较突出，生产生活条件差。准备采取易地扶贫搬迁的办法。这种情况全县还有115个自然村、3537人。"时任忻州市委常委、岢岚县委书记王志东回答。

"搬迁要花多少钱？新的住房多大面积？搬出去以后做些什么？"总书记问得特别细致。

总书记说，现在党中央对农村农民的政策都是"给予"，就是要实践以人民为中心的发展思想，发挥社会主义制度集中力量办大事的优势。

总书记一连走访了3户农家，详细察看他们的生活环境，询问家庭收入支出和致贫主要原因，了解脱贫计划和稳定增收的可行性。

来到村里唯一的水井旁，总书记登上用石块垒起的井台，仔细察看水位。随后，他来到农田边，蹲下，察看玉米和芸豆长势。

"因为干旱，庄稼矮小，产量很低，村民们靠天吃饭。"村支书马玉印告诉总书记。

总书记风尘仆仆到这里来，就是要看最贫困，根治最贫困。

4年多前，习近平总书记履新伊始，就前往太行山深处的河北阜平县骆驼湾村、顾家台村看望贫困群众。

4年多来，访真贫、扶真贫、真扶贫。从黄土高坡到雪域高原，从革命老区到民族地区，从地震灾区到祖国边陲，不顾路途遥远，不顾穷山恶水，总书记走村入户，把党中央的关怀送到乡亲们的心里，把群众心愿转化为党和国家的方针政策。

刘福有家的窗户上贴着一副对联——"人人共向核心聚，户户跟随国运兴"，在这个土黄色调的村子里显得格外夺目。赵家洼村的乡亲们用这种方式诉说着脱贫奔小康的强烈愿望，表达着对党的感恩之情。

赵家洼村有一间土坯房，屋里摆放着电脑、打印机，墙上张贴着《脱贫目标任务表》《脱贫攻坚目标任务图》《致贫原因分析图》。

这里是驻村扶贫工作队借用外迁村民的房子搭建的办公室。

"扶贫工作队平时就住在这里。"负责村里干部包户的县人大常委会主任贾玉春对总书记说，只要村子不脱贫，我们绝不离开。

"驻村工作有没有困难？"总书记问。

"党中央扶贫政策对头。只要把政策落到实处，群众能感到是真心实意帮助他们，工作是很好开展的。"贾玉春说。

现在，全国共选派了77万多名干部驻村帮扶。

习近平总书记指出，近年来，我们围绕农村工作采取了一些新的举措。向基层派出第一书记、扶贫工作队，建立村官制度，都是做好"三农"工作特别是脱贫攻坚工作的组织举措，同时为干部锻炼成长搭建了平台。我们要从他们当中发现好同志、好干部，并着力加以培养，让一批优秀干部脱颖而出。

贾玉春向总书记报告：赵家洼村生存环境很差，下一步工作目标是通过易地搬迁挪穷窝、拔穷根。总书记对扶贫工作队的思路给予肯定。

易地扶贫搬迁，是精准扶贫的一项重要举措。按照全县安置计划，赵家洼村2018年就将完成整体搬迁。

宋家沟新村是岢岚县规划的8个易地扶贫搬迁集中安置点之一。傍晚时分，习近平总书记冒雨来到这里，考察新村建设情况。

柏油路、自来水、宽带网、有线电视……基础设施相当齐整；学校、卫生院、文化广场、图书室、党员活动室……公共服务设施一应俱全。

山坳里破旧的土坯房和眼前的新村庄形成鲜明对比。

村民张贵明刚刚乔迁新居。总书记到他家里来看望，老汉觉得真是喜上加喜。

"这房子盖得挺漂亮。"总书记挨屋察看。"这是卧室，里面还有卫生间，用上冲水马桶了。住得习不习惯？"总书记问。

"原来住的是山庄窝铺，吃水都困难。现在一分钱都没掏就住上了新房子，吃得好、住得好、全都好。"张贵明告诉总书记，我是老党员，共产党关心我，我与党一条路、一条心。

总书记高兴地说，生活条件改善是第一步，还要通过多种帮扶措施，使贫困群众搬得出、稳得住、逐步能致富，真正过上好日子。

离开村子时，前来送行的村民排起了长长的队伍，大家热情向总书记问好。总书记对村民们说，党中央就是要带领大家一心一意脱贫致富，让人民生活芝麻开花节节高，请乡亲们同党中央一起，撸起袖子加油干！

好一个"撸起袖子加油干"！

如此质朴的一句话，如此深情的一句话，让岢岚动容了，让忻州动情了，让山西人民、让全国人民感动了！为了那千呼万唤的好日子，所有人都撸起了袖子，鼓足了干劲，只争朝夕，不负嘱托！

岢岚县人大常委会主任贾玉春回忆说："总书记很关心我们在这里的生活，还掀开锅盖，看我们的伙食。我一开始还很紧张，但看到总书记这么关心我们，说感谢我们的工作，就不紧张了，很受鼓舞。"贾玉春说，群众过得苦，我们这些驻村干部就是党派来的人，我们一定带领群众过上好日子。

岢岚县地处吕梁山集中连片特困区，是首批国家级贫困开发重点县，辖2个镇10个乡141个行政村，总面积1984平方千米，总人口8.61万，其中农业人口6.3755万，共有贫困村116个、建档立卡贫困人口8535户20271人，贫困发生率31.8%。由于绝大部分贫困人口居住在土、石山区的沟沟岔岔，易地扶贫搬迁工程是彻底改变贫困群众生产生活条件的超常规举措，成为岢岚县扶贫开发的主要方向。

面对偏远村庄多、居住环境差、贫困程度深，"一方水土养活不了一方人"的现状，岢岚县早安排、早部署、早行动，调动全社会力量，积极投身脱贫攻坚工程，实现共同致富。

宋家沟移民新村是宋家沟乡政府所在地，位于岢岚县城东12千米处，209国道和忻保高速公路横贯东西，是集易地搬迁和生态型庭院经济于一体的示范村。宋家沟中心村地势平坦、水资源丰富、交通便利、耕地肥沃，农业生产条件优越。一排排蔬菜大棚中间，点缀着整齐划一的砖瓦房。每户有4间砖瓦房，附带1座温室大棚、1个羊圈、1个庭院。

2007年,县里统一协调周边的甘沟、东场沟、圪豆沟等6村45户的贫困人口243人迁入宋家沟村,在村西建起"一户一棚一舍"庭院式建筑。县政府按照易地搬迁安置规划,与农户协商签订协议,回购了旧村闲置废弃的旧宅、宅基地,新建了移民安置房、公共设施,翻新改造了旧房。为解决搬迁难题,县里专门出台了扶贫政策:每户的搬迁费用政府负担一半,农户负担一半。

2016年以来,宋家沟周边14个村的易地扶贫搬迁户拎包入住,其中有3个行政村、2个自然村的62户128人整村迁入宋家沟村,实现群众"住上新房子、水管子接到灶台"的愿望。全村共有167户629人(常住人口556人),耕地2473亩,成为全县仅次于三井镇的第二大集镇。

新村统一设计,独门独院,设施完善,和旧村形成鲜明对比。看着干净整洁的村容村貌和村民们家中良好的生活条件,总书记十分高兴。他对村民们说,人民群众对美好生活的向往就是我们的奋斗目标。现在党中央就是要带领大家一心一意脱贫致富,让人民生活越过越好。芝麻开花节节高。(据新华网)

在老党员张贵明家,习近平一间屋子挨着一间屋子看,边看边询问他家的情况。看到院子里的菜苗,总书记说:"这是辣椒,那是西红柿、茄子、黄瓜。"

张贵明说,总书记熟悉农村,想着我们贫困户,我们都觉得心里暖暖的。

随后,总书记在新村的小广场上和在场的群众握手,鼓励大家努力脱贫。村民周明则说,我们都很感动,一定"撸起袖子加油干",不等不靠,用辛勤劳动脱贫致富。(据新华社客户端)

2013年以来,岢岚全县累计投入各类扶贫资金7.07亿元,实施扶贫项目444个,贫困群众生产生活条件明显改善。全县116个贫困村退出65个,整村搬迁贫困村销号20个,脱贫14550人,贫困发生率由原来的31.8%下降至8.08%。

岢岚县整村搬迁安置点——阳坪村全貌　来源:《忻州日报》

习近平总书记对岢岚县通过整村搬迁破解深度贫困的有效举措，给予充分肯定。

时任忻州市委常委、岢岚县委书记王志东牢牢记住了总书记的嘱托，"总书记肯定了我们易地扶贫搬迁的做法，我们会在一线行动、到现场施工，加快推进山庄窝铺3037人的搬迁工作，坚决打赢脱贫攻坚战"。

宋家沟翻天覆地的变化，是彰显忻州市脱贫攻坚成效的一个典型样本。美丽的移民新村让贫困户看到了希望。

忻州市推出了实施整村搬迁的计划，力争每年建成100个像宋家沟一样的扶贫开发新农村，用3年时间实现300个新村的建设目标，并着力解决人往哪里搬、钱从哪里筹、地在哪里划、房屋如何建、收入如何增、生态如何护、新村如何管7个问题。本着因地制宜、量力而行的原则，11个贫困县整村搬迁、化茧成蝶的步伐正在加快。一是常住人口200人以上、有一定的产业基础、事实上为中心村的，实施融合搬迁。二是在重要交通干线和重点景区周边村庄，实施互融并村。三是以特色小镇、美丽乡村和传统古村落为优先，盘活用好资源优势。新村青砖灰瓦，木屋黄墙，

农技人员察看香瓜苗生长情况　来源：《忻州日报》

乡风古韵扑面。村子院落和街巷既体现传统特色风貌，又增加现代生活设施。

2017年10月18日，习近平总书记在十九大报告中指出，要动员全党全国全社会力量，坚持精准扶贫、精准脱贫，坚持中央统筹省负总责市县抓落实的工作机制，强化党政一把手负总责的责任制，坚持大扶贫格局，注重扶贫同扶志、扶智相结合，深入实施东西部扶贫协作，重点攻克深度贫困地区脱贫任务，确保到2020年我国现行标准下农村贫困人口实现脱贫、贫困县全部摘帽，解决区域性整体贫困，做到脱真贫、真脱贫。

2020年全国两会前夕，习近平再次出京考察，直奔山西。两个月内接连考察4个省，这是党的十九大以来总书记行程最密集的出京考察。

2017年，习近平总书记来到山西，深入吕梁山区的深度贫困村，详细了解致贫原因和扶贫措施落实成效。在考察中，他

019

专门主持召开深度贫困地区脱贫攻坚座谈会，研究破解深度贫困之策，并特别强调，脱贫攻坚要强化落地，吹糠见米。

2020年，总书记再到山西。此时，山西全省58个贫困县已经全部摘帽，贫困发生率降至0.1%以下。

一抓到底，关心乡亲们今后的长远之计；继往开来，真正让好日子芝麻开花节节高。在这个决战决胜脱贫攻坚和全面建成小康社会的收官之年，总书记更关心的是如何巩固脱贫攻坚的成果，如何做好乡村振兴的文章，让脱贫摘帽成为新生活、新奋斗的新起点。（据央视新闻）

"产品和技术是企业安身立命之本。"习近平总书记鼓励企业，"在科技创新上再接再厉、勇攀高峰，在支撑先进制造业发展方面迈出新的更大步伐。"

"坚持稳中求进工作总基调，坚持新发展理念，坚持以供给侧结构性改革为主线，扎实做好'六稳'工作，全面落实'六保'任务，努力克服新冠肺炎疫情带来的不利影响，在高质量转型发展上迈出更大步伐。"（据新华社太原2020年5月12日电）

再赴山西，习近平总书记对转型发展提出了更高要求。

山西省自然资源厅2014年开始定点帮扶忻州市岢岚县阳坪乡8个贫困村，厅党组坚决贯彻习近平总书记两次视察山西重要讲话精神，落实省委、省政府脱贫攻坚重要战略部署。按照厅党组"立足软扶贫、注重硬扶贫、突出特色扶贫"的工作总体思路，结合帮扶8个村实际，扎实做好各项驻村帮扶工作。

驻村工作队坚持落实属地管理，紧紧围绕岢岚县和阳坪乡两级党委政府以及贫困村"两委"班子工作要求，扎实开展党建"一对一"帮扶、土地政策帮扶、宜居环境提升、乡村文明建设、产业项目建设、消费扶贫、乡风文明和孝亲敬老评比、引进社会资源帮扶等多项举措，扎实开展省脱贫攻坚驻村帮扶"六大行动"。当地干部群众一致称赞："干部驻村能吃苦，办法创新抓队伍，千方百计铺富路，脱贫摘帽奔幸福。"

6年来，全省土地扶贫政策从这里起步，形成了山西土地扶贫政策的"岢岚经验"。先行先试为当地经济发展和脱贫攻坚注入强劲动力，推广至全省，惠及全省58个贫困县，助贫资金达到129亿元。

创新实施党建帮扶"一对一"，帮扶8个村全面完成了党支部阵地建设；实事求是完成贫困户房屋整建修缮、基础道路改建、村级文化场所建设等十余项基础设施建设；帮扶村均创建标准化养殖场所。

创新产业发展合作模式，采取企业入驻、能人牵头、群众务工的模式，打造特色农贸物流场所；依托"互联网+公益+扶贫"的模式，搭建线上销售平台，依托企业、单位开展线下实体销售，为土特产代言，开展"直播带货"。

提升扶志扶智功能，把"乡村文明评比+孝亲敬老表彰+爱心超市常态化"作为改变村风民风的重要平台，连续多年开

展村风文明和孝亲敬老评比表彰，利用爱心超市把"卫生光荣户"等5类评比在帮扶村常态化，村风民风显著提升，传统美德得到继承和发扬。

所帮扶的阳坪乡被全国爱国卫生运动委员会评选为"国家卫生乡"。山西省自然资源厅还连续4年获得了省驻村帮扶工作先进单位、全省脱贫攻坚组织创新奖、全省脱贫攻坚奖个人奉献奖和创新奖以及全省模范第一书记和模范驻村队员等多项荣誉，扎实工作得到省里和帮扶市县的充分认可和肯定。

岢岚县脱贫攻坚领导小组全面贯彻落实习近平总书记关于扶贫工作的重要论述和视察山西重要讲话重要指示精神，把脱贫攻坚作为重大政治责任和第一民生工程，坚决扛起主体责任，带领全县干部群众齐心协力，尽锐出战，116个贫困村全部退出，贫困发生率下降至0，县摘帽14项指标全部达标。

岢岚县2016、2017年脱贫攻坚综合考核分别排名全省同类县第二、第四，2018、2019年脱贫攻坚综合排名连续两年居全省第一，易地扶贫搬迁专项考核连续两年全省第一。2019年5月，经省政府批准，从贫困县序列摘帽退出。2020年，岢岚县入选"全国100个搬迁工作成效明显县"，入选山西省产业扶贫"十百"典型工作示范县。

领导小组始终围绕如期脱贫摘帽历史重任，坚持以脱贫攻坚统揽经济社会发展全局，完善顶层设计，确立2016—2017年为全力攻坚期、2018年为决胜达标期、2019—2020年为巩固提升期的"三步走"作战安排。

创新实施"4433"精准脱贫机制并在全市推广。实行县委书记、县长双组长负责，县委副书记、常务副县长双协同落实，纪检组织部门双督核保障的工作机制。建立四套班子包联乡镇，设立8个片区24个行业办12个乡镇扶贫工作站，为乡镇、农村、脱贫攻坚平台增派583名干部，坚持"天天到现场"到村工作制和入户工作法。严格包乡县领导"四天三夜"、扶贫干部"五天四夜"常态化驻村制度，构建起五级机构928支驻村工作队全覆盖包扶贫困户的格局，推动脱贫攻坚每一项任务落实。

按照"抓党建促脱贫、抓脱贫强党建"的工作思路，树起党建引领的新时代红旗党支部、乡风文明红旗村、驻村帮扶红旗工作队、自主脱贫率先小康红旗示范户"四面红旗"，示范推动美丽乡村、卫生乡村、清洁乡村、文明乡村、平安乡村"五村联创"。创新推进小康教育、小康卫生、小康房、小康水、小康路、小康电、小康网等15个脱贫困奔小康行动。

领导小组聚焦"羊、豆、马铃薯、沙棘、食用菌、生猪"六大传统优势产业和"中药材、光伏、乡村旅游"三个新型产业，构建"6+3"产业扶贫机制，脱贫攻坚期内贫困户人均可支配收入增长了2.69倍。

先行先试整村搬迁破解深度贫困攻坚路径，"六环联动"破解搬迁的七个问题,"1+8+N"搬迁安置规划,全面完成了深度贫困村 2565 户 6136 人的搬迁,搬迁人口是过去 10 年的 2 倍,实现 24% 的贫困人口通过搬迁脱贫。

大力推进"人人持证、技能社会"平台和扶贫产业园建设,持续推动产业就业后续扶持,完成贫困劳动力及重点群体职业技能培训 4433 人,取得培训合格证或职业资格证 4389 人,持证率 99%,全县贫困劳动力有务工意愿的 7380 人全部实现务工,务工就业率 100%。

树牢"绿水青山就是金山银山"理念,将农民增收与生态增绿有机融合,持续实施生态扶贫工程,5 年完成生态绿化 32 万亩,全县森林覆盖率提高 10.02 个百分点。对标完成全部农村"整村提升",实现义务教育阶段入学率、大病患者救治率、农村危房改造率均达到 100%,乡村垃圾治理率、卫生厕所覆盖率分别达到 100%、83%。

领导小组集体研究并通过组织程序出台在脱贫攻坚一线选用干部的实施意见,先后提拔重用扶贫一线干部 299 人次。通过集体决策,整合 19.5 亿元涉农财政资金投入脱贫攻坚,搭建融资平台,撬动社会扶贫资金 14.64 亿元,为脱贫攻坚奠定了坚实基础。坚持因地制宜,下足绣花功夫,蹚出了基层党建引领脱贫攻坚、整村搬迁破解深度贫困、产业开发促进增收脱贫、生态建设融合增绿增收、城乡一体统筹环境治理五条路子,为破解深度贫困作出了岢岚贡献。

岢岚县旧貌换了新颜,这是岢岚的新生,也是忻州市的荣耀。其实,所有的岢岚人还记得另外难忘的一幕:

那是 1948 年 4 月 4 日,中共中央领导毛泽东、周恩来、任弼时等率领随行人员从延安经山西兴县蔡家崖村(晋绥边区所在地)路经岢岚县居住了一个晚上,4 月 5 日上午接见了参加岢岚"三级干部会议"的全体同志并讲话近半小时,然后继续前往西柏坡。就在那一次,毛泽东主席留下了"岢岚是个好地方"的深情赞美。于是,所有的岢岚人都记住了"岢岚是个好地方",全国人民都知道了"岢岚是个好地方"。如今 70 多年过去了,岢岚人觉得自己的岢岚真正变成了让人艳羡的岢岚、骄傲的岢岚。

数风流人物还看今朝

人物肖像 1

刘桂珍：全国脱贫攻坚模范

刘桂珍在学习　来源：忻州网

一

刘桂珍是山西代县峪口乡段家湾村的当家人。58岁的刘桂珍，一肩挑四担：43年乡村医生，29年乡村教师，23年村支书，18年村主任。

2017年5月，忻州市委下发《关于向刘桂珍同志学习的决定》，号召全市广大党员干部向优秀共产党员刘桂珍同志学习。2017年12月，刘桂珍被人社部、国务院扶贫办授予"全国脱贫攻坚模范"称号。《决定》中说："刘桂珍同志是中国共产党党员，现任山西省代县峪口乡段家湾村党支部书记、村委会主任。她默默坚守贫困山村，群众有求必应，主动作为，勇于担当，一肩挑起村支书、村主任、乡村医生、代课教师的责任数十载，带领贫困群众整体实现'两不愁三保障'。为表彰先进、树立典范，人力资源社会保障部、国务院扶贫办决定追授王新法同志、授予刘桂珍同志'全国脱贫攻坚模范'称号，享受省部级先进工作者和劳动模范待遇。"

2018年，刘桂珍被授予"山西最美村干部""改革开放40年山西十大人民英雄"称号。2021年又被评为"全国脱贫攻坚先进个人"，在人民大会堂受到习近平总书记的亲切接见。

段家湾村位于代县南山深处、峪河上游，全村69户118人，其中，建档立卡贫困户49户92人。段家湾村所在的峪口乡山高沟深、土壤贫瘠，6个自然村零星分布在方圆10多平方千米的沟沟岔岔里，自然条件十分恶劣。

1978年，刘桂珍是段家湾村唯一的高中生，刚刚恢复高考的第二年，她和这个年代的高中生一样做着自己的大学梦，然而，她没有上成大学。没上成大学的原因很简单、很无奈，因为村里需要赤脚医生,那个时代,每个村都有赤脚医生,段家湾没有,村干部几次三番上门动员:村里就你一个高中生,你不干谁能干?她父亲是村里的老共产党员,父亲说:"乡亲们平日里有个头疼脑热,只能死捱着,得了大病还得跑几十里去看。现在国家给咱村培养赤脚医生,你有文化,你不去谁去?"

县里的培训通知放在面前,上大学只能是梦了,而参加了县里的培训后,乡村医生就确确实实当了起来。这一当就当了一辈子。无论白天黑夜,不管是本村外村,无论是刮风下雨,只要有人找,只要病人需要,她随叫随到,大年三十也不例外。有时为了给病人输液、打针,每天要奔波十几里的山路。最远的讲堂村,来回得走12千米路,有时晚上去,早晨才能回来。村里人烟稀少,白天都少有人走,夜里更是瘆得怕人;偏桥村虽然不到两千米,但爬坡过沟,路最难走。

"只要能消除病人的痛苦,付出多大辛苦我都愿意。"刘桂珍常常忙得顾不上吃饭,遇上村里人见面打招呼,问吃了没,她嘟囔半天回答不上来,因为她经常也确实记不清了。她每次回到家都是匆匆忙忙,赶紧拿了药,找点吃的,又火急火燎出门。两个女儿扔给了婆婆,做饭的差事撂给了丈夫。

她给人看病,从来不收出诊费和诊疗费,用药也是按进价收取。有些家庭困难的村民一时拿不出钱来,她就干脆给免了单。老百姓过意不去,买些牛奶糕点送过来,她都退回去。当村干部后,填表填单都是上门服务。刘桂珍说:"近几年,当村医一个月能有400多元的公共卫生服务补贴,以前没有补贴的时候,我日子也能过得去,现在国家给了补贴,我更得给困难的乡亲贴这个钱了。"就这样,刘桂珍把国家给她的补贴,全都补贴给了老百姓。

她长期坚持进修学习,医疗技术水平不断提高,成为当地十里八村出名的好医生。2006年年初,国家在农村地区实行新型农村合作医疗制度(即"新农合")。有的村民觉得自己身体好用不上,不愿交费,刘桂珍就拿自己的钱替他们垫上。村民陈智良得了一场重病,住院花了3万多元钱,可他自己却没交过合作医疗费。正愁没办法报销,接到了刘桂珍的电话,让他去办理报销手续。原来是刘桂珍垫钱代他

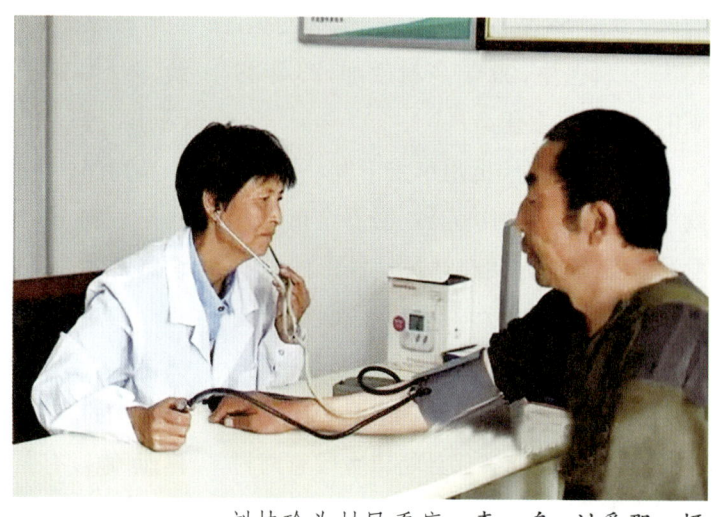

刘桂珍为村民看病　李一舟　刘爱郡　摄

办理了合作医疗，一下帮他省了1万多元钱。从此，村民们都主动参加"新农合"。有些生活困难的村民一时拿不出钱来，刘桂珍就主动为他们垫上，使全村群众的参合率达到了100%。

村卫生室新添设备，让刘桂珍笑得很开心。她一会儿介绍理疗仪、吸痰器，一会儿演示紫外线消毒灯、雾化器，说这都是公益机构和爱心企业捐赠的，还分了一些给乡镇卫生院。刘桂珍说："过去出诊，给老人们看病，最发愁的就是没有吸痰器，眼瞅着老人们呼吸困难，甭提多着急了。那时就想，有个吸痰器该多好啊，现在终于有了！"

二

段家湾村贫穷落后，生活条件差，教师工资低，很多教师不愿到这个穷地方来，15名小学生面临失学。1988年，村小学开学两个月了，也等不来个正式老师。当时的村干部给刘桂珍做工作："你就暂时给学生代代课，等分配来新的老师，你就不用代课了。"为了孩子们，她毫不犹豫地答应了。谁知道这一代，一年过去了，两年过去了……20多年了也没等来正式老师。即使在担任了村支部书记、村委会主任以后，刘桂珍依然没有辞掉代教工作。村子小，学生不多，段家湾小学一直采取复式教学。刘桂珍每天备课都要熬到深夜，白天还要一个年级一个年级去上课，比单式教学要付出更多的辛苦。为改变学校破旧状况，她与村干部们一起完成了校舍的新建。她经常用自己的钱，为孩子们购买纸墨笔砚等文具用品，放在学校里为孩子们备用，生怕孩子们因为没钱上学而中途辍学。她经常这样讲："办好学校、教育好孩子，是斩断穷脉、拔掉穷根、彻底改变段家湾村贫穷落后面貌的关键。孩子们需要我，我愿意继续当代教。"

自她任教以来，段家湾小学再没有一个学生辍学。全村适龄儿童的入学率、巩固率和小学毕业生的合格率都达到了98%以上。她教过的不少学生后来都升了初中、高中，有的还考上大学，参加了工作，改变了家庭贫穷落后的状况。"扶贫先扶智"的理念，在刘桂珍身上，在段家湾村，得到了最真切的实践和最真实的印证。

2006年，因为学生太少，村小学合并到邻村王家会，刘桂珍便在王家会继续任教。后来，村里好多学生都转去城里了，五年级的丁秀娟不想走："我舍不得老师。老师哪儿都好。生病了去家里看我，给拿药，还陪我们打沙包、跳绳、打羽毛球玩。"刘桂珍心软，听着就流泪。谁知道这一代课，就代了29年。2017年下半年，村小学合并到乡镇中心校，刘桂珍才卸下了乡村教师的担子。

三

1996年，身为村支书的老父亲因身体原因辞去支部书记职务，组织上推荐了刘桂珍。身兼两职的她以全票当选村党支部书记，从父亲肩上接过了这副更沉重的担子。

当时的段家湾村,地下无资源、地上无企业、集体无收入,是乡里、县里有名的"三无"村,村民的收入主要靠种植玉米、黍谷、山药蛋等作物,是典型的深度贫困村。

要改变现状,必须先增加村民的收入。于是,她组织村里的党员干部先后去内蒙古、太原等地考察学习,了解市场信息,组织村两委班子成员和党员、村民代表多次开会,分析研究村里的地理条件、气候特点和比较优势,决定发动群众在河滩地种植油松树苗。

万事开头难。为了打消乡亲们的顾虑,她拿出压箱底钱,动员丈夫先行试种,在自家承包的三分河滩地里采用营养袋育苗技术培育油松树苗。经过两年的精心管护,第三年春天就见到成效,三分地的树苗就卖了7.5万元,收入相当于种庄稼的几十倍。

村民们看到了希望,刘桂珍便挨门逐户落实育苗,统一调购种子、肥料,当起了技术指导员,给群众传授育苗技术,指导田间管理,并进行育苗培训。当时有个叫邓润才的村民,没有本钱买不起树苗,她就自掏腰包拿出2000元钱帮他筹措了育苗资金。后来,全村有19户开始种植育苗,种植面积发展到了80多亩,每亩平均收入都在六七万元,最高的竟然有10多万元。村民们的收入跳跃式增长。仅杨锁文一户就种了6亩,成为村里的育苗大户,育苗收入达到近30万元,一举摘掉了贫困的帽子,不仅还清了多年的欠债,还在县城买了楼房,过上了小康生活。

近年来,受苗木市场低迷的影响,村民种下的油松树苗不好卖了,群众的收入减少。刘桂珍又带领大家应用先进技术,调整树苗品种结构,改用营养杯育苗技术培育大苗,发展了云杉、国槐、白皮松、樟子松、丁香等多种树苗,以适应市场的需求。

在组织群众稳步发展育苗产业的同时,刘桂珍千方百计为乡亲们开辟更多的致富门路。段家湾周围山坡上生长着不少野生的穿地龙、苍术、柴胡、枸杞等中草药,刘桂珍凭借自己懂中医、中药的优势,又发动全村男女老少利用农闲上山刨药材,村民一年下来也能收入三五千元,差点的也能卖个两三千元。她还根据当地山坡林地适宜中药材生长的实际,着手在村里山坡上的50多亩林地中套种猪苓等中药材。

动员青壮年劳力外出务工,是刘桂珍为段家湾村群众寻求的另一条重要增收渠道。刘桂珍经常与县劳动就业部门联系咨询,推荐本村的青壮年劳力参加县有关部门组织的职业技能培训,并帮助他们联系就业岗位,让村里的农民变成产业工人和技术工人。全村有10多人加入了外出打工的队伍,有的在矿山企业上班,有的开起了挖掘机和装载机,有的在县城当了环卫工人。45岁的曹青梅,孩子在县城上学,刘桂珍就联系县城环卫部门,给她找了一个保洁的营生,每月有1400元的收

入,既能养家又能照顾孩子。刘桂珍还跑乡里走县城,争取回了一些资金和项目,解决了乡亲们的吃水难问题。村里的生产生活条件越来越好了,老百姓的腰包也渐渐鼓起来了,脱贫道路越走越宽、越走越有信心。

四

在帮助多数村民致富的同时,刘桂珍始终把那些鳏寡孤独、老弱病残的村民放在心上,一直牵挂着他们的生产和生活。

53岁的村民刘眉龙患上了严重的类风湿病,残酷的病魔折磨得他失去了劳动能力,生活没了着落。刘桂珍便替他向乡政府申请办理了低保手续。28岁的村民刘亚峰患上了股骨头坏死,完全丧失了劳动能力。刘桂珍也为他办理了低保手续,使他和家人的生活有了保障。村民郭永红得了严重的糖尿病,每天要打两次胰岛素,使本不富裕的生活变得更加紧张,2017年女儿又考上了省重点中学忻州一中。对这个特殊的家庭,刘桂珍采取了特殊的帮扶措施,不仅给郭永红办了低保手续,还通过县扶贫办为他考上高中的女儿落实了教育扶贫措施,同时介绍他的妻子廖书会参加县里举办的保姆、月嫂培训班,领取了保姆、月嫂上岗资格证,外出打工当保姆。这些有效措施,使这一家人的生活有了保障。段家湾村有14名特困群众被列为低保对象,4户孤寡老人享受了"五保"待遇,确保全体村民在脱贫路上一个也不掉队。

2006年7月,一场大雨引发山洪,很多老人被困在家里。这对依山而建的段家湾村来说,是最危险的事。刘桂珍冒着大雨冲出家门,挨家挨户指挥村民撤离避险,又冒着生命危险抢救没跑出门的老人、娃娃,一直把人们都送到安全地带,她才松了一口气。这时,她才猛地想起家中的老父亲和小女儿还没有撤出来,急忙拼命跑回家中,发现屋里的水已经快没过膝盖,父亲和小女儿都蜷缩在桌子上。面对这种景象,刘桂珍的眼泪不禁夺眶而出……

2010年夏天,又一次山洪暴发,路很快就堵了。石头加土木结构的房子,不是被洪水冲出一个深坑,就是被山上滚落的石头砸断房梁。

刘桂珍挨家挨户走访,还没走访完,路上就遇到了病人。"一个大婶滑倒了,当时还有生命体征,我赶紧给针灸治疗,后来赶紧送医院,一检查是脑出血,没能挽救性命。人的生命怎么那么脆弱!"刘桂珍哭了,"山洪暴发的时候,我的两个娃娃睡在诊所床上。我打地铺睡了50多天。"

每逢雨季,刘桂珍晚上根本不敢睡觉,常常打一把伞,在村前公路边察看汛情。雨一直下,她就蹲在雨地里守着。后来县水利部门沿河修起了大坝,再也不用担心发洪水了,但新的问题又来了。修坝的时候河堤垫高了好几米,老百姓过河种田成了难题。刘桂珍找人想办法打了水泥墩,又买回来报废的重卡车厢,再铺上钢板,造成一座简易桥,解决了村民们过河种地的难题。

2012年，按照县乡统一部署，村里启动第二次移民搬迁。村里人问："桂珍，你走不？"刘桂珍说："我走！"为了带动村民，刘桂珍拿出省吃俭用的8万元，又借了4万元，第一个购买了一套县移民小区楼房，13户村民响应。但她的新房至今没有入住："我要不走，就没人肯搬。""病人叫我，我就走不了。到了县城，我也还得回来。""只要有一户村民没搬走，我就不能走。因为留在村里的群众还需要我，我愿意坚守到最后。"

她经常把工资、奖金、补贴等用在村里的公共事业和村民的生产生活上，自己却过着清贫的生活。她身兼数职，天天忙得团团转，根本顾不上管自己的家，把家里、地里的活计全都推给了丈夫。丈夫心情不好埋怨她、责怪她，想要跟她吵架，可她连与丈夫吵架的时间都没有。其实，丈夫看着自己瘦弱的妻子，深知她的忙碌和艰辛，更多的是给予她无限的帮助、支持和关心，不仅成为家庭"妇男"，还当起了村里的义务修理工、办事员、通讯员。村里一下雪，总是她丈夫第一个拿着扫帚到街上扫雪。

这几年易地扶贫搬迁，段家湾村的武强、讲堂、偏桥等6个自然村共85口人全部搬出大山。虽说新地方都有组织提供帮助，可老街坊们习惯了找刘桂珍，开证明、办医保、人口普查、看病等，事事找、事事问，事事离不了她。刘桂珍也乐此不疲，哪里需要就往哪里跑。

有人问她，58岁的人了，为啥还让自己活得这么累？刘桂珍说，她忘不了乡亲们的好。有个大娘，每天骑车经过她家，都对她说："路上大车多，慢些走。"老父亲下葬，搬迁进城的20多位乡亲都来送别；卖苗木起树的时候，认识不认识的都来帮忙……

从最初刘桂珍带头种下的三分河滩地，到如今120亩苗木、4000亩沙棘，段家湾村光景越来越好。刘桂珍开始当村支书是1996年，那一年段家湾村人均纯收入是1200元，到2019年达到8000元，有17户进县城住上了楼房，13户有了小轿车，还有25位70岁以上老人在村里实现老有所养。

刘桂珍，一名普通的共产党员，在平凡的工作岗位上做出了不平凡的

刘桂珍在辅导小学生　李一舟　刘爱军　摄

业绩，在广大人民群众中树立了一个共产党员的良好形象，赢得了党组织和群众的称赞与信赖。先后被代县文明委员会评为"全县道德模范"，被中共代县县委、中共忻州市委评为"优秀共产党员"，被中共山西省委组织部授予"全省优秀村党组织书记"称号，获"全国卫生计生系统劳动模范"荣誉称号。

有人问，一辈子都在大山里付出辛劳，值得吗？刘桂珍说："我觉得值。我做我自己想做的事，做好应该做的事情就行了。"

人物肖像 2

李克：快马加鞭不下鞍

国家一级演员李克　来源：静乐县人民文化馆

2019年、2020年，国家连片特困县之一的静乐县在中国声乐界连爆两大新闻：2019年7月，在"华夏根·黄土情"第二届全国合唱艺术节上，静乐县教师合唱团获艺术节一等奖；2020年，在中国国际合唱节上，静乐县两支合唱团在世界400多个合唱团中脱颖而出，教师合唱团获得成人混声组金奖，童声合唱团获童声组银奖。

这两大新闻的爆出，使山西省忻州市静乐县引人注目，如果说2019年的新闻只是让静乐被世人刮目相看的话，2020年的新闻则让山西省、忻州市也出了名。

文化部从1995年开始在静乐县定点帮扶，20多年持续致力扶贫开发。

李克，中国国家交响乐团女中音，国家一级演员，大型声乐作品独唱和领唱，还是中国合唱协会常务理事、群众合唱委员会副主任。2006年退休的李克跟静乐结缘源于女儿的一句话。女儿说，她们近日去静乐搞了一场演出，只有一架廉价钢琴，弹起来连音也找不准。说者无心，听者有意。李克想，自己不能去静乐肩挑手提，总能以别的形式为扶贫尽一点心意。她决定捐赠一架钢琴。这个事情，她没有跟任何人说起过，她觉得这是一件微不足道的小事，不值一提。

值得一提的是李克捐赠钢琴后不久，一场由中央交响乐团组织的音乐会在静乐举行。第二次到静乐的女钢琴家李舒曼在台上尽兴地演奏、抒发自己感情时，绝对没想到这架4万多元的新钢琴正是她妈妈捐赠的。于是，这个妈妈捐钢琴、女儿弹钢琴的故事在静乐传为佳话。

让李克动了心思去静乐也源于同事的一句话。这位同事是她的晚辈，也是一位歌唱家。他说，在静乐他发现有几位小孩子天赋不错，还有当地的一个合唱团基础好，可惜没有一个好的指导，黄了。2006年李克退休后在深圳、北京等地辅导多个合唱团，成绩斐然。文化部在静乐定点扶贫，女儿两次赴静乐演出。既然静乐孩子有音乐天赋，于是她决定去静乐走走。

2018年，李克向部领导要求、得到同意后，离开北京，来到静乐。一来就是三年，这三年过得艰苦，这三年过得快乐！

且看她的行程和日程。从北京启程，坐动车到太原，从太原再坐汽车到静乐。到静乐一刻也不休息，直奔教室讲练，有时直至晚上11点，平时的日程上下午晚上连轴转，学员们还可以调休，她一直是连轴转到深夜。午饭晚饭也是简单地喝口水、吃点方便面。晚上躺在床上，还在想教学的不足、学员的毛病、改进的办法。这样的日程一月进行两次。学员们都说她是女铁人，她说，哪有什么铁人，我也累啊，我也困啊，但我能坚持下来，这叫意志！

李克老师成立了两个合唱团：教师合唱团和童声合唱团。为了迅速提高这两个合唱团的演唱水平，她动用了广泛的社会力量。她找到中央乐团著名指挥家王军教授跟她一起来静乐，还有许多著名声乐、钢琴培训老师为她的合唱团服务，当然更不放过女儿李舒曼这位得过许多国际大奖的90后钢琴家。像王军教授，不但亲自来静乐辅导合唱团唱歌，还在网上授课。他网上讲授"合唱指挥初中高级班"，一年收费每人3800元，但对静乐全部免费，光这一项，就给队员们省去学费20到30万元。至于李克的女儿李舒曼，更是挤时间跟妈妈一起来静乐辅导教师跟孩子们。像他们这些音乐界顶尖名流，如果按市场价格收费的话，都是每小时几百上千的，而他们在静乐为文化扶贫，经常还得倒贴车旅费。

身为国家一级演员、多年耳濡目染的李克在合唱界享有"声乐大夫"的美称，她非常注重合唱团团员的基本功训练。每次排练，都要从练声抓起，发声的技巧、发声的位置、声音的共鸣、吐字的方法以及对作品的理解、演唱层次的推进……由浅入深，循序渐进，这是她多年形成的教学经验。她说，要像训练独唱演员一样去训练合唱团团员，要以中央交响乐团的标准去要求合唱团团员。

几年的严格训练很快就结出了硕果。2019年7月，在"华夏根•黄土情"第二届全国合唱艺术节上，静乐县教师合唱团获艺术节一等奖。如果说这一年获奖还有一定偶然性的话，那么，2020年一个爆炸性的新闻传遍全国。这年，因为疫情，中国国际合唱节要求参赛团队必须提交录音。李克自己花了3万多元，找来录音设备和录音师录制。静乐县的两支合唱团在世界400多个合唱团中脱颖而出，最后教师合唱团获得成人混声组金奖、童声合唱团获得童声组银奖，大获全胜，令一些专业合唱团大跌眼镜，纷纷打听静乐是个什么地方，竟能培养出如此出色的合唱团队。当他们得知静乐还是一个国家级贫困县后，连连摇头说不可思议。

不可思议的事就这么不可思议地发生了。当然，他们如果知道静乐有李克这

么一位不可思议的老人后,自然会肃然起敬的。

且听听家长、团员们以及社会人士对李克的评价吧。

一位家长说,我的女儿有唱歌天赋,我就把她送到京城学习,又不方便又花钱,现在李克老师来了,我就把孩子叫了回来,又不收费又面对面授课,离家也近,家长也好照料,这天大的好事想不到落到我头上来了。

一位家长说,我的孩子有好动症,学习老不上心,自从参加了李老师的童声合唱团,现在不但歌儿唱得好,屁股也能坐下来了,学习成绩提高许多。

考上中北大学指挥系研究生的学生说,考研我一点信心也没有,是李克老师和她的女儿李舒曼老师给我信心和勇气,并多次给我具体辅导,让我这个山沟里的穷孩子终于扬眉吐气,成为我们静乐县第一位考上指挥专业的研究生。

合唱团的团员们对李老师更有感情,他们说的都是发生在李克老师身上的真实事情。

新建路小学教师、教师合唱团指挥孟杰说,我原来是一所小学的音乐老师,从来没学过指挥。李克老师说,你们团队必须有自己的指挥,不能老靠着别人。海南办指挥培训班,本来我们这小地方是不会有指标的,李老师想尽一切办法给我们静乐要下一个指标并让我去学习。我胆怯不敢去,李老师鼓励我说,只要你努力,没有学不会的东西。一个月学习下来,我收获满满,终于成了静乐县第一位土生土长的合唱指挥。这样就是在李老师他们不在的时候,我们合唱团也能正常进行排练和演唱。

静乐一中的音乐教师马彦君说,李克老师初来时,我们是抱着应付一下的态度来的。根据经验,以往这种人太多了,待上三五天就一去不返了。李老师不是这样,一个月要来一两次,一直坚持到现在。我们很佩服她的这种韧劲,没有她就没有静乐县教师合唱团的辉煌。那年,教师合唱团去北京参加新年演唱会,事后又到长城搞了一次快闪,天气特别冷,李老师见我们四五个穿着单薄,就出去为我们一人买了一件"波司登"羽绒服,一件1000多块钱,而她却着了凉,躺在床上不能动了。我们回县后又赶上县里要开晚会,李老师就躺在床上,线上指挥我们排练,直至成功演出。李老师排练起来特别敬业,那年夏天排练,一百多人捂在一个狭小空间,突然间李老师脸色苍白,嘴唇哆嗦,话也说不上来,跌坐在地下。我们吓坏了,忙把她扶起来,她指指随身带的包,我们赶紧从包里找出药来,给她服下,隔半天她才恢复过来,说没事,人老了,零件有点破损。歇了一会儿,就又排练起来。冬天,县里要开音乐会,忻州古城也邀请我们去演出,李老师一听又坐不住了,撇下在协和做手术的女儿就跑到静乐了。一直陪我们排练演出,等演出完了,她女儿的手术也做完了。还有几件事特感人,童声团有位小朋友患了重病,李老师带头捐了款,还亲自找了老中医根据病情配了营养液，又花了几千元买了营养液给小朋友送去。她打听到静乐中学有一位品学兼优的学生，就送了一万元以示奖励，并表示如果考上大学，她负责四年的学杂费。后来该学生考上大学，李老师又提前把一万多元学费送到学生家里。

临到中秋，李老师从北京赶到静乐，肩扛手提七八十斤重的北京各式月饼，让大家品尝。平时对童声团的小孩子们特别照顾，每月花几千元委托教师团的一位教师专门负责为孩子们买各种营养品，以增强孩子们的体质。文艺界的朋友们说，李老师已把自己真正融入了静乐县。

静乐县领导说，李老师为全县的脱贫攻坚注入源源不断的动力，作出极大的贡献……

一位音乐教师说，最可贵的是李老师为发展静乐的文化事业，两次捐赠钢琴，第一次4万多，第二次更吓人，竟是28万的三角钢琴。她在静乐花费的钱大多通过我的手，我大略估算一下，李老师为静乐花出去的钱差不多有50万。

李老师是富翁吗？不是！其实，她本来是会成为富翁的，按说她和她爱人都是国内顶尖的专家，退休后办一些培训班什么的，按市场价收费会有不菲的收入，但她没有那么做，而是相反，她走了一条公益道路，培训合唱团从不收费。她爱人李新陆是中央交响乐团著名钢琴演奏家，跟李克一道在深圳珠海办起许多合唱团并获得许多全国和国际金奖，但因积劳成疾，患上了癌症，不幸于2007年去世。为丈夫治病，差不多花光了他们的积蓄，再加上女儿也长大了，她不愿再待在那个令她伤心的地方，就回到北京，继续着她的公益事业。每当合唱团的成员们劝她不要再乱花她的养老钱了，她却笑着说，国家给我的退休金我也花不完，留下来有什么用？女儿也长大了，也用不着给她存钱。这钱就要花在需要花的地方，帮助贫困地区值啊，也算是对国家的一种回报！

2021年2月25日，满头银发的李克坐在庄严的人民大会堂，受到党和国家的隆重表彰。静乐县合唱团的团员们本以为李老师名成功就，大概会刀枪入库马放南山了。可他们想错了，没隔几天，精神矍铄的李老师又风尘仆仆地来了，还是那么生气勃勃，还是那么信心满满。

"乡村振兴长长的五年时间，正需要我大展宏图呢。我怎么舍得离开你们！"

作者在采访李克老师　秦泽玉　摄

人物肖像 3

刘小营：山庄窝铺有亲人

刘小营在汇报工作　来源：三局微视

2018年8月9日，中铁三局六公司团委书记、经营开发部副部长，曾先后获得中国中铁"优秀团干部""青年岗位能手"、中铁三局"优秀共产党员"等荣誉称号的刘小营受公司委派，担任保德县韩家川乡猫窝村驻村第一书记，扎根基层，开展扶贫工作。

来到猫窝村后，刘小营看到村民生活比自己小时候的生活还差，很是着急，发誓一定要让猫窝村尽快脱贫，成为全县的红旗村。心系贫困户，与贫困户同吃、同住、同劳动，刘小营开始了他的暖心行动……

保德县地势高低起伏，交通条件不便。刘小营驻村第二天晚上，一个贫困户膝盖骨骨折向他求助。他二话不说，直接开车送到县城就医；凌晨3点，一村民肾结石病症突发，刘小营第一时间驾车带着村民去县城就医，又辗转送到省外医院医治，使村民病情症状得到及时控制。平日里，他的私家车就是猫窝村的公交车，接送村民到乡镇和县城办事成了他的常态化工作。

为改善村民身体健康状况，切实提高帮扶力度，2019年4月，刘小营积极努力，请到了中铁三局中心医院的4名专家和10名医务人员组成的体检医疗队来到猫窝村，为全村常住的35户75人进行了免费全面健康体检，并及时出具报告。医疗队大夫对症下药，有效控制了有身体健康隐患村民的病情发展。

根据村里老年人居多的特点，刘小营手把手教村民使用智能手机，让他们感受现代生活魅力。从开关智能手机开始，接打电话、存储号码、拍摄照片、接收信息、安装微信、语音视频聊天、查看天气、发布朋友圈、线上充值缴费、地图导航、网上购物等等，他都不厌其烦地一遍一遍讲给村民们听。他还购置涉及扶贫政策、疾病预防、紧急救治、健康养生等内容的图书累计300余册，构建起村民学习交流园地，丰富村民精神文化生活。

2019年4月，刘小营主动要求对村里因儿子患大病致贫户王存兵进行一对一结对帮扶。他为户内3人申请办理低保救助；帮助其办理医疗报销和慢病补贴，申请大病医疗救助补贴和相关市、县级医疗救助；为其在村内设置公益性岗位增加收入；帮助其联系保德好司机协会参加培训取得驾照，增加就业机会。

猫窝村综合服务中心是中国中铁捐建、中铁三局承建的项目，受到广大村民一致称赞。服务中心建筑面积约300平方

不负人民——忻州特色的脱贫攻坚之路

米、浴室、活动室、餐厅、厨房、宿舍等一应俱全，家用电器、厨房设备等配套完善，解决了村内公共服务设施匮乏问题，已达到村民在家门口即可享受城市生活服务水平的标准。同时具备探索发展农村就地养老模式条件，进一步解决外出务工人员的后顾之忧。

2019年以来，刘小营利用网络渠道帮助村民销售农产品3万元，惠及12户贫困户。

2020年4月，保德县王家岭至韩家川扶贫公路正式开工建设，按原设计，这条路与猫窝村"擦肩而过"。刘小营得知是中铁子公司中铁设计后，第一时间联系相关设计负责人，带领村两委主干多次请设计人员到村实地考察，积极推荐改线方案。经过多次努力沟通后，扶贫公路由原先绕行猫窝村改为与入村主干道并线通行方案，新方案在大大减少征拆工作量的同时，也直接导致投资增加2000余万元，但对猫窝村的后续发展将发挥重要作用。它不仅为村民出行提供方便，同时也为下一步创建沿线餐饮、住宿、汽修等产业发展创造了机会。

红枣是保德特产，为帮助村民销售红枣，2020年5月，刘小营在朋友圈发出一条信息：希望圈内朋友从认购一棵枣树开始，帮助山里人振兴乡村。信息在朋友圈发出之后，朋友们纷纷认购，一方面出于友情支持刘小营，同时也觉得认购300元一棵枣树，保底有25公斤红枣包邮到家，自己为扶贫尽一份力的同时，还能以枣树成长记录为素材培养孩子的兴趣，一举多得。

2020年6月，刘小营通过网络联系机制木炭设备制造厂家，并个人出资带着村两委主干和村民代表到河南郑州进行实地考察，确定今年的集体产业发展方向，即用枣树枝烧木炭的项目。利用每年修剪下的树枝，就地取材，变废为宝，每年产值达10万元以上，可惠及30多个贫困户。

抓基层党建是第一书记的第一要务，刘小营从提高基层党建工作的数量和质量入手，严格执行"三会一课"制度，规范党组织生活纪律，定期开展支部主题党日活动。

"今年6月，保德县在全县222个行政村中评选出6个脱贫红旗村，猫窝村榜上有名且排名全乡第一。当初的愿望终于实现了。"刘小营那黝黑的脸上挂满了自信的笑容。

经过近两年的努力，刘小营荣获保德县2019年"五一劳动奖章"荣誉，保德县2019年度优秀"农村第一书记"称号；猫窝村党支部连续两年被评为全县"优秀基层党支部"，2020年获得保德县"红旗党支部"称号。

刘小营已经把猫窝村当成了自己的家，把贫困户当成了家人。他用实际行动带领着猫窝人一步步实现脱贫摘帽，发展乡村振兴之路，快速奔小康。

2021年年初，当刘小营在人民大会堂接受党中央国务院表彰之时，他觉得无比骄傲与自豪！他表示，下一步会努力传递好脱贫攻坚到乡村振兴的"接力棒",继续努力奋斗,认真践行脱贫攻坚精神,坚决完成乡村振兴使命!

人物肖像 4

张大勇:村民都亲切地叫他"老张"

张大勇同志荣获"全国脱贫攻坚先进个人"称号　　来源:中国建研院

2018 年 7 月,中国建研院选派后勤部张大勇到偏关县开展定点扶贫相关工作。8 月,受县委组织部任命,张大勇赴偏关县水泉乡水泉村任驻村第一书记,进行了为期两年的扶贫帮困工作。

水泉村是水泉镇政府所在地,辖 3 个自然村,有 548 户 1053 人,其中党员 36 名。全村耕地 5180 亩、林地 1900 亩。建档立卡贫困户 118 户 267 人。

张大勇是南方人,刚到水泉村很不习惯,住在窑洞里,冬天时需要盖很厚的棉被,夏天雨季时被褥特别潮湿,很不适应。张大勇没有为此气馁,到任后,第一时间进村走访,逐户了解基本情况。

张大勇刚到水泉村时,由于地域差异,当地方言很难听懂。老乡们对这个说着普通话、从大城市来的基层干部亲热不起来。为了改变村民们对他的看法,他坚持入户走访,借着交流的机会与村民唠家常,努力学习这里的方言,逐渐跟老乡们就熟络了。他在调研中了解到,当地村民收入主要靠种植、养殖、外出务工,而主要农作物为谷子、豆类、玉米和马铃薯,且当地普通劳动力人群偏多,弱劳动力或半劳动力人群也不少。

村里有位名叫吴二的九旬五保户老人,无儿无女,独自居住,行动不便,村民们很少与他来往。张大勇了解到这个情况后,便经常去看望老人,为老人打扫院子、提水、烧炉火;送去米、面、油、鸡蛋、方便面、面包等。在他的带动下,村民也逐渐加入进帮扶的队伍,有的主动帮助老人洗衣做饭,有的从家里拿来自己种的蔬菜……老人逢人就激动地说:"共产党的干部就是我的亲人呀!"

逐渐地,张大勇与村民们打成了一片,现在村民都亲切地叫他"老张",娃娃们见了他都叫"书记大爷"。

为解决村里耕地坡地较多、地块狭长、耕种不方便的问题,他和村委同志商议后,寻求中国建研院的支持,为水泉村村民购买了 35 台小型人工点播机。可是村内年轻人大多在外打工,安装、调试就成了难题。为了村民不误播种时令,他放弃了休假,每天走到地头为村民安装、调试,并帮助年老或没有劳力的村民家干些力所能及的农活。

刚到水泉村时,村支部的基础设施还

较为老旧,为了改善办公环境,他向中国建研院申请了35万元资金,维修原有的6间旧窑,新建4间做会议室、活动室,并购置桌、椅等办公设备。如今的水泉村支部已经焕然一新,为村两委召开会议提供了场所,为脱贫攻坚工作的推进奠定了坚实基础。张大勇到任以来,迅速完成从企业员工到基层党务工作者的角色转变,并在乡党委指导下,协同村两委全面开展工作。

他积极探索加强党建工作的方法,落实"三会一课"制度,开展"改革创新、奋发有为"大讨论、"不忘初心、牢记使命"主题教育。相关制度的落实,党员活动的规范化、常态化,促使村里党员参与活动的意识提高了,党建工作的质量水平也有所提升,大家开始乐于配合,参加村里的一些事项决策和公益事业建设,保障了水泉村党支部相关工作的有序有效开展。

经过两年的努力,水泉村支部党建工作取得了很大的进展,张大勇也被水泉乡党委评为"2018、2019年度优秀第一书记"。

人物肖像5

张尚富:我是砖头任党搬

"咔嚓"一声霹雳响过,倾盆大雨随即而来,宁武县苗庄这个小山村被遮盖在浓密的雨雾中。

老张被惊醒后,看看表,正是午夜一点半。他打个哈欠,不禁嘟囔一声:咳,这

张尚富在地里劳动　来源:忻州扶贫

老天,刚刚才睡了半个小时……他知道这觉是睡不成了,他马上就得动手"防洪",很快泥和水就会冲进屋里来。他住的这间房子是修建于20世纪50年代初,被主人丢弃好多年的破房子了,四面通风屋顶漏雨,是老鼠的快乐老家。尽管入住之前修了修,可墙底的老鼠洞堵了又破,破了再堵,堵了还破。他感慨老鼠顽强的战斗力,索性不再做无谓劳动,让老鼠们自由出入与己做伴了。他迅速穿衣,跳下土炕,发现鼠洞已有雨水流了进来。老张正准备去堵鼠洞,忽然觉得头顶一凉,原来是房顶又漏水了。这一滴水,让他猛地想起另一件事:这苗庄穷人多,孤寡老人多,居住环境差,好多人家的墙体裂缝、屋顶漏雨是常事。青壮村民都出门打工了,这修房补屋的事就义不容辞地落在他这个扶贫第一书记的头上。前些时,老张把其他几户的房子都修好了,唯独剩下马寡妇一家了。他原估计就这一两天去修理,谁想老天不等他,夏雨提前而至。他像做错事的孩子一样,叹口气,一刻不停,穿上雨衣,揿亮

手电,肩扛塑料布,冲进大雨中。等他四脚朝地小心翼翼地把塑料布给老人的房顶铺好压实后,身上的衣服不知是雨水还是汗水,早已湿漉漉的了。他急匆匆地赶回自己屋子,泥水已有半尺深了。他脱下雨衣,拿起脸盆往外泼水,等他把泥水收拾干净,天已大亮了。还是老天眷顾他,后半夜停了雨,要不他泼泥水的速度是断然不及进水的速度的。

苗庄虽穷,难道就找不出几间像样的房子供扶贫工作队队长兼第一书记来住吗?当然不是。老张进村来,一开始是住在一户人家空闲的屋里,那屋子不敢说是村里第一,起码是窗明几净,未有蛇鼠成窝之虞。可这老张不是消停之人,人家晚上早已入睡,他半夜五更才回来;早上人家还在梦中,他四点多就起来,张罗着要下地,把个小院弄得鸡飞狗跳,不得安宁。对于这些,主人虽然受到惊扰,但老张是为了工作,说得明白点是为了全苗庄人脱贫致富,那还能说什么呢?主人这点觉悟还是有的。可老张接连出了两件事,主人就有点不淡定了。那天老张在地里锄田时,竟晕了过去。究竟是怎么回事,谁也说不准。有知情人说老张血压高,干活猛了;也有的说太阳毒可能中暑了。正当大伙儿莫衷一是束手无策时,一个胆大的上前准备掐人中,老张突然哼了一声睁开眼睛。见大家围着他,竟然笑了起来:没事!没事!就是中了个暑嘛,歇歇就好。这家伙,喝几口水,竟像铁人一般又干了起来。第二回,老张像有了瘾似的又"噗通"一声昏倒了。

人们掐了半天人中见老张没任何反应,这才慌了神,打电话叫来救护车,送到县医院抢救。在医生紧张抢救下,老张恢复了意识,睁开眼的他看见自己躺在病床上,忙忙碌碌的医生正是曾跟自己一块当第一书记的老相识,两年扶贫结束后回城又当了医生。老张问道:老伙计,我这是怎么啦,跑到这里来了?医生瞥他一眼:怎么啦,还不是劳累过度,兄弟,用力过猛了。你还有那么高的血压,用力过猛,倘若血管崩裂,那神仙也没办法了。老张握着医生的手:谢谢你了兄弟!我不能不着急啊,我既是马营、苗庄、东坝沟、东沟几个村的扶贫工作队大队长,又兼任东坝沟村的第一书记。重任在肩,时间不够用呐,我从早到晚12个小时不够用,恨不得24小时连轴转呀。医生用特有的冷静告诉老张:兄弟,欲速则不达,身体是革命的本钱。我希望你多住几天,好好养养身体,也不希望下次再在这里遇上你。老张哪里听医生的,只住了两三天,就让医生开了些药,溜回村里了。

这些事屋主人当然知道,他不禁踌躇起来:说实话,自己很喜欢老张,诚实,实干,不耍嘴皮子,也没有城里人的那种清高,他就像地地道道的村里人,就像自己的好兄弟。可这人太实受了,一点不惜力。已经有了一次二次,当然还会有三次四次,何况还有那么高的高血压,那是地雷啊,倘若发作在自己家里,倘若又没能及时抢救,那自己说得清道得明吗?这可是人命关天的大事呐,还是小心为妙。于是有一天，主人跟老张摊牌了，当然他不会很直接，他给老张讲了一个他母亲的事，说母亲是个很勤勉的老人，就是血压偏高，有天正跟孙子说着话，突然就晕了过去再没有醒来。主人像说着闲话，可老张并不笨，早已听出弦外之音，第二天就搬到现在住的这间房子里。其间，还有几户村民觉得老张是自己的弟兄，盛情邀请他搬到自己家里住。老张一一谢绝，他不愿再给村民添麻烦，另外还有一个他不愿说的原因，这间废弃多年的破房离他一心办起来的猪场很近，他好不时地照料它。

这个养猪场是老张的心血所在。入住苗庄以来，老张走遍了苗庄的山山水水进行调查，发现苗庄地少地瘦，不适宜发展种植业，就想在养殖业上做点文章。当时猪的行情在市场上很好，他就跟单位领导以及村两委干部商量在村里办个养猪场，帮助贫困户脱贫。他是这样想的：由单位出钱建起养猪场并买一批小猪仔，养到50公斤左右然后发放给贫困户，再由他们育肥至150到200公斤，一头可卖至9000元上下，差不多能顶一头牛的价格了。这样，贫困户家养一头猪就基本能脱贫了。单位领导很支持他的这个想法并很快付诸实施。猪场建成后，雇用了村里一位有养猪经验的贫困户来喂养，一个人忙不过来，老张就成了义务饲养员。一天三顿猪食他都要亲自过手，每天还要从田间割几捆青草喂养。看着一天天长大的猪仔，老张成天乐滋滋的，村里人打趣道，老张头，你是捡到200块钱还是怎么了？他乐呵呵答道，何止是200块钱呐，它是咱穷人实实在在的希望啊。他掰着手指头算了算，这几年，一共送给贫困户37头猪，一头猪就按50公斤算，1850公斤呐，一斤25元，得多少钱，9万多，每户差不多2500元，这可是真金白银呐。

老张让苗庄村民津津乐道的还有一件大事，引进企业和资金，办起服装加工厂。小小的村庄，闭塞的村民，哪见过这阵势，隆隆转动的机器把他们脱贫挣钱的念想都转出来了。款款地坐在那儿，一天还挣个百儿八十，天下哪有这等好事。报名的妇女挤爆了村委会，甚至有的男人还愤愤不平：怎么都收老娘儿们，咱男人们心灵手巧的有的是，肯定比她们干得又快又好。经过短期培训，那几十名被男人们吆三喝五惯了的娘儿们生产出一件件漂亮的衣服，甚至贴上谁也看不懂的标签漂洋过海呢。这可把那些自以为老子是天下第一的男人们震得一愣一愣的，真是天变了，乌鸡变成了彩凤凰。后来通过县里帮助，在村边又建起正儿八经的厂房，原来的场地又改为毛建茶的厂房。这样，全村的贫困户全部进入工厂打工，让160户贫困户不出村就能就业，实现了户均增收近万元。

就是住在农户废弃的破房子中，老张也把脱贫攻坚的战役打得有声有色。老张在工作中是打了大胜仗，可在妻儿父母那里却是一败涂地。老张的女儿嫁在朔州，有一次路过宁武顺道来看父亲。女儿一进老张的住房就掩面痛哭：这难道就是父亲

成天夸耀的宽大漂亮的住房？现在就连乞丐也比他住得好呀。还有那地上摆放的一大箱方便面，这么住，这么吃，50多岁的人了，这是何苦啊！看到女儿痛哭，老张慌不迭地说，莫哭，莫哭，老爸的身体好着哪，何况村里正准备盖新房呢，盖好新房老爸就搬。女儿回家跟妈妈一说，母女俩抱着又哭了一遍。妈妈说，你还不知道你那爸爸，公家的事看得比命还重，家里的事这十多年来，他做过几件？卫生间下水道堵了他不管，屎尿都溢了一地，我哭皇天也没泪，还是朋友帮忙才处理好。养老保险金他能忘了交，医疗保险费他也记不得交。还有，平时的星期天他不回家倒也罢了，就连八月十五也经常不在家，过年国家规定七天假，可他大年初三就非得走，你算算他一年能在家中待几天！你不知道这些年妈妈是怎么过来的。这些话妻子从来是不对老张讲的，妻子跟他一样是个要强的人，所遭受的委屈只是悄悄埋在心里边。当然老张也知道十分对不起妻子，一年365天，自己就有330天不在家。按规定，星期天和节假日是完全可以回家的，宁武到忻州也就一个多小时的路程，因为工作忙，他除了因公回忻州开会或者公差回家里看看，扶贫点就成了他的家。面对妻子忍不住的数落，他只能笑脸相对，绝不还口。他是个细心人，悄悄地收集了有关方面的电话，譬如修窗修灯的、修灶开锁的、修暖气管的、修下水道的，甚至连妻子所患疾病方面的权威医生的电话以及住址都写得清清楚楚，自己留一份，妻子留一份，以备不时之需。还有一条，只要他回家，就努力干活，以弥补对妻子的亏欠。

对妻子是这样，对父母呢？更是惭愧在心。那年父母双双得病住院，他得知消息后，抽午休时间，雇一辆车飞奔偏关县城。见到父母后，老爸说，你是公家人，工作忙，看看就好了，回去吧。待了不到一小时，留下一些看病钱，就匆匆踏上回程。一路上，他想起自己不能床前尽孝，不由放声大哭。司机纳闷，发声道，不赶紧料理后事，乱跑个毬！老张真想揍他两拳，可一想自己是个公家人，哪能胡乱来，却哭得越发大声。不想这家伙竟屁言成真，第二年，老父亲第二次住院了，老张没能及时赶回去，还是在忙他的工作，谁想几天后噩耗传来，父亲去世了。在父亲发丧时，赶回家的老张，一头栽在父亲的灵前，哭得肝肠欲断。老张的朋友战友甚至一些亲友不理解，骂他生前不孝亲，死后胡念诵。他能说什么呢，他不愿去解释也知道解释不清楚，他只能带着悲伤和惆怅回到工作岗位，以满腔的热忱来回报尚未脱贫的村民。

他愧对妻儿父母，可他把满腔的热爱洒向扶贫点的群众。在村里，地里的活儿，从种到收、从早到晚，他一样不落；修房抹墙喂猪放羊，他也干得十分娴熟；至于那些扫大街掏厕所别人不愿干的活儿他都干得十分起劲。对老百姓他恨不得掏出热腾腾的心来相对。每到过时过节，他都要去孤老病残家里看望，并自掏腰包，给他们留下慰问品或三五百块人民币。那年过八月十五,他不回家,花了两三千元,摆了6桌宴席,请三个村的孤寡病残老人欢聚团圆。西马坊的老两口80多岁了,行动不便,可因照的相虚影识别不了,领不到低保钱。老张听说就雇了个车把两口子拉到县里重新照了相,又把他俩送回村里。苗庄有个老光棍叫马来存,从小就是个人见人嫌的人,老了更是人人都躲着。他身染一身病,成天到村委会要钱,不给钱就骂娘。本来国家该给的钱一分不差地给了他,可这些钱根本不够他看病,他就逮着谁骂谁。老张看到这种情况就主动去他家里看望,并给他带去治病的药,劝他说,共产党派我来就是为大家解危济困的,相信我,不会把你撂下不管的。老张从此经常去马老汉家嘘寒问暖,从不空手上门。每年过年,老张临回家前,都要给老汉把过年的东西备齐,还给他500元钱。马老汉患的是癌症,病重时老张每天都去看他。有一次马老汉把棉裤尿湿了,老张在炉子上烤了半天才烤干。马老汉感动地说:我孤老头子一个,就一个弟弟,我把我的羊让他代管,他却把羊卖了,钱一分也不给我。你跟我非亲非故,不嫌弃我,比我的娘老子还亲。不久,这位受到老张亲人一样照料的马老汉安详地走了,开会回来的老张还到他的坟头洒了几滴眼泪。

马老汉前前后后花了老张一万多,当然这不是全部,老张扶贫以来,前前后后为孤寡病弱老人们散出的钱有七八万之多。这下有人会以为老张是家财万贯的小财主,错了!老张只是个普普通通的公务员,工资也就4000多元,妻子还没有工作,日子过得其实还是紧紧巴巴的。有人说,他疯了吧?没疯!老张说,我是个苦孩子,从小过的是衣难遮体食不饱腹的日子,我知道没钱花是什么滋味。我一看见穷苦人就心疼,恨不得把自己的钱全掏给他们。再者,我是共产党派下来的扶贫队长,还是第一书记,老乡们没脱贫就是我的责任!

养猪场、服装厂越办越红火,苗庄的老百姓口袋里的钱越来越多了,新的两委办公场所也新盖起来了,在破房子住了快两年的老张就要搬到崭新的住所兑现对女儿的承诺了。这时,他又接到新的扶贫任务:去宁武县阳方口镇包扶两个村。对于老张来说,他已记不清这是第几次接受新任务了。老张大名叫张尚富,1961年生人,去部队服役13年后,转业到忻州市住房公积金管理中心。2006年单位有了扶贫任务。老张说,反正我是农村长大的,在部队摸爬滚打吃苦也习惯了。从此他开始了长达16年的农村扶贫工作,这个年限恐怕是史无前例无人能破的。他先后在忻府区、定襄、宁武20多个村子扶过贫,每到一个村子,无非是打井修渠架线修路,成立专业合作社,引进工厂……凡是能脱贫致富的法子他都想尽了、做遍了。具体的数字有很多很多,就不在这里一一罗列了。一句话,不管老张走到哪个村子,他总把一颗火热的心留在那里,他总把一个天翻地覆的变化留在那里。他爱农村。他说,我根子上就是一个农民。所以,

他才能在农村待长长的16年。那年，市里一个副市长跟他一个村扶贫，一盘火炕上睡了好几天。副市长问他，你在农村扶贫已经够长的了，你难道不想回去吗？他回答道，也想呀，我不是什么圣人和怪人，我也有七情六欲啊。你想想，十几年了，单位的领导已经换过三个了。其实，他们也关心我，说这么长时间了，该回来缓缓气了。可我一说走，村里的老百姓一个声地嚷着不让走，说你要是敢走，走了也要去单位把你拽回来。大家伙这么相信我，我也喜欢他们，索性就不走了。反正我就是一块砖，党把我安放在什么地方，我就在什么地方奉献绵薄之力。

2021年1月，《人民日报》的记者采访了他，两人谈得很投机。聊天中，记者发现了老张手机中保存的几枚奖章，便津津有味地看了起来。嚯，老张呐，你不简单啊，这奖章还真不少，中国好人、山西省劳模、山西省五一劳动奖章、山西省脱贫攻坚奋进奖、山西省扶贫工作先进个人、山西省优秀共产党员，还有部队上的几枚，啊呀呀，老兄，你这奖章成堆了哈。老张淡然一笑，我这人不会说话，借用别人说的话吧，金杯银杯不如老百姓的口碑，你去打听打听，我老张的为人怎么样。我可以负责任地说，凡是我到过的地方，没有一个骂我的老百姓！老张对记者说，今年是我下乡扶贫第16个年头了，今年9月就要退休了，还有多半年的时间了，我得抓紧时间多给村民做点实事好事。记者问他，退休后有什么打算。他说，我包的村子已经脱贫，可我还不能走，我的事还没办完，我准备办个股份制合作社，把养殖业做大做强，继续为乡村振兴做点贡献。记者感慨地说，你属牛，牛劲不小。你每到一个村子，这个村子就脱贫致富，张尚富呀张尚富，这个名字起得好！

人物肖像6：
张鹏：精准帮扶解难题

张鹏走访村民　　来源：忻州扶贫

2018年5月，省公安厅政治部民警张鹏被选派到神池县太平庄乡小磨沟村担任驻村工作队长。火车驶进神池县的那一刻，张鹏就下定了决心，要踏踏实实为村里干几件实事。

小磨沟村三面环山，地势较高，常年干旱，"吃水难"是村里百姓的最大心结。2017年，在包村山西省公安厅副厅长李喜春高度重视下，村里打出了一口深594米的水井。

一口井解决了村民没水吃的问题，可是村民用水并不方便。看着村民们从村里取水点挑一次水要走好几百米，张鹏心里总觉得还有什么事得干。2018年7月,张鹏带领工作队积极向乡政府汇报接水入户的必要性。乡政府、驻村帮扶工作队多次协调县水利局、自来水公司共同推进引水入户工程,为全村40户在住村民安装了入户自来水。

就业,关联千家万户的"饭碗子""钱袋子",是困难群众安身立命的保障网。刚到小磨沟村的张鹏在走访群众时听到最多的一句话就是:"给娃娃找个营生,20多岁的小伙子没事干。"看着眼前的大小伙,张鹏心中一颤,没有就业如何谋生?端不上饭碗老百姓怎么会对我们满意?

送出去能不能稳得住?稳得住能不能发展好?辅警招聘就业能不能有长期稳定的预期?带着对这些问题的思考,2019年3月,张鹏自费到新疆阜康市实地看望辅警就业的神池娃娃,详细考察辅警就业情况,主动上门拜访阜康市公安局局长、人社局局长,探讨能否长期招人、能否异地考试、能否参加当地事业编制考试等关键问题。看着这个远道而来的扶贫干部,阜康市公安局、人社局相关领导深受触动,共同研究破解制约辅警异地招录的政策瓶颈,在长期稳定招录辅警、异地考试等相关问题上给出了积极肯定的答复。

从新疆阜康市回来后,张鹏将考察结果形成工作报告向神池县委、县政府汇报。2019年4月,神池县委、县政府委派张鹏与县人社局、县就业局主要领导赴阜康市洽谈就业合作事宜。2019年6月,神池县人社局与阜康市公安局签订了《"精准扶贫友好共建"就业合作协议书》。截至2020年6月,神池辅警就业人数已达105人。如今,"神池辅警"已经成为神池就业劳务支柱品牌,更承载着年轻娃娃们自强自立、成长成才、报效祖国的梦想和希望。小磨沟村是全县贫困发生率较高的村子,贫困发生率60%,村里的年轻父母多数在外打工,30多个孩子有一半属于留守儿童。缺少学习物资、关爱沟通、价值塑造成为留守儿童的共性问题。今年7岁的紫涵,4年前父亲赌博欠下巨额债务后离家出走,母亲绝望之余改嫁他乡,"拥有一个新书包"就是紫涵最大的心愿。

"扶贫先扶智,物资匮乏、理念闭塞、缺少关爱,不正是制约贫困地区儿童教育

自来水入户　　来源:忻州扶贫

的难题吗？输在起跑线上的孩子们如何改变命运？贫困的代际传递不就是这样发生的吗？"一个人的力量虽然有限，可是能用有限的力量为孩子们点燃对未来更多的希望，哪怕只是为孩子完成一个心愿。

带着为孩子完成一个心愿的初心，张鹏四处联络各类公益机构、爱心企业、社会慈善团体，数不清碰了多少次壁，多少个夜里辗转反侧难以入睡。张鹏的执着终于有了效果。2019年7月4日，山西富力公益行到太平庄乡学校进行爱心捐助，捐赠教育资金1万多元和价值5000多元的学习生活文体用品，极大改善了53名贫困留守儿童的学习生活条件，激发了孩子们热爱生活、积极向上的健康心态。

2020年5月，针对村民返乡居住和水路循环不畅等情况，张鹏主动争取乡政府支持，为返乡群众增加自来水入户5处，改造村里送水线路，使原来由于地势压力导致用水困难的群众全部用上自来水。村里的老党员胡亮大爷逢人便说："感谢公安厅打井送水，这是村里开天辟地的大好事。"

张鹏到村后多方考察旅游资源，形成了修建集停车场、农家乐、农产品展示区等于一体的旅游服务区计划。2018年10月14日，小磨沟村旅游服务区成功举办太平庄乡首届农民丰收节暨小磨沟旅游市场启动仪式，展示了脱贫攻坚给这个昔日小山村注入的发展动力和无限活力。

2019年2月，小磨沟村以良好的基础设施建设和旅游发展思路入选"山西省第二批旅游扶贫示范村"。

接任驻村工作队长两年多来，张鹏与小磨沟村干部群众结下了深厚的友谊。张鹏说："小磨沟村的巨大变化凝聚着省公安厅对基层农村、农民的关切和支持，折射出小磨沟群众在神池县、太平庄乡党委政府带领下自强不息的奋斗精神，脱贫攻坚不仅改变了村里每一个家庭的生活状态，更深深地激励着每一个人的奋斗精神。"

人物肖像7：

张继平：抓党建，促基层治理能力提升

张继平带队走访贫困户
来源：忻州人大网

一场前所未有的脱贫攻坚战，正在史无前例地改变着中国农村的面貌，改变着中国农业的地位，改变着中国农民的命运，也改变着中国农村基层干部的精神世界。

一

建设成"雁门第一村"，绝对不是空许

诺。

张继平是橙草沟最早下海的致富能人，2008年的村主任选举会上，村民们选他回村当了村主任，后来又担任了村支部书记。当时村里的群众穷怕了，也乱怕了，说再要是没个有本事的人来领料，连村里也快没人愿意住啦。

村中账务历来是群众关注焦点、矛盾热点。上任以来，张继平以此为突破口，积极推进"阳光村务"。他认为：愿不愿意主动公开，那是政治站位问题；想不想认真公开，那是工作态度问题；敢不敢真正公开，那是责任担当问题。村干部只有敢彻底地把党务、村务、账务全部公之于众，坚持公开、公平、公正的原则，才能赢得群众的尊重、信任。"这样下去，即使自己出现了工作失误，连你自己都不能原谅自己的时候，老百姓也会原谅你。"

橙草沟村的村务公开信息，包括发展党员及入党积极分子确定培养情况、村两委任期内承诺的事项、年度工作进展情况、"四议两公开"事项、村级财务收支情况、社会救助情况等内容，尤其是对涉及项目建设、土地流转、经营承包等敏感性的事项，都会分阶段向群众实时公开。

按照县乡文件有关精神，财务公开是半年一次，橙草沟是每月公布一次。老百姓起先还有人去看，后来见条条缕缕交代得清清楚楚，纷纷说不用麻烦地再每月公布了。于是村委会改为半年一次。但在涉及上级下拨资金、集体经济等事情时，还是要从前到后作出及时、详细的交代。用张继平的话说，这叫"橙草沟村里没秘密"。

如果说橙草沟的账务公开最初出发点是打开工作局面的现实需要，那么其后的"阳光村务"则是实现基层长治久安的根本保证。规范操作、全面公开、内容具体、更新及时，橙草沟的"阳光村务"走在了全县工作的前列。

橙草沟"阳光村务"工作的一大亮点是便民。村里建有党务群、村务群、全体村民群、贫困户群4个微信群，针对不同工作对象，高效率、多渠道做好村务公开工作。每次公开商讨会议，村民代表在会场可以手机录音、录像，在微信群以最快的速度传播出去。村民足不出户就能知晓村中事务。

最为难得的是橙草沟村实事求是的工作态度。在村民最为关注的低保问题上，橙草沟村的做法是：符合条件的一律上报；符合情理的积极争取。"基层干部知根知底，最有发言权"。遇到这些情况，无需村民出面，村委会就会主动向民政部门出具各种证明说明实际情况，直到妥善解决为止。

从村务到党务、账务；从为民到利民、惠民、便民，橙草沟村的村务公开越来越走向了深入。

说破嘴皮子不如做出好样子。橙草沟村是典型的缺水村，乡亲们每天喝的水泛着红色泥土，水质极差，如果不提前在水缸里澄上半天，水根本不能喝。村里曾经打过3口井，一点水也没出来。省市县的

勘探队都说这里是无水区。张继平是土生土长的橙草沟村人，知道这里是古河道，一定有水。第一次光测量费就花了5万元，可还是没打出水。他要求挪井位。这次成功了，在新井位110米以下，探到了沙层，成功打出了一口深井。自此填补了水利局的记载空白，也终结了橙草沟村无水区的历史。

深井打出来后，扩大了水浇地面积，河床附近的800亩旱地变成了水浇地；节约了灌溉时间；增加了农民收入。因为水量大、水质优，还为代县方盛酒业饮料有限公司的进驻奠定了基础。

为了改变村里的环境卫生，张继平从一上任就每天起早贪黑清理大街小巷的柴堆、粪堆、垃圾堆，并说服自家叔叔主动清理门前的杂物。村里人看到后过意不去，也主动参加了清扫的队伍。村里的环境卫生有了明显的好转。这以后，为了把环境卫生工作引向深入，张继平又开始满大街捡烟头，一连十几天坚持不懈。在他的带动下，村支委党员干部村民们也都自觉注意起村里的环境卫生。

在橙草沟村，每年下雪后，早晨第一个起来义务给村民清扫道路的，都是共产党员。这已经成为一个惯例，只要一下雪，村两委成员就主动拿上扫帚沿着村中的大街开始义务扫雪。村民看在眼里、记在心上，以后每次下雪都先把自家院子扫出来一条小道，然后就急急忙忙到街道清扫，生怕自己落在后面。村东005乡道橙草沟村段，是通往村外的主要大道，多年来也是村两委成员自发去扫雪的。他们齐心协力，配合默契，铲的铲、推的推、扫的扫，干得热火朝天，不亦乐乎，忙碌的身影构成了一道亮丽的风景线，也为村民出行开辟了一条洋溢着温情的通畅之路。

村委会院子里的树，村外大道上的树，是老党员张龙和姚国文义务修剪的；全村修理电路、更换用电设备，都是老支委谢峥嵘义务干的……

以党建为引领，充分发挥核心作用，围绕美丽乡村建设先后开展了环境卫生综合整治、乡村饮水工程、美丽乡村示范工程等一系列重点工程，不断提高群众参与环境整治的自觉性和积极性，村容村貌焕然一新，群众幸福指数大幅提升，橙草沟成为忻州市级美丽乡村示范村。

一条条整洁的街巷，一座座干净的院落，一面面传承真善美的文化墙……支撑这一切的是橙草沟村的乡村治理"三大法宝"：法治、德治、自治。

以法治为基础，发挥村规民约作用。注重先进道德文化引导，挖掘乡村传统文化的时代价值，弘扬真善美、传播正能量。以人民为中心，突出群众主体地位。坚持推行村级事务管理决策"四议二公开一参与"，发动引导村民广泛参与民主选举、决策、管理和监督，树立了村民的主人翁意识，形成了"人人关心家乡发展，家家参与村务管理"的良好氛围。在橙草沟村，村民代表可不是摆设，那是一种荣誉，更是一种责任。

村里12年无上访事件。村中两户人

家发生纠纷，到派出所、法院多次解决无果，经过张继平3个小时耐心细致的调解，就握手言和，达成一致。

山西省财政厅驻橙草沟村第一书记董鹏佩服地说："张书记工作有干劲、在状态，能够把握和顺应深化改革新进程，适应和引领经济发展新常态，回应人民群众新期待，真正做到了为官一任、造福一方。"

张继平坦言，以前为了治理村里这个烂摊子、乱摊子，几乎天天骂人，还是点名道姓地骂。不知不觉中自己已经习惯了，也不以为然。现在不一样了，村子卫生干净多了，文明程度高了，村风民风好了，咱再用这种方法就落伍了，自己也得学会与时俱进，用平等民主的新风熏陶熏陶，给群众做个好榜样。2016年1月1日的例会上，张继平自我检讨："以后多办实事，少说大话，尽量不骂人。"支委张龙也说："我最大的缺点就是办事拖拉。年前一定把分内的工作完善好。"

张继平常说，咱村干部把自己那一亩三分地里的小事情办好，领导们就能腾出身子来有大作为。碰到上级领导来村里检查调研，张继平一般是报忧不报喜，有问题和盘托出，有困难不忘求助。凡是那些历史性、全局性的以及系统性的事情，他都会如实上报。别人表示不解，说你露"家丑"就是不怕掉官帽吧，还不嫌说出来丢面子？张继平说：领导就是咱老百姓的当家人，调研就是为了解实实在在的情况，帮助咱解决方方面面的困难。你要是再遮遮掩掩，那还能算是一家人？再说现在改革开放走向深水区，你连泳都不会游，还老说一切都好，那岂不是害人害己。

仅仅几年的时间，他带领全村党员干部，树正气、压邪气，倡新风、祛歪风，持之以恒、久久为功，实现了班子由"软"到"硬"、民心从"散"到"聚"、村子由"乱"到"治"的巨大转变。

二

脱贫攻坚战打响以来，橙草沟村坚持因地制宜，长短结合，推动产业、生态、扶贫融合发展，具有当地特色的产业扶贫之路越走越宽。

打赢脱贫攻坚战，产业扶贫是关键。2017年秋天，张继平先后组织贫困户代表赴静乐县黑枸杞种植基地参观学习。张继平和对方经理谈话，贫困户代表不只看展板介绍，还蹲在地里看人家的土和村里的一样不一样，黑枸杞长势如何。王文奎更是在出发前就从网上下载了相关资料，带着问题去，让对方给予解答。完全是有素质、有责任、有头脑的主人翁形象。

"家有梧桐树，引得凤凰来"。代县方盛酒业饮料有限公司于2016年1月4日注册成立，是代县转型发展重点工程项目之一。橙草沟村以良好的发展环境受到公司的青睐，而这个项目也以污染小、效益长得到橙草沟村的欢迎。2017年，双方达成合作，村委会以土地入股方式参与经营，提前获得分红19.5万元，既盘活了闲置用地，又增加了村集体收入。代县方盛

酒业饮料有限公司还把制酒后残余酒糟免费给贫困户作饲料发展养殖增收。项目可安置贫困户劳动力110人，带动贫困人口400人发展酿酒高粱种植1000亩，人均年增收260元。方盛酒业还与大烟旺、橙草沟、闹市、两界沟、窑子头、西关6村200户贫困户签订了"五位一体"帮扶协议，已办结60户300万元。联合企业扶贫，构建起良性的社会发展生态圈，实现了企业、村委、贫困户三赢，促进了社会效益、经济效益双提升。

中药材芍药种植是个长期项目。橙草沟村耕地土层深厚、排水良好，非常适合发展。虽说芍药生产周期长，但芍药属于大宗药材，需求巨大，易于存放。2018年橙草沟村从临汾市引进技术种苗，开始种植。目前，200亩芍药长势喜人，几年后即可收到良好效益。

全域旅游是贯穿落实新发展理念的体现，是建设小康社会的重要内容和标志，也是建设美丽乡村的重要载体。

2019年，橙草沟村成功引进代县草沟万生农牧有限公司项目落户。作为全县农牧业重点龙头企业，该公司依托中国农科院、山西农业大学以及县畜牧兽医中心的技术支持，肉牛销售已与山西知名品牌平遥冠云达成采购协议。它的建成，可以带动周边以及全县养殖、种植的贫困户脱贫致富。

橙草沟村除了以上这些"慢功夫"和"长久性"项目作支撑以外，还按照"产业有市场、生产有效益、农民有收益"的产业发展思路，精准选择了"短平快"扶贫项目。

橙草沟村沟深坎多，背风向阳，野外条件好，而山猪适应能力强，饲养成本低，营养价值高。经过筛选、培育，2018年选择了山猪养殖项目。养殖场由橙草沟村集体统一管理，贫困户通过在养殖场务工、销售玉米和红枣等农产品获取收益。山猪养殖已成为橙草沟村贫困户脱贫增收的头号产业项目。山猪生长周期长达10个月以上，由县动物检验检疫部门严格防疫检验、定点屠宰，不添加任何抗生素和瘦肉精，只吃玉米、谷糠、麸皮、豆粕、红枣和方盛酒厂生产的酒糟。肉质鲜美、味道纯正、营养丰富的山猪肉，自2017年上市以来就受到广大消费者的一致好评。2019年5月25日，橙草沟山猪肉正式入驻代县新全超市，广大市民在家门口就可以轻松品尝到正宗地道的原生态山猪肉产品。

张继平早些年在商海滚打摸爬，他认为产业扶贫要做实做强，就必须"让专业的人做专业的事"，以职业经理、农业龙头企业家取代农牧业产业大户和合作社牵头人是未来发展的趋势，因为他们有敏锐的市场嗅觉、灵活的市场策略、快速的应变能力、良好的服务意识。

2019年4月，张继平创新村务管理模式，由建档立卡贫困户组建劳务公司，将村内卫生清洁、基础设施维护、安保、山猪饲养以及道路、水利、土地、林业的管护和维修等外包给劳务公司，让贫困户通过职业化的劳动获得收入。这一管理模式的创新,为全县村级组织管理做出了大胆探索,既符合乡村发展实际,又能充分调动村民积极性,无论从观念上、管理上、分配模式上都具有重要的现实意义和典型示范意义。

尽管如此,张继平认为自己在市场能力方面,还处在"大门口圪蹴"的程度,离"登堂入室"还有很大的距离,但艰苦的学习不能间断。他唯一的希望是在自己手里争取把企业做大、管好,为以后吸引优秀人才参加乡村振兴事业做好准备。"一旦找到合适的人选,我马上就会退下来。"

三

橙草沟村曾荣获忻州市"先进基层党组织""新农村示范村"称号。在这里,人人都是乡村振兴"战斗员"。

"老百姓心里有面包公镜。"在橙草沟村,批评与自我批评不是只局限在民主生活会上,平时例会上也进行。这可不是走过场、搞形式,那纯粹是"真刀真枪",直击要害。

最早下海成为致富能人,到回村担当"治乱"强人,再到乡村振兴当贤人,张继平的人生经历随着时代的进步,悄然发生了变化,也折射出整个社会对干部队伍素质不断提高的选择考量。

张继平对村里的发展满怀信心,他曾经在村委会会议上对橙草沟村做了这样简单的总结:今后可以把重点工作放在涉农项目、招商引资项目上,以发展农村集体经济、壮大集体经济为宗旨,引导全村各项目及引资项目稳步进行,真心扶持企业扎根橙草沟村。只有让全村老百姓都富起来,带领他们把靠天种地改换成有保障打工挣钱的平台,成为有抗自然风险能力的新时代新型农民,走上村集体改制(企业)的可行之路,才能振兴乡村,缩小农民和城市居民的差距。乡镇城镇化之路,使我们农民有自己的公司、合作社、产业项目等,以及用各种方式入股,实现农业现代化,发展高效农业、观光农业,争取在小康路上成为全县的领先之队。如今的橙草沟村,已成为新时代新农村的示范村,我们要加倍努力,成为改革创新新时代的重要基层力量,一如既往地为农村、为农民服务,为把我村打造成雁门关下第一村而奋斗!

人物肖像8:

"王保长"传奇

一

以绝对优势胜选村主任,王保林还是有点出乎意料。当选了,乡亲们嚷嚷着要他发表胜选宣言。他有点措手不及,想起了小时候老师给讲的刘邦跟乡亲们约法三章的故事,慌忙中跟村民们也约法三章。

第一,我这个人不爱钱,绝不贪村里的一分钱……

台下一阵热烈掌声。

第二,我是个穷人,在我任上,我要和大伙儿一起共同致富……

台下又一阵热烈掌声。

第三嘛，我……我……我不爱色，我保证，绝不和村民的老婆睡觉……

台下一片哄笑声，口哨声。

他婆姨坐不住了，呸，好你个半吊子！

二

胜选仅短短一两个小时，可为这当选他却准备了长长的38年。

1979年，他出生于山西省五寨县羊道沟村一个全村最穷的人家。家穷吧可偏偏又人不穷，父母忽忽隆隆地一连生下5个小孩，再加上一个老人，全家8口人，两间房子连个睡觉的地方都没有。他是老大，所以，打小就没咋在家里睡过，不是在房子宽裕的人家里就是在生产队的饲养室睡，有时不仅睡，连吃也在人家家里了。所以，也可以说他是吃百家饭长大的。

父亲有点文化，又是村里的会计，好歹能教他识个字算个算术什么的，总算不是睁眼瞎了。13岁那年，家里终于松快点了，父亲说，娃子，这几年苦了你了，你上学去吧。一年级没上几天，老师说，我教不了你了，去上三年级吧。然而好景不长，他念到五年级快毕业了，家里买了一头牛，没人侍弄。父亲又说话了，娃呀，又得辛苦你了，反正你又念不成个书，回来放牛吧。他只好辍学了。半年后，要毕业了，学校的校长亲自找到他，娃娃，你的天资不错，穷家败业害得你没念成书，回来参加毕业考试吧，好歹领张小学毕业证。他听老师的话参加考试，数学竟考下100分，不仅自己吃惊，连老师也赞叹不已。

失去了学校的羁绊，父亲也没时间管教，从此，他像一匹脱缰的野马，无拘无束海阔天空了。

辍学没多久，刚刚16岁的他竟迷恋上了耍钱。那年冬天天贼冷，人们没事干，便聚在一起耍钱。他是第一次见耍钱，觉得很有趣，从此就恋上了这营生。之所以叫营生，是他觉得这里边有学问，而且是很深的学问，他学没有上成，书本里的学问难以学到手，这耍钱的学问可得好好钻研一番，要当成一门本事来做。所以，在村里村外大大小小的耍钱场上，总有他瘦小的身影。久而久之，人们给他送了个绰号叫"耍钱鬼"。不过，这个"鬼"不是坏人的意思，带有褒义，而是有机灵、鬼精的含义。或许是他认真钻研的缘故，他在赌场上很少失手，总是赢多输少。他常说，我是个穷人，很需要钱，可我不爱钱，钱是身外之物，看得重了它就是个祸害。他赢下的钱，不是借给大伙，就是请赌友们吃了饭，自己手里老是存不下钱。需要钱了，反得向人借钱。

那年腊月，一个打工刚回村还未回家的汉子，就被人生拉死拽地拖进赌场。几个小时后，这汉子拖着沉重的步子在街上徘徊，连死的心都有了。打了一冬天工挣下的钱输得只剩下几块钱了，年关将近，怎么向家里人交代啊。正在踟蹰又踟蹰的时候，听得踢踢踏踏一阵脚步响，回头一看，正是赢钱的他。他掏出一卷钱来，塞进那汉子的手：老兄，你挣钱也实在不容易，就这样回去交代不了家人。这些钱你拿回去过年吧,老婆娃娃还在等着你呢。你和我不一样,我光棍一个,一个人吃饱全家不饿,你一大家子就靠着你呢。听小弟一句劝,日后千万不要再耍钱了,好好挣钱养家。那汉子一把鼻涕一把泪,千恩万谢地接过钱走了,从此再没有出现在赌场上。

一晃,他已 26 岁了,这个年龄,在农村已经是大龄青年了。可他的名声不好,又是"打架王",又是"耍钱鬼",更要命的是家穷,没有哪家的女子愿意上门。活人还能让尿憋死?一个朋友给他说了个女子,本来是让他做上门女婿的,他却靠着三寸不烂之舌,硬是把这位陇南大山里的女子煽骗了回来。娶回了媳妇,欠下一屁股债,前前后后借下 6000 元钱。在那个年代,这可是一笔不小的债务。好在吉人自有天佑,他有一手泥瓦匠的好手艺,四处跑东家,还揽下一个不大不小的工程,两年下来,不仅还清了欠款,还略有富余。

他不是个安生之人,当泥瓦工固然不错,但不是致富之路,他得兑现给女人的承诺。五寨适合养羊,是养羊大县。思来想去,想到了贩羊上。可贩羊不是小事,得大量资金。那就再借吧。他这人从来是想到就做,雷厉风行。借下几千元,立即从内蒙古买下几十只羊,运了回来。谁知事前没做充分调查,买下的羊跟五寨的环境不对路,一下子卖不出去,再加上那年雨水长,外地羊又不适应本地气候,纷纷得病,几个月工夫,死得所剩无几了。旧债刚清,又添新债。不过,他是个越挫越勇的汉子,接受教训,从头再来。于是再借钱,再贷款,终于翻了身,翻盖了新屋,新砌了院墙,还把剩余的钱交到喜滋滋的婆姨手里。村里人都说他是个心眼儿活络敢想敢说敢干能挣钱的能人。

三

他也没想到,会这么顺利当选。当选后,他对家人约法三章。他对兄妹说,我当了村长,有权了,可这权对公不对私,你们只能支持我的工作,别指望从我这儿捞到什么好处。兄妹撇撇嘴,捞什么好处,少挨你点骂就烧高香了。他对婆姨说,我日后为公家的事奔忙,自家的事肯定得你多操心了。婆姨点点头,你好好为公家办事吧,我多吃点苦就是了。他的第三斧砍向老父亲,爹啊,我看你这会计别当了,辞了吧。老父有点吃惊,为啥?干了几十年会计,历任村长都没说过一个"不"字来,到儿子这儿倒不行了。不为啥,我干村长你就不能干会计!老子想不通,儿子说,这父子店咱绝对不能开,辞了!老父虽然有点不舍,可为了儿子,还是主动辞了职。

家里没问题了,可上边有了问题。选上两三个月了,乡里叫村干部开会,却从没叫过他。他想,自己跳出来竞选,冲击了人家乡里安排的人选,人家能高兴吗?不过,咱是正大光明被老百姓选出来的,又不是偷的抢的,咱得主动点。有一次,他听说又叫村干部开会,就自个去了,人家问他来干什么?他说,开会呀!不是通知支书

主任开会吗？我是羊道沟村村主任。

从此，开会是叫他了。但再去时，人家又说了，你现在是村主任了，这主任也得像个主任的样子吧！你看你那鞋，你看你这身衣裳，又破又脏像个干部样子吗？他看看别人，再看看自己，是得打扮打扮，扎刷扎刷。于是下次再去时，便换了行头，也西装革履了一把。

得到乡里的承认，他很高兴。他知道让人家信任咱，咱就得漂漂亮亮干几件实事。干啥呢？思来想去，这第一炮必须得打响，打一个民心所归的冲天炮：修路。

羊道沟村位于五寨县城北23千米处、209国道以东1千米。这里交通便利，土地平坦，土壤肥沃，地下水资源丰富，现有灌溉机井2眼，饮水机井1眼。全村共99户、302口人，耕地面积1262亩。这村子属典型的半丘陵地貌，东边是高高的黄土山梁，西边则是平展展的川地，水地少而坡地多，上梁下川就靠那条蜿蜒的羊肠小道，十分难走。那年，村里的一位精壮汉子秋天背了一大背莜麦捆子从小道往村里走，不巧遇上下雨，一下滑倒跌进沟里，摔成重伤。不修大路，就改变不了几千年人背驴驮庄禾的局面。可要修路，钱从哪里来？他说，再难，还能难过锡崖沟，人家不是也只靠一副肩膀一双手苦干几年才干成的嘛，咱修后沟这条路还用得着几年吗？只要敢干，没有干不成的事！听说村里要修路，村民高举双手赞成，可一听出的是义务工，大伙又不乐意了，什么年代了，还搞义务，咱可没那么多义务。开弓没有回头箭，尽管响应他的人不多，他还是领着他们走向后沟。为提高效率，他自费雇了一台挖掘机，没明没夜地干了起来。人能有多大劲儿，半月后，他竟昏倒在工地上。众人七手八脚地把他送往医院，乡里的书记乡长也赶来医院，连声骂他是个二杆子，修路这么大的事，怎么不跟乡里打个招呼，乡里再不济也总能帮点忙吧。医生说没多大事，就是累的，多休息几天就没事了。不要说几天了，他就躺了几个小时就又返回工地。他为修路奋不顾身的事儿感动了大家，不愿出工的村民纷纷赶往工地，乡里又免费派来两台推土机相助，不久，宽敞好走的路就修成了，改写了羊道沟村千百年人挑背驮的历史。

旗开得胜，他趁热打铁，筹措资金，家家户户通了自来水，建了村公园，美化绿化了村容村貌，在村民心目中威信满满。四年后，连选连任村委主任，并且入党兼任了村支书，成了羊道沟村响当当的人物。

四

想不到，这个在村里说一不二的人物，2015年竟遭到空前的挑战。

五寨县是个贫困县，羊道沟村是个贫困村。习近平总书记提出"精准扶贫"的要求后，五寨县成为"精准扶贫"的试点县，而羊道沟村又成为试点村之一。

第一个打上门来的是个大人物。

他们村被确定为全省"精准扶贫"试点村后，某中央级一个大报的总编来羊道沟村调研"精准扶贫"工作。总编到村后,这里转转,那里问问,看到这村的地理环境、交通条件、基础设施,甚至村里的房舍以及人们的衣着,怎么也不相信这里是贫困村,冷着脸盯住他,要他说实话,说你们村人均收入 2600 元,人能活吗?这就不是人的生活能承受得了的。总编认为他们是虚报贫困,非要他说出真相,把当时陪总编下来的省、市、县领导都问得一个个噤了声。领导噤了声,他可不能噤声呀。尽管让盯得心里直发毛、问得头上冒冷汗,但他知道,这种场合,千万不能认怂。他定定神,侃侃而谈:你们城里人拿城里人标准算我们村里人,以为人均不到 2600 元就不能活。可你们挣的是现钱,我们有的是粮食。你粗粮、细粮、绿色食品,还要肉奶蛋讲究营养。村里老百姓却是有粮食吃就能活,不过活得不一样罢了!你一身衣裳三千五千,甚至万二八千,我们一身衣裳十元、二十元,顶多百八十元。你看一场电影、听一场音乐会,几百几千,你觉得不看不能活。可我们不看电影、不听音乐会也能活。你不能拿你城里人标准来衡量我们农村人。现在种地,种子是买的,化肥是买的,农药是买的,地膜是买的,耕地也要雇拖拉机花钱,七勾八折下来,减去成本,一亩地的粮食挣不了多少钱,有时还要赔钱。今年村里种的四五百亩并单 16 号玉米,因为灌浆期间下雨多得了青枯病,可以说是颗粒无收了,能不赔钱吗?就算丰收了,这粮食也不好卖,卖不了,你就换不下钱,你怎么算这个人均收入?你说一斤粮食七毛钱,那是当时的收购价或者市场价,可得收购、得卖了,才是那个价,你要卖不了,它就不是那个价,七毛卖不了,可能六毛,可能五毛,到没办法时三毛、二毛也得卖。你要全按那个收购价、市场价算,你当然可以算得高,可是我们卖不了,你家里就有 5000 公斤粮,你还是个没钱花。你说我们人均 2600 元,人就不能活,你把我那些存粮按你说的价钱全卖了,我当然就可能不止人均 2600 元了。

听完他的一席话,总编不吭声了。他继续说道,你看我们这地方不赖吧?土地平展展的,两口深井,大部分是水浇地,可是这水井现在用得很少了,天不旱,谁家也不愿意浇地。因为甚?怕花电费钱。而且即使有愿意浇的也不好浇,一家一户的地,你家要浇,地离井远,也不上算,这家浇,那家不浇,也弄不到一起去。天旱了,更没人浇。为什么?还是不愿花电钱。先是等雨,雨不来,庄稼也差不多旱死了,浇水等于白花钱。唉,农村工作难做呀!

总编又问他,农村工作难做,你为什么还要当这村主任?听说现在农村选村主任,都要行贿,不是给白面、给拉炭,就是给钱,你给什么了?

他嘿嘿笑着说,咱这村主任是捡来的,白面没送过,炭倒是送,每年每家 1 吨煤,可那是省政府给贫困村送的爱心煤,不过,这也是当村主任以后的事了……不瞒你说,我年轻时是个赌博汉,2005 年,村里选主任,我们几个人在那里推板板(赌博的一种),人家给送来村民的选举

票。大家就说，我们推选你来当吧。硬让我买烟，我给大家一人吃了一根烟，没想到他们出去一放话，村民也乐意，这就选上了。

在他第二任村长期间的2010年，他在五寨县有了些名气，当年有篇新闻报道报道了羊道沟的发展情况：全村经济总收入350万元，其中养殖业经济收入闯进100万元大关，运输业收入100万元。全村共有大型运输车10辆、小车5辆。农业和外出务工经商收入150万元。有3000多亩柠条林待开发。农民富裕了，全村文明程度有了很大变化。

听到羊道沟村成为整村脱贫试点村、贫困户可以领到几千元扶贫款的消息后，全村人不管有钱的没钱的都吵吵起来，都想成为贫困户。那些天，村委会办公室以至他的家里，不断有人涌进涌出，哭穷的、装困的，眼泪鼻涕一把一把的，反倒把他困得像困兽一样了。

怎么把"精准扶贫"工作做好？他和村两委会成员反复学习习近平总书记有关"精准扶贫"的讲话精神，特别是总书记讲的六个精准："对象要精准、项目安排要精准、资金使用要精准、措施到位要精准、因村派人要精准、脱贫成效要精准"，更是他们整村脱贫的行动指南。

"精准扶贫"的反面是粗放扶贫。长期以来，由于贫困居民数据来自抽样调查后的逐级往下分解，扶贫中的低质、低效问题普遍存在，如：贫困居民底数不清，扶贫对象常由基层干部"推估"（推测估算），扶贫资金"天女散花"，以致"年年扶贫年年贫"；重点县舍不得"脱贫摘帽"，数字弄虚作假，挤占浪费国家扶贫资源；人情扶贫、关系扶贫，造成应扶未扶、扶富不扶穷等社会不公，甚至滋生腐败。表面上看，粗放扶贫是工作方法存在问题，实质反映的是干部的群众观念和工作理念的大问题，不可小觑。

作为国家级贫困县的五寨县，在扶贫工作上一直紧跟中央部署，根据本地实际，通过扶持生产和就业发展一批，通过易地搬迁安置一批，通过生态保护脱贫一批，通过教育扶贫脱贫一批，通过低保政策兜底一批，广泛动员全社会力量参与扶贫。在五寨县大量减少了贫困人口，2010年到2015年，五年净减贫困人口25494人。

他十分清楚，精准扶贫正如习近平总书记所说，"贵在精准，重在精准，成败之举在于精准"，但说起来容易做起来难。羊道沟村民的贫富差距不是很大，怎么做到精准呢？选贫困户，大家种的地是一样的，挣下的钱是私的，谁家挣了多少钱，自己不说，谁能知道？利益在那里放着，评上贫困户每人就可得到2000元国家的产业项目扶持资金，一家三口就是6000元，四口就是8000元；评不上就只能享受贴息贷款5000元，一个是给，一个是贷，谁算不过这个账来？你说我怎么就比你有钱了？我怎么就不够贫困了？精准，怎么个精准法？

这确实是个难题，弄不好，打破头也

精准不了。村看村，户看户，社员看的是村干部，在利益面前，村干部一是要有个公平公正的心，不能偏亲向友；打铁还须本身硬，他当过铁匠，打过铁，明白这个道理。好在支书、村长一人兼，自己只要不要这个贫困户，就有了说服力。其次，自己的家人也要摆平位置。所以在申报时，他首先在村民会上表明，自己不报。虽然他的两个女儿都在上大学，自己又没有外快，还不能出去打工，按说也能进贫困户，但如果自己一进，羊道沟的工作就没法做了。自己不报，家人也不能报，当父亲提出申报时，他马上对父亲说，你不能报。父亲问他为什么？他说不为什么，因为我是村主任，你要想让你儿子做好这个工作，你就不要报，报上也通不过，我就不批准。老汉气哼哼地走了。老爷子5个子女都已成家另过，老汉辞了会计，种着八九亩地，按说也能进入贫困户行列，但儿子当村主任，不让申报，老汉也没办法。后来，在五寨县"精准扶贫"中，支书、村主任不能申报贫困户便成了一条规矩。

这一挡虽然挡住了人情关，但要想精准，还得有杠杠。他结合民政上评低保户的规矩，在和县扶贫办以及扶贫工作队协商后，采用排除法定了6条杠杠：一是家庭有公务员、事业人员、挣国家工资的要排除；二是家有机动车的要排除；三是城里买了楼房的要排除；四是长期不在村里住，在外居住两年以上的要排除；五是包种土地100亩以上的要排除；六是对于村中8户70岁以上的贫困户给予每人2000元的扶持资金，让他们老有所养，以解决他们的后顾之忧。

这样排除下来，挣工资的排除了3户；有楼房的四五户；有机动车辆的三四户；长期在外居住的40多户；包种土地100亩以上的也排除了几户，然后张榜公布。因为有具体杠杠在那里，这被排除出去的50多户，大多数没有来闹。最后确定了42户贫困户、120人可获财政扶贫资金。

但闹的也不少，其中最难缠的三家挣工资中的一家，没被评为贫困户，这家女人每天来他家里，又说又哭又闹。他说这条条是上面定下的，谁让你儿子是吃公家饭的呢？女人说，上面定下的也不行，人得凭良心，儿子有工作，是他的事，他挣的钱什么时候给过我们？就我们老两口情况，比不上最穷的，可也不是富裕户，怎么就不能评贫困户？其实，他心里也清楚，这家确实也不富裕，但是这牵涉到杠杠，你给了这家，另外两家知道了也会来。这个杠杠一动，其他杠杠也保不住，就说长期在外居住的，有两三家住在三岔镇的，都是自己没本事，靠亲友拉扯出去的，出去也没个长期打工的地方，三天打鱼、两天晒网地挣些钱，要说穷，也还真是穷。但有什么办法呢？杠杠在那里，拉扯葫芦都动弹，这个例不能开，只能以后用其他办法补救了。但那女人根本不听他的解释，反正就要评上贫困户。找得实在头大得不行，他想，必须得变被动为主动，就主动去了她家，对她说，这是县里定的杠杠，你要实在

不服，那我只好去找县里，让县里和你儿子单位的领导去说，让你儿子再回来做你的工作。再说，你儿子找个工作容易吗？如果把这些也牵涉出来，你说是儿子工作重要呢？还是你两口子那4000元重要……

他这上门一找，终于破了这个局，那女人再没来找过他。

40户贫困户敲定了，榜放出去后，却又有人来找他，说怎么没有某某和某某家呢？这两家那可是人人都觉得应该榜上有名的贫困户呀！他一听也愣了，是呀，忙得脑袋也大了，怎么就把这两户忘了呢？赶紧补上。于是又重新放榜。

这两户是村里有名的老实人家，从申报后就再没有找过他，当他问他们为什么不找他时，他们说，那还用找吗？咱们村谁家还不知谁家，我们不找还能把我们落下？

羊道沟村的精准贫困户确定，从2014年开始一直精准到2015年，反复放榜（光贴榜就贴了十来次），反复开会，反复做工作，才终于尘埃落定。

贫困户精准敲定后，接下来是申报产业项目，这也得一家一家做工作，给他们出主意、定项目，协助解决资金，因为有规定，政府给你的就那每人2000元，你定了项目后，必须把项目应该自筹的那部分资金拿来，政府补的这每人2000元才能到位。比如你买一台拖拉机要16000元，你家两口人，就得自己再筹12000元，三口人就得再筹1万元。不然，这产业扶贫就仍是句空话。这样一来，羊道沟村获得财政产业项目扶持资金23.8万元，全村村民自筹资金92.726万元。购买回拖拉机16台（套），买回羊622只，驴2头，牛5头，外承包回流转土地160亩。

五

"精准扶贫"就这样艰难地实施了。他没顾得喘口气，又脚不停步地开始实施新的项目。他知道村集体的家底薄，不壮大集体经济，靠单门独户闯天下，村民不会过上富裕日子。他借助县里光伏扶贫的计划，在县扶贫办协助下为村里争取回分布式光伏扶贫的项目，其中利用国家光伏扶贫试点项目50万元、村民自筹资金30万元入股。建成后每年可实现13万元的收益，收益的70%直接用于贫困户和非贫困户的入股分红，30%用于电站运营的管理维护和公益性费用支出。发电后每一股就可年增收入543元，村集体也就有了钱，对于村民因病返贫、因上学返贫等有了补助资金，村里再想上其他项目，腰杆也就硬了。

他获得了成功。2017年底，羊道沟村整体脱贫，人均收入6000元。2017年年中，光伏电站开始发电，金钱源源不断地进入村集体的账户和村民的腰包。

整村脱贫后，"王保长"的心思都用在发展多种产业、壮大村集体经济上。首先，他在光伏产业上，又新建1个发电站，这样，光光伏电站一年就收入20万元，村集体收入10万。在养殖业上扩大规模，养羊已达1000多只，最多的养羊户有120只。

最让他高兴的是引进大公司投资500万元、村里投入100万元的秸秆回收利用项目已经正式投产,1500头肉牛养殖基地也已经洽谈得差不多了。现在,村集体早已不是空壳经济,累计积累120万元,村民的耕地浇地等都是村集体出钱。村民的人均收入达8000元。

他出名了。有了名气的他,免不了三天两头有记者来采访。这不,这回来的名头大,国家级的。该采访的都完了,记者说,老王啊,问你一个私密的问题,我们一直弄不明白,你叫王宝林,可村里人为啥都喊你"王保长"?他笑笑,我也弄不清啊,反正他们乱叫,我也没法子,胡应承嘛,你们还是去问问村民吧。

村民说,他是保证我们村民脱贫致富的一村之长,不就是王保长嘛!

村民说,他打了保票,全村300口人的大大小小的事,从生到死他保到底,这不是王保长还能是什么!

他"嘿嘿"两声,不过,咱这个王保长可不是四川的那个王保长,咱可没抓壮丁,保的都是好事啊。

记者又问,当初五寨县搞整村"精准脱贫"的试点村有两个,为什么那个村没弄成而羊道沟村却搞成了?

他又笑笑,还不是我胆儿大脸皮厚不存私心,再加上乡亲的帮衬,不就成了。

他不无炫耀地对记者说,这事儿可给我长脸了,市里边办扶贫培训班,我这个小学毕业生还给他们讲过课,听课的不少是大学生和研究生呢。

听人说,你不止一次跟人说,等得村里脱了贫,你要到东山梁上痛痛快快哭一场。现在全村已整体脱贫,你去哭过吗?

虽说那是一句玩笑话,可也是我当时一种真实的心境,我现在忙得连哭的工夫也没了。中央现在又提出乡村振兴战略,我们虽摸河走了几步,还离要求差老远。眼见得我们村越来越好了,还哭个啥?我梦里还要偷笑几回哩!

人物肖像9

张喜伟:有爱心、有情怀、有担当的民营企业家

张喜伟和他的奶牛养殖公司
来源:忻州人大网

张喜伟是一位有爱心、有情怀、有担当的民营企业家。1992年,因身患骨癌截去右臂,大病康复后,创办忻州伟业奶牛养殖公司和忻府区伟业小额贷款公司民营企业,任董事长兼总经理。

十几年来,张喜伟积极履行社会责任,助推脱贫攻坚,开展了"六个送"活动和"六个一"扶贫工程,使忻府区1000多户困难农民得到了帮扶。2016年被山西省文明委评为"山西好人";2019年被山

西省授予"脱贫攻坚奉献奖",被中国残联评选为"助残新闻人物";2020年2月25日走进人民大会堂,成为忻州市受全国脱贫攻坚总结表彰大会表彰的7个模范个人之一。

"六个送"活动为:送精神。就是鼓励残疾人自强自立,帮助他们重树生活信念,过上正常人的生活。扶贫先扶志,他见残疾人杨志荣失去生活信心,就把杨志荣安排在自己的公司工作,鼓励杨志荣自强自立,终于使杨志荣鼓起了信念,不再自暴自弃,过上了健全人的生活。

送岗位。采取优先录用、破格录用、量才录用等多种办法,安排35名贫困残疾人在公司就业,28名残疾人家属在公司就业,还出资安排两个残疾人担任了村级护林防火员。

送股份。吸纳38名贫困残疾人入股企业,从伟业小额贷款公司低息贷款,再投资到伟业奶牛养殖公司。他们只享分红,不担风险,每人每年可以拿到2000多元的红利。

送资金。启动"助学、助残、帮困"金融扶贫项目,帮助了贫困人口366户发展生产。为了帮助贫困人口走出困境,他在2010年启动了"两助一帮"(助学、助残、帮困)项目。用低息贷款帮助残疾人致富。共发放"两助一帮"贷款800多万元,帮扶贫困农民366户。群众称伟业小额贷款公司为"咱穷人的银行",称张喜伟为"慈善

张喜伟走访奶牛养殖户　来源:忻州人大网

老板"。这些受助户有的牵着羊,有的拿着感谢信,有的拿着锦旗,来到伟业公司表示谢意。

送牛犊。把30多头小牛犊以市场价三分之一的价格卖给14户贫困残疾人,支持他们养牛致富。

送关爱。张喜伟从2007年开始,为周边12个村支付街道照明电费。给贫困山村富强村修筑蓄水池、修路,解决人畜吃水和出行问题。承担了一个村的人畜吃水费用和合作医疗费用。从2008年开始,把腊月十五定为企业的诚信关爱日,每年这天都要到周边农村给困难户、残疾人、军烈属送钱送物。累计为残疾人事业捐资捐物30多万元。

"六个一"扶贫工程:扶贫100户。在企业周边乡镇承担"五位一体"扶贫任务100户。在和政府、银行、贫困户签订协议的第二天,伟业奶牛养殖公司就向贫困户支付了帮扶款。

助残100户。吸纳了100个贫困残疾

人,让他们出资1000元,投到奶牛养殖公司的光伏项目上来。连续五年每年分红2000元,五年后退本;对一家多残、一人双残的深度贫困户,给予更优惠的待遇:出资1000元,连续十年每年分红3000元。

济弱100户。在全忻府区吸纳100户脱贫户入股伟业奶牛养殖公司的光伏发电项目,让他们每户出资2000元,保证他们连续十年每年分红1000元,十年后退本。紫岩乡党委政府一次就选择了58户困难户签订了入股协议。这些贫困户入股才5个月,张喜伟就提前给他们送去当年的分红。

济困100户。为因病因事故等原因致贫返贫的人提供年息5%的低息贷款,支持他们搞种植、养殖、加工,脱贫致富。到2018年底,有75户困难农民在张喜伟的帮扶下,搞起了种植、养殖、加工项目,有了稳定的收入。

帮扶贫困老党员100户。2018年,在忻府区开展了"与贫困党员心连心、手牵手,脱贫路上一起走"帮扶活动。吸纳了100名70岁以上贫困老党员入股企业,投入1000元,当年就给了2000元。以后连续三年每年给1000元。协议到期退还本金。

助力搬迁一个村,同时流转了搬迁户的部分土地,增加了搬迁户的收入。富强村是忻府区政府确定的扶贫搬迁村。张喜伟为了助力政府的扶贫搬迁行动,消除搬迁户的后顾之忧,在13户搬迁户中吸纳了11户贫困户,让他们享受"光伏帮弱"待遇。同时,按照贫困村搬迁后"宜农则农、宜牧则牧"的政策,投资100万元,流转了搬迁户的部分土地,建起生态农场,增加了搬迁户的收入。

"六个送"活动和"六个一"扶贫工程的开展,使忻府区受助残疾人和困难农民得到了帮扶,他们有的收入增加了,有的生活改善了,有的脱离贫困了,有的已经小康了,人们都说"老张是个扶贫助残的大好人"。

人物肖像10

时代先锋沙万里

在繁峙县万里装饰城,我们见到了山西省繁峙县第三建筑安装工程公司经理兼党支部书记沙万里。

一点看不出,精神抖擞的沙万里已经67岁了。

这位在繁峙县名气响当当的人物,说起自己的创业经历,说起30多年的捐资助学,说起向县委、县政府主动请缨帮扶

沙万里向忻州一中学子发放助学金
来源:忻州网

小砂河村等 11 个贫困村实现整体脱贫的事儿，像个孩子一样真诚而动情。

他说："人活一辈子，就得做几件骄傲的事。"

这话，说得实在，说得让别人也不由得为他骄傲。

看到他的荣誉室摆满了各种奖杯、锦旗和证书，完全有理由让人相信，沙万里已经把自己的人生变成了另一种形式的存在，那每一尊奖杯、每一面锦旗、每一本证书，都见证了沙万里生命中的花开时刻。

展厅有 600 平方米，以"厚德创业""回馈桑梓""时代先锋""再铸辉煌"为题的文字与图片再现了沙万里几十年来的奉献历程。展厅正中，一左一右书写着沙万里自警自励的两段话。其中一段是"两不能丢，一不能有"：不缺钱了，生活好了，可艰苦朴素的传统不能丢，奉献社会的爱心不能丢，贪图享受的思想不能有。另外一段是"三不欠"：不欠党和人民的帮扶钱，不欠亲朋好友的感情钱，不欠受苦人的血汗钱。

在这两段话里"艰苦朴素的传统不能丢，贪图享受的思想不能有"和"不欠受苦人的血汗钱"让人印象尤为深刻。

一个出身贫寒、早早便辍学的人，却是一个人们眼中的能人、奇人，更是一个人们心中的好人。

作为中国共产党第十九次代表大会

产业富民　助力脱贫　来源：忻州扶贫

代表和山西省第十一次党代会代表，沙万里说，自己是个民营企业家，但始终不会忘记自己首先是个共产党员。

正因为沙万里没有忘记自己首先是个共产党员，他才会以党的光荣传统作为对自己的警策；正因为沙万里没有忘记自己首先是个共产党员，他才敢于把"不欠受苦人的血汗钱"张贴在展厅里，让人监督。这是一种胸怀，一种共产党员民营企业家的胸怀。多年来，拖欠农民工工资而被谴责的事屡屡见于报端，而沙万里从不拖欠工人工资。一个典型事例就是，在沙万里的工程公司起步不久，还没赚了钱的沙万里第一次接了个 1000 万的大工程，就因资金断链，欠了工队 500 万，他千方百计贷款、借款先将工队工人工资一分不少还清。从此将这一点作为自己的底线。助人为乐，扶贫济困做先行。从 20 世纪 80 年代，作为改革开放的见证者、受益者，同时也是社会主义事业的建设者，沙万里与时代同发展、与祖国共成长，始终牢记全心全意为人民服务的宗旨，积极响应各级党委、政府的号召,主动履行社会责任,在服务基层、脱贫攻坚、发展经济方面贡献着自己的力量。是民营企业界积极参与社会主义建设、助力脱贫攻坚、共建小康社会的一面旗帜!

有几个数字值得记录一下:沙万里历年来累计为兴学助教、扶助贫困学生捐款1380万元;为扶贫济困、救灾助残等社会公益事业捐款1600万元;为光彩事业先后垫资8000多万元。而没有记录的,更多。

说沙万里用心书写扶贫新答卷,是最为中肯的。在"万企帮万村"的"精准扶贫"行动中,沙万里主动向县委、县政府请缨帮扶繁峙县砂河镇小砂河村实现整体脱贫。通过铺路、修渠、引水、发展林果经济帮扶小砂河村这个昔日的穷村旧貌换新颜,使贫困户"山上花果山,山下米粮川"的脱贫愿景变成了现实。

沙万里始终牢记为人民服务的宗旨,紧扣"产业富民、助力脱贫"的帮扶思路,努力把企业创造的经济效益转化为服务当地经济发展、回应群众呼声、造福社会大众的社会效益。已累计捐资800万元,通过兴修水利设施、改善生产生活条件、发展脱贫产业帮扶忻州市繁峙县砂河镇小砂河村、平型关镇西连仲村、柏家庄乡安民村、砂河镇柳泉沟村、神池县东湖乡段笏咀村和代县上官镇大烟旺村等共计11个贫困村实现了整村脱贫,引领3000余贫困户找到了脱贫致富新路径。在2016年以来脱贫攻坚决战的五年中,他先后带着施工队为繁峙县平型关镇西连仲村建起了东西一千米长的护村大坝,修建了300立方米的饮用水蓄水池,使西连仲村上千村民彻底告别了"年年防洪年年受灾"的历史;为繁峙县柏家庄乡安民村和砂河镇柳泉沟村修建了大型蓄水池,彻底解决了这两个村祖祖辈辈的吃水难问题,帮助贫困群众迈上了脱贫致富奔小康的征程。无偿垫资3000万元用于繁峙县集义庄乡净林村实施整村易地搬迁,并捐资15万元帮助村委会配套公用设施……

2016年,沙万里荣获中央文明委"中国好人"和"全国优秀共产党员"荣誉称号;2017年,获"山西省脱贫攻坚奖奉献奖";2018年获"全国脱贫攻坚奖奉献奖"。在这众多殊荣中,最让沙万里引以为豪的还是那个"全国脱贫攻坚奉献奖"。

2021年2月25日,作为全国脱贫攻坚先进个人,沙万里光荣参加了在人民大会堂隆重举行的全国脱贫攻坚总结表彰大会。他说,乡村振兴正在路上,自己还有很多事要做……

人物肖像11

王丹心语

听说我报名要去五台县扶贫,家里顿时吵成一锅粥。爸说,妮子,你从小没吃过苦,你根本不知道农村工作有多难。你还是个孩子,咋能指手画脚地领导人家呢?妈说,翅膀硬了,管不住你了?这么大的事,也不跟家里商量一下,就报了名,听妈

王丹参加全国脱贫攻坚总结表彰大会留念　　来源：山西忻州妇联

的话，赶快去退了吧。丈夫说，丹呐，去不得啊。咱且不说你那远大宏图和抱负，最现实的问题就在眼前：你一走，孩子咋办？这几句话，戳在我心的痛点及软处。是呀，我走后，孩子咋办呢？我望着才5个月的娃娃，他可是我的心头肉啊。他太小了，他怎么能离开妈妈，而我也确确实实不想离开他呀。其实，这个问题在报名前我就反反复复想过多少遍了，但绝不能妥协，一软下来就走不成了。

我决绝地说，孩子嘛，当然由老人们来带！

妈妈也决绝地说，谁愿带谁带，反正我不带！

你就得带！

我就不带！

看着吵嚷着的我们，丈夫有点不知所措，他没想到平时柔声细语的妻子今天竟变得如此坚决。

爸爸指着我说道，妮呀，不听老人言，吃亏在眼前，哼哼，有你哭的时候！

我已听不进他们的任何劝说，摔门而出，尽管我一再劝慰着自己，不要哭，可长长的泪水还是不由自主地流了出来。

五台县是革命老区，涌现出徐向前等一大批英雄人物，我生于斯长于斯，从小我就是听着他们的故事长大的，所以胸中老是有一股子向他们学习的慷慨气概。大学期间曾看过一个反映扶贫的电影《第一书记》，我就想，我也是一名共产党员，倘若家乡需要我，我也一定会像那个第一书记一样，毫不畏缩，冲锋在前，为改变家乡落后面貌而奉献自己。2016年机会来了，市委组织部要在定襄县挑选一批干部去五台扶贫。当时定下三个条件：共产党员、男性、副科以上。三条我只符合一条，可我还是勇敢地报名了。在我的坚持下，市委组织部破例批准了，我成为29名扶贫队员中唯一的女同志，也是最年轻的，那年我26岁。别看我似乎是一往无前，其实，心里还是起过波澜的。大学毕业后，我就考上省电视台，尽管不是正式的，但我还是干得挺欢实。后来听说定襄县融媒体正式招考播音主持，我就勇敢地参加了，结果考了第一名，正式走上播音主持的岗位。我在这个岗位上干得如鱼得水，后来又找到如意郎君，接着小孩也出生了，相夫教子，小日子过得舒适惬意，在掌声和鲜花中过一辈子也是挺美的呀。这猛不丁一下子要到深山老沟去扶贫，不要说家里人反对，就是我自个儿也怀疑究竟能不能干成。但开弓没有回头箭！一个年轻人不应该成为温室的花朵，应该到基层去锻炼，在风浪中成长。

看到我头撞南墙不回头，家里人无可奈何，由不解变为支持了。妈妈不仅答应看孩子，还给买这买那，生怕宝贝女儿在乡下受了苦。

终于要进村了，我开着小车向北文西村进发。一路上，我既兴奋又忐忑，不知道我走进的村庄是什么模样，更不知我的将来会走成啥样。宽阔的柏油路走尽，车子拐向窄窄的盘山路。我想，怎么路这么窄，对面开来车辆也无法会车，并且弯道多拐弯急，这路上可得十分小心。送我进村的领导也一再叮咛，开得慢点，曾有村民开小三轮摔下悬崖命丧黄泉。我更加小心地开车，可破破烂烂的路面颠得汽车起起伏伏。我想，这就是北文西村送给我的第一份见面礼，也是我这个扶贫书记扶贫的第一个任务。好容易才在颠颠簸簸中到了村里。没有喧天锣鼓，没有热烈掌声，我们在几个村民异样的眼光中在坑坑洼洼的街上走着。村子不大，破破烂烂的，连一间新房都找不出来，就连猪羊叫出来的声音也是有气无力的。

左转右转，走进村委主任的家。说明来意后，村主任什么话也没说，只是用怀疑的眼光上下打量了我几眼，从暖壶里倒了一杯水，放在炕沿上，算是对我的欢迎了。隔了一会儿，主任终于开口了：书记啊，我带你到村里转转吧。声音同样也是没有底气。跟着主任在村里转了一圈，很快又转到他的家里。奇怪，怎么没看见两委的办公场所呢？他苦笑一声，拍拍炕席：这就是村委会！我大吃一惊，打量一下屋子：屋子不大，若开会，炕上坐几个人，其他人只能地下站着了，如果是扩大会什么的，恐怕后来者只能站在门外旁听了。我的心往下一沉，这叫啥事啊，没村委会怎么开展工作呢？原来满满的自信心顿时飞到爪哇国去了。

这村里也不便晚上歇息。晚上，我住在乡政府安置的宿舍里，翻来覆去睡不着。我终于明白在宣布分配名单时，大家一听把我分到北文西村时，哗的一声笑了。我该怎么办？一晚上翻来覆去也没想出个办法来。

工作还得继续，先走访深入了解民情吧。经过十多天的调查，这个村的情况基本清楚了。北文西村是五台县最西北的一个小村，翻过山梁就是代县。全村57户120人，人均耕地5亩多。因为全是坡地，只能种一些谷子、玉米等农作物。年轻人都出去打工，村里剩下的大都是老人，50来岁的就算是年轻人。老人们腿脚不便，只耕种离村近一点的地，偏远的都撂荒了。坡地的产量也有限，一户的收入好的2000多，差点的也就1000多些。除了自己吃用外，那些可怜的收入连买油盐酱醋都不够。走访中，村民投来的大多是不信任的目光。这么年轻的娃娃能干个啥？还不是待上一年半载就回城了，哪能指望上。有的人甚至公开地对我说，女娃娃你能干成个甚，欢欢滚毬回圪哇。比这难听的话还有很多很多。听到这些不友好的

话,我不知背地里哭过多少回。但我这人性格怪,不是骂几句就能服输的,越挫越勇,越是看不起我,越是骂我,我越得干出些成绩来。

我先干些什么呢?思来想去,盖个两委办公室让他们看看。

盖房就得钱,钱从哪里来?我首先想到的是乡政府。找到乡领导一说此事,他们马上摇头反对。你们北文西村是要搬迁的,这已经是定下来的事,按规定搬迁的村庄是不能投入基本建设资金的。对领导的话我有点不满,立刻怼了回去:这一点我理解,可你们说是搬迁,我来了这么长时间,没有一家一户搬走,你们不能让我老在村支书村主任家里开会呀。我的好多文件资料都寄放在支书家里,既不方便又不安全。我到村这么长时间了,好歹得有个自己的窝呀。领导倒没生气,和颜悦色地说,耐心再等等吧,县里会有动作的。铩羽而归的我不死心,又跑了几次,全没有结果。

看来只有靠自己了,哪怕全部自己出钱也得把这房盖起来。我跟老爸说了这事,老爸一拍胸脯,妮子,好事,爸支持你,用多少钱老爸包了。这就是当初极力反对我下乡的老爸吗?一激动,我的泪水又下来了。

我跑到县城找到制作板房的老板,腆着脸皮,反复跟他讲价,一直降到最低价。老板笑笑说,闺女,我服了你了,我卖活板房多年,从来就没卖过这样低的价钱,也算我对扶贫做点贡献吧。价钱谈好了,可人家施工队不管平地基的事。地基需要取平垫高,我一个人在那儿干,竟没有一个人来帮忙。我一咬牙宣布给工钱,呼啦啦涌来一大群,七老八十的,拎着铁锹。几天后,新的两委活动场所建成了。看着一划新的新窝,想起这三间新屋的来之不易,我眼睛一酸,泪水又夺眶而出。在庆祝新屋落成的鞭炮声中,我听到身旁的几位老乡议论道:这妮子,还真有股子劲头。可能是我的执着感动了乡政府,乡里破例给拨了1万多,剩下的1万多我出了,我不愿花老爸的钱。

紧接着,利用乡里修路的大好机会,我们村几次申请,把村里破破烂烂的路纳入乡里的计划。最终,乡里同意了,把已经破烂不堪的进村路重修一遍,不但把险要危险的地段加宽,还给另加了防护栏。路修好了,不但村民出入方便了,外边的小商品可以进村了,村里的小杂粮也能运出去销售了,盘活了村里的经济。

多少年了,村民圈在一个小小的山村,信息闭塞,思想落后,他们看重的是利益。能怪怨他们吗?怪也罢,怨也罢,是解决不了任何问题的。只有让他们看到实实在在的好处,他们才愿意跟着你前行的。我理解这一点。盖房也罢,修路也罢,他们还没能触摸到真正的利益。所以,必须在产业上做点文章。

北文西村的产业该是什么呢?我考察好久,觉得种谷子比较适合。这村海拔高,阳光充足,谷子不但产量高,而且质量也好。可怎么才能提高产量和质量呢?我请来农大的一位老师,让他给把脉。他很同意我的意见,并推荐了"晋谷21号"。村民大会上,我号召大伙改种"晋谷21号",竟遭到绝大多数人的反对。他们不了解新品种的优势,纷纷反对:老品种种了一辈又一辈,我们有经验,种新品种,两眼一抹黑,赔了怎么办?我给大家打包票:赚了是你们的,赔了我赔你们,说话算数,怕空口无凭,咱们可以写个合同。尽管我把口都说干了,没有一个人愿意试试。会后,我好容易左说右劝,有一户贫困户同意试试。春种秋收,他的谷子产量虽说没多大提高,可质量明显高了许多。以前村民都是卖谷子,一斤只能卖一元或一元多点,卖米也只能卖3元。我跟那户村民说,今年我给你卖米。我通过网上和五台山"五台斋选"卖米,一斤竟卖到七八元或十多元。一下子他收入1万多元。这可是个爆炸性的消息,立马震动了全村。那些没试种"晋谷21号"人家的后悔就难以言说了。第二年春种,根本不用再动员,齐刷刷地全都种上了"晋谷21号"。这下,我肩上的担子更重了。我请来技术员,在生产的每个环节都要把关指导。秋后丰收后,卖米是关键。原来那简单的销售渠道不行了,必须另辟蹊径。我结合自己的专长,走进山西农村广播和山西黄河电视台直播间推广宣传,很快有了不小的反响。我又通过五台农村淘宝电商平台进行线上销售,并积极联系有关企事业单位进行销售。由于多管齐下,订单络绎不绝,北文西村的农业种植变成了订单农业。邻村的老百姓看得眼热,也纷纷委托我们给他们代卖小米,甚至还租地给我们。就这样,北文西村的乡亲们从1块2毛钱卖谷子到3块、5块卖小米再到8块甚至12块卖文化小米,全村的农户一亩地的收入从原来的1000元增加到4800元,实现了稳定增收。我在村里还手把手地教他们做微商、办网店、开直播。看到村里的红火劲,有的年轻人也回村了,北文西村呈现出一派欣欣向荣的景象。

北文西村山多草盛,适合养牛养羊。我多方跑动为贫困户联系到了扶贫贷款,扩大了养殖规模。从种植到养殖,一切都进行得顺风顺水,我感到胜利的喜悦和欢畅。就在这时,一场猝不及防的灾难向我袭来。那是2018年6月的一天清晨,我跟贫困户正在牛圈商讨新的饲养方式,一头受惊的大黑牛把毫无防备的我挑起来并重重摔在地上,我顿时昏了过去。等我醒过来的时候已躺在赶往省城太原的救护车上。我并不知道自己的伤情,只是感到肚子里痛得要命。救护车往省城赶,我闭着眼,默默忍受着剧痛,心里在为自己鼓劲:妮子不哭!妮子不哭!这时,我感觉到妈妈握着我的手,轻轻地安抚着我:妮子,要坚强,妮子,不要哭!妈妈温柔的安抚,一下冲破我心底的防线,眼泪哗哗直流。这泪水,既是对妈妈的感恩,也是对乡亲的眷恋,更是对自己青春的回顾和肯定。我觉得,泪水并不一定代表软弱,它也是坚强的一种表现。我止住泪水,喊着自己的名字:王丹挺住!王丹挺住!我知道自己

伤得挺重，但我不能死，亲人们不让死，小山村的父老乡亲不让死，我任务未竟，我自己更不让自己去死！就这样，昏昏沉沉，一直坚持到医院。医生从我的腹腔中抽出2200毫升血。医生对我说，妮子呀，算你命大，再晚到二三十分，恐怕就性命难保了。

我年轻，身体恢复得快。出院后，好多亲人朋友都劝我在家多静养几天。可我想那个正在脱离贫困的山村，想那些粗俗而又实在的乡亲，更想我想做而又未做完的事业。当我重新踏上这块熟悉的土地时，那些说话粗俗的乡亲围了过来，拉着我的手，拍着我的肩，那乡音变得分外好听，那举止也变得分外得体。鬼门关走了一趟后，我觉得自己大变样了，乡亲们变得更亲切了，我也能站在他们的立场上思考问题了，我的性格也变得更坚强起来了。

精准扶贫，这个精准的度很难把握。那次调整贫困人口，没被列入贫困户的人家都想挤进来。这个好理解，进入就有好多国家给的钱呐。那天我正在办公室整理资料，一个中年汉子急匆匆跑了进来，说话冲得很：甚毬的个书记，几年了为甚不给老子评贫困户，想等着给你送礼，毬门也没！一听这话，照以往我肯定是泪流长长的了，说不定还得跟他怼几句。可我忍住了，我想，既然他认为他应该是贫困户肯定有他的理由。我就心平气和地跟他说，这位大叔，你别生气，俗话说有理不在言高，你把你的理由摆一摆嘛。听他说了理由后，我说，大叔，因为你平时不在村里，所以对你的情况还不了解，这识别总得有个过程嘛。你先回去，过几天我了解调查一下具体情况，然后给你个答复。他气咻咻地走了。我问了旁边一些群众，大家对他挺有意见，说他户籍虽在村里，多少年不回来，听说他有车子，还在外买了房。群众虽这样说，但我总得眼见为实呀。根据群众提供的车牌号我去县里车管所去调查。车管所工作人员说，回去开个证明再过来。我回乡里开了证明又去了车管所，才查清这辆车主的名字另有其人。后来我又去他住的村子里找到他，看见群众所说买的房子也是破破烂烂的。他跟我讲，小车是他姐夫的，见他日子过得不好，才借给他开出租的。调查清楚他的情况后，根据政策，他是符合贫困户条件的。为保险起见，我又特地请示了有关领导，他们都说应该评为贫困户。在村里评定时，好多人不同意他，我讲政策、摆事实，终于说服了大家，给他评为贫困户。事后，大家都说，这小妮子，以德报怨，公正办事，好胸怀！

还有一家农户也想挤进贫困户序列，可他家养着200多只羊，老百姓都说他家是开着流动银行。这几年羊的市场行情一直不错，这200只羊少说也有几十万，在村里也算得上富裕人家了，可他还是要申请进贫困户序列。这种风气断不能长。我就反复跟他讲，他不符合贫困户条件，他很生气，认为我是跟他作对，撂下一句"猴妮子你等着"就走了。我出于公心，不怕半夜鬼敲门，自然是不当回事了。一天我上村里,突然半路上蹦出一块石头。这路我天天走都是平平顺顺的,从没有遇到过这种情况。等我发现这块石头已来不及躲避了,只听崩的一声,前车轮撞上去了,我控制不了方向盘,前轮别向悬崖,我赶忙急踩刹车,前轮已有半个轮子悬空了。我顿时吓出一身冷汗,不知该怎么办,弄不好就有滚下悬崖的危险。等了几分钟,我冷静下来,急忙打电话向一个有驾驶经验的朋友求教。他告我说,我在驾驶室看不清路况,不要盲动,找一个有开车经验的人来指路。后来我打电话叫来村主任,他指挥着我,慢慢脱离了险境。一开始我还以为是自己开车不小心,后来有村民告诉我石头是那个养羊人搬放在路上,他亲眼看见的。我听了淡淡一笑,手段是辣了点,但他的心境我是理解的。大概他也知道我晓得这事是他干的,从此都远远地躲着我,也不再提评贫困户的事儿。

很快,我的两年扶贫任期到了,家里人盼我回去,孩子也盼我回去,但我不能回去。扶贫之路已走得顺风顺水,只差最后1千米,我不能半途而废,我愿再把青春挥洒在北文西的每一寸土地上。我知道,青春只有一次,美丽的青春叫家国和责任!

2019年,我带领村两委制订整体脱贫摘帽计划。我们修公路,打机井,改危房,通网络,解决吃水难问题,创办小杂粮合作社。俗话说,人心齐,泰山移,我们北文西村终于在2019年一户不落地全体脱贫了。

下乡扶贫这几年,我有个习惯,每逢过年时,总要开着皮卡车给全村的老百姓发送过年礼物,恭贺新年。2021年末,按照习惯,我照例给老乡们送去礼物。其实我知道,脱贫后的他们并不在乎这些,但这是我的一番心意,这是我和他们的一根连心线。发送完东西,我正准备发动车子回家,忽然听得身后的车厢呼呼啪啪一阵响,我还以为是车子出什么问题了,下车一看:嚯,十来个乡亲正在往车厢里扔各种年货,有蒸好的大馍馍,有冻好的豆腐,有炸好的肉丸子,还有那个曾在路上放石头的老乡扔下一大卷羊肉,头也不回地默默走了。我喉咙一哽,尽管我一再警告自己,妮子,不要哭!可是,不听话的眼泪还是稀里哗啦地流了下来……

人物肖像12

刘柏青扶贫三板斧

刘柏青一走进马圈滩村,立马就有一伙人围了上来。没等他开口,村民七嘴八舌地嚷开了。

采风团采访刘柏青(左一)　秦泽玉　摄

领导，年也没过好，给一袋白面吧。

领导，他们是贫困户，怎么把我撂下了？我家比他们还穷啊。

领导，这次来能给我们分多少钱？

领导，我家的儿子30多了，还没娶下媳妇，给想个办法吧。

刘柏青已在其他村扶贫几年了，知道对这些人不能发火，笑着说，别乱嚷嚷，到村委会登记一下，咱慢慢商量。一听要登记，那些刚刚还唾沫星乱飞的人摸不透这位刚来的第一书记葫芦里卖的什么药，就踌躇不前了。刘柏青见他们没跟上来，看看这坑洼的街道、漫巷的污水、破旧的房舍，还有飘飘扬扬的黄尘和落叶，心里沉甸甸的，这个村，够呛！

刘柏青原是静乐县电视台新闻部主任，又能主持，还唱得一嗓子好歌，是电视台的台柱子。2016年，脱贫攻坚进入一个重要阶段，刘柏青想，在这场历史上从未有过的脱贫攻坚中再不下去锻炼提高自己，会是人生中最大的遗憾。自己是个共产党员，这是政治责任，也是政治任务。所以他主动要求下乡扶贫，台领导不想让他走，他给领导拍胸脯做了保证：请放心，我肯定不会给电视台丢人的，我也肯定会在扶贫工作中锻炼成长的。刘柏青到马圈滩村担任了第一书记，一开始扶贫是在离县城几千米的村子，这里基本条件还好，虽然有些艰苦，工作开展起来还算顺风顺水，两年后胜利脱贫。

这次来到马圈滩村，一进村村民就给了个下马威，他就不能不认真思考对策了。村民的这种"等靠要"思想绝不能再让蔓延滋长，它不仅助长了贫困户"贫穷有理"的想法，并且加大了非贫困户的对立情绪。怎么才能把这种"要我脱贫"变成"我要脱贫"？他左思右想，忽然想起了十多年前上海和现在大同、太原创造的一种模式叫"爱心超市"，觉得这种做法很不错。但这种模式还有不足，它只是鼓励社会人士献爱心，并没有把接受爱心者纳入献爱心的行列。如果把接受爱心者也纳入献爱心的行列，那对他们不也是一次心灵的洗涤和净化吗。怎么做呢？他想了半天，如果接受爱心者也去做一些好事作为回报，这岂不是两全其美吗？他是这样构想的：超市的物品村民是不能无偿领取的，必须通过自己做一些公益事业或者说做好事才能等价交换。譬如，自家的院子整理整洁了，自家街门外打扫干净了，村里组织的公益活动积极参加了，小辈孝敬老辈了，等等。做了这些，分别根据事情的大小难易按百分制打分，累积分越高，领取的物品就越好。这样，别人为你献了爱心，你也回报了爱心，既满足了村民爱贪一些小便宜的心理，也培育了他们热爱集体的思想。他把这种做法总结为"以德领物，以物促改"。他把思路跟同伴们一说，大家纷纷赞同，于是很快就实施起来。他们回单位取得领导支持争取回一些资金，又向社会号召筹集了一些资金，自己也通过不同形式捐出一些钱物，并从村里聘请几位德高望重的老人担当评审员，这个有新意的爱心超市就热热闹闹地开张了。

开张没几天，矛盾就来了。有村民来告状，其实是鸡毛蒜皮的事儿。说是评审组的老汉处事不公，他跟邻居做的一样的事儿，而邻居是90分，他却是80分。柏青笑了，老伯，我们相信你是做了好事，评审组可能是误记还是怎么了，肯定不会是有意的。这样吧，这次就算了，等下月吧，你多做好事，我们不仅给你多记分，还给你进步奖励，你看好吗？这个刚走，又有人来了，你看，这个月我不是外出走了多半月吗，我的得分才20多分，书记看能不能这样，给我多记上几十分，跟别人差不多，东西我可以不领，可我丢不起这个人哪，大家伙还以为我不愿做事呢。柏青又笑了，给你乱加分的事不能干，传出去你的面子更不好看，我们也丢了实诚。我们可在贴榜公布时写明你这月外出，大家也就清楚了，不会小看你的。下月你多多做事，争取超100分，我们还会大大奖励你，好吗？就是在这一件件小事中，刘柏青他们感到乡亲们在一天天地进步。

乡亲们在进步，可随着岁月的流逝，刘柏青看到新的问题。超市买东西的钱越来越少，你总不能老是觍着脸向社会要捐助吧，还必须得想一个自己能造血的办法。壮大村集体经济当然好，可远水解不了近渴。他后来想到了从卖农产品中抽成的办法。他们3个扶贫队员都是年轻人，网上做电商卖农产品不成问题。马圈滩的农产品像小米、黄黑豆等都是好品质，那么通过包装销售提高价格而从中抽成。譬如，村民卖一斤小米就是3块多，而经过包装后可以卖到5块到6块钱。这提高的价格，除了给村民一小部分，其他的除了包装成本外，剩下的全部可以补充到爱心超市去。

他们立马付诸实践，效果还真不错，有效地缓解了爱心超市自个充血的问题。他的这种精神扶贫做法，走在了全省的前列，也得到有关领导的重视。刘柏青在全市扶贫经验交流会上作了发言，这种做法很快在全市乃至全省得到推广。

第一板斧砍削村民"等靠要"的思想，效果还不错，刘柏青接着又砍了第二斧，这一斧是砍掉旧有的种植传统，培育新的种植结构。

以前马圈滩村村民种的是几十年不变的玉米、谷子、山药蛋等，产量低、收入少。刘柏青他们经过调研觉得这个地方昼夜温差大，试种甜糯玉米是增产增收的最佳途径。可开了几次会，村民都觉得太冒险，不敢干。刘柏青跟其他队员一商议，喊破嗓子不如做出样子，咱自己种吧。说动手就动手，他们从村里租了三亩地，两亩种甜糯玉米，剩下1亩种优质土豆和蔬菜。从市里玉米研究所请来农艺师，调来优质品种，从种到收，严格按人家的技术要求操作。秋收了，他们煮了一大锅甜玉米请全村的男女老少品尝。他们的甜玉米竟卖出天价，是普通玉米的三四倍。土豆也是大丰收，个头大，又好吃，收入也比一般土豆高出好多。就连那些豆角、黄瓜、西红柿等常见蔬菜，由于选用的是优质品种，特别受欢迎。村民大开眼界。柏青经常

送他们品尝，没有种过这些菜的村民表示日后也要在自家小院里试着种种。

第二年，看到好处的村民不用再动员，都要试种玉米、土豆。这下刘柏青又忙碌开了。这是几百亩的种植，不再是三亩两亩的零星种植，必须保证销售渠道的畅通。所以，他们跑了不少路，找到一家公司，签订了合同。整个从种到收，人家派出技术员全面指导，还建了一座加工厂，只要符合人家的要求条件，全面收购。这下，老百姓心安了，他们做梦也没想到还有这样的好事。这年年底一算账，村民的收入普遍翻了好几番。从靠天吃饭到订单农业，这些种了一辈子地的百姓感受到时代的变化。

村民的收入有了大幅提高，刘柏青又琢磨着第三斧该砍向哪里。

静乐是三晋有名的缝纫县，相当一部分人走南闯北落户各地，一台缝纫机一双手挣钱养家，光北京城就有几万人。这几年扶贫，在家乡的召唤下，一些企业家也回乡创业，办起了服装厂等企业。县里也办起培训班，培训家庭妇女学习技术，做技能型人才。刘柏青疏通渠道，让马圈滩许多没有牵绊的妇女通过培训走进工厂，成为真正的裁缝，光贫困户就业的就有20多人。离不开家的就从厂里揽一些活儿拿回家做，坐在家里也能赚钱，她们别提有多高兴啦。

女人们能赚钱，男人们更不含糊。刘柏青陆续在村里办起了农机合作社、种植合作社、造林合作社和养殖合作社，让村民在农闲时间不休息，充分展示各自的特长。就连一些体弱的老人也被分别按自身特点，安排到一些公益岗位，做到人尽其才，人尽其力。现在，村里坐大街聊闲天的现象没了，大家都是急急匆匆地操持自家越来越火的日子。

2019年，马圈滩村顺利脱贫。下乡扶贫已4年的刘柏青也迎来好消息，这位早被省里授予扶贫模范称号的第一书记，又被县里重用，提拔为县扶贫办副主任，走向新的扶贫岗位。离开马圈滩时，他走访了跟他相处了几年的乡亲们，大家都拉着他的手，舍不得松开，一个劲地说着感谢的话。当他最后来到曾让他给他儿子娶媳妇那家，老人除了说一些感谢的话之外，还悄悄地告诉他一个秘密：柏青啊，这几年，我家已攒下一些钱，再过几年，就要给儿子娶媳妇了，到时，你一定要来喝喜酒哇！

人物肖像13

百姓贴心人张晋东

张晋东和贫困户打场　陈晓平　摄

不负人民——忻州特色的脱贫攻坚之路

张晋东，中共党员，大学本科学历，2017年4月，受忻州市神池县人力资源和社会保障局选派，赴神池县太平庄乡宋村担任驻村第一书记。2017年被忻州市干部驻村帮扶工作领导小组授予"全市农村优秀第一书记"称号，2018年被山西省第十届大众科技论坛组委会授予"山西十佳产业扶贫优秀第一书记"称号，2020年被忻州市委、市政府授予"驻村帮扶工作模范第一书记"称号。

张晋东身高体瘦，是宋村村民常挂在嘴边的"二百五"书记，也是好友背后默默支持的"张疯子"。

在驻村的日子里，张晋东挨家挨户走访，吃百家饭，住百家房，聊百家事，干百家活。因为他知道，只有真心实意和村民交朋友，村民才会对他"掏心窝子"。

宋村有159户348人，其中，贫困人口83户190人，占总人口的52%，靠山吃山、重农抑商的传统思想严重影响了村子的发展。

精神就是图腾，没有信仰就没有精神力量。为了提升宋村文化品位，让村里有部响当当的村史，张晋东苦心创作了《闯王使命·宋村传言》，以此激励村民。张晋东还自筹3.2万元修建进村道路、村标和文化小广场，就此打响创建"乡村旅游扶贫示范村"的第一炮。

2017年10月22日，为了增强群众脱贫致富的信心，张晋东在党员活动室外悬挂了"党在我心中，我在群众中"的宣传标语，安装了电子显示屏，维修了大喇叭，还购买了一面大号国旗。

2018年1月3日早晨，宋村举行了历史上首次隆重的升旗仪式，村里的田卦小、张玉珍、田玉婵、段枝云、王玉萍5位80多岁的老人与40多位村民齐聚广场，共同见证了国旗升起时的庄严神圣。升旗仪式结束后，大家眼里蒙着层层泪水，久久仰望天空。"40多年了，村里没见过五星红旗。张书记，红彤彤的真好。"81岁的田玉婵老人满是皱纹的脸上漾起了开心的笑容。

驻村期间，张晋东利用网络平台首创一户一档精准户专属二维码门牌，实行手机扫码动态帮扶查询管理，为圆满完成脱贫工作打下扎实的基础。

2018年1月10日，是个特殊的日子。听说张晋东可能要调换到烈堡乡某村任第一书记，有30多名村民自发集结跑到县人社局，送了一面写有"人民好公仆，百姓贴心人"的锦旗，并恳求让张晋东留在宋村。张晋东用真心真情打动了村民，真正走进了村民心里。

宋村有22个单身汉，10个常住村里。2018年农历新年，父母多次催张晋东回家过年，可是单身汉们不让走。最后，张晋东实在不忍拒绝大家的热情，待在村里一起分享了过年的美好。大家边分享边谋划宋村的发展方向，并达成共识：宋村山高林深土地少，种不成地就养牛，养不成牛就搞旅游，旅游不成直接搬迁。村民也知道致富门路在哪里，只是不敢轻易站到起跑线上。

随后，张晋东和村两委共谋"山字经"，由村两委跑外地谈"牛事"，2018年3月底，宋村共引进能繁母牛184头。一些老百姓打趣说，过去的宋村是"棒子村"，现在被"张疯子"折腾成了"牛村"不说，身后还跟着一群发了野的"小牛犊"，个个有闯劲。

张晋东明白，只要真正为百姓着想，老百姓就一定理解；只要真心为百姓做事，老百姓就一定支持。源于这种内心的信仰，张晋东一直努力为村民寻找发展之路。2018年，宋村被确定为全省首批旅游扶贫示范村。

张瑞莲在上东留村贫困户种植的葡萄大棚内　来源：定襄老乡俱乐部

人物肖像14
张瑞莲心系乡亲惠民生

定襄县档案局驻蒋村乡上东留村第一书记张瑞莲获评2020年下半年"忻州好人"。颁奖词中称她：金杯银杯不如老百姓的口碑。心系乡亲惠民生，你是老百姓离不开的第一书记。

"什么是有机葡萄？我们卖的就是有机葡萄。你们尝尝，吃一颗上东留村贫困户种植的玫瑰葡萄，能甜透你的心。"一入夏，第一书记张瑞莲就成了定襄县上东留村扶贫项目有机葡萄园的代言人。

定襄县上东留村路东是旱地，路西是水浇地，过去以玉米和小杂粮种植为主，收成极不稳定。2015年，村里争取到整村推进扶贫项目，第一书记张瑞莲和村干部一道带领部分村民远赴清徐县考察葡萄种植项目，引进省农科院研制的新品种"新世纪玫瑰葡萄"。为了保证葡萄项目的栽种成功，张瑞莲专门去省农业科学院土壤肥料研究所化验了土壤质量。化验结果令她喜出望外，村西的土质属细砂质壤土，透气性能良好，pH值非常适合葡萄的生长发育。在选择入园农户上，张瑞莲充分考虑到所有建档立卡贫困户的脱贫诉求，以"项目+基地+贫困户"的托管模式，广泛吸收有种植意愿的贫困户参与，建成了23座大棚、占地35亩的葡萄采摘园。在17户承包经营户中，有6户为建档立卡贫困户，其他均为贫困村民。

年逾古稀的郭福昌是村里有名的贫困户，儿子儿媳均患有精神疾病，孙子孙女还在上学，日子过得紧紧巴巴。在张瑞莲的提议下，经村委会研究决定资助老人承包两座葡萄大棚，并提供葡萄苗、肥料、地膜、篱架等农资。自2016年扦插繁殖成活后，到2017年夏天，共收获葡萄2000公斤，除去必要的成本支出，纯收入达到3万多元。2021年预计葡萄可采摘4000公斤，收入翻番，郭福昌将一举摘掉贫困户的帽子。

作为村里的第一书记，张瑞莲在主抓党建工作的同时，大力推进脱贫攻坚工作，优先扶持贫困户参与农业设施建设，与村干部一道带领村民治沟整地200亩，增加了130亩特色种植，栽种50亩酸枣树，并对村庄进行整体绿化，新建生活垃圾池10个，修建120平方米文化墙，对1万平方米的村中墙面进行粉刷，帮助学校扩建468平方米的篮球场地……通过招商引资，建起一个大型养殖场，在40亩沟坡地实行种养一体化管理模式。

从一棵葡萄树到满园硕果。几年来，张瑞莲凭着一颗赤诚之心，实实在在为村民办好事、办实事，上东留村贫穷落后的面貌正在一点一点改变。

在定襄县蒋村镇上东留村委会，刚刚理完发的梁大娘动情地拉着该村第一书记张瑞莲的手连连夸道："好书记，好闺女！"张瑞莲是由定襄县委组织部下派到农村任职的干部，她牵头为村民办了许多实事。当日，她主动联系了县城"小李造型学"雷锋小组的5名理发师，免费为全村70多名老年人理了发。

定襄县上东留村依靠大棚种植退出了贫困村行列。

人物肖像15

好管家——全国扶贫先进单位代表庞焕兰

"庞书记，不好了，老刘家的儿媳妇又爬上窗台，一根线也不挂，嚷嚷着要往下跳。"

又是她，这女子，不知又别着哪根筋了，人命关天，快走。庞焕兰招呼着社区的工作人员，吩咐他们拿几床被子楼底等着，万一楼上人掉下来，有个救助。

庞焕兰急匆匆地跑上楼，一进老刘家，果然见那女子在窗台上浑身赤裸两手乱舞，嘴里乱叫。窗子已经打开，随时有掉下去的危险。庞焕兰急忙把自己的外套给女子披上。二妮子，快下来吧，上边有风，听姨的话。女子不再乱动了，用手指着门，摇摇头：饭，饭……怎么，想吃饭了？好，姨给你做。这时候，老刘从家里冲出，饭什么饭，中午就吃了两大碗。二妮子说，一碗。老刘说，两碗。一碗。两碗。庞焕兰急忙制止老刘，跟一个病人争什么争，有意思吗？赶快把二妮子弄下来才是。她摸摸二妮子的手，又从身上掏出几颗糖，好妮子，乖妮子，吃糖，吃糖，姨的糖可好吃哩。好说歹说才把二妮子劝回了自己的住房。焕兰对老刘说，你这么大的人了，怎么不知道利害呢，咋就不看着她些呢？老刘说，这女子，谁知道她什么时候发作呢？哪能时时跟着她呢，你看这玻璃全让她打碎了。你咋不把这窗子用铁管把它封起来呢？封起来二妮子也不会跳窗了。哪有那闲钱呢，她想跳窗跌死算了。这是什么话，好歹也是条人命，再说，二妮也不是时时发作啊。说完，庞焕兰打了个电话，让城里安窗子的人火速赶来，叮叮咣咣花了几个小时，把老刘家的几扇窗子用钢管封了个严严

实实。这几百块钱自然是庞焕兰掏的腰包。

大家一定已经猜着了，这庞焕兰是这小区的领导。没错，她就是这个惠民社区的党委书记。这小区可不是一般城里的居民社区，住着保德县13个乡镇124个村的搬迁农民，共2166户6583人，面积大，人员杂，难管理。

庞焕兰其实已经退休几年了，是县妇幼保健院的原院长。正当她平静地安享晚年之时，冷不丁领导找她谈话了：焕兰同志，组织决定让你去到惠民社区担任党委书记。她很意外，知道这是件非常棘手的工作，她手中没有金刚钻，不想揽这瓷器活。领导说，我们琢磨半天，这地方你去正合适，第一你在基层当过乡长书记，跟农民打交道有丰富的经验。第二，你既有霹雳手段，还有菩萨心肠。你就不要推辞了。话到这儿，焕兰也不好再说什么，表示服从组织安排，第二天就走马上任了。

上任第一天，残酷的现实就给了她一个下马威。进了办公室屁股还没坐稳，社区里两个居民就骂骂咧咧地闯进来，一大个，一小个，小个子还捂着额头，血淋淋拉拉地洒了一身。焕兰招呼他俩坐下，让卫生室的大夫给小个子包扎好，才询问怎么回事。从俩人断断续续的吵嚷声中，她才弄清，这起打架源于楼道里置放的杂物。小个子是个勤快人，平时外边溜达看见纸片子什么的就全捡回来放在楼道里，慢慢越积越多，整个楼道差不多快给占满了。大个子是对门，十分讨厌小个子的行为，认为影响了自己的行走，说了好几次都不听，反而放肆地把纸片子快放到他的家门口了。这天，当小个子又把一堆纸片子背上楼梯时，大个子就不让他放，小个子非放不可，大个子就骂开了，小个子也不示弱，骂得比大个子还要难听。大个子一怒之下，拳头就上去了。小个子哪里是对手，被打得头破血流。

焕兰到现场看了情况，确实杂物已快摆放到大个子家门口了。就先批评小个子，楼道是公共空间，不容许摆放任何杂物，你随意乱放纸片子是你的不对在先，要赶快处理掉纸片子，还大家一个干净通畅的空间。接着又批评大个子，小个子即使有过错，咱要讲道理，不能动拳头，还伤了人，亏你俩还是一个村的人，这医药费得你来出。焕兰是个做事讲效率的人，马上从街上叫来收废纸的把废纸片清理掉，又让大个子把医药费给了小个子。然后让两人握握手，不准记仇，抬头不见低头见的，今后还是好邻居嘛。

处理完这件事后，焕兰步履匆匆地往办公室赶。忽听身后工作人员大喊，庞书记，小心头顶！她抬头一看，只见楼上不知从几楼泼出脏水，像一道瀑布直泻而下。她紧跑几步才躲开，定睛一看，洗锅水，破抹布，还有一根断成几节的筷子。焕兰叹口气，这是居民怕堵了自家的下水道而污染周边环境的，这水要洒在无论谁的身上，又会是一场口口舌舌的纠纷。焕兰和社区的工作人员收拾干净污水后，继续往前赶。不想，令人十分难堪的场面出现了：

一个头发花白的老人竟在光天化日之下扯下裤头，在绿化带中小便。令人惊异的是，即使他知道身旁有人走近，还是不慌不忙地撒完最后一滴尿才提起裤子，扬长而去。工作人员欲拦住他，焕兰急忙制止，给老人一点面子吧。工作人员气愤地说，庞书记，您来得迟，有多少人为了省自家的一点水，在这绿化带里屙尿，还洋洋得意地说这是施肥浇水，你说气人不气人。焕兰说，你今天批评了这个，明天还会有那个，咱得治本呐。

经过今天几件事，焕兰深深感到肩上担子的沉重。他们住上楼房，有了好的配套设施，可说到底他们还是农民啊。毛主席就说过，重要的是教育农民，重要的是制定规矩，重要的是发挥党支部和党员的战斗力。要不，头痛医头脚痛医脚，连个最基本的管理问题也解决不了，甭说其他的了。

说干就干，焕兰召集各村的党支部书记和村委主任开了几天会，大家群策群力，制定了各项规范大家言论行为的准则，制定了社区今后发展的长短期规划。她语重心长地告诫每个人，千条万条，充分发挥党的领导是第一条，充分发挥每一个共产党员的带头作用是第一条。你们都是每栋楼的楼长跟党小组长，要想管理好这些老百姓，只有你们跟他们交心，把他们当朋友，他们也才把你当朋友。记住，咱共产党员必须时时刻刻把老百姓装在心里！

庞焕兰是这样要求大家的，她自己也是这样身体力行的。

在大家的努力下，经过将近一年的反复宣传教育，社区管理逐步走上正轨。然而又有一些新的矛盾产生了。

一天晚上，熟睡的庞焕兰被一阵急促的电话铃声惊醒，说是高层楼房发生爆炸。一听"爆炸"二字，她惊出一身冷汗，迅速赶往出事现场。到了现场才知道是正充电的电动车爆炸，被正在巡逻的下夜人员看见，匆匆给她打了电话。她了解到爆炸只炸裂了一些玻璃，并没有伤到人。火势渐小，等消防车赶到火已完全扑灭。她表扬了现场人员救护措施得力，也同时详细了解着火人的家庭情况。他着实是个可怜人。自小小儿麻痹，是二级残疾，年前刚死了媳妇，家里还有一个读高中的女儿和年迈的老妈。这次，除了要赔偿人家的损失费外，要命的是赖以养家糊口的电动车也烧了，他怎么办？焕兰得知他的难处后，立马决定给他一个社区公益岗位。1000元的工资虽然不多，再加上国家给他贫困户的各项补贴，维持生活还是有保障的。

事件圆满解决了，但隐患并没有解决。还有好多的电动车摩托车还是从窗口拉出线来充电，再发生二次、三次爆炸是必然的。焕兰想到了建公共充电桩，可社区又没钱，只能一次又一次地跑扶贫办，最后解决了充电桩的问题，消除了社区一大隐患。

社区群众都是来自四乡八地的农民，赖以生存的土地没有了，两手空空，心中慌得很。所以，就业就成了维稳保平安的

重要手段。可是正值新冠疫情期间,各地开业不足,外出打工更是困难重重。正因为困难,打工就业才显得格外珍贵。庞焕兰把老百姓的难记在心上,把群众的就业当作自己的事业来做。她专门设立了就业平台与外地对接,充分了解企业的用工需求,把社区符合条件的农民工及时输送到外地。和保德一河之隔的府谷县,企业多,用工量大,她利用自己多年积累的人脉,亲自打电话、找关系,不遗余力地往外输送急需就业的男女青壮年劳力。就这样,每年要为社区几百名群众解决外出打工需求。

惠民社区门外有条公交线路,社区的群众外出都要坐这趟车。焕兰来社区的第二年夏天,公交线路突然停运了。她一了解情况,原来是天降大雨,某低洼路段积了好深的水,公交车的电瓶怕遇水爆炸。公交一停运,社区群众苦不堪言。焕兰急群众所急,急忙找到住建局长,给他出了个主意,让住建局修了个大蓄水池,再用抽水机把积水抽到蓄水池里。这样,车通了。群众说,还是我们的庞书记有办法。不仅如此,庞书记还跟公交公司反复交涉,把惠民社区贫困群众的坐车费由2元降至1元。

焕兰来惠民社区两年多了,对37栋楼2000多户6000多人的情况都了解得一清二楚。一天,她在路上碰上贾老头,看见额头上有块明显的伤疤。听说你儿子回来了,不会是儿子打的吧?唉,书记说对了,儿子自从市精神病院回来没几天,追命鬼似的向我讨要国家给的救命钱。他神神叨叨的,给了他还不是乱花了,我就没给,谁知他就动手了。不怕书记笑话,我老头子了,哪能招架得住?这不,就挂彩啦。唉,几天也不敢出门。老贾呀,你住的那个过道该安个门了,保险。要不,你儿子发作起来,还不知会怎样呢。谁说不是呢,可安一个门得几百块呐!焕兰知道他舍不得,可为了他的安全,这门得安。这样吧老贾,我跟殡仪馆惯熟,我和他们讲一下,你去那里打几天临工,扫扫地捡捡垃圾什么的,一天能挣一百多,好歹把你的门钱挣回来,好吗?过一段时间,再去老贾家,过道的门已安上了,老贾还一个声地感谢庞书记。

惠民社区不仅智障人口多,孤寡老人更多,这些人都是弱势群体,也是庞书记整日操劳之所在。一日早上,庞焕兰接到一个老太太的电话,说她头痛得厉害,想去县医院看看病,可她身子弱,连楼梯也上下不了,问庞书记能不能帮帮忙。焕兰一口应承下来。她急忙到街上找了个正闲侃的壮汉,问他,一个老太太,要去医院看病,上下不了楼梯,背得动吗?背得动。200块,愿意干吗?愿意!焕兰又雇了一辆车,把老太太送到医院看了病。老太太千恩万谢庞书记,可她根本不知道庞书记为这事花的几百块钱。

东家有难给几百块,西家有困难给几百块,过年买红灯笼没钱垫上,唱戏搭戏台没钱垫上……两年来,林林总总,焕兰已垫出10多万元。反正,这几年她的工资

不负人民——忻州特色的脱贫攻坚之路

就没往家里拿一分,全用在社区建设和社区群众身上了。好在她老伴很开通,格外支持她,说是组织把你放在那个重要岗位上,你就得给人家干好。钱是身外之物,有我的工资咱俩也花不完,你不必计较钱财,干好工作比什么都重要。焕兰的儿子儿媳都是下乡扶贫的第一书记,也都很支持妈妈的作为。

庞焕兰难呐,虽说她管着6000多人,名为党委书记,可这个社区一没级别,二不是县财政拨款单位,县长曾给批了10多万,因为渠道不通没法下账,一直也拿不到手。钱到不了手,工作还得干,干工作就得花钱,没钱就得自己垫。好像进入一个无解的死圈。

庞焕兰左思右想,想要走出这个死圈,就得胆子再大一些,不靠别人靠自己!自己办产业挣钱养活自己。她想到几点:一是县里曾在社区外修盖了一些房子,准备做小商品市场,可因地处偏僻没能达到效果。与其闲置着,不如无偿让社区居民使用,开办面食一条街。一则解决了群众就业难问题,二则还可以收点管理费贴补经费。二是不用物业,实行自己管理自己。她算了一笔账:国家给贫困户的光伏发电钱,除了给农户的之外,还有150多万,50万要用于光伏修理,一部分用于环境绿化,剩下的就可以做物业管理了。社区的6000多人中,能工巧匠不少,什么电工管道工多的是,他们既是管理人员也是公益岗位人员。社区管理中心也是物业公司,减少中间环节,群众也再用不着缴纳物业费、卫生费,剩下的钱还可办些公益事业,岂不两全其美。

庞焕兰已经向县里递交了可行性报告。

她对自己说,老骥伏枥志在千里,烈士暮年壮心不已。

她对管理人员说,只有想不到的事,没有办不到的事。

她等着大施拳脚的那一天。

人物事迹1:

人民公仆裴峰

脱贫攻坚工作开展以来,在市委、市政府的坚强领导下,原忻州市副市长裴峰同志坚决贯彻落实习近平总书记关于扶贫工作的重要论述,始终把脱贫攻坚作为最大的政治责任牢牢扛在肩上、紧紧抓在手上,全身心奋战在脱贫攻坚主战场的第一线。

主动扛责,勇于担当。脱贫攻坚战役打响以来,裴峰同志担任市委脱贫攻坚领导小组副组长和26个专项扶贫领导组组长(双组长),全力奋战在贫困群众最需要的地方,当先锋、打头阵、挑重担。充分发挥先锋作用,履行调度员的职责,彰显施工员的示范,对上积极争取省级支持,对3个省级深度贫困县实施"一县一策";横向凝聚部门合力,统筹12个专项办公室和26个专项扶贫领导组,指导制定了脱贫攻坚"4433"工作法和市直部门"131"政策措施落实机制;对下倾心督导、真帮实

扶,指导和帮助基层解决实际问题,推进工作开展。

真抓实干,敢于创新。裴峰同志始终注重对脱贫攻坚全局性问题的研究和探索,勤于钻研思考,敢于破解难题,全力推动党中央、国务院各项脱贫攻坚政策在忻州落地生根、开花结果。创设性提出破解"人钱地房树村稳"七个问题的35条意见,整村搬迁成为品牌工程。2017年6月,习近平总书记视察忻州时,对忻州整村搬迁工作给予充分肯定,整村搬迁经验做法受到国务院通报表扬,安置房产权办证全国率先试水,被国家发改委作为政策指引向全国推介。指导制定了光伏电站建设并网、运维管护、收益分配机制,光伏扶贫成为增收工程;创新组建、优化、提升扶贫攻坚造林专业合作社,生态扶贫成为惠民工程;指导制定了打好精神扶贫主动战的意见,全省率先出台,走在前列。

扎根一线,心系群众。裴峰同志数年如一日,始终和贫困群众摸爬滚打在一起,拜群众为师,与群众交友。始终聚焦贫困群众最关心的问题,既当指导员,又当宣传员。积极宣讲脱贫攻坚政策,引导群众树牢脱贫信心;积极帮助贫困群众谋划扶贫产业,推动脱贫攻坚政策措施到村到户到人到位,帮助贫困群众解决产业发展、就业创业、技能培训等方面急需解决的问题,被忻州老百姓亲切地称为"老裴"。四年多来,裴峰同志累计下乡500余天,走遍了全市158个脱贫任务重的乡镇,走访了全市1500多个贫困村。

人物事迹2
范武胜:九年如一日,久久为功

静乐县扶贫办主任范武胜(前右一)与国新能源代表签订消费扶贫合作协议　　来源:静乐干部驻村在线

范武胜从2011年任山西省忻州市静乐县扶贫开发办公室主任以来,牢记初心使命,奋勇担当、主动作为,九年如一日,一直奔波在静乐脱贫攻坚的第一线,深受当地干部群众的好评,他用自己的主动作为和无私奉献,兑现了一名共产党员对党的庄严承诺。

静乐是国定贫困县,他上任之初,就对组织承诺:静乐不脱贫不卸任。九年中,他跑遍了全县所有的乡村,走访了3000多户贫困户,平均每月在基层一线调研十多天,写出了近50篇接地气、可操作的脱贫攻坚调研报告。在他的主持下,县脱贫攻坚总指挥部累计制定出台了指导全县脱贫攻坚的政策措施近400个,及时为全县打好脱贫攻坚战明确了方向。到2019年10月,全县192个贫困村全部退出,减贫15234户47473人,2020年2月27日省政府批准静乐县退出贫困县。

在脱贫攻坚战打响以来，范武胜兼任县脱贫攻坚总指挥部办公室主任。为了服务好全县的脱贫攻坚工作，他主动作为，组织总指挥部工作人员在全县书写脱贫攻坚宣传标语4000余条，编印服务手册近10万份，为贫困群众赶制建档户档案袋5万多个，编印政策宣传画近10万份。聘请专业人员开通了网上信息共享平台，组建了上下互通、覆盖到村的静乐扶贫微信群，线上线下组织培训各级扶贫干部2000多人次。带队入乡入村现场指导扶贫工作近800余次，为全县打赢打好脱贫攻坚战提供了有力保障。

范武胜在九年间没有节假日，也不过星期天，长年累月连轴转，患上了痛风症，有好几次连下地行走都得靠人扶，大家劝他请几天假看看医生，他总是摇摇头说：关键时刻了，绝不能掉链子。口袋里装着网购的止痛片，继续奔波在脱贫攻坚第一线。堂尔上乡的李四娃是建档立卡移民户，搬迁到美康小区内，由于带着一个身体残疾的儿子，生活比较困难。武胜在小区家访时了解到这一情况，主动协调小区物业为李四娃的儿子安排了小区保洁岗位，每月收入千元。李四娃老人逢人就说范主任是咱老百姓的好干部。九年内，像这样的爱民实事他办了几十件。

九年内，有几次县里干部调整，考虑到他任职时间过长，计划给他调整一下岗位，每次谈话他都谢绝了。他说，扶贫工作我已经熟悉了，临战换人不利于工作，我就不信在我的任期内摘不了这贫困帽子。范武胜是这样说的，也是这样做的，九年来的工作业绩，让全县干部刮目相看。

人物事迹3
王卫兵：既是指挥员，又是战斗员

2019年9月，正值全县脱贫摘帽吃紧之际，王卫兵同志接受组织安排担任县扶贫办主任兼光伏办主任。面对全新的工作环境，他勤于学习、努力钻研，牢守党员初心，利用一切机会刻苦学习扶贫业务知识。身为扶贫办主任，在工作中，总是身先士卒，既是指挥员又是战斗员，不论是业务方面还是日常事务性工作，事必躬亲，不攀比，不等靠，以高度的主人翁意识投身工作。

勤于学习、努力钻研，牢守党员初心。扶贫工作是艰辛的，而基层扶贫办主任更是艰辛。刚到县扶贫办工作时，面对全新的工作环境，压力倍增任务倍增，但限于偏关县县情，贫困地区财力有限，扶贫办的人员和经费较为紧缺，王卫兵和扶贫办面临的困难不少，人手不足，就必须九牛爬坡、个个出力。首先是自己要做出榜样，为了组织的嘱托和群众的期盼，他一心扑在工作上。一年多来，他参加过200多次下乡调研督查指导，足迹遍布全县10个乡镇和所有村庄；一年多来，他每天都是早上不到七点就出门，晚上不到十点不落屋，从来没有过一个完整的节假日，和家人长期分居，偶尔周末回家，孩子形影不

离怕他离开，但他只能陪家人吃口饭后便匆匆赶往工作岗位。尽管日常的工作很忙，但每天晚上一直坚持学文件、想对策。为了干好扶贫工作，王卫兵同志毫无怨言地贡献着自己的力量。

兢兢业业，以身为范，不忘工作本心。作为单位的"一把手"，他始终认为，扶贫办是全县脱贫攻坚工作的"参谋部"，工作推进中的"排头兵"，必须身先士卒。虽是年近50的人，还跟其他县市20多岁的年轻人一道，多次到省参加业务培训学习，回来后及时培训乡村干部，有时候声音嘶哑了，就通过QQ群或微信群传达最新精神。他经常奔波于第一线，进村入户，嘘寒问暖、问计于民，时刻把扶贫工作作为一项政治任务和民生工程来抓。只要自己能做到的，不管是分内工作还是分外工作，他从不推给别人，总是自己亲力亲为。为了能及时完成上级部门工作任务，经常加班加点，很多时候都是啃着馍片和干吃面当午餐，累了就在办公室里躺一会，白天忙不完的事，晚上接着干，经常加班加点，好多时候忘了跟门房打招呼而被锁在办公室里面。同事常常和他开玩笑说，你头上的头发本来就少，这个主任当下来，估计就秃了。他扎实的工作作风，受到省、市扶贫办的充分肯定。

无私奉献、不负嘱托，践行脱贫使命。"授人以鱼，不如授人以渔。"他认为，只有抓好富民增收产业，才能让贫困户彻底摆脱贫困。作为一名长期工作在基层的干部，他结合地域光照资源良好、干旱少雨的自然条件和扶贫缺乏新产业支撑的实际，因地制宜，创新推动，在新关镇贺家山村试点推进分布式户用光伏发电项目。他经常跑村驻户，联系企业、部门和贫困户，在推进中发现的疑难问题得到了及时有效解决。通过利好政策的推动、试点的成功打造，全县建档立卡贫困户看到了脱贫致富的希望，找准了脱贫致富的门路，对发展分布式户用光伏发电这个"无本增收项目"产生了浓厚兴趣，贫困户脱贫致富的信心更加充足，安装户用光伏的热情更加高昂。通过他的带动推广，全县6000余户贫困户安装3KW户级光伏扶贫电站，每年户均增收2000元左右。为保障发电效益，保障光伏电站长远效益，他深入调研走访，建成光伏大数据平台，及时发现解决电站运营过程中出现的问题，偏关县形成了"投资少、能致富、模式好、易操作、可复制"的户用光伏脱贫模式。2020年面对疫情影响，他又充分结合光伏扶贫收益分配，开发3000多个公益岗位带动贫困群众实现在家门口就业增收。

在他的努力和带领下，2019年底偏关县顺利通过国家第三方退出评估验收，2020年2月山西省人民政府公告偏关县脱贫摘帽。王卫兵，一个基层办公室主任，时刻将"责任"记在心中、将"使命"付诸行动，认真承担起自己应该承担的责任，以不甘平庸的钻劲、心系群众的情怀和默默奉献的精神，在平凡的岗位上实现着自我的人生价值。

人物事迹 4
田丰：扶贫路上驰而不息

贫困之冰非一日之寒，破冰之功非一春之暖。在五寨县脱贫攻坚主战场有这样一名干部，数年甚至数十年的光阴把根扎在最贫瘠的土地，把心留在最需要他的困难群众身边，扶贫路上驰而不息，久久为功。他就是五寨县杏岭子乡党委书记田丰。

他是有着 20 年农村工作经历的干部，特别是从脱贫攻坚战打响的第一天起，他就开始了与艰苦环境、恶劣条件的斗争，打井、种树、平田、搬迁、产业发展、改善基础设施就成了他的首要工作任务。工作中，他敢于担当，直面矛盾，勇挑重任，善于在斗争中创新引领，用尽心思、想尽办法与落后思想和生活陋习做斗争。他克服种种个人困难，奉献青春热血、才华智慧，牺牲亲情团聚，牺牲大量时间心血，顽强坚守、拼搏战斗。正是他一天天的驻守、一件件的实事逐渐改善着人民生活、乡村面貌。

担任乡党委书记以来，田丰认真学习《习近平谈治国理政》、习近平总书记视察山西重要讲话重要指示精神、党的十九大及历次全会精神、"三篇光辉文献"和有关扶贫政策，全力以赴抓党建促脱贫，制定了杏岭子乡"1264"党建工作规划，不断增强"四个意识"，坚定"四个自信"，做到"两个维护"。他带领全体乡村干部，认真实施各项扶贫政策，在全面做好各项扶贫工作的基础上，立足当地贫困实际，重点做好易地搬迁、产业扶贫和基础设施改善。

他跑断腿、磨破嘴、明算账、讲道理，动员全乡 15 个整村搬迁村、7 个插花搬迁村，涉及 1504 人搬迁对象全部按期喜迁新居，旧房全部腾退复垦，后续扶持全部得到保障。

他绞尽脑汁、费尽心思，凤夜在公、只争朝夕，产业不断发展壮大，2020 年在山西绿谷农业有限公司带动下种植马铃薯 12066 亩、玉米 32382 亩、渗水地膜谷子 19719 亩、其他杂粮 7300 亩。脱贫攻坚期已建成大象集团、文秀、鼎盛、柳树咀、碾子咀五大养殖龙头企业，带动全乡羊存栏 12486 只、牛存栏 767 头、猪存栏 800 头、鸡存栏 5000 只。

积极做好项目建设，先后有康庆粉皮加工项目、山西宝康纸业有限公司年产 2000 吨高档生活用纸项目、地面集中式光伏电站等一批产业扶贫项目落地投产。通过实施种植、养殖和扶贫项目等，带动全乡贫困群众人均可支配收入从 2014 年的 2500 元提高到 2021 年的 15000 元，翻了六番。

他真扶贫、扶真贫，补短板、强弱项，对全乡未搬迁 7 个村的基础设施进行了全面改善，争取资金 3800 万元，自来水入户了，村容村貌改善了，文体广场建起了，人民群众对美好生活的向往逐步实现了。

脱贫攻坚使全乡经历了一场翻天覆地的变化，短短几年，这里的农村从整体上一扫昔日落后面貌，贫困村民摆脱了捉

襟见肘的生活,思想观念、精神面貌都悄悄发生了深刻的变化。硕果累累的背后是路途的艰辛,在逢山开路、遇水架桥、披荆斩棘中,蕴含着他担当、实干的奋斗精神,面对使命他心存敬畏,用行动给出了脱贫攻坚令人满意的答卷。

人物事迹 5
董云龙:大山深处掘宝人

1994 年,国家中医药管理局与五寨县确定了帮扶关系,多年坚持不懈脱贫攻坚。2018 年,国家中医药局医政司(中西医结合与民族医药司)基层服务管理处处长董云龙赴五寨扶贫,挂职山西省忻州市五寨县副县长。2019 年 4 月,五寨县正式脱贫。

五寨县的平均海拔为 1400 米,东南部是石山区,西北部为黄土丘陵,山地气候早晚温差大,日照时间长,特别适宜中药材生长。自从国家中医药管理局派驻一批批扶贫干部进驻五寨县,穷了很多年的五寨百姓才知道,山里随处可见的野草、野菜竟是能致富的宝贝。

在国家中医药管理局驰而不息的帮扶下,五寨县中药材产业初具规模,有中药材种植生产企业 3 个、种植专业合作社 7 个、规模种植大户 11 个,中药材种植面积达 5 万亩,全县有 6000 多人从事中药材生产,其中覆盖贫困户 766 户、贫困人口 2221 人。借助国家健康暖心扶贫基金,总投资 1200 万元,正在进行二期工程建

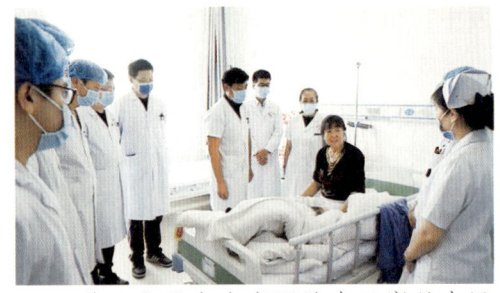

董云龙驻点专家团队在五寨县中医院查房　　来源:中华中医药学会

设的晋西北中药健康孵化园,每年可初加工及储藏中药材 2000 吨。

2017 年以来,五寨县 124 个村卫生室全部建设就绪,每个村卫生室都配备了中医适宜技术常用设备。

五寨县的中药材产业虽然发展迅猛,但都集中在种植、初加工等初级链条,依靠扶贫政策提供的外在支持,产业目前可稳步向前,但产业自身内驱力不足的问题始终存在。怎样保证在扶贫收官后,五寨的中药材产业仍具有旺盛的生命力?五寨县的领导干部一直在积极探索。

"在深入调研五寨县甚喜茶园食品有限公司时,我们发现,野生的毛建草、沙棘、蒲公英、连翘经过全产业链深度加工,成为保健药茶,价值能翻若干倍。"董云龙回忆,由此,五寨县的领导干部充分认识到,要想提高内驱力,持续保持产业活力,必须发展深度加工,建立完整的产业链。

为了推动中药材全产业链发展,五寨县引进国药集团旗下中国中药控股有限公司的 1 个亿资金,成立山西华邈药业有限公司,建设五寨县中药材产业园。公司将致力于中药饮片的深度加工及销售,开

发中药相关健康产品如药茶、药膳、保健食品等，着力打开五寨县中药材生产、加工、研发、销售等全产业链发展的新局面。

"中药材是五寨最大的自然资源，打造全产业链，保证中药材产业稳步发展，是巩固脱贫成果的关键。"在董云龙看来，引进有实力的拳头企业，将为五寨县的中药材产业插上腾飞的翅膀，也意味着有更多、更稳定的企业岗位，可以保障五寨百姓的安乐日子。

看到中药材产业园建设进行得如火如荼，董云龙非常欣喜，但他深知，完善五寨县的中药材产业链，难走的路在后面，中医药人才培养要持续加强。"当地中医药专业人才的成长，关乎五寨县的未来。"董云龙认为，培养中医药专业人才，不仅是保证中药材产业扶贫成果的关键，也是巩固中医药医疗扶贫工作的重点。

"只要资金到位，硬件设施很快就能提高几个档次，难的是内涵建设。"董云龙说，五寨县的中药材产业内容越来越丰富，势必对参与中药材种植、生产、加工的人员提出更高的要求，"小作坊式产业"会失去生存空间，专业技术人员培训上升到了至关重要的位置。借助晋西北中药健康产业孵化园平台，五寨县持续邀请中国中医科学院、山西农业大学、中国中药有限公司等单位的中医药专家前来做技术指导，以后要在专业技术人员培训方面持续发力，才能保证中药材全产业链发展稳步进行。

国家中医药管理局陆续组织约200名五寨县乡村医生到北京学习中医适宜技术。每1至2周就有一次中医适宜技术的培训，刮痧、拔罐、浮针都练熟了，乡亲们很喜欢。每年，五寨县卫生健康局还对县、乡、村三级医护人员组织针对性的中医专业技术培训，2017年380人次，2018年390人次，2019年达到1163人次。

"基层医生的中医药专业水平有了很大提升，但远远不够。"董云龙认为，中医药人才成长有着自身规律，不能一蹴而就，承担帮扶工作的医疗单位要坚持"摘帽不摘责任"，继续在人才培养方面给予五寨大力支持，促进当地中医药人才逐渐担负起全县的医疗、产业重任。

董云龙仍然记得，他第一次到五寨县的山间乡村走访贫困户时发现，老百姓完全没有养生意识，对中医药相关常识也知之甚少。从那时起，他就下决心，扶贫先扶意识。一堂堂生动的中医药文化课，一场场有趣的中医药互动体验，还有带不走的中医园地——中医药文化角，让当地百姓快乐地感受中医药文化的魅力。

"普及中医药文化不能有半点松懈，只有老百姓了解中医药知识，有了养生意识，中医药才能在他们的致富路上发挥更大作用。"董云龙正组织提升五寨县中医院和乡镇卫生院的"治未病"专业水平，希望能带动当地百姓的中医药养生意识再上一个台阶。

在脱贫攻坚即将全面收官的最后时刻，无数像董云龙一样的扶贫干部仍然兢兢业业地奋战在扶贫一线，他们把已脱贫

的群众扶上马再送一程,竭尽全力巩固脱贫成果,为脱贫攻坚事业交一份漂亮的收官答卷。

人物事迹 6
王宝龙:开发式扶贫助力当地脱贫

王宝龙(右一)调研神池县设施农业
来源:山西新闻网·忻州频道

2014年3月至2019年1月,王宝龙作为中国民航信息集团有限公司第一任扶贫挂职干部,被派往山西省神池县任县委常委、政府副县长,承担定点扶贫工作。王宝龙到神池工作伊始,即开展广泛的学习和调研工作。通过自学、讲座、考察学习等形式,努力学习扶贫和区域发展相关理论。通过广泛走访和调研,全面了解神池县情县貌,分析查找贫困原因。针对神池县域特点和优势,提出了发展绿色生态农业和县域电商等工作建议,以及开展品牌宣传等扶贫举措建议,得到了当地政府和帮扶单位的认可和采纳。

以帮助改善农村"三通"问题入手,优先解决贫困人口饮水困难。神池县位于晋西北黄土高原,干旱缺水,地表没有径流,农村人畜饮水困难。2015年,根据国资委相关工作部署,首先推动实施了中国航信资助神池县农村饮水安全工程。在工作实施过程中,王宝龙亲自走访调研30多个饮水困难村,紧密结合中央企业定点帮扶贫困革命老区百县万村活动要求,提出了中国航信资助神池安全饮水工程实施方案,并组织推动实施,督促施工进展,检查工程质量,保障工程顺利进行。公司累计投入资金267万元,共解决18个贫困村8828名困难群众及牲畜的饮水安全问题,为贫困村、贫困户脱贫致富奠定了基础。5年间,在中国航信集团大力支持下,神池县整合中央和各级扶贫资金,彻底解决了全县所有贫困村人畜饮水问题,为加快脱贫步伐打下了重要基础。

2015年全国扶贫日期间,王宝龙联合其他挂职干部策划推出了"五县长联合推荐吕梁山区农产品活动",利用互联网平台宣传推荐贫困地区特色农产品。一时间,"吕梁山货""神池月饼"等特色品牌被大家所广泛认知。人民网、《山西日报》和山西电视台等媒体都对此次扶贫活动进行了深入报道,时任山西省省长专门接见了王宝龙等人,对挂职干部开展贫困地区品牌营销的活动给予高度肯定和赞扬。

2016年全国扶贫日期间,王宝龙联

合12家中央驻晋帮扶单位的13位挂职干部，再次发起了"品味吕梁太行，县长携手代言"扶贫推介系列活动，倡议社会各界通过线上众筹宣传、线下巡展推介，广泛宣传、消费贫困地区农特产品，助推农民增收。他们先后在中国民航信息集团、卫健委、北京理工大学等7个中央单位举办了21场巡展，推动机关单位和社会人士开展消费扶贫和宣传，获得了中央单位干部职工的广泛认可，同时营造了良好的社会扶贫氛围，为助推脱贫攻坚发挥了积极作用。共有32家贫困地区的农产品企业参加县长联合众筹和现场巡展活动，参与产品种类达70余种，累计销售额逾200万元，其中，中央单位现场集中采购87万余元。挂职干部代言推介的"吕梁山货"扶贫商城关注量提升1万余人。商城日均订单50多笔，日均销售额6000余元。在系列活动开展中，"吕梁山货"与淘宝、京东、苏宁易购等电商平台建立合作关系，20余家社会各界媒体资源积极推动活动宣传，"吕梁山货""县长代言"等热门话题，在社会上引起广泛关注和传播。活动经宣传和报道后，社会各界纷纷前来对接渠道和资源，帮忙宣传推广，开展精准扶贫。

以龙头加工企业为核心，打通种植、收购、加工、品牌、营销整个产业链条的利益联结机制。在种植上，通过组建有机旱作生产合作社，种植生产有机旱作农产品。倡导订单农业，引领龙头企业与合作社签订保护性订单，保障农民和贫困户增收。组建当地品牌发展联盟，通过自律组织控制产品品质，并形成品牌宣传的共享机制，也有利于社会力量的帮助。通过搭建电商营销体系，鼓励全民参与分销。

互联网营销和消费扶贫宣传活动的生动实践，被国务院扶贫办高度认可。王宝龙等参与代言的14名中央驻晋挂职干部被《山西日报》评为"2016感动山西特别奖"。通过消费扶贫活动的探索和实践，山西省在全国率先推出消费扶贫举措和推广方案。继而，国务院扶贫办也将消费扶贫作为一项重要帮扶举措纳入定点扶贫的考核任务当中。

推动设立中国航信资助神池县教育奖励基金，并建立持续资助机制。公司共拨付资助资金89万元，奖励优秀一线任课教师和农村教师178人次。奖励基金的设立，极大地调动了当地教师的工作积极性，为神池县加快脱贫步伐积淀了重要力量。2016年，推动设立中国航信资助神池贫困大学生专项基金，以"精准扶贫"为原则，资助大专以上建档立卡贫困生完成大学学业。公司拨付资助资金107万元，覆盖300多户建档立卡贫困家庭，有力助推了贫困家庭脱贫。

相继组织开展了"中国航信爱在神池""为健康加油、为神池助力"等公益扶贫活动；协调联系山西省扶贫办"爱心温暖包"、中国扶贫基金会"故事会"、北京府学胡同小学"手拉手"等活动。累计募集款物30余万元，资助了4个乡镇的1000多贫困人口和200多贫困学生。5年间，共

有 560 多名贫困大学生受到中国航信集团资助，如愿以偿圆了大学梦。

在长达 5 年的扶贫工作中，王宝龙和县委、县政府一班人坚持开发式扶贫方针，聚焦短板弱项，坚持问题导向，既脚踏实地，又勇于开拓，在推动贫困地区农产品"互联网营销"和"消费扶贫"方面取得了突出成绩，在推动开展定点扶贫工作方面扎实有效，为助力神池县打赢脱贫攻坚战做出了重要贡献。

5 年来，中国航信集团扎实推动教育扶贫、基础设施扶贫、智力扶贫、电商扶贫、消费扶贫、产业扶贫等一系列定点扶贫项目和举措，帮助神池县于 2018 年成功实现脱贫摘帽。

2017 年，是王宝龙在神池扶贫挂职到期的年份，但他主动申请延期，决心帮助神池完成脱贫攻坚任务。2019 年，他要离开的时候，耐心地把各项扶贫工作一项一项地交付给接任者。16 本厚厚的工作笔记，记载了他对扶贫工作满满的真情实意。他说扶贫工作者换岗了，但扶贫工作不能换档。他跑完了第一棒，希望把接力棒稳稳地交给接任者，让后面的同志拿得牢、跑得快，把后续帮扶工作做得更好。

2021 年 2 月 25 日上午，全国脱贫攻坚总结表彰大会在北京人民大会堂隆重举行，中国民航信息集团有限公司中国民航信息网络股份有限公司华东研发中心筹建负责人王宝龙被授予"全国脱贫攻坚先进个人"称号。

人物事迹 7
聂伟："体育+"模式带动当地经济可持续发展

聂伟参加全国脱贫攻坚总结表彰大会留念　　来源：北京体育大学

2021 年 2 月 25 日上午，全国脱贫攻坚总结表彰大会在北京人民大会堂隆重举行。北京体育大学党委宣传部常务副部长，国家体育总局驻山西繁峙、代县两县定点扶贫组组长、党支部书记，山西代县县委常委、副县长聂伟同志荣获"全国脱贫攻坚先进个人"称号。

2018 年，聂伟积极主动申请参加扶贫工作，对照责任书、责任清单和两县具体实际，加强对体育扶贫工作的深入研究，在拓宽扶贫领域、创新扶贫方式以及为实现脱贫达标、提高精准帮扶"命中率"上下功夫，完成了赛事扶贫、体育+文化旅游协同发展、教育扶贫、产业帮扶、人才培训、健康扶贫、体教体医融合、消费扶贫、党团建设 1+1、体育基础设施建设、物资捐助帮扶、冠军扶贫等方面的扶贫任务。以赛事扶贫为龙头的"体育+"模式在带动当地经济发展、凝聚提振脱贫攻坚进取精神等方面发挥了重要作用，凸显了"突出体育扶贫，扶出体育特色"的特点，推动和促进了当地体育事业的蓬勃发展。

紧密围绕解决"两不愁三保障"重点问题，加强创新，精准施策，获得突出实效，群众满意度高。

聂伟结合实际，研究搭建农业特色产业发展框架，持续打造代县农副产品销售"两平台、一通道"，协助推进代县农产品的生产、加工、检验、包装、展销平台建设和运营、产品运输、销售、实现增收的系统链建设，促进了代县农产品、畜产品与市场需求有效对接，带动贫困人口增收脱贫，并通过"生产好产品、打造硬品牌、对接大市场"，形成可持续增收的长效机制。

结合代县实际，把基本医疗帮扶作为系统推进的工作重点，坚持有效发挥总局资源优势，推进"体医融合"。连续两年与县委政府共同筹措，打出基本医疗帮扶"组合拳"，形成了脱贫攻坚帮扶的创新成果。在2020年新冠疫情期间，他协调总局在两县组织实施开展了针对全县医务骨干人员、村医进行公共卫生突发事件处置、科学健身知识技能培训，提高了代县基层医务工作者的科学健身素养和指导群众健身防病的能力，使他们既能诊病用药，又能科学指导基层群众农户健身防病，把服务延伸到村庄，为巩固脱贫攻坚成果建立起了防止"因病致贫、返贫"的"防火墙"。

着眼发挥"体育+"模式带动经济可持续发展，全力协调开展了赛事提升、基础设施建设和体育产业的策划规划，积极争取推进代县在九大支柱产业的基础上把体育产业作为第十个产业，主动契合党中央对山西的发展要求以及省市创新转型发展形势，把此作为推进当地产业转型的重要突破点、经济增长点。

通过为代县实现通村公路100%硬化提供支撑、筹集资金为该区域分水岭村集体优化养殖品种、开展畜牧养殖骨干技能培训班等一系列举措实现了系统性延伸帮扶，群众都认为脱贫致富有了奔头。为了解决代县缺水问题，他在去调研的基础上，分别为代县3个缺水村建了蓄水池，解决3个村1459口人、其中建档立卡贫困人口594人的吃水问题，补齐了"两不愁三保障"中的饮用水困难短板。

面对代县实施教育改革振兴的客观需求，聂伟组织两县支教学生在8所学校组建了12支运动队和武术表演队，强化了学校体育运动开展，他深入支教队伍积极开展思想政治工作，激发和鼓励大家实现理想目标，书写精彩人生。

聂伟作为扶贫工作组组长统筹两县工作，能严守纪律、率先垂范，团结带动大家承担苦活累活不松懈无怨言，努力提高扶贫实效和帮扶精准率；两年中还积极调动自身资源，协调参与对两县的帮扶工作；他坚持不忘初心、不辱使命、不搞特殊、不给县里添麻烦。

2019年，聂伟在代县县委、县政府年终考核中被评为优秀；2020年11月，他所在的国家体育总局驻代县扶贫组被山西省特色产业扶贫工作领导小组评为"山西省产业扶贫先进单位"，成为全省学习的产业扶贫先进典型；2020年12月，聂伟获得国家体育总局颁发的"2020年全国体育事业突出贡献奖"。

人物事迹8

担当作为表现突出干部杨晓宏

杨晓宏于2016年8月至2019年11月担任忻州市妇联党组书记、主席。从提高贫困妇女就业创业能力入手，通过"四个一批"提高妇女脱贫实效。

主动对接省妇联，在忻州举办全省"巾帼脱贫大篷车"育婴员考证培训班；举办全市妇女创业创新素能提升培训班，邀请南京优秀女企业家与忻州市脱贫致富带头人进行座谈交流，推动两地女企业家之间的合作互助。

对接妇女需求，针对偏远地区贫困妇女的具体情况和就业意愿，采取"妇女点菜、专家送餐"的方式，开展各种培训，使贫困妇女在家门口就能学到一技之长。

组织乡村女致富带头人等赴北京、哈尔滨、太原等地参加全国、全省各类培训，开阔眼界，更新理念，增强自我发展能力。近三年，全市共组织500多名妇女参加全国、全省各类培训；举办绣娘、巧手、月嫂、烹饪等脱贫技能培训400多期，培训妇女4万余人，人均增收2000余元。

"忻州月嫂""繁峙绣娘""代县巧姐""静乐裁缝"品牌效应凸显。对接"南京宁姐"打造"好忻嫂"家政品牌，探索建立长期合作模式；打造"互联网＋非遗刺绣"直播定制绣项目，繁峙晋绣坊与中国手艺网联合，以引导城市时尚青年人群的体验方式探索新的销售趋势；代县依托工业园区、扶贫车间、家庭作坊三种模式，带动5000余名"代县巧姐"参与手工脱贫项目，实现巧手脱贫致富梦；静乐打响"静乐裁缝"品牌，引导经营者将服装半成品"送货进村"，使数以千计的农村留守妇女利用农闲时间"见缝插针""在家务工"实现增收，构建了"大村有服装加工点、个体有手工缝制"的产业网络覆盖新格局，《人民日报》、"学习强国"App对此进行了专门报道。

打造带动力强的"巾帼扶贫工厂"和"巾帼脱贫基地"，助力妇女脱贫增收，全国妇女手工协会在山西的首个"妇女手工扶贫工厂"在繁峙揭牌开工，带动100余名妇女实现增收，百年老店瑞蚨祥牵手"繁峙绣娘"，积极推进与北京联合大学美术学院建立"产学研"一体化基地；静乐依托全国妇女手工协会在山西建立的首个"妇女手工扶贫培训基地"，引领2000余名"静乐裁缝"抱团开展缝纫业务，实现手工技能脱贫致富。

选树各类示范基地、合作社187个，各类妇女典型217名；举办各类政策宣传、典型宣讲、事迹报告、励志分享等300

余场,线上线下覆盖6万余人次;激活"妇女微家"和"妇女之家""两阵地",开展各类活动5000多次,打通服务妇女群众"最后一公里";开展"最美家庭""最美新娘""最孝儿女"寻找活动和"好观念、好风俗、好习惯""三好家庭"创建活动,引领广大农村妇女在脱贫攻坚中发挥积极作用。市妇联在全市精神扶贫现场推进会上作了交流发言,《中国妇女报》《山西日报》分别作了专题报道;全省推进"三晋巾帼脱贫行动"助力攻坚深度贫困现场观摩培训班在忻州举办。

以"树清廉家风·创最美家庭"活动、党员干部"弘扬好家风"家庭悦读汇为载体,将党建工作与家风建设紧密融合,向全市党员干部发出"不忘初心,廉洁同行,共建幸福家"家庭助廉倡议书,开展党员干部"弘扬好家风"家庭悦读汇,市直工委将这项活动作为机关党建的亮点工作在全市推广。

以提升母亲综合素质为目标,开办"传承好家风·培育好儿童"母亲教育讲堂,举办"让爱更有智慧"家庭教育公益巡讲290多场,受众4.6万余人次;开展心理辅导200余场次,受众1.3万余人次。

将家风建设与各类文明家庭创建相结合,开展寻找"最美家庭""平安家庭""美丽新农家"创建活动,切实发挥了广大妇女群众在弘扬中华民族家庭美德、树立良好家风方面的独特作用。

杨晓宏在2017、2018年度目标责任考核中获评优秀等次,荣获2018年度全市担当作为表现突出干部。市妇联荣获"全国维护妇女儿童权益先进集体"荣誉称号,中国妇女发展基金会"母亲健康快车"项目先进单位;工作跻身全省妇联系统第一方阵,"巾帼脱贫行动"走在全省前列;获评全市2017、2018、2019年度目标责任考核优秀等次、脱贫攻坚专项考核优秀单位、驻村帮扶工作考核优秀单位。机关党支部荣获"全市先进基层党组织"称号。

人物事迹9

郭舜良:"输血"和"造血"并举改变大李牛村面貌

大李牛村位于繁峙县光裕堡乡政府南2.5千米,这里曾经土地贫瘠,资源贫乏,技术短缺,农作物品种单一落后,村民饮水都成了问题,破败的房屋,高低不平围村的矮墙,断壁残垣。从2012年起,郭舜良同志连续9年担任忻州市委驻繁峙县扶贫工作大队长和市委办驻大李牛村工作队长兼第一书记。

9年来,他的足迹深深地印在了繁峙县和大李牛的土地上,带领工作队员团结一致,坚持"输血"和"造血"并举,引资金、上项目、调结构、促发展。

谁家的孩子上学有困难,他就帮着联系学校,保证村里的孩子都能到县城或乡镇的学校去上学;谁家的老人病了,他用自己的车直接拉到医院里去看病;谁家的

忻州市委驻繁峙县农村工作队队长、大李牛村第一书记郭舜良(右)引进的优良谷子　吴杰强　摄

青壮劳力无事可干，他就联系单位安置就业……他发现村民眼中的难缠户，其实也并不难说话，只是他们遭遇了天灾人祸，心里承受了更多的苦，困难更大，只要给予他们足够的温暖和帮助，真诚地为他们付出，一切问题都会迎刃而解。而为了解决村民背井离乡四处打工的问题，郭舜良也是绞尽脑汁，冥思苦想。

他听说大李牛村有个名叫陈甲云的人，在杏园村里办了一个养鸡场，此人本来想在自己村里办场的，但因为村里缺水缺电，条件不成熟，只好把养鸡场办到了别的村子里。郭舜良听到这个消息后，立即找到陈甲云商议，让他把养鸡场办回大李牛的村子里，这样不仅陈甲云有收入，还可以解决村子里许多人的就业问题。但是当时基础条件太差，得靠白手起家，光有陈甲云的养殖技术是不行的。郭舜良凭借自己在市直单位待过的优势，找领导跑资金，找专家，修路，打井，顺势引进光伏发电，然后跟陈甲云一起亲自焊接鸡笼子，帮助陈甲云申请贷款，第一次就购买了10万只鸡。9年多来，养鸡场由最初的10万只鸡发展到100万只，解决了部分村民的就业问题。

"绿水青山就是金山银山"，而大李牛村村南的南山坡，却是光秃秃的一座山。植树造林既可美化环境又可增加经济效益，为什么不搞绿化呢？他带领村民们组织成立了造林合作社，亲自带着水和干粮，开始了几年如一日的种树。9年时间过去，现在已种植8000多亩，树高有的已经1米多，有的将近2米，翠绿一片长势喜人，郭舜良心中满是喜悦。

他认为对村民物质的帮助还不算是真正的扶贫，思想上的"补血"才是彻底的改变。9年来，他组织技术培训60余场，培训贫困群众800多人次，帮助就业500多人。聘请山西农科院专家进行技术指导，建成了种植规模达6000亩的海丰家庭农场。推广中科院农业新技术，建成了富硒功能种植示范基地。在脱贫致富的道路上，他与村民肩并肩、手挽手，共同前进。通过多年来不懈努力，壮大了鸡、猪、牛、羊、兔生态养殖园区，发展了以农家乐为主的乡村旅游扶贫产业。新修了通村的公路，进行了危房改造，种植了云杉、油松等经济林，修建了广场，完成了截潜引水工程，整修了村容村貌。

如今的大李牛村，由过去的"土房、土路、土迷混眼"变成了现在的新房、新路、新气象，过去的贫困小山村变成了现代化的小集镇！脱贫以后，为了巩固脱贫成果，他又帮助村民们建起了农家乐，还利用村里原有的古建筑打造名村古建，振兴乡

不负人民——忻州特色的脱贫攻坚之路

村。大李牛村已入全省旅游文化名村行列。

团队风采 1

忻州市扶贫开发办公室

自脱贫攻坚战打响以来，忻州市扶贫办始终以习近平新时代中国特色社会主义思想和习近平总书记关于扶贫工作的重要论述为根本遵循，以担当彰显初心，以实干践行使命，发挥参谋部的作用，履行总调度的职责，体现施工员的示范，冲在忻州脱贫攻坚的最前沿，推动忻州全市11个国家级贫困县全部脱贫摘帽，2222个贫困村全部退出，45.7万贫困人口全部脱贫，贫困发生率下降到零，全市脱贫攻坚成效考核连续4年稳居全省第一方阵，脱贫攻坚工作取得了决定性胜利。

突出改革创新，在"改"上求突破。忻州市扶贫办坚持先行先试，在全省率先提出实施六环联动、破解"人钱地房树村稳"七个问题的35条意见，整村搬迁810个村，腾退拆除810个村，复垦土地20385.3亩，指标交易14.5亿元，领跑全省，实现了经济、社会、生态三大效益的统一，经验做法受到国务院通报表扬，安置房产权办证全国率先试水，被国家发改委作为政策指引向全国推介。2017年6月21日习近平总书记亲临忻州视察时对整村搬迁做法给予充分肯定，并在中央1号文件中推向全国。

对标精准方略，在"谋"上出新招。忻州市扶贫办坚持理念创新，建立完善以"一清单、三体系、一制度"为主要内容的"131"重大政策重大措施落实推进机制，综合运用现场推动、案例推动、通报推动和督导推动等多种方法，把各项扶贫政策真正落实到村到户到人到位；坚持分类指导，主攻摘帽县，攻坚深度县，聚焦脱贫县，统筹非贫县，实现了脱贫时序合理、脱贫目标明确。

强化横向协调，在"联"上下功夫。忻州市扶贫办坚持部门联动，协同发力。与相关部门共同努力，着力解决"三保障"突出问题。实施生态扶贫"五个一批"工程，治理面积和贫困户受益数位居全省前列。在全省率先探索出防返贫的"忻保障"模式；在全省率先开展扶贫领域腐败和作风问题专项治理；在全省首家提出并实施"1351"精神脱贫策略。建设光伏电站1568座，惠及13.57万贫困户，规模全省最大；电商扶贫示范县实现全市11个贫困县全覆盖；省级扶贫龙头企业达33家，数量均为全省第一。"忻州月嫂""五台瓦工"等特色劳务品牌走出忻州，走向全国，成为忻州名片。

不辱使命担当，在"干"上创一流。忻州市扶贫办坚持超越自我，自觉争创一流，不以事艰而不为，不以任重而畏缩。人人把改变贫困历史这件大事当作人生幸事，不忘扶贫初心，牢记攻坚使命，全办老中青三代人员，以苦为乐，夙兴夜寐，不计个人利益得失，看大局比奉献，看思想比作风，看服务比形象，强化落实力，提升执

行力，硬仗、苦仗、恶仗一场一场接着打，难题、新题、旧题一道一道接着攻。以素能提升为抓手，加强机关精神文明建设，践行"善做善成"扶贫文化，凝聚"敢闯敢试"攻坚力量，筑牢了攻坚堡垒，锻造了脱贫铁军，塑造了新时代的脱贫精神。

团队风采2

中央和国家机关工委驻宁武县帮扶工作队

中央和国家机关工委作为党中央派出机构，深入学习贯彻习近平新时代中国特色社会主义思想和习近平总书记关于扶贫工作的重要论述，把定点扶贫作为一项重要政治任务牢牢扛在肩上，先后选派丁龙广、李长平、李晨宇、从林等4名优秀干部到宁武县阳方口镇阳方村和河西村开展驻村帮扶工作。4名驻村干部结合村情民意，紧紧围绕"强基础、兴产业、助脱贫"的脱贫攻坚总体思路，全面推进脱贫攻坚各项工作，确保党中央关于脱贫攻坚的各项决策部署在宁武落地生根。

基层党建推动脱贫攻坚。创新开展农村"微党课"、理论学习小组等形式，依托中央和国家机关党校平台，共培训宁武县党政干部、专业技术人员1827人次，实现全县行政村在线学习全覆盖，抓好党建促脱贫。同时，邀请中国扶贫研究院专家、农村致富带头人、先进村党支部书记等到宁武讲解扶贫政策等8次；组织各级干部、致富带头人、专业技术人员外出学习11批次，努力打造一支"不走的工作队"。

产业发展同民生工程相结合。累计投入40万元，引进项目资金1248万元，带动投资300余万元，推动实施蛋鸡养殖项目、蔬菜暖冬大棚、阳方村萝卜种植加工厂、药茶种植实验园等项目，抓好产业助脱贫，带动消费扶贫资金217万元。引进资金400余万元改造河西村臭水沟、博爱家园、村级应急避难场所等基础设施；修建阳方口镇党校及文化广场、图书馆、河西村日间照料中心食堂。疫情期间，工委驻宁武工作队自费筹集口罩400余个、消毒液100瓶，有力保障定点帮扶村疫情防控有序开展。

中央和国家机关工委驻宁武工作队充分发挥工委联系中央和国家机关各单位、各部门的桥梁纽带作用，同推动宁武县发展结合，助力全县脱贫攻坚。2018年以来为宁武县引进项目资金、帮扶资金、助销农产品资金等共5288.6万元。

协调宁武县华润宁武2×350MW低热值煤发电项目列入国家"十三五"电力投产规划和国家能源局进一步支持贫困地区能源发展助推脱贫攻坚2018年煤电项目计划，2019年8月该项目已正常复工建设。

为宁武争取护林员指标722个，国家林草局下拨专项资金1529万元，直接带动受益建档立卡贫困户722户2166人。争取山西省扶贫资金300万元，为宁武县建立食用菌大棚30个。

协调国家商务部引进资金2000万元，为宁武县建立电子商务消费平台。协调国家烟草专卖局帮扶资金1000万元，支持宁武农村饮水安全巩固提升。

对接"公益中国""人民优选"、国铁"爱购扶贫网"等平台，共帮助销售农产品322.9万元。同时，聚焦精神扶贫，邀请产业、交通、环境、城乡规划等高校智库专家，吸引3所大学80余名师生到宁武县开展政策宣讲、社会调研、学业辅导等活动。

在定点帮扶的河西村成立第一家"爱心超市"，并在全县示范推广；协调全国妇联拨款5万元建立宁武县巾帼妇女示范基地；成立工委定点帮扶河西村文艺宣传队，营造正能量乡村风气。

团队风采3

岢岚县脱贫攻坚领导小组

岢岚县脱贫攻坚领导小组全面贯彻落实习近平总书记关于扶贫工作的重要论述和视察山西重要讲话重要指示精神，把脱贫攻坚作为重大政治责任和第一民生工程，坚决扛起主体责任，带领全县干部群众齐心协力，尽锐出战，116个贫困村全部退出，贫困发生率下降至零，县摘帽14项指标全部达标。

2016、2017年脱贫攻坚综合考核分别排名全省同类县第二和第四，2018、2019年脱贫攻坚综合排队连续两年全省第一，易地扶贫搬迁专项考核连续两年获全省第一。2019年5月经省政府批准摘帽退出贫困县。2020年岢岚县入选"全国100个搬迁工作成效明显县"、入选山西省产业扶贫"十百"典型工作示范县。

领导小组始终围绕如期脱贫摘帽历史重任，坚持以脱贫攻坚统揽经济社会发展全局，完善顶层设计，确立2016—2017年为全力攻坚期，2018年为决胜达标期，2019—2020年为巩固提升期的"三步走"作战安排。

创新实施"4433"精准脱贫机制并在全市推广。实行县委书记、县长双组长负责，县委副书记、常务副县长双协同落实，纪检组织部门双督核保障的工作机制。建立四套班子包联乡镇，设立8个片区24个行业办12个乡镇扶贫工作站，为乡镇、农村、脱贫攻坚平台增派干部583名，坚持"天天到现场"到村工作制和入户工作法。严格包乡县领导"四天三夜"、扶贫干部"五天四夜"常态化驻村制度，构建起五级机构928支驻村工作队全覆盖包扶贫困户的格局，推

岢岚县广惠园扶贫车间　秦泽玉　摄

岢岚县广惠园社区　马欣荣　摄

动脱贫攻坚每一项任务落实。

按照"抓党建促脱贫、抓脱贫强党建"的工作思路，树起党建引领的新时代红旗党支部、乡风文明红旗村、驻村帮扶红旗工作队、自主脱贫率先小康红旗示范户"四面红旗"，示范推动美丽乡村、卫生乡村、清洁乡村、文明乡村、平安乡村"五村联创"。创新推进小康教育、小康卫生、小康房、小康水、小康路、小康电、小康网等15个脱贫困奔小康行动。

领导小组聚焦"羊、豆、马铃薯、沙棘、食用菌、生猪"六大传统优势产业和"中药材、光伏、乡村旅游"三个新型产业，构建"6+3"产业扶贫机制，脱贫攻坚期内贫困户人均可支配收入增长了2.69倍。

先行先试整村搬迁破解深度贫困攻坚路径，"六环联动"破解搬迁的七个问题，实施"1+8+N"搬迁安置规划，全面完成了117个深度贫困村2565户6136人的搬迁，搬迁人口是过去10年的2倍，实现24%的贫困人口通过搬迁脱贫。

大力推进"人人持证、技能社会"平台和扶贫产业园建设，持续推动产业就业后续扶持，完成贫困劳动力及重点群体职业技能培训4433人，取得培训合格证或职业资格证4389人，取证率99%，全县贫困劳动力有务工意愿的7380人全部实现务工，务工就业率100%。

树牢"绿水青山就是金山银山"理念，将农民增收与生态增绿有机融合，持续实施生态扶贫工程，5年完成生态绿化32万亩，全县森林覆盖率提高10.02个百分点。对标完成全部农村"整村提升"，实现义务教育阶段入学率、大病患者救治率、农村危房改造率均达到100%，乡村垃圾治理率、卫生厕所覆盖率分别达到100%和83%。

领导小组集体研究并通过组织程序出台在脱贫攻坚一线选用干部的实施意见，先后提拔重用扶贫一线干部299人次。通过集体决策整合19.5亿元涉农财政资金投入脱贫攻坚，搭建融资平台撬动社会扶贫资金14.64亿元，为脱贫攻坚奠定了坚实基础。坚持因地制宜，下足绣花功夫，蹚出了基层党建引领脱贫攻坚、整村搬迁破解深度贫困、产业开发促进增收脱贫、生态建设融合增绿增收、城乡一体统筹环境治理五条路子，为破解深度贫困做出了岢岚贡献。

团队风采 4

代县扶贫开发办公室

代县共有建档立卡贫困人口20273户47590人。2019年12月底，236个贫困村全部退出。2020年2月27日，省政府批准代县退出贫困县。2020年10月底，该县所有贫困人口均已脱贫，监测户、边缘户均解除返贫致贫风险，基础设施和基本公共服务指标均超过或达到贫困县摘帽标准。

培育优势产业，稳定增收途径。坚持把产业发展作为实现贫困人口稳定脱贫的主要途径和长久之策，全面实施"9341"产业脱贫工程，发展9大产业，建设360个脱贫产业项目，带动4万贫困人口实现稳定脱贫目标。

主攻易地搬迁，改善生存环境。3676名搬迁对象全部入住；集中安置点道路一期工程全部完工；高标准幼儿园和滨河小学投入使用；建成1400平方米社区党群综合服务中心；产业园区累计安置就业703人，其中贫困人口457人，年人均增收2万元；搬迁贫困群众县内就业920人、劳务输出244人，优先提供公益岗位173人，确保每户至少有一人稳定就业。

实施光伏电站，照亮村民致富路。总装机容量143.4MW，其中集中式装机容量40MW，体量上跃居全省第二位。年发电量约21000万度，惠及全县236个贫困村和全部贫困户。截至2020年底，收益分配到村金额10818.16万元、到户金额8585.79万元，收益惠及全县贫困户，其中公益岗位5601户，小型公益事业12752户，奖励扶贫2534户，补助扶贫6772户。

建起扶贫车间，撑起脱贫支柱产业。投资7310万元在滨河移民区建设了扶贫产业园区，建成织袜车间5000㎡，购置各类机器设备364台（组），年产袜子3000万双，销售收入4820万元。采取"产业园+标杆企业+合作企业+贫困村+贫困户"的利益联结机制和"预分红+利润分红+就业收入"的带贫增收机制，带动贫困户稳定增收。园区织袜厂通过利润分红带动1800余人受益，年人均增收2.5万元。依托该项目在11个乡镇发展富林、富上、达康等织袜、手套、箱包加工车间18座，利润分红带动151个村1130户2312人实现脱贫，安置贫困人口就业492人，年人均增收1.8万元。采取配货到村、生产到户的办法，将翻袜、定型、包装等生产工序延伸到村，带动周边14个村330户家庭696人建起了家庭作坊，年人均增收2万元。全县形成了"县有产业园区、乡有扶贫车间、村有家庭工坊"的脱贫产业新

代县雁弘纺织有限公司生产车间　秦泽玉　摄

格局。

推进健康扶贫,提升医疗水平。一是实施村级卫生室提升工程。新建村卫生室163所,维修改造130所,配置医疗设备232所,全部完成并验收合格;配备合格村医282名。二是落实医疗、保险等健康扶贫政策。与因病致贫、因病返贫的建档立卡贫困户全部完成了"双签约"服务。住院病人出院费用采取"一站式"服务,"先诊疗、后付费"顺利实施。三是强化医疗救助。2017年以来共救助各类住院人员15268人,发放医疗救助资金1506.337万元。四是强化医疗跟踪服务。深化医疗卫生改革,县医院与乡镇卫生院整合成立了代县医疗集团,实现了资源共享、服务下沉。

团队风采5

保德县惠民社区居委会

保德惠民社区(易地扶贫搬迁集中安置点),位于新城区,总面积17多万平方米。入住搬迁群众2166户6583人,来自全县13个乡镇124个村,其中有48个整体搬迁村。社区党群服务中心、一站式便民服务大厅等公共配套服务设施齐全,搬迁群众真正能享受到"七个一出门"等便捷服务的待遇。2019年6月以来,先后召开了省、市脱贫攻坚后续帮扶现场会,同时接待过全省市、县级和陕西榆林、府谷等地38家的观摩学习,绽放出了现代新型服务理念的光芒,唱响了社区"以人为本,文明和谐"治理的主旋律。

用治理格局带领"村民"向"居民"的融入转变。坚持党建引领下的居民自治,搭建了双五级治理机制,制定了"居规民约"和"文明守则",积极开展社会主义核心价值观的宣传教育,用社会正能量铸魂,引导居民向善、向美、向上。充分发挥"六会"和"一队"的积极作用,用道德制约行为、用服务促进管理、用居民公约推进公序良俗,切实有效地激活搬迁群众的内生动力,促进其由"村民"向"居民"的融入转变。

让用心帮扶稳住搬迁群众飘忽不定的身心。积极引导外出务工2800多人,月工资在2000多元到4000多元,实现了"一人就业,全家富裕"的目标。充分开发内需公益岗位,楼道保洁、绿化维护、防火等公益岗位安置了138人,月工资1000

保德惠民社区　　来源:保德融媒体中心

元,解决了搬迁群众物业费、取暖费和家庭的基本开销,达到了稳得住的效果。引进、培育产业帮扶,植树造林安排了60户,每户收入6000元左右,三元海红加工厂安排了48户,半年轮换一次,每户收入上千元;计划启用中石油曾用地培育蛋糕食品厂和健康食品生产户头,加上石磨面粉厂的拉动,打造传统生产作坊一条街,能帮助200多户发家致富。

用情安抚找回搬迁群众的认同感和归属感。社区两委始终坚持倾听搬迁群众的呼声、揣摩搬迁群众心理需求、关注和争取搬迁群众就业岗位的"三条"爱民规则去履职,用细微的、有温度的亲民爱民举动感化搬迁群众,让搬迁群众萌生"我爱我家"的依恋情感。

走进县城惠民家园安置点,只见楼房错落有致,路面干净整洁,公共设施齐全,整个小区井然有序。

搬迁到哪里,支部就建到哪里;移民在哪里,党的组织就覆盖到哪里。新社区成立了党群服务中心,指导原乡镇和新社区做好搬迁后续帮扶工作,配套设立了卫生室、警务室、议事厅、就业信息平台等,实现了搬迁群众办事有地方、议事有组织、纠纷有人管、困难有人帮。

从南河沟乡韩家塌村搬到惠民家园的刘乃科,身体有疾患无法外出务工,社区党小组组长高候油主动协调小区物业让他当了门卫,介绍他爱人张荣青做了保洁。刘乃科激动地说:"来到新小区,就和在老家一样,谁家有事,朋友邻居都爱搭把手,在这里过得舒心又顺心。"

李桂花除了会种地,没有别的技能。搬到县城安置点后,新社区组织她参加"人人持证,技能社会"工程的培训,学到了一技之长。车间里的女工都和李桂花一样,经过免费统一培训后,持证上岗,完成从农村妇女到产业工人的美丽蜕变。

团队风采6

山西省自然资源厅驻岢岚县帮扶工作队

山西省自然资源厅2014年定点帮扶忻州市岢岚县阳坪乡8个贫困村。厅党组坚决贯彻习近平总书记视察山西重要讲话重要指示精神,落实省委、省政府脱贫攻坚重要战略部署,按照厅党组"立足软扶贫、注重硬扶贫、突出特色扶贫"的工作总体思路,结合帮扶8个村实际,扎实做好各项驻村帮扶工作。

驻村工作队坚持落实属地管理,紧紧围绕岢岚县和阳坪乡两级党委政府以及贫困村"两委"班子工作要求,扎实开展了党建"一对一"帮扶、土地政策帮扶、宜居环境提升、乡村文明建设、产业项目建设、消费扶贫、乡风文明和孝亲敬老评比、引进社会资源帮扶等多项举措,扎实开展省脱贫攻坚驻村帮扶"六大行动"。当地干部群众一致称赞:"干部驻村能吃苦,办法创新抓队伍,千方百计铺富路,脱贫摘帽奔幸福。"

6年来,全省土地扶贫政策从这里起

步,形成了山西土地扶贫政策的"岢岚经验"。先行先试为当地经济发展和脱贫攻坚注入强劲动力,推广至全省,惠及全省58个贫困县,助贫资金达到129亿元。

创新实施党建帮扶"一对一",帮扶8个村全面完成了党支部阵地建设;实事求是开展贫困户房屋整建修缮、基础道路改建、村级文化场所建设等十余项基础设施建设;帮扶村均实现拥有标准化养殖场所。

创新产业发展合作模式,采取企业入驻、能人牵头、群众务工的模式,打造特色农贸物流场所;依托"互联网+公益+扶贫"的模式,搭建线上销售平台,依托企业、单位开展线下实体销售,为土特产代言,开展"直播带货"。

提升扶志扶智功能,把"乡村文明评比+孝亲敬老表彰+爱心超市常态化"作为改变村风民风的重要平台,连续多年开展村风文明和孝亲敬老评比表彰,利用爱心超市把卫生光荣户等5类评比在帮扶村常态化,村风民风显著提升,传统美德得到继承和发扬。

帮扶的阳坪乡被全国爱国卫生运动委员会评选为"国家卫生乡"。山西省自然资源厅和帮扶工作队员还连续4年获得了省驻村帮扶工作先进单位、全省脱贫攻坚组织创新奖、全省脱贫攻坚奖个人奉献奖和创新奖以及全省模范第一书记、模范驻村队员等多项荣誉,扎实的工作得到省里和被帮扶市县的充分认可和肯定。

团队风采7
山西省住建厅驻河曲县帮扶工作队

2015年起,省住建厅驻村工作队对口帮扶河曲县前川乡8个贫困村。

6年来,按照省委、省政府的决策部署,工作队制订脱贫攻坚工作目标,紧扣河曲县脱贫攻坚具体任务,围绕"两不愁三保障""八大工程""六大行动""十项清零"和"三零创建"等重点工作,以群众工作为基础、以现行标准为标尺、以政策落实为关键、以内生动力为根本、深入基层摸实情、结合实际定措施、真情帮扶促和谐、全心全意抓民生,集中力量做好各项工作,推动脱贫攻坚任务圆满完成。

6年来,工作队先后有53名干部参与帮扶工作,建立了"处级+科级+年轻干部"的人员配备模式,组建了一支责任心强、能力突出的驻村帮扶队伍。工作队共24人,每个帮扶村选派1名处级干部。

工作队加强基层组织建设,因户施策做好政策落实,加强基础设施建设,因地制宜发展产业,多措并举畅通销售渠道,打造感恩教育、内生动力教育环境,积极帮助贫困群众解决实际困难,确保帮扶出实策、见实效。

2016年以来,工作队协调住建厅投入帮扶资金876.99万元;实施万元以上帮扶项目104个;引进的各类资金达4282.22万元;助销8个村农副产品达942.67万元;完成农村危房改造123户;

新建、改造乡村道路，实施自来水入户，348户常住人口走上了安全路、喝上了放心水。

帮助贫困劳动力就业369人次；培养致富带头人共计42名；技能培训持证贫困人口劳动力343人；扶贫资产已经河曲县农业农村局确权105个。所帮扶8个村建档立卡贫困户356户757人，已全部脱贫，贫困发生率由35.64%下降到了零，人均年收入从2250元提高到8000元以上。

6年来，8个对口帮扶村群众生产生活条件得到了根本性的改善，村级基层组织凝聚力、战斗力和公信力显著强化，贫困群众内生动力不断提升，乡村法制建设和移风易俗工作全面提高，村容村貌明显改观，基础设施得到健全和完善，集体经济实力持续壮大，群众的获得感、幸福感明显提升。

6年中，工作队帮扶工作成效斐然，得到了省、市、县的充分肯定和认可。工作队的帮扶典型事迹被省级以上媒体报道12次。

2019年，驻村工作队被评为河曲县脱贫攻坚先进集体，获组织创新奖；帮扶的上沟北村在2019年获得山西省农业厅"整洁美丽宜居示范村"称号。工作队以加强基层党组织建设为引领帮扶南墕村、上沟北村和星佐村，被河曲县委组织部评为"五星级党支部"。工作队队员中，获山西省脱贫攻坚贡献奖1人次，获山西省干部帮扶模范个人4人次，获山西省最美村干部提名奖1人次，获忻州市干部帮扶模范个人9人次，获河曲县脱贫攻坚先进个人20人次，被全省住建系统表彰18人次。

挪穷窝,建起广厦千万间

一

"安得广厦千万间,大庇天下寒士俱欢颜",这是唐朝诗人杜甫痛彻心肺的呼喊。然而,历代封建王朝都做不到这一点。一千多年后的今天,在中华人民共和国,诗人的愿望,终于成为现实。

人民的利益高于一切!人民的安居乐业重于一切!

易地扶贫搬迁作为忻州的创举,始终作为脱贫攻坚的头号工程和破解深度贫困的有效办法被扎实推进。

从1996年开始,山西省启动实施易地扶贫搬迁工程。2010年后,省委、省政府持续加大组织实施力度。在实践中,山西省创新扶贫模式,大胆探索易地搬迁生态扶贫之路,按照与产业开发、城镇化建设、旧村开发利用和完善社会保障"四个结合"的原则,广泛动员各级和社会力量,探索并卓有成效地走出一条符合实际、具有山西特色的易地扶贫搬迁道路,并成为全省扶贫开发工作的亮点和重要民生工程。

为此,忻州市委、市政府贯彻落实省委、省政府扶贫开发的总体部署,扭住转型发展、安全发展、和谐发展、创新发展、跨越发展"五个发展",走出走好开放引进、开发拉长、多元做大的可持续发展路子;用金融资本手段推动市域经济快速发展的路子;优化布局、循环利用的新型工业园区化发展的路子;能够发挥本地光热、土地、水资源潜力的农业产业化路子;具有忻州文化特色的文化与旅游产业化发展的路子这"五条路子"。打好项目建设、扶贫开发、安全生产、信访稳定、环境保护"五个攻坚战"。振兴煤炭、电力、新型材料、新型煤化工、装备制造、绿色农牧产品加工、旅游文化服务、现代物流八大产业,实现主要经济指标翻一番以上,把忻州初步建设成为富裕文明、开放和谐、充满活力的新型工业旅游城市,全面打响扶贫开发攻坚战,坚定不移地把易地扶贫搬迁作为扶贫开发的治本之策来抓,牢牢把握干部关键、群众主体、产业核心、机制保障,自加压力,切实加快扶贫搬迁进度,确立了用3到5年时间全部搬迁200人以下贫困村的奋斗目标。

为了尽快带领山区群众脱贫致富,市

委、市政府结合本市特点推出行之有效的三大扶贫举措：移民搬迁、社会扶贫、整村推进产业开发项目。

2007年，在岢岚县扶贫搬迁动员后，土生土长在大涧乡吴家庄村的国新能源岢岚分公司董事长张春生4年无偿投资7000多万元，将村里72户人家全部就近搬迁到山下。倾力帮扶家乡群众致富，建设4000平方米的日光温室蔬菜大棚50座，有种植能力的村民每户1座；新建9座观光采摘大棚、3座无土立体栽培温室大棚，发展观光旅游农业。杂粮加工厂崭新的设备和整洁的环境让这个村办企业显示出勃勃生机。杂粮加工厂依然采用传统的石磨等加工工具，只是从过去的人力和畜力拉动改为电动，既保留了传统工艺的品质，又提高了产量，很受市场欢迎。全村人均纯收入从不足2000元跃升到2011年的2万元。

现在的吴家庄面貌焕然一新，整洁的街道，设施完善的学校、超市、卫生所，一望无际的蔬菜大棚以及正在开发中的农家乐旅游住宿项目，让人很难将这样一个村子与贫困山区联系在一起。真是一派新农村的崭新气象。

吴家庄整村搬迁的成功实践，提振了岢岚县委、县政府的信心和决心。2009年按照有关方案规划，岢岚县岚漪、高家会、神堂坪3乡镇12个自然村的375户1133口人将整体易地搬迁，集中安置在基础设施条件较好的5个移民新村，分别为管家庄、上川坪、店坪、神堂坪和闫家坪。主要建设内容为新建移民住房375套，总建房面积23581平方米，还将修建储物仓、厕所、巷道等；供水管道安装8525米；新增变压器5台，架设低压输电线路6000米。估算总投资1904.3万元。该规划实施后，可从根本上解决1133口人的贫困问题，并通过迁入地建设高标准基本农田等工程，有效推动搬迁人口稳定增加收入。

每户移民费用在14万元左右。14万元的费用对于贫困户来讲不是一个小数目，按照国家扶贫政策，每个扶贫搬迁户只能得到人均4200元的补贴，一个三口之家也不过能解决1万多元。每个贫困户的国家移民补助在1万元以上，"整村推进"项目补助每户建设蔬菜大棚的资金近2万元，畜牧小区建设补助资金1万元，农村危房改造资金3000元，县里还动员个体工商户为每户捐款2万元。除了这些，交通局负责通路，水利局负责打井，保证移民搬到哪，设施就配套到哪，让移民没有后顾之忧。

2011年6月21日，受岢岚县扶贫办开发领导组办公室委托，忻州兴昌工程建设招标代理有限公司对岢岚县广惠园移民新村一期、二期工程施工进行公开招标。2012年，岢岚县已经对人口在100人以下的84个村子共计5600人实施了移民搬迁。按照规划，到"十二五"末，要将全县人口在200人以下的所有贫困村庄全部实施移民搬迁，涉及75个村9962人。

岢岚县采取协调公用地、复垦废旧庄

不负人民——忻州特色的脱贫攻坚之路

采访组在静乐县采风　马欣荣　摄

基、征用撂荒地、置换土地等多种方式，解决了项目实施中的头等难题。实行人变，地、林权不变的原则，在认真落实耕地、林木等补贴资金的同时，给移民充分的自主转让和经营权利，同时围绕县城各类经济实体、工业园，通过政府扶持、群众自愿，搭建移民群众就业平台，保障移民群众迁后发展。实行移民群众享受就业、教育、医疗、保险、社会救助、技能培训"六优先"制度，较好地解决了移民群众子女上学问题。截至2014年，岢岚县累计建设移民安置点14个，建设移民新居3145套，分散安置了25村560户1627人，整体搬迁124村3947户11973人。

在移民搬迁过程中，岢岚县坚持产业培育与易地搬迁同步推进，社会服务体系与移民新村建设同步完善，努力保障搬迁的移民能脱贫。大涧乡吴家庄村移民新村里的农民新居整齐划一，旁边是蔬菜大棚和鱼塘。岢岚县扶贫办原主任刘德说，吴家庄村是依托社会力量进行整村新建易地搬迁的典型。在国新能源公司的帮助下，吴家庄建设了移民新村，发展了观光农业和旅游业，实现了脱贫与发展。

扶贫移民，资金是保障。县财政在极度困难的情况下，列支360万元移民搬迁专项支持资金，用于解决移民征地困难问题。在移民用地上，优先安排，优先规划，并以全县最低的出让金挂牌，最大限度让利于民，减轻群众的搬迁成本。

移民搬迁是一项备受社会关注的民生工程，政府不能"包办"，也不能"代办"，必须调动社会力量，走市场化运作、多元化建设模式。市场化运作就是要将扶贫移民工程推向社会，利用社会各方面力量，解决用地、供水、供电、供气等重大基础项目投入。多元模式就是利用政府出让土地、集体建设用地、企业四荒开发地、闲置的企事业单位土地等多种形式，首先解决移民搬迁用地指标，继而解决相关问题，推进和加大扶贫移民易地搬迁的进度和力度。

多管齐下，倾斜扶持，解决搬迁户能脱贫的问题。其中，省市县119个机关干部、97个驻村第一书记与移民户形成了对接帮扶机制，22个企业可以直接带动移民户110户340人如期脱贫；通过对413户移民户进行合作经营、家庭养殖等产业扶持，对640余户移民户进行创业培训支持，为170户移民户发放支种贷、支养贷、富民贴息贷等贴息贷款814万元，帮助他们实现创业和再就业；对196名学生、75岁以上移民老人和70岁以上慢性病老人以及重度残疾人等落实教育、医疗和民政优惠政策，为他们免去了后顾之忧。

岢岚县通过移民搬迁开展扶贫，先后探索出分散搬迁、扩建中心村、村企共建、梯次搬迁、建设"卫星村"和移民扩城等六种模式，让移民"搬得出"，也能"留得住"。

2012年2月15日，全省易地扶贫搬迁工作现场会在岢岚县召开。

会议重点推广了忻州市近年来大力推进易地扶贫搬迁工作的经验和做法，岢岚县、宁武县等5个全省扶贫开发先进县（区）作了易地扶贫搬迁工作典型发言。与会代表实地观摩考察了岢岚县宋家沟、吴家庄、广惠园、漪馨苑等4个易地扶贫搬迁新村和社区。

因地制宜，充分尊重搬迁群众意愿，主要采取了建设移民新村、城镇安置模式、小村并大村、自主分散迁移、梯次搬迁模式5种搬迁形式；统筹兼顾，稳定提高扶贫搬迁水平；抓住关键，认真解决扶贫搬迁的资金投入、建设用地、部门协作等瓶颈问题；拓宽渠道，不断增添扶贫搬迁新生力量，重点狠抓扶贫搬迁与总体规划、城镇化建设、发展产业、生态建设、基础设施建设和公共事业发展、落实优惠政策、提升群众自我发展能力等七个"相结合"，加强领导、加大投入、加快进度，推动易地扶贫搬迁工作取得阶段性明显成效。先后有12.34万人告别了小山村、土窑洞和危漏房，搬迁到中心村和城镇，住上了砖瓦房、新楼房。2011年，11个贫困县农民人均纯收入3495元，同比增长21.6%，增幅创新高；减贫7.51万人，是省下达任务的1.7倍。

忻州市聚焦"一方水土养不好一方人"的深度贫困村，实施"3673"整村搬迁行动计划：用三年时间完成整村搬迁任务；坚持"精准识别对象、新区安置配套、旧村拆迁复垦、生态修复整治、产业就业保障、社区治理跟进"六环联动；解决"人、钱、地、房、树、村、稳"等七个问题；实现经济、社会、生态三个效益的统一。易地扶贫搬迁特别是整村搬迁，是解决深度贫困的有效办法。忻州市锁定的目标是：3年内将完成797个村的整村搬迁任务。

2016年忻州市计划搬迁9161户24114人，其中，建档立卡户7671户20511人，同步搬迁1490户3603人。2016年全市开工23个集中安置点7626套安置房，开工率100%；基本建成安置房4602套，完成投资4.67亿元，占年度任

务的92.8%，其中户籍50人以下整村搬迁已经完工1125户2571人，占年度任务的88.1%。

搬迁要紧紧依靠群众。易地扶贫搬迁是涉及群众的事情，离不开群众的参与，一定要相信群众、依靠群众、赢得群众的理解和支持。要指导基层严格按照程序要求开展工作，确保项目建设规范，贫困群众搬迁顺利。

在整个自然村搬迁对象核准工作中，通过严格比对识别、筛选确认，全市建立了完整的搬迁对象档案资料库，做到一户一档。建立了进度台账，以精准识别率、项目开工率、投资完成率、项目竣工率、居民入住率、群众满意率"六个率"为目标，采取超常规举措，逐季逐月推进工作。

全市坚持问题导向和目标导向，围绕破解7个问题，加快整村搬迁，市委制定了可操作的35条具体举措，推出了上接天线、下接地气的7个方面的22项改革，确定了清晰的时间表、路线图和任务书，形成精准识别对象、新区安置配套、旧村拆除复垦、生态修复整治、产业就业保障、社区治理跟进"六环联动"，实现了经济、社会、生态三大效益的统一。

市扶贫办在创新工作思路、优化审批环节的同时，制订了详尽的报备攻坚推进计划，细化到每周，具体包括推进内容、推进时限、牵头单位、推进措施等。对不能按进度要求推进的，加大督查力度；对推动不力的巡察督办；对完不成任务的，严肃追究相关人员责任。各县(市、区)和五台山风景名胜区管委会高度重视，抓住尚未封冻的有效时间，围绕全年工作目标任务，瞄准"对象精准率、项目开工率、投资完成率、工程竣工率、居民入住率、群众满意率"六个方面，在工程进度和投资完成上出实招、见实效。市扶贫办制作了一张电路图式的《易地扶贫搬迁集中安置工程建设手续流程图》，清楚明确地标注了前期手续办理各个环节的先后顺序，哪些可以同时并列、交叉办理，让人一目了然。

2016年10月9日下午，全市易地扶贫搬迁工作座谈会在原平市召开。会议强调，易地扶贫搬迁是实施精准扶贫、精准脱贫的有力抓手，是实现全面小康的重要举措。在搬迁中要认真研究政策。结合当地情况，认真学习研究各种文件、相关政策，做到脱口而出、融会贯通、滚瓜烂熟。扶贫搬迁要吃透实际情况。解决问题的办法来自于实际情况，对实际情况掌握得越多，解决问题的办法就越多；对实际情况掌握得越透，解决问题的办法就越管用。各级各相关部门必须把各乡、各村及每一个贫困人口的情况都摸透、掌握。搬迁中要坚持探索创新。要创新思路，勇于探索，把相关政策转化成解决当地实际问题的办法和措施，推动易地扶贫搬迁工作，走出一条具有忻州特色的易地扶贫搬迁道路。

2016年10月11日，省委主要领导在静乐县调研易地扶贫搬迁工作时强调，要深入学习贯彻习近平总书记关于脱贫攻坚的一系列重要讲话精神，坚持精准方略,加快工作进度,狠抓工作落实,坚决打赢易地扶贫搬迁这场硬仗。

静乐县是全省深度贫困县,也是吕梁山集中连片特困和生态严重脆弱的重叠区,近75%的贫困群众居住在大山深处,生活、生产条件极为艰苦。移民搬迁工作开展以来,静乐县委、县政府在广泛调研的基础上,顺应移民群众渴望进城安居的意愿,立足城乡一体化建设目标,按照县域经济社会发展、城乡建设、土地利用、产业发展、环境保护规划"五规合一"的要求,选择宜居宜业的县城汾河国家湿地公园建设中轴线、东西两岸和经济开发核心区,作为整村搬迁的集中安置点,规划建设了杨家山、河西、利民3个移民集中安置点,总建筑面积148575.8平方米,共1716套住房;统筹整合牛家会、新会、迎曦园、利民经适房小区共309套住房,充分满足了移民安置需要。

通过对"一方水土养不好一方人"的山庄窝铺多次实地走访,切实了解群众需求,及时整理汇总,最终确定了48个整村搬迁自然村和53个"插花"搬迁村,共搬迁人口2225户6370人,其中建档立卡贫困人口1400户4297人,同步搬迁人口825户2073人。整村搬迁涉及人口1702户4689人,其中建档立卡贫困人口877户2616人,同步搬迁人口825户2073人;"插花"搬迁涉及建档立卡贫困人口523户1681人。全县集中安置已全部完成。摇号分房1952户5831人,分散安置了230户471人,房屋拆除已完成2206户,整村拆除已完成44个村,宅基地复垦已完成1322户1100亩。因人施策,分类指导,着力打造"以产带迁""以业促迁"的静乐品牌。

从静乐的实际看,"搬得出"是深山贫困群众的热切期盼,但是,"稳得住、能脱贫"既是扶贫工作的关注点,也是移民群众的担忧所在。为了真正解决搬迁群众后续发展和就业问题,静乐县牢牢把握"搬迁是手段,脱贫是目标"的根本要求,对搬迁群众分类帮扶、因户因人精准施策,着力提高贫困群众搬迁入住后的脱贫率,确保擦亮"以产带迁""以业促迁"的静乐品牌。和移民群众深入交谈,摸清他们的期盼,分类施策:

对离土离乡的搬迁户。结合农村劳动力转移培训,整合扶贫、农业、人社、电商、妇联、文旅等部门培训资金,多渠道、多层次、多形式开展"静乐裁缝""静乐剪纸""静乐刺绣""静乐小杂粮面点师"以及"中式烹饪""家政服务""网络管理"等专业技能培训,提升劳动技能;积极购买公益性岗位,用于就业援助和托底安置;新增安置区物业、保洁、保安等岗位;鼓励和支持各类农业合作社和企业提供就业岗位;组织实施有效的资产收益项目。

对离土不离乡的搬迁户。以乡镇组建扶贫水利水保专业队和扶贫造林专业合作社的方式,吸收一定比例的整村搬迁人口,通过退耕还林收益和务工挣钱增加他们的收入。

对离乡不离土的搬迁户。新增护林员

岗位,吸纳就业;鼓励各类农业新型经营主体提供劳务就业岗位,为移民群众提供稳定的就业岗位。

通过上述多种渠道,使有劳动能力的搬迁户每户至少有一人实现就业。对无劳动能力的,一是通过村级光伏扶贫电站等资产收益措施带动;二是落实社保兜底政策予以保障。

直面县情实际,创办扶贫车间,开展技能培训,促进搬迁群众后续发展。

省委领导首先来到滨河扶贫移民小区,了解小区规划建设和配套产业发展情况。他说,贫困群众搬出来只是第一步,能不能脱贫致富关键要看产业发展、要靠龙头企业。要因地制宜抓好配套产业项目,搞活区域经济,让搬迁后的群众有活儿干、有生计。

随后,省委领导走访了小区居民,在整洁明亮的新房里,居民们纷纷表示,从村里搬到城里,居住条件好了,孩子入托上学也方便了,还是搬下来好。

段家岩村位于辛村乡的偏僻山梁上,生产条件恶劣,村民已先后迁出,老旧房屋即将拆除。省领导一边察看,一边听取宅基地复垦、土地再利用等情况介绍。他强调,要认真落实、切实用好城乡建设用地增减挂钩等政策,整合流转旧村土地,有效盘活旧村资源,通过发展特色产业、深化农村土地等产权制度改革,多渠道增加群众收入。

鹅城镇城庄村村小人少,村民主要靠退耕还林政策和临时务工获得收入,已列入今年的整村移民搬迁任务。省领导先后走进贫困户杨二则和张文俊家的院落和窑洞,察看他们的生产生活条件,亲切询问大家愿不愿意搬出去。村民们由衷地称赞党的政策好,"已经开过村民大会了,大伙儿都签字同意了,都盼着早点儿搬出去住新房呢"。省领导告诉大家,习近平总书记亲切关怀贫困群众,高度重视脱贫攻坚。有党中央、国务院和省委、省政府的坚强领导,有我们上下一心、共同努力,大家的美好愿望一定能够实现。他叮嘱当地负责人和村干部要吃透政策,问计群众,群策群力推动工作。

调研中,省委领导与市、县和省直有关部门负责人座谈,督促指导进一步加快易地扶贫搬迁工作。

在认真听取大家的发言后,省委领导指出,易地扶贫搬迁是打赢脱贫攻坚战的头号工程。五年看三年,三年看头年,必须加大工作力度,加大执行力度,加大问责力度,确保首战首胜兑现庄严承诺。

省领导要求,要强化目标导向,严格考核督导,切实在提高精准识别率、项目开工率、投资完成率、工程竣工率、居民入住率、群众满意率上下功夫,坚决完成序时进度目标任务。要坚持质量第一,把加快进度和严把质量有机统一起来,切实把易地扶贫搬迁这个民生工程建设成为民心工程、德政工程、千秋工程。要突出规划引领,将易地扶贫搬迁与推进城镇化、促进产业发展和尊重群众意愿结合起来,遵循规律,讲求科学,从长计议,做到一次规划、分步实施。

要大力发展生产，壮大区域经济、县域经济，培育引进龙头企业，加快发展特色产业，加强农民技能培训，从根本上促进脱贫致富。要用好用活政策，打好政策组合拳，加强政策创新，着力破解产权、户籍、公共服务等体制机制制约，发挥好政策的激励和引导作用。要完善基层治理，积极稳妥推进村庄撤并，引导搬迁群众与迁入地融合发展，建好建强基层组织，不断提高基层社会治理水平。要严格落实责任，市、县党政"一把手"要亲力亲为、亲自上手，各级各部门要密切协同、加强指导，基层干部要精通政策、一线实战，充分发挥我们党的政治优势、组织优势和群众工作优势，坚决打好脱贫攻坚第一场硬仗。

2016年10月13日上午，忻州市召开会议，传达贯彻省委主要领导来忻调研易地扶贫搬迁讲话精神，进一步安排部署易地扶贫搬迁工作。

会议强调：一是要端正工作态度。易地扶贫搬迁的任务明确，各级各相关部门要立即进入兴奋状态，背水一战，首战首胜，把易地扶贫搬迁的事情办好。二是要明确搬迁对象。一方水土养不起一方人的地方，要整村搬迁。三是要做好安置工作。严格遵循安置方式和标准，建设好集中安置房，完成安置任务。四是要确定实施主体。各县(市、区)、五台山风景区要负起易地扶贫搬迁的主体责任，设立联席会，统一规划，明确项目实施主体，推动易地扶贫搬迁。五是要申请和用好资金。按照标准主动申请资金和贷款，加强资金管理，做好资金发放工作。六是要合理安排补助。根据测算标准，制定合理的补助办法，做到公平公正。七是要积极推动实施。要科学规划，制定搬迁方案，做好项目的前期工作，推动工程建设。八是要统筹推进。人员安置、补偿、土地复垦等工作要统筹安排，同步推进；新址产业发展、基础设施建设、公共服务等工作要一同考虑积极推进。九是要做好群众工作。要尊重群众意愿，加强引导教育。要整顿提升涉及搬迁村的村级组织，完善村民代表大会，制定本村的补助发放办法，严厉打击套取补助、干扰扶贫搬迁等违法行为，严厉打击黑恶势力。十是要不断探索创新。各县(市、区)、五台山风景区要吃透实际情况，掌握政策法规，制定好规划、方案和具体办法，理清具体的推进思路、主体、步骤，不断推进工作。十一是要加强组织领导。要进一步完善机构，明确职责，落实责任，分工协作，合力推进。十二是要严肃纪律。要严格执行政策，保证工程质量，遵守群众纪律，做到廉洁自律。

二

脱贫攻坚易地搬迁中，忻州市在规划上，坚持集中安置为主，分散安置和资金安置为辅。在机制上，建立"一个项目、一名县级领导、一套工作班子、一个实施主体、一套规章制度"的"五个一"工作机制。在拆旧上，坚持住新拆旧同步，严格落实"一户一宅"政策。全市拆除791个村

岢岚县宋家沟旅游季盛况　来源:《忻州日报》

（保留19个村），复垦复绿791个村，复垦土地20385.3亩，复垦土地增减挂交易8745.7亩，交易额14.5亿元。

面对全市贫困村多、村小、村穷、村散的实际，忻州市委、市政府以大魄力、大手笔将全市797个深度贫困村全部列入整村搬迁计划，全市一次规划到位，分三年实施完成。2015年，先行先试，开展了户籍人口50人以下行政村的精细摸底和前期准备工作。2016年，以实施50户以下贫困村整村搬迁等省里给忻州的5项政策为标志，被确定为省试点。2017年蓝图绘就，开花结果，形成了市四套班子领导领背项目、配套改革措施初步到位的格局。在工作推进中，各县（市、区）克服种种困难，因地制宜超额完成了任务。为了做好易地扶贫搬迁工作，忻州市在加快项目建设、规范手续流程、加快手续办理和明确主体责任等方面采取有力措施，易地扶贫搬迁项目争时间、赶速度，整体工作有效推进。各县（市、区）建立并联式审批通道、优化审批环节的创造性做法，受到省易地扶贫搬迁工作领导组的肯定。忻州经验在全省各地推广。

2017年6月，习近平总书记视察山西视察忻州，给忻州干部群众带来了强大的精神动力，忻州人民以百倍信心践行总书记嘱托，掀起脱贫攻坚战高潮。各级干部"撸起袖子加油干"，以自己的脱皮掉肉换取群众的脱贫致富。在全市整村搬迁现场推进会上，时任忻州市委书记李俊明说："要把整村搬迁作为战役来谋划、作为战斗来组织，一年接着一年干，一村接着一村搬，攻坚克难、攻城拔寨，坚决打赢打胜这场硬战"。

做好易地扶贫搬迁,关键看政策。时任岢岚县县长侯俊生算了一笔账,县里通过集约建设方法,将安置房每平方米造价控制在县城1400元以内、中心集镇1200元以内。以贫困户三口之家为例,集中安置到县城,搬迁补助人均2.5万元;政府通过统筹整合危改、地质灾害治理等各类政策资金人均补助0.95万元;通过融资贷款补助0.43万元。三项合计人均可达3.88万元,户均可达到11.64万元,购买75平方米安置房,价格为10.5万元,可实现搬迁不举债。安置到中心集镇,居住60平方米住宅,不仅能消化建房成本(7.2万元),还可以进行简易装修(1.8万元)、购置简易家具(0.6万元)、配套附属设施(1.8万元),共计花费11.4万元,贫困户不出钱就可住进新房。

"十三五"(2016—2020)期间,按照三年任务两年完成的要求,确立了"政府主导、群众自愿、统筹规划、分步实施、分类安置、综合扶持"的总体思路,制定了"十三五"易地扶贫搬迁规划和年度实施方案,绘制形成了以县城广惠园移民新村为中心、8个中心集镇为辐射轴、17个重点村为骨架、54个中心村为支点的易地扶贫搬迁规划图。

岢岚县把整村搬迁作为破解深度贫困的关键之举,对115个深度贫困村1846户4317人实施整体搬迁,时间紧、任务重。全省2018年拟退出贫困县对标提升现场推进会上,再次明确强调摘帽县必须实现"两个全部"目标。岢岚县召开脱贫攻坚领导小组专题会议向全县四大班子领导及单位一把手传达贯彻会议精神,会上就如何确保脱贫质量、确保如期摘帽作了全面精准安排,对存在的问题不足作了分析研判,拿出科学解决措施,特别是就易地搬迁工作,讨论研究出台了《岢岚县易地搬迁包联跟进服务工作意见》,以六项制度力促彻底搬迁。

实施易地扶贫搬迁,必须采取超常规举措。一要坚持精心实施。把易地扶贫搬迁作为脱贫攻坚成效考核的重要内容,实行单独考核,纳入年度目标责任考核范围,采取月调度、季督查、年考核的方式,强力推进。把易地扶贫搬迁作为乡(镇)党委书记脱贫攻坚专题述职的重要内容,单篇单列,重点报告。二要坚持改革创新。县扶贫、住建、国土、民政、财政、农业、林业、公安等部门要深化改革举措,敢于先行先试,善于破解难题,勇于实践探索,特别是一把手要按照重要工作亲自部署、重大问题亲自过问、重点环节亲自协调、重要案件亲自督办"四个亲自"的要求,深入一线,解剖"麻雀",推动工作。三要坚持问题导向。把易地扶贫搬迁列为脱贫攻坚督查、巡查的工作重点,实施最严格的督查考核,将整村搬迁实施方案中的目标任务、时间节点、责任要求等细化分解,限期督办,推动落实。四要坚持执纪在前。作为扶贫领域监督执纪问责的重要内容,对工作不实不力的,实行预警通知、约谈提醒、诫勉谈话直至启动问责;对弄虚作假、违

反移民搬迁安置政策的，一经发现，坚决查处；对因审核把关不严，导致不符合条件的搬迁对象获得购房资格，造成极坏影响和严重后果的，严肃追究相关领导和干部的责任，并给予党纪政纪处分。

为进一步激发搬迁群众感恩奋进奔小康的自觉性、主动性，出台了激励办法，县政府拿出30至50万元，对提前入住新居并积极参与产业就业帮扶行动、自主脱贫的搬迁户给予不同程度的以奖代补，激励引导更多搬迁群众尽早住进新房子、融入新社区、开启新生活。

如何使贫困农民移得出、留得住、有产业、能致富，五台县创新思路、因地制宜，把移民扶贫与打造县城"副中心"工作相结合，在位于县城4.5千米处的东雷乡，规划251亩土地，建设全县扶贫移民新区。目前，水暖电等基础设施齐全的五栋656套楼房已经建成，二期工程也已开工。这里的五龙生态农业园、科丰马铃薯基地、城园丰农机制造有限公司、有机大葱生产基地、苗圃基地、蔬菜大棚及蔬菜储藏交易中心、农副产品加工园区已经规划设计完毕，现已进入建设阶段，为移民们的生产、就业铺设好了光明前景。东雷乡不仅离县城近，而且土地资源充足，移民们可以自主选择种地还是打工，确保移民有活干、有钱赚、有房住、有学上。按照规划设计，五台县扶贫移民新区共建设26栋6层住宅楼，共1908套，可容纳1908户6678人。周边将配套建设九年制学校、幼儿园、卫生院、邮政所、银行等公共设施，并以移民小区为基础，把这里建设成为县城副中心，拉大县城框架，缓解目前县城上学、交通等压力。

五台县按照"贫困人口一个不漏、非贫人口一个不纳"的要求，对建档立卡工作开展了两次"回头看"，严把申请、核查、评议、公示、审批等环节，制定《三级扶贫档案资料规范要求》，抽调75名材料员和电脑操作员，集中对贫困人口信息材料逐项审核、逐户录入，分门别类装订成册，专人保管、集中存放，自下而上统计，因症归类分配"五个一批"贫困数据。按照《忻州市人民政府办公厅关于做好全市脱贫攻坚"六库"建设工作的通知》要求，高质量完成数据库、资料库、政策库、项目库、专家库、案例库"六库"建设。2016年底，全县共完成脱贫57个村，占任务的100%；脱贫人口9396人，占任务的103.43%。

河曲县按照"三年任务一年完成"的思路，实施易地搬迁与产业发展、新型城镇化、社会保障等相结合，让居住在山庄窝铺的多数贫困户，集中向县城移民搬迁；对有集中搬迁意愿的政策兜底户和2人以下的贫困户，利用闲置房屋就近集中安置。

2017年加快推进户籍人口50人以下行政村整村搬迁工作，完成8个行政村3个自然村约142户321人的搬迁安置任务。把统筹破解整村搬迁"人、钱、地、房、树、村、稳"7个问题纳入全面深化改革的重大事项，实施专项突破，采取超常举措，全力推进整村搬迁。

神池县易地搬迁安置房　来源:《忻州日报》

整村搬迁手续繁杂,资料繁多,比如龙头企业要与村集体、合作社、农户签订4份合同,才算资料完备,但大多数村庄合同只签到村一级。宣传部挂职干部王招斌、纪委挂职干部王晓峰,在产业督导中,白天在乡里督导完善手续,晚上进村入户补签手续、合同,每天工作到深夜;社梁乡光伏电设备安装完毕,就等接电上网,几次打报告申请没有下文,王招斌和王晓峰及时反映、协调解决。

河曲县2018年统筹县级扶贫专项资金1975万元用于易地扶贫搬迁项目。33个整体搬迁村搬迁安置全部完成,拆迁复垦基本结束;拆除宅院637处3.6万平方米,复垦土地372.43亩;搬迁人口户籍全部转移,村委会全部撤并销号,全县行政村由340个压减为314个。

在整村搬迁中坚持精准识别对象、新区安置配套、旧村拆除复垦、生态修复整治、产业就业保障和社区治理跟进"六环联动"。针对部分偏远山村村破、村小、村散、村穷及立地条件差、基础设施落后、公共服务严重滞后的实际,精准识别了26个行政村、7个自然村为整村搬迁对象,新建744套、整合740套住房,并通过优化建筑成本、强化项目拼盘,提前一年完成易地搬迁。

实施入住奖惩"双措施",提升入住率;推进产业就业"双落实",提升就业率;实行结对帮扶"双服务",提升满意度。在全省率先出台奖补办法:对搬迁群众的旧房和宅基地进行差异化量化补贴,同时把易地搬迁与生态建设有机结合,对搬迁村的土地实行退耕还林,组建吸纳搬迁人口

的造林合作社和林业管护站,优先聘用搬迁户为护林员,蹚出一条易地扶贫搬迁的好路子,得到国家发改委的肯定。

围绕搬迁后续产业就业保障,重点破解7个问题中"稳"的问题,努力提升"入住率、帮扶率、就业率、配套率",确保实现"搬得出、稳得住、能致富"的目标。确保入住率达到要求;紧盯就业率,确保集中安置建档立卡有劳动能力的贫困群众搬有所业。全面实行了"社区乡镇双服务",投资3100万元,在全省首家建成占地38亩的易地扶贫搬迁就业基地,连同1158亩扶贫农业产业加工园区,实现了搬迁劳动力全部在家门口就地就近就业。"量身定做"两大类11种就业菜单,让群众自主"点菜",选择就业途径。对1326户有劳动能力的搬迁人口,举办服装加工、手工编织等30多项免费培训。组建社区服务中心,设立服务窗口,提前进驻、全面负责,实行社区化管理服务。全县102名乡镇干部和329名村两委干部对1773户搬迁户进行"五包"服务,保证搬迁后帮扶不断档、服务上水平。

加快推进小区周围路网、卫生室、治安室、矛盾调解中心、党建活动场所、文化活动场所等一系列配套设施的建设进度。出台了《河曲县完善整村搬迁后续工作实施方案(试行)》,努力实现整村搬迁闭合链条。

繁峙县积极推进整村搬迁。脱贫攻坚启动以来,坚持"以迁为先",推动深度贫困村"全搬迁"。"十三五"期间共搬迁深度贫困村135个3222户7942人,其中整村搬迁119个村2144户4936人。2017年搬迁909户2095人。整村搬迁后,全面实施退耕还林、光伏项目、土地复垦增减挂、荒山造林"四大工程",做到搬得出、稳得住、有产业、能致富。基本实现山庄窝铺深度贫困地区群众愿搬尽搬、应搬尽搬,搬迁规模和人数全市第一。

持续改善农村人居环境。大力推进村庄风貌整治。共投入5000余万元对茶铺村、下汇村、大李牛村、瓦磁地村、大营村等10个特色风貌村庄进行整治,对部分传统建筑进行修缮。全面实施整村提升工程,该项目共涉及全县270个村,累计完成投资53975.89万元。加大农村环境综合整治力度,深入开展拆违治乱、农村厕所革命、农村生活垃圾治理、农村生活污水治理等专项行动,不断健全完善垃圾收运和农村环境运行管护的长效机制,积极开展"五美一有"美丽庭院创建活动。整村搬迁工作攻坚克难,推进有力。

用足整村搬迁政策,并利用土地总体规划调整完善契机,对易地移民搬迁点进行集中规划,优化用地指标布局。采取整村搬迁退耕还林、光伏扶贫、土地复垦增减挂钩、荒山造林"四个全覆盖"+"家门口就业"后续保障模式,在杏园、东山两个移民小区建起了可吸纳1000人就业的箱包加工厂、小杂粮加工厂,并利用分布式户用光伏和公益岗位,培训村民掌握1~2门实用技术和务工技能,以及东山移民小区附近配套省级经济技术园区,推动有劳动能力移民人口稳定就业。同步对规划撤并的119个易地扶贫整村搬迁村庄原建设用地面积3260亩,实施增减挂钩项目,新建滨河移民小区和东山惠民小区集中移民安置房,占地总面积仅为221亩,拆旧区面积1770亩,可新增耕地面积1176亩、复绿面积420余亩,节约土地3039亩,大幅提高了土地利用率。

五寨县2017年明确工作重点,重点实施"五大工程"。一是富民产业扶贫工程;二是易地搬迁扶贫工程;三是生态补偿扶贫工程;四是教育救助扶贫工程;五是实施社保兜底扶贫工程。着重发展羊产业、乡村旅游、光伏发电和农村电商等九大产业。

"十三五"期间共有建档立卡贫困人口搬迁对象11072人,同步搬迁对象2956人,总搬迁人口14028人。围绕"一次性规划、高标准设计、分年度实施"的思路,采取规划引领、改善居住环境、拓宽就业渠道等措施,不断探索创新"城镇建设拉动型""产业园区带动型"和"美丽乡村推动型"移民搬迁模式,融入城镇、做大园区、做强产业、发展社区、优化管理,全力推进移民搬迁工作,形成了搬迁规模大、建设标准高、群众受益面广的良好局面。重点抓好百梦苑、百万庄、易通园、阳光家园等8个小区项目建设,搬迁贫困户8104人。通过"四区五院集中安置"和"投亲靠友分散安置"两种办法安置,已建成房源总量3926套33万平方米,全部按计划完成了建设任务,已入住、分房9618人,将全部入住新居。从搬迁工作伊始,该县就注重全局发展的谋划,通过政策引导、有效举措,力助搬迁群众走上亦农、亦工、亦商的多样化致富路。全县移民新村已经有70%左右的劳动力融入城镇服务体系,依靠建筑、餐饮和运输业等发展增收。约有10%的劳动力自主开发旧村资源,发展规模种植、养殖业,实现了传统农业向现代农业的转变;20%左右的劳动力通过参加各类培训,外出打工,经济收入显著提高。2018年9月25日,获得商务部"2018年电子商务进农村综合示范县"荣誉称号。

宁武全县确定搬迁村109个,搬迁对象3511户9034人,规划7个移民安置点。建档立卡贫困人口集中安置建房人均补助2.5万元;配套基础设施户均补助2.1万元;配套公共服务设施户均补助1.77万元,配套设施资金统筹集中使用。建档立卡贫困人口分散安置建房人均补助2万元。自然村整村搬迁中确需同步搬迁的农户,可与贫困人口一并享受统筹规划安置区基础设施、公共服务设施建设。同步搬迁人口给予人均补助1.2万元。县政府对签订旧房拆除复垦协议并按期完成旧房拆除的搬迁户,给予人均1万元奖励,对自行完成旧宅基地复垦的再给予人均5000元奖励。

在凤凰镇刘家园村新建精准扶贫安置小区,安置建档立卡贫困人口755户1877人;在凤凰镇马家湾村新建滨河二号移民安置小区,安置1124户2990人。

县城新兴街和新外环路棚户区改造两个安置小区,安置264户852人。县民政局建设敬老院,集中供养五保户195户214人。2018年集中安置880户2464人,分散安置487户991人。分散安置支持搬迁对象通过进城务工、投亲靠友等方式自行安置,政府给予易地扶贫搬迁货币化补助,迁出地和迁入地政府在户籍转移、社会保障、就业培训、公共服务等方面给予支持。为确保搬得出、稳得住、能致富,统筹推进移民后续产业发展,投资2850万元在移民新区建设了1万平方米的创业产业园区,包括服装加工、电子商务、旅游产品、食品加工、自主创业、移民服务六大板块。

2017年,神池县经过充分征求群众意愿,采取县城集中安置、中心村安置和分散安置三种方式推进易地搬迁,构建网格化管理框架,实现搬迁群众有序融入。迁入县城居住的搬迁对象纳入社区统一管理,并集中办理户籍迁移手续。健全治理体系,推行"社区、网格、楼长、单元长、搬迁户"五级治理机制。县城安置和移民点新建工作完成投资5278万元,可完成2400人移民任务;7个50人以下的行政村有6个完成整村搬迁、分散安置。

2018年落实旧村拆除复垦和新房装修入住奖补政策,坚持稳中求进的原则,针对68个村3170户7306人的移民搬迁,加快移民搬迁工程进度,抢抓有效工期,分配入住、扩大就业、完善治理、及时复垦,形成闭合链条。认真制定住房安置分配方案,研究制定小区公约,完善社区治理,实现建房和住房的有效衔接。确保"十三五"期间易地扶贫搬迁安置房工程年内全部完工、搬迁户全部入住,圆满完成易地搬迁任务。

2019年突出解决好旧村拆除、宅基

静乐县易地搬迁集中安置小区——小康苑　秦泽玉　摄

地复垦和产业就业跟进三大任务。统筹谋划布局产业就业,采取开发公益岗位、金融贴息贷款、就业技能培训、生态效益补偿、光伏收益分配等形式,每户至少保证1人就业。用足用好土地增减挂钩政策,确保搬迁群众有房有业有收入。完成土地复垦增减挂钩指标交易750亩和29个整村搬迁村撤村销号任务。

全县对搬迁人口实行个性化、差异化落户政策,统筹谋划布局产业就业,将搬迁对象分为有劳动能力和无劳动能力两大类型,通过12种措施分类帮扶、因人施策。对有劳动能力的采取金融扶贫贷款、劳动技能培训、企业吸收就业、自主创业、公益性岗位安排就业、发展传统农业生产、推广新品种和新技术、植树造林、退耕还林和生态护林等措施进行扶持,确保每户至少1人就业;对无劳动能力的,落实光伏扶贫收益分配和社会兜底保障措施。

静乐实施89个山区小村1649户4809人的易地搬迁工程。2017年,在县城周边新建两个移民小区集中安置,两个小区已全面开工建设,年底即可全部竣工。同时,积极引进服装、物流等劳动密集型企业,有效解决搬迁贫困户的就业问题。通过易地搬迁,可使搬迁的1373户4100名贫困人口实现稳定脱贫。

推动贫困劳动力转移就业。要加强对贫困劳动力的培训,创新培训方式,提供实习机会,在实践中提高技能,不断增强劳动力的就业能力。要推动设施改善,加强农村路、水、气、电、医疗服务、文化场所等基础设施和公益设施的建设,改善群众生活环境。要落实惠民政策。要确保教育、医疗、低保、残疾人补助等惠民政策落实到位,做到公开、公平、公正。要探索工作路子。

忻府区提出了保证完成5500人脱贫、45个贫困村摘帽、搬迁881户2466人(其中建档立卡贫困人口1600人)、同步搬迁866人的年度脱贫攻坚目标。2017年全区整村搬迁8个乡镇的20个村253户475人。

通过实施整村搬迁,安置新区针对贫困户转成市民以后的需要,加快小区内的水、电、网、环境等公共服务和周边教育、医疗、金融、商业网点的配套建设,搞好党员服务和低保五保关系的续接等服务,加强小区物业管理服务。对23个常住人口20人以下空心化衰落村和63个自然村开展部分拆除、复垦工作,注重后续产业支持,增加搬迁户的资产收益性收入,使贫困户彻底摆脱贫困。

怡居苑9期工程主体2016年完工,安置移民户904户(其中50平方米的288户,75平方米的351户,100平方米的265户)。2017年怡居苑集中易地扶贫搬迁第10期项目建设完成工程主体。2018年完成1座移民搬迁配套六轨制小学的建设。支持农村贫困劳动力掌握实用技术或转移就业技能,确保贫困家庭劳动力至少掌握一门致富技能。把就近就地开展就业培训和提高劳务输出组织化程度结合起来,支持家政服务、物流配送、残疾人托养服

务、养老服务等产业发展,拓展贫困地区劳动力外出就业空间。真正落实和保障好第一书记待遇,让他们无忧干事、倾心帮扶。加快建设怡居苑小区南面的龙岗工业园区,吸引企业入驻,建设扶贫车间,促进搬迁户就近就业;积极推进投资1200万元的怡居苑小区分布式光伏发电扶贫项目建设。

原平市在脱贫攻坚的广阔阵地上,坚持以产业发展为主导,以易地搬迁为重点,大力实施了"八大工程二十一项行动",八措并举加大力度,强化落实。2017年开启搬迁扶贫"幸福门",拟退出贫困村16个、脱贫5141人,分别比上级下达的减贫任务超额60%、7.1%,为乡村振兴添上了浓重的一笔。全市建设了平安、武彦两个扶贫移民小区,并拟建扶贫敬老小区和政府回购石豹沟存量房,健全了以上4个集中搬迁安置点,完成16个整体搬迁村的销号任务,安置207户465人,并完成12个村的移民搬迁和拆旧复垦任务。

定襄县2017年易地扶贫搬迁实施计划安排,采取因地制宜、分类指导、村民自愿的方式,对86户300人进行集中安置。在集中安置点惠众园小区和青石二村,配建或共享幼儿园、中小学、卫生室、社区管理用房、室内外活动场所、便民市场等,实现了基础设施和公共服务设施配套全部完善,并把集中安置点统一纳入县城管理服务体系,构建党委领导、政府搭台、部门联动、社区负责、群众参与的工作机制和服务支撑架构,全面推行"社区吹号、部门集合"一站式服务,确保移民搬迁群众办事有地方、议事有组织、纠纷有人管、困难有人帮。

按照"搬得出、稳得住、能致富"标准,全县有劳动能力的搬迁人口全部实现就业。做好整村搬迁后的产业培育、就业帮扶、服务配套、社区治理、社会融入、拆旧复垦、权益保护等后续扶持重点工作,完成扫尾、形成闭环,推动"人、钱、地、房、树、村、稳"7个问题全面解决、全部清零,确保人搬出、房拆除、地复垦、村销号;聚焦深度贫困人口,全面落实社会保障政策。重点围绕农业和法兰锻造产业对搬迁贫困户实施后续产业就业帮扶,确保贫困户搬得出、稳得住、能脱贫。对剩余106名贫困人口进行人人建档、户户立卡,综合研判、精准施策,逐人逐户落实政策、落细帮扶责任与措施,确保剩余贫困人口如期脱贫、全部清零,确保与全国同步实现全面小康。低保、五保条件建档立卡贫困人口全部兜底保障。

2016年全县农民人均可支配收入11296元,同比增长6.2%,23个村实现"摘帽",3105名贫困人口脱贫。到2017年末实现全县3000人脱贫、20个贫困村出列,全县贫困发生率下降到0.8%。

偏关县做好15个整村搬迁村的拆旧、复垦、销号、产权改革等扫尾工作,推动"人、钱、地、房、树、村、稳"7个问题全部解决、全部清零,确保人搬出、房拆除、地复垦、村销号;围绕138户317名深度贫困人口,全面落实最低生活保障和特困

静乐风景独好　来源:《忻州日报》

供养、临时救助、残疾人帮扶等兜底保障政策,确保应保尽保。

保德县超常规实施易地搬迁,总投入4.75亿元,采取政府委托代建、并联审批等方式,打造了惠民家园、幸福家园、富民家园3个移民小区;投入9600万元,用于装修奖补和提高同步搬迁人口建房补助,群众搬迁积极性空前高涨。筹资4000余万元,将3335名同步搬迁人口建房补助资金提高到与贫困搬迁户同等水平;筹集5000余万元奖补简装修资金,提高实际入住率,完成2880户8387人的安置任务。危房改造与户容户貌整治同步推进,采用农户自筹、政府补贴的办法,全面整治。统筹推进环境整治"六提升""五改""四化""三治理"工程。开展了第一期精准扶贫政策"以考代训"培训和精准扶贫政策培训,切实增强精准扶贫、精准脱贫工作能力。

突出村搬迁关键领域,发起强劲攻势,全力破解"人、钱、地、房、树、村、稳"7个问题,加快集中安置点的建设速度,对全县易地扶贫搬迁任务完成情况开展"拉网式全覆盖"大巡查。2017年第二期集中安置项目,完成以48个整体搬迁村为主的旧房拆除工作,把旧村的相关产权、利益转移到新村,保障搬迁群众的基本利益。通过完善搬迁小区后续服务体系和落实楼顶光伏电站收益及劳务输出、造林合作社、城镇公益岗位、扶贫小额信贷、社保政策等多种后续帮扶措施,确保贫困户搬得出、稳得住、能脱贫、可致富。立足县情抓好生态扶贫,重点在48个整村搬迁村实施特色经济林项目1.8万亩,实施人工造林4万亩,强化森林资源管护,将贫困户护林员增加到300人以上,每名护林员至少增收6800元以上。

2018年11月30日,忻州市坚持"六

环"联动、推进整村扶贫搬迁典型经验做法受到国务院第五次大督查通报表扬。

2019年3月19日,市脱贫攻坚领导小组专题会暨市委脱贫攻坚推进指导工作会召开。会议指出,整村搬迁要完善10项制度,出台10个指导意见。

2019年6月21日,全市深化农村改革决胜脱贫攻坚现场推进会在保德县召开。进入决战决胜关键阶段,全市上下全力做好整村搬迁"后半篇文章"。

会议强调,要以整村搬迁后续扶持为重点,全力攻坚深度贫困。整村搬迁在忻州就是政治任务,进入由"搬"到"稳"的重大转折阶段后,后续扶持更是一项涉及改革发展稳定的长期复杂的社会系统工程,岢岚立起了标杆,河曲、繁峙拉高了标尺,保德划出了标线,后续扶持各项工作正在逐步引向深入。忻州作为习近平总书记视察地,作为全省两年两次现场会召开地,做好后续扶持这一整村搬迁的"后半篇文章",必须坚持埋头苦干实干,继续走在前列。要把集中安置点作为扶持重点,突出抓好七项重点工作,切实解决好安置点群众的生产生活问题。必须坚持以人民为中心,坚持党的领导、依法治理和群众主体三者有机统一,坚持制度化、体系化、标准化推进,突出产业就业"两业"支撑,实施迁出地迁入地"两地"联动,坚持安置小区基础设施建设和基本公共服务配套"两基"同步,注重脱贫攻坚特惠政策和三农普惠政策"两策"并举,统筹社区党建和社会治理体系建设"两建"跟进,推动城乡"两元"融合,巩固拓展脱贫攻坚同乡村振兴"两段"衔接,确保整村搬迁经得起历史和人民的检验。

2019年8月30日,按照省委统一部署,从4月22日至6月28日,省委第三巡视组对忻州市开展了为期两个月的脱贫攻坚专项巡视,8月22日召开专项巡视情况反馈会。巡视组同志在反馈时指出,忻州市委坚持以习近平新时代中国特色社会主义思想为指引推进脱贫攻坚工作,成效考核连续三年居全省第一方阵。市县两级党委自觉扛起主体责任,将边巡边改作为一项严肃的政治任务,立行立改推动工作,取得明显成效。

2020年6月23日,全市易地扶贫搬迁拆除复

原平市双惠科技生态示范园区　赵春晓　摄

不负人民——忻州特色的脱贫攻坚之路

垦推进会召开。会议指出,今年是全面打赢脱贫攻坚战的决战决胜之年,也是易地扶贫搬迁拆除复垦工作的收官之年,能否圆满完成易地扶贫搬迁工作,直接关系到打赢脱贫攻坚战的"成色"。直面存在问题,做到认识到位。各县(市、区)要站在讲政治的高度,主要领导亲自上手,逐一破解存在问题,全面推进拆除复垦工作,确保6月底前完成拆除任务,8月底前完成复垦复绿,10月底前完成全面验收。

加强组织领导,做到责任到位。要深入学习贯彻习近平总书记视察山西重要讲话重要指示精神,带着感情抓搬迁,带着责任抓复垦,带着使命抓脱贫,将旧房拆除和土地复垦与"三零"单位创建结合起来,党政一把手亲自抓、分管领导一线督战、乡镇领导包村、村干部包户,时间倒排、工作倒逼、责任倒查,情况摸透、工作做细,统筹推进旧房拆除、土地复垦和生态治理。

把握政策标准,做到拆除到位。坚持公平公正公道,严格控制"保留房"范围,认真处置"连体房",集中对已完成的拆除工作进行"回头看",以严谨、细致、扎实的作风取得经得起检验的工作成效。

形成工作合力,做到闭环到位。搬迁要严格落实"一户一宅、占新腾旧"等规定,拆除要确保所有搬迁旧房及时拆除,复垦要宜耕则耕、宜林则林、宜草则草,确保工程质量达标。要成立技术指导小组,按照拆除复垦验收标准,逐村逐户实地察看测量。要加强督促检查,做到考核到位。要将拆除复垦工作纳入年度目标责任考核内容,对完不成任务的乡镇实行"一票否决",对拆除复垦中不担当、不作为、慢作为的人和事要严肃问责。

在脱贫攻坚战役中,忻州市把整村搬迁和城镇建设及乡村振兴新农村规划有机结合起来,着力体现区域人文特色,着力保留乡村自然风貌,特别在旅游风景区附近、古村落保护旧址、交通干线周围,打造既中看又中用的特色小镇、美丽乡村。搬迁后的村庄,在双签销号后,退耕复垦,人退绿进。全市共有810个自然村4.4万人完成了整村搬迁。腾退出3607平方千米地域面积,实施了生态修复,优化了乡村空间布局,节约了社会管理成本,带来巨大的经济、社会和生态效益,为推动城乡"两元"融合、巩固拓展脱贫攻坚同乡村振兴"两段"衔接打下了坚实基础。推进797个村整村搬迁,撤销592个行政村,优化了乡村空间布局,有效节约了社会管理成本,经济效益逐步显现。45232人挪穷窝、断穷根,为迁入地的经济社会发展注入了新活力,同时优化了社会资源配置,提升了公共服务水平,促进了社会事业发展,社会效益逐步显现。

杂粮之都的绿色品牌

中国杂粮之都——忻州　来源：粮忻谷都

老话说，"庄稼人，不用问，人家种甚咱种甚"。现如今，这老黄历不能用了，种了一辈子地的老农越来越不会种地了。譬如种杂粮，以前是手摇耧下了种，出苗后薅了苗子，锄锄，耧耧，就等着收割了。而现如今，种地要用杂粮覆膜集水播种机，可播种各类杂粮，一穴多株、宽窄行种植，在铺膜时农膜中间形成凹槽，碰到下雨，雨水可顺着凹槽流入苗的根部，从而起到集中抗旱作用，铺膜、下种、喷洒除草剂一次性完成。这些先进的科技手段，让那些种地好手一脸茫然，他们感慨地说："老了老了，还得重新当小学生，就是连种几亩谷子养几只羊也得换个新套套哩！"

杂粮是忻州最具资源优势的特色产业。忻州已经形成了比较稳定的杂粮优势区域和生产基地。全市耕地面积949.8万亩，其中水浇地198.3万亩，天然牧草地1048万亩，农作物有21个种类、1400余个品种，其中小杂粮居多。中国杂粮居世界之首，山西杂粮又居全国之首，号称"小杂粮王国"。2014年10月，忻州市被中国粮食行业协会授予"中国杂粮之都"称号，是以小杂粮生产为主的无公害农业基地区，所产小杂粮以优良品质闻名。忻州遂成为山西省委、省政府确定的"东西两山"优质小杂粮产业重点建设区。

忻州市强调资源优势，注重市场需求，大力发展特色农业，强调特色农业发展，因地制宜，打造名牌；特色农业发展呈现绿色食品农业、果蔬农业、草地牧业、种子农业、中草药种植及加工业、花卉业、观光农业和生态农业等多种类型全面推进、立体发展态势。

持续推进农村技术承包项目，启动了农业科技示范园区培育工程。深入推进科技富民强县计划，河曲县的"糜子产业"、五寨县的"马铃薯脱毒种薯繁育"，均列入了国家科技富民强县的专项行动计划。"十二五"时期粮食产量稳步增加，由"十一五"末的14.8亿公斤，增加到2015年的15.025亿公斤。农业增加值持续增长，2015年达65.5亿元，5年平均增长3.4%。原平市和忻府区跻身全国粮食生产先进县（区）。三北防护林、京津风沙源治理、退耕还林工程进展顺利，大搞植树造林，道路、河渠实现了林网化，有效制止了风沙。林业干果经济林产业、花卉产业、育苗产业都有较大发展。全市新农村建设和城镇化进程深入推进，农村人居环境进一步改善。

2018年忻州被农业农村部等九部委确定为以"整市域、全品种"创建"忻州杂粮中国特色农产品优势区"后，杂粮已经成为忻州全市战略性产业和调整农业产业结构的主攻方向。忻州一直立足县域区域优势和产业发展基础，坚持因地制宜、发挥优势、突出特色，合理规划全市杂粮产业布局，打造杂粮产业十大片区，形成具有忻州特色、符合资源优势和市场需求的杂粮生产格局。

忻州一粱（高粱）、二薯（马铃薯、红薯）、三麦（莜麦、荞麦、藜麦）、四米（小米、黄米、糜米、甜糯玉米）、五豆（红芸豆、大豆、豌豆、蚕豆、绿豆）的常年种植面积达350万亩，占全市农作物总播种面积的一半之多，总产量6亿多公斤，约占山西全省的1/3。其中，红芸豆、藜麦种植面积与产量均占到全省的80%以上、全国的1/3以上；忻州以320万亩的种植面积和年均60万吨的产量位列全省第一。莜麦、荞麦、豆类、薯类等小杂粮种植面积广、种类多、质量优。红芸豆、甜玉米、藜麦、玛卡、黄芪、晋岚绒山羊、籽粒苋等特色农牧产品享誉全国。现有国家地理标志认证16个，无公害农产品、绿色食品、有机农产品认证551个。岢岚县、神池县、静乐县分别被授予"中华红芸豆之乡""中国亚麻籽之乡"和"中国藜麦之乡"称号。五寨县是中国甜糯玉米之乡。定襄县是中国薄皮甜瓜之乡。忻府区2019年被中国粮食行业协会授予"中国甘甜红薯之乡"、2020年被中国蔬菜流通协会授予"中国香瓜之乡"。目前已形成"世界杂粮看中国，中国杂粮看山西，山西杂粮看忻州"的产业地位。

2019年5月13日上午,忻州市杂粮产业发展中心在位于忻州经济开发区的忻州市"中国杂粮之都"产业融合核心园区举行挂牌仪式。忻州市杂粮产业发展中心的成立是市委、市政府的重大决策部署,也是全市推动创建杂粮特优区的重要战略举措,更是忻州市做优杂粮产业、擦亮"杂粮之都"品牌的具体实践,标志着"忻州小杂粮,健康大产业"的发展将迈出新的步伐、走向新的高度。混合所有制企业"忻州粮忻谷都杂粮交易有限公司"成立,负责中国(忻州)杂粮交易中心(国家级忻州杂粮市场)的投资、建设、运营工作。将其打造为中国杂粮产业高质量发展的世界级杂粮交易交割平台,为中国杂粮产业高质量发展奠定坚实的产业基础。构建忻州特产"进城市商超,进旅游景区,进物流市场,进电商网络,进加工企业"的市场营销体系及流通渠道,提升农产品附加值,扩大市场占有率。进一步发展无公害绿色农业基地,将忻州的小杂粮推向全国。

山西忻州正以杂粮产业走进千家万户,用杂粮改变人们的生活方式。国家粮食交易中心杂粮分中心、国家级忻州杂粮市场、中国(忻州)杂粮交易中心的建设,夯实了忻州小杂粮走向全国大市场、走向世界的决心与信心。

一

岢岚县地上无资源、地下无矿藏,没有工矿企业,无污染,属无公害高寒山区。全县国土面积294万亩,其中耕地71万亩,地广人稀。传统的耕作方式,广种薄收,靠天吃饭,成为岢岚县农民的主要耕作形式。岢岚是传统的农业县份。岢岚县河流很多,大凡山涧、沟壑,都有大小不等的河道、小溪及泉流。由于受地形的影响,河流具有明显的夏雨型山地特征,岢岚县地表水、地下水水质良好,可供生活和农田灌溉。

结合本县实际,为促进种植结构调整和增加农民收入,岢岚县从出政策、抓"龙头"入手,支持农业部门从品种引进驯化、制定相关标准、强化指导服务抓起。经过深入广泛的调查研究,从1992年引进英国原种红芸豆,2002年在全县大面积推广。本着"政府花钱搞示范,农民种田得实惠"的原则,岢岚县财政每年拿出160万元科技经费,用于示范园区和无公害标准化生产示范基地建设。大抓良种选育工作,确保品种不断优化更新,与省农科院、山西农大合作,实施了山西省农业技术推广示范项目,共建国家现代农业产业体系岢岚试验站。种植面积逐渐达到10万多亩。

2010年,岢岚红芸豆以其产量大、质量高、出口多被"中国粮食行业协会"授予"中华红芸豆之乡"的称号。2010年,全县建成千亩核心示范园区3个,亩产量较其他大田高出50%,大大调动了农民种植的积极性,全县红芸豆出口基地种植面积占到粮食总播面积的37%。2011年开始把红芸豆列为"一村一品"建设项目,积极争取

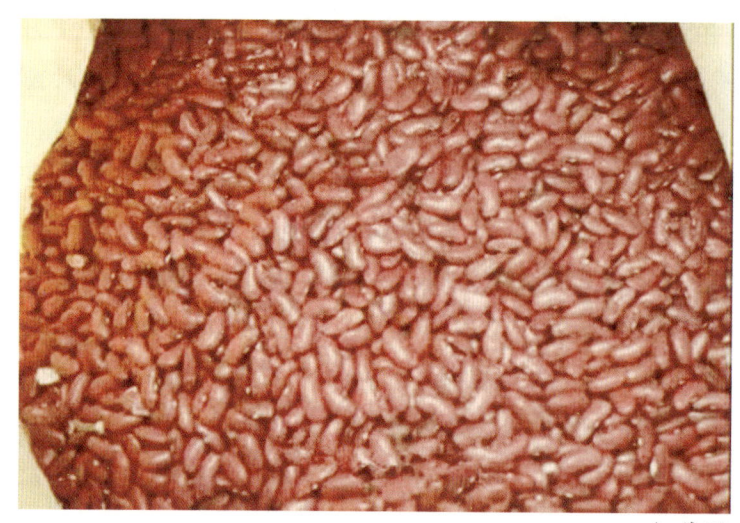

红芸豆

项目资金用于优种推广、基地建设、聘请技术员驻村入户。结合山西省振兴杂粮、忻州市打造"杂粮之都",扎实规划落实国家、省市县重点项目,全力推动红芸豆产业化发展。为了鼓励群众种植红芸豆,岢岚县全力打造"中华红芸豆第一县"的品牌,出台多项红芸豆种植扶持政策,采取区域化布局、规模化经营、标准化生产、产业化发展的方法,坚持不懈地推进全县的红芸豆生产与流通。2012年10月,岢岚县获得国家质检总局授予的"国家出口红芸豆质量安全示范区"证书和牌匾殊荣。2013年4月,"岢岚红芸豆"通过了国家地理标志认证。通过政策倾斜等措施,壮大专业合作组织和龙头企业,推动产业化经营。着力培育红芸豆产业经营主体和服务主体,除种植了"中华红芸豆"13万亩外,县委、县政府先后扶持炜岚工贸、泰达贸易、芦芽春、中隆奥富、宏晟粮贸、昌丰粮贸6个龙头企业,37个农民专业合作社,102个红芸豆专业村,200余个体经纪人和80余家电商,从事红芸豆品种培育、生产加工、收购运输、包装销售等,有效促进了"公司+农户+基地"产业化经营模式的形成。通过良种发放、产品统购,实现了企业与贫困户的利益联结,并与外商建立了长期的贸易合作伙伴关系,使岢岚红芸豆种植出口基地建设得到快速发展。岢岚县还带动五寨、神池、岚县等周边地区种植红芸豆20万亩,成为全国最大的红芸豆种植生产基地和出口集散地。

2018年,岢岚县重点实施红芸豆"3个1"工程,即建设红芸豆良种繁育田1000亩,建设红芸豆标准化种植核心示范园区1万亩,建设出口红芸豆质量安全示范区10万亩。创建了以红芸豆为主的特色杂粮种植基地(园区)9.6万亩,覆盖141个行政村(含90个贫困村),共带动农户7923户20485人,其中,贫困户3412户8854人,户均增收1690元。全县农民仅种植红芸豆年收入可达7500万元,人均种豆纯收入800元,占到年种植业人均纯收入的68%,占到年度人均总纯收入的33%。

经过历届县委、县政府近17年的全力推进,全县的红芸豆种植规模逐年扩

大,面积达到13万亩,年总产量达2万多吨,是全国红芸豆总产量的1/4,农民仅红芸豆一项收入占到种植业纯收入的50%以上,并多次在国家级农副产品(小杂粮)博览会上引起轰动,备受赞誉。其中新建出口示范基地2万亩,可出口创汇350万美元。

岢岚县红芸豆的主要产品有:红芸豆系列杂粮、出口免检红芸豆、红芸豆罐头。县域生产的红芸豆及其产品均通过了"三品一标"认证,共有7个主体被认证:"岢岚红芸豆"地标产品1个、无公害农产品1个、绿色食品4个、有机产品1个。基地共计10万亩。

岢岚土壤含锌、铁成分大,农民使用农药、化肥量少,独特的气候特点与土壤结构,保留了岢岚红芸豆天然的香醇和优良的品质,使岢岚出产的红芸豆以籽粒硕大、色泽鲜艳、绿色无公害、具有较高的营养保健美容和药用价值而闻名。同时逐渐享誉国际市场,成为重要的出口创汇农产品,市场上十分畅销,供不应求。我国红芸豆出口量历年稳定在6万多吨,而国际市场红芸豆的需求量为200万吨。国际市场的供不应求加上自身的高品质,使岢岚红芸豆在国际市场上颇受青睐,远销荷兰、法国、德国、意大利、印度、巴基斯坦等国家,出口量约占全国的1/3,年实现产值亿元以上,稳坐忻州全市小杂粮出口的头把交椅。红芸豆产业已经成为带动岢岚县经济快速发展、促进农民增收的"新引擎"。

说起岢岚的特色产业,绕不开被称作黄土高原"维生素"的沙棘。岢岚目前有野生沙棘林42万亩,沙棘拥有量为全省最大,沙棘品质高居全国首位。壮大沙棘产业,实施"绿色扶贫",岢岚县扩大沙棘种植面积,启动沙棘产业项目,引进沙棘加工企业,成功打造出了一条"种植沙棘—改善生态—发展生产—农民增收"良性发展的循环产业链条,让小沙棘挑起了产业扶贫的大梁。落地羊圈会村的山西山阳生物药业有限公司,是一家现代化沙棘生物提取及保健食品综合性加工企业。从基地带动、原料带动、用工带动、协议带动着手,公司积极探索与贫困户形成利益联结机制。2016年建设沙棘基地2000亩,带动50户贫困户实现增收;2017年收购沙棘原料约5000吨,带动2000户贫困群众采摘沙棘,户均增收7500元。此外公司还吸纳49名贫困人口进厂务工;通过"五位一体"扶贫小额信贷模式,与500多户贫困户签订协议,采取定额分红和订单回购两种方式实施帮扶,其中定额分红向贫困户每年支付4000元,连分三年红利。

由扶贫攻坚造林专业合作社实施,结合特色经济林项目新种植6万亩沙棘林,改造老旧沙棘林5万亩,带动1752户贫困户、4569名贫困人口,户均增收超万元。

按照产业扶贫"五有"标准模式,2018年全县投入专项奖补资金893.4万元,通过合作社规划实施红芸豆、马铃薯、谷子、杂粮、玉米、高粱、瓜果蔬菜、观光油菜等区域特色明显的八大类特色产业种植园9.6万亩，带动贫困户3412户实施规模种植4.4万亩，户均增收1690元。

王家岔乡因地制宜，灵活运用扶贫专项资金，创新"种、游、加"模式，以"无"变"有"，以"有"变"优"，农工结合，蹚出一条产业脱贫新路。王家岔乡是岢岚县东部一个典型的贫困乡，全乡10个村共1774口人，贫困户559人，9000多亩土地只有5000亩可耕种。山大沟深，再加上气候寒冷、无霜期短，村民历来以种植胡麻、大豆等小杂粮维持生计。在试种取得不错收益的基础上，2016年，王家岔从县扶贫专项资金里抽出20万元，扶持全乡10个村166户村民种植了1000亩油菜花。

解决了"种"的问题，如何"卖"出去呢？王家岔乡又从扶贫专项资金里拿出50万元，在王家岔村建成一座属村集体所有的榨油加工厂。当年收成的12万公斤油菜籽全部按市场保护价收购，除了种植户的基本收入得到保障，榨油厂最终所得利润还将全部分摊给当年计划脱贫户。油菜花的种植产量远远不够榨油厂需求，2017年扩大种植面积，帮助更多贫困户脱贫。

王家岔地处芦芽山下，气候条件十分适合野生蘑菇的自然生长和人工蘑菇的栽培。采集野生菇是王家岔乡的又一经济来源。在以"无"变"有"种植油菜花的同时，王家岔乡以"有"变"优"发展蘑菇种植，投资9万元扶贫专项资金，引入种植大户陈金泉的乐龙蘑菇专业合作社，扶持武家沟、黄土坡、朱家湾3村共42户贫困户种植林下蘑菇55亩，预计人均可增收2600元。

2011年，静乐县委、县政府以政府补偿种植风险的办法在娑婆乡动员鼓励农户试种藜麦。藜麦原产于南美洲安第斯山区，是印加土著居民的主要传统食物，古代印加人称之为"粮食之母"。藜麦在上世纪80年代被美国宇航局用作宇航员的太空食品。联合国粮农组织认为藜麦是唯一一种单体植物即可满足人体基本营养需求的食物，正式推荐藜麦为最适宜人类的完美全营养食品。全球的藜麦原粮98%以上来自南美洲，由于需求强劲，几乎每年都供不应求。

静乐县为纯农业区，无工业污染，水质纯净、空气清新、植被完好、远离城镇；海拔高度在1500米以上，年降水量在400～600mm之间，气候凉爽，阳光充足，昼夜温差大；地块无蔬菜种植，不存在因过度使用农药造成的土壤污染；农民依靠传统人力耕作，可以对藜麦进行精耕细作。这些都符合藜麦种植的选址条件。

2011年在娑婆乡率先引进藜麦并试种成功，当年平均亩产200公斤左右，每亩收入2400多元，比传统农作物亩均增收1000～1500元；2012年，娑婆乡种植面积达1300亩，其他13个乡镇分别小范围试种共100亩，均获成功，平均亩产达到180公斤，最高单产达302.5公斤，按每公斤收购价3元计算，每亩收入2100多元，为解决当地农民增收难题找到了重

要路径。2013年全县种植面积扩大到1万亩。

通过几年试种证明，静乐山区的自然条件与藜麦的原产地安第斯山区吻合度极高，符合藜麦生物学特性的要求，具有藜麦种植与产业发展的天然优势。藜麦作为静乐县特色优势产业，在种植、加工、销售、品牌建设等方面走在全国前列。根据藜麦的生长习性，全县适宜发展藜麦种植的耕地面积约15万亩，全县14个乡镇中有10个乡镇具备种植条件。

2013年，静乐藜麦产业开发受到了省、市主要领导和部门及美国、德国专家的肯定，其产品深受消费者青睐，市场前景广阔，藜麦产业成为静乐调整产业结构、促进农民增收致富的新型产业。2013年5月9日，"中国首届藜麦播种节"在静乐举行；2013年8月，山西省静乐县被中国食品工业协会和花卉食品专业委员会命名为"中国藜麦之乡"，静乐县也受邀参加了玻利维亚在北京举办的藜麦巡回展活动。联合国将2013年宣布为国际藜麦年，以促进人类营养健康和食品安全，实现千年发展目标。

得到实惠的广大农民种植积极性空前高涨，2014年全县种植1.5万亩，2015年面积扩大到2万亩，参与乡镇多达12个。至此，静乐成为国内试种较早、面积最大、品质最优、模式最成功的藜麦种植基地，全球第二大藜麦种植基地。2015年，由山西亿隆藜麦公司发起，在长春举办的藜麦产业高峰会议上，国家粮标委正式颁布藜麦米国家行业强制性标准，这标志着藜麦生产正式有了行业标准，可以申请QS认证，也可以在国内外正式上市销售。

2016年9月，华青藜麦公司搭载神舟11号飞船进行了藜麦太空育种试验；2016年10月，忻静藜麦公司在山西股权交易中心挂牌上市，成为忻州市首家上市的农产品企业。

2017年，"静乐生活"牌藜麦获得国家质检总局生态原产地保护认证；首届"静乐藜麦摄影节"在段家寨乡成功举办。

2018年，静乐县省级杂粮（藜麦）现代农业产业园建设项目正式获批，静乐藜麦通过"中国生态食材"认证。

2018年底，静乐县藜麦种植面积达到3万亩，平均亩产在150公斤以上。2019年，静乐县依托与山西省农科院的"院县合

静乐藜麦　来源：画说忻州

作"机制,在娑婆、赤泥洼等乡镇建设藜麦绿色标准化种植示范基地3000亩;配合优种推广、膜侧播种、渗水地膜、配方施肥、机械化穴播、无人机防控等"三新"技术,辐射带动全县藜麦标准化生产技术应用率提升至53%,农户从事

忻州杂粮

藜麦种植劳动强度大幅下降,种植效益较往年提升10%。按照藜麦每公斤收购价3元左右计算,亩收入可达1500~1800元,较其他农作物增收约500元以上。2018年,全县藜麦总产量达4700吨,仅种植藜麦一项就带动2166户贫困户户均增收600元以上。静乐县培育规模较大藜麦加工企业6个,年加工转化能力约为750万公斤,年销售收入可达6000万元。

神池县委、县政府在脱贫攻坚中,以上率下,倾斜政策,用好用足省支持忻州市的五项扶贫特殊政策,全面夯实脱贫攻坚责任,强化政府各部门服务,推动谷子产业丰产增收,农民受益脱贫。全县创建种植、农机等各类专业合作社30个,带动1000余名贫困人口增收、200多名贫困农民就业。为937户涉及种谷子、养杜泊种羊以及其他有强烈脱贫愿望的贫困户发放"富民贷"4136.11万元,为种植、养殖大户和农业专业合作社发放"强农贷"

1600万元。

神池县地处缓坡丘陵区,风大、气温低、降水少、无霜期短,是种植小杂粮的优势区域。全县耕地面积93万亩,小杂粮种植面积每年保持在50万亩左右。神池县立足资源优势,实施"三大工程",积极推动农业特色产业与扶贫开发工作相结合,探索扶贫开发新路子。对种植区农民进行了宣传、培训,使他们掌握了有机旱作种植技术,按照"三品一标"的标准,轮作种植胡麻、莜麦、谷子、黍子、黑豆等作物,以点带面、示范推广、逐步扩大,不断提高全县农产品的质量和竞争优势。通过培训,种植区农民初步掌握了有机旱作种植技术。同时,着力改善农业基础条件,全面开展农机补贴工作,努力提高综合机械化水平,大力开展保护性种植,助力贫困户脱贫致富。

按照引进和自繁两条腿走路的办法,扩大农作物的良种覆盖面积,充分利用国

内已培育成适合该县的种子资源,如张杂谷、坝莜、青薯、晋黍、英国芸豆等,通过财政投入、项目带动、引资上项等措施,扩大推广面积,宣传和培训农民自发繁育这些品种中常规种子的二至三代种子,实现良种覆盖率达到90%以上;大力实施以地膜覆盖为主的有机旱作农业工程,地膜覆盖普及到能覆盖作物的全部面积,实现变对抗性种植为适应性种植的避灾农业;面积推广配方施肥大,达到80%以上,同时通过农企对接,选择专门适合神池县的农作物施肥配方,使配方肥直供达50%以上;继续提高机械化水平,达到60%以上。

按示范区、丰产方、生产基地建设分层次规划,利用国家和省级高产创建项目资金,通过新品种、新技术示范推广,县政府投资创建一批稳定的种子生产基地。这些示范区的建设为农民提供看得见、跟上干的参照模式,为广大农业工作者提供试验、示范、实习、实训平台,为全县种植业、特别是特色种植继续发展储备一大批先进实用技术,为全县农业产业发展提供技术后盾。

通过改善农田水利基础设施,着力提高农业综合生产能力。投资120万元完成4万亩深松整地;投资750万元实施5490亩坡改梯项目,惠及贫困户302户743人;投资1000万元利用东湖中水调蓄库为周边地区新增灌溉面积1万亩,惠及农户610户1645人;全面开展农机补贴工作,努力提高综合机械化水平,力争全县农机总动力达到15万千瓦,利用率达到53%。

县域有机旱作农业种植面积达到10万亩,实施坡改梯工程、建设高标准农田3.6万亩,推广种植渗水地膜谷子20.81万亩,胡麻、黑豆保护种植3.313万亩。与中国三农控股集团合作,打造"两核一村

沉甸甸的谷穗

不负人民——忻州特色的脱贫攻坚之路

五片"3万亩有机旱作农业核心示范区。依托山西忻州(神池)全国优质杂粮产地交易市场,扶持培育一批杂粮加工企业,带动杂粮种植面积达到55万亩。

神池是"中国亚麻油籽之乡"(2010年,国家质检总局批准对"神池胡油"实施地理标志产品保护;2011年神池胡麻获农业部地理标志保护产品认证;2014年,中国粮食行业协会授予神池县"中国亚麻油籽之乡"),黑豆、红芸豆、马铃薯、南瓜、莜麦、黍子一系列农产品也闻名省内外。为建设"中国亚麻油籽之乡",保护神池地标产品品牌,推动传统种植业提质增效,在烈堡和大严备两个乡实施优质胡麻和传统黑豆(每亩补贴200元)保护种植1.072万亩,受益贫困户544户。在9个乡(镇)推广种植渗水地膜谷子6万亩,覆盖贫困户6799户。

谷子是中国传统作物,粮食以谷命名,称五谷杂粮,古代国家祭祀社稷之神称谷神,可见其种植历史悠久和在中国粮食行业中的重要地位。抗战中八路军以"小米加步枪"而闻名。传统种植谷子需畜力耧播、脚踩镇压、人工间苗、两次中耕、精耕细作、镰刀收割、碾场晾晒等多个环节。生产责任制以来,种植面积大幅度萎缩,一度跌到3万亩。种植面积不大,亩产徘徊在150公斤左右。

从2009年开始,省市县农业和农技推广部门以产业发展带动当地农民脱贫致富,创新思维,积极推动,因势利导,把发展特色农业与精准扶贫相结合,在山西省农业技术推广总站的支持配合下,在考察调研、试验示范基础上,引进张杂3号、6号两个品种,因地制宜种植谷子,下大力气引进高新技术,从种子、地膜、机具到集成技术配套,新技术、新品种、新机具"三新"齐头并进,积极推广,示范引导,为神池谷子产业发展营造了良好环境。当年试种50亩,亩产400公斤,取得了明显效益。

全省农技推广部门推广的谷子免间苗机械化穴播技术集新技术应运、机械化作业、规模化生产于一体,避免了谷子间苗、定苗、锄草和中耕的繁重劳动,同时使产量成倍提高,达到良种良法配套、农机农艺融合的完美效果。2011年全县谷子种植面积4.3万亩,2012年种植5万亩,2013年推广种植6万亩,2014年推广种植到8.5万亩,2015年种植到16万亩,2016年种植18万亩。2015年现场采取脱粒并烘干的办法测产,义井镇花台坡村和长畛乡红崖子村4亩地平均亩产550公斤,其中最高产量的红崖子村300亩示范田平均亩产664公斤,长畛乡杂交谷子产量平均亩产416公斤,亩产值1664元。农民种谷人均增收500元。

长畛乡营盘村农民陈兴元种植谷子230亩,亩产突破500公斤,收入60余万元。陈兴元种谷子致富的事迹带动了更多的农民,全县有8个乡镇推广渗水地膜谷子6万亩。仅此一项保守估计也可使每户农民增收。全县80%的谷子种植实现了机械化播种,成为了集种植、加工、销售为一

体的优势产业,谷子产业成为农民增收致富的主导产业。

神池县谷子栽培模式成为全省高寒冷凉谷子种植区的推广新模式,并作为引领全省三新技术的典型经验广泛推广。

2018年,神池县被确定为山西省首批有机旱作农业示范县。借助机遇,大力发展有机旱作农业,科学编制了有机旱作农业五年规划和2018年行动计划,按照"一年起步、三年见成效、五年基本建设"的步骤,全力推进培肥、地膜覆盖、节水等八大工程。落实烈堡、长畛、八角3个集中连片共3857亩封闭示范片,覆盖贫困户199户。

2016年,神池县已扶持建设成了胡麻油、杂粮、马铃薯淀粉等农产品加工龙头企业近10个,结合传统的小作坊生产,确保了本县农产品全部加工转化。到2017年全县年销售收入达4.14亿元,2018年全县年销售收入达4.4亿元,2019年全县年销售收入达4.67亿元,2020年全县年销售收入达4.96亿元,农产品加工转化率达到55%以上,带动农户数达到5000户。

五寨县地处晋西北丘陵山区的管涔山脉北麓,素有晋西北的"乌克兰"之称。是典型的黄土丘陵沟壑区,平均海拔在2009米,全县总人口11.3万人,农业人口90127人,耕地面积74.5万亩,人均耕地6.8亩。境内气候条件独特,昼夜温差大,光照资源充足,气候干燥,中部40千米"丁"字平川,地势平坦,土地肥沃,形成了种植杂粮得天独厚的自然条件。所产的杂粮色泽好、口感好、品质优,具有很强的市场竞争力。

利用这一优势,五寨县按照高起点规划、高标准建设、高效率管理的发展思路,大力发展特色种植农业,全面促进农民增收。科学制订区域特色农业发展规划,着力构建独具特色的优质农产品产业带,按照一业一园一基地多企业参与的推进机制规划发展。让大田玉米、甜糯玉米、小杂粮、中药材种植唱主角、做底盘,让农产品加工、销售企业去拉动、成"引擎"。特色种植成为五寨县农民脱贫致富的主阵地,精准扶贫的主要抓手。

紧紧抓住产业扶贫的"牛鼻

土豆

子",不断提升产业带动能力,增强贫困户"造血功能",探索形成了"两业+两机"产业扶贫新模式,形成了一批知名品牌,为农民找出了一条与现代农业契合的致富路。"四个十万亩"特色种植基地,成为五寨县脱贫攻坚最大的亮点和特色。全县玉米种植面积26万亩(其中甜糯玉米6.5万亩)、马铃薯种植面积10万亩、杂粮种植面积35.4万亩,发展了5000亩中药材基地建设和3000亩蔬菜基地建设。着力打造管涔山毛建草茶重要生产基地,生产加工原汁原味的"毛建茶"。药茶产业的发展促使五寨转型蹚路又迈出了重要的步伐。

五寨县是中国甜糯玉米之乡(2015年中国粮食行业协会授予五寨县"中国甜糯玉米之乡"称号)。这里年均气温4.9℃,无霜期120天,降水量又相对集中,适宜大面积发展玉米种植。五寨县委、县政府决定发展优势特色产业,让玉米"加甜",给农民"添金"。

2002年,五寨县引进甜糯玉米种植和加工。初期即编制了优势农产品区域布局规划方案,制定了生产技术地方标准,并先后与省农科院、山西农业大学签订科技合作项目备忘录,与省农科院研究所签订共建三位一体科研创新、示范推广、生产基地合作协议。同时,按照"集中连片、规模化种植"的原则,先后在新寨、胡会等乡镇建成甜糯玉米连片种植5000亩以上丰产方10个、生产示范基地3万亩,建设千亩核心示范园区8个。五寨县委、县政府积极引导和扶持农民专业合作社、甜糯玉米生产服务组织以及加工企业和中介组织,聘请省农科院、山西农大、省玉米研究所的专家教授对全县的乡镇干部、村委干部和种植户进行集中培训。发展甜糯玉米购销点,并采取统一规划、连片实施、项目捆绑、订单支撑的办法,集中农机、水利、扶贫、农业、财政等各项支农惠农资金2000多万元用于甜糯玉米基地建设。

五寨县拥有甜糯玉米生长得天独厚的自然条件,加之科学的管理与规模化生产,从2002年的2万亩发展到2014年的18.5万亩,占全县玉米播种面积的51.4%,平均亩产3100穗;年加工量达4.8亿穗,年均销售量4.6亿穗,总产值达2.8亿元,位居全省之首。农民仅种植甜糯玉米一项,人均可支配收入达2000元,比种植普通玉米每亩人均增收350元,占农民人均可支配收入的28.8%。甜糯玉米真正成了五寨农民增收的特色优势产业。2020年五寨县甜糯玉米加工龙头企业党员促产先锋队加大生产力度,保秋收、促增产,甜糯玉米种植面积达6.5万亩。甜糯玉米已成为五寨县的特色支柱产业,为全县9.25万农民带来2.8亿元的产值收入,带动贫困户420户、贫困人口930人增收,不仅热销全国各地,还走出国门远销韩国。全县共建成康宇实业、瑞雪食品、润泽食品等加工销售甜糯玉米企业35个,从业人数达到1.05万人,年均销售量达4.8亿穗,实现销售额2.5亿元。

2018年11月,康宇实业有限公司与

玉米

韩国金正贸易公司正式签订包销意向以后发出第一批"出口版"的康宇牌甜糯玉米。据公司负责人介绍，韩方将包销甜糯玉米500个集装箱。这一个大单占到康宇年产量的六分之一，相当于五寨农民种植的甜糯玉米有近三分之一将要上了韩国人的餐桌。

脱毒马铃薯是国家实施农产品地理标志登记保护的五寨特产。五寨土地肥沃，海拔1400米以上，过去土壤总的特点是"缺磷少氮钾有余"，现在按全国第二次土壤普查，是"磷少氮少钾也少"，全县耕地养分状况是有机质属三级耕地，非常适宜马铃薯生长。五寨马铃薯颗粒大又圆，表皮光滑，皮色好，整齐度高，薯形好，有很高的营养价值和药用价值。依托县马铃薯脱毒繁育中心，进行原种、一级种繁育，大力培育和推广优良品种。在孙家坪乡、梁家坪乡、东秀庄乡、杏岭子乡等地，建立马铃薯示范园区20个。

2012年，县委、县政府出台"发挥土地资源优势，大力发展马铃薯产业"的相关措施，引导科园实业有限责任公司等数家企业发展马铃薯种薯繁育，由原来的二级脱毒种薯繁育向三级种薯繁育拓展。几家大型马铃薯种植基地按照"公司＋合作社＋基地"的模式，通过企业牵头、合作社带动，提高种薯生产的标准化和企业核心竞争力，促农民增收。县农业局将马铃薯推向更远的市场，积极申报"三品"认证，提升了马铃薯区域外的竞争力。以双喜鹏程淀粉公司为主的马铃薯淀粉早已远销全国各地。全县种植脱毒马铃薯12万亩，带动贫困户3800户、贫困人口8360人增收，推广脱毒马铃薯起垄覆盖技术1万余亩，亩均增收千元、户均增收万元。

2018年9月5日，农业农村部正式批准对"五寨马铃薯"实施农产品地理标志登记保护。

农业种植不仅有特色成规模，而且坚持"绿色＋品牌"战略，全县无公害、绿色、有机产品基地保持在40万亩以上，不断加大品牌认证力度，提升产品质量和品牌效益。"中国甜糯玉米之乡""全国小杂粮加工基地""中药材种植基地县""晋西北马铃薯繁育种植加工基地县""毛建茶之乡""甚喜佛茶""康宇糯玉米""正道良田""叙流年"等一大批品牌商标都为五寨农产品贴上了绿色、优质的标签。

不负人民——忻州特色的脱贫攻坚之路

培育龙头企业,加快园区建设。五寨县为企业发展壮大提供最强保障和最大便利。绿谷农业科技有限公司、康宇田源有限公司、汇丰贸易有限公司等带动力强、示范作用好的农产品精深加工龙头企业如雨后春笋不断涌现。打造的集药茶产品展销、药茶品鉴交流、药茶文化推广等为一体的一流药茶企业——五寨甚喜茶园被认定为全国高新技术企业。一方面,这些龙头企业采取"龙头企业+合作社+基地+农户""保底收益+按股分红"的形式,带动农民增收,使农业种植业真正成为全县的富民产业。另一方面,龙头企业创建众创空间,成立孵化基地,吸纳更多企业加入,并为创业者提供种植、销售、技术培训等公共服务,为全县农业产业化、集群化发展营造了氛围,搭建了平台。

围绕"农产品产业集群"上项目、建园区。五寨县国家农村产业融合发展示范区小杂粮园区、甜糯玉米园区两个农产品加工建设项目全部开工。五寨健康养生茶产业园区建设项目、中国中药(五寨)产业园区项目前期手续正在办理中。五寨县绿谷"中国好粮油"行动示范企业建设项目投入运行。申报建设五寨现代农业产业示范区,园区内家庭农场、农民合作社、农业企业等各类主体达38家,有社会化服务组织10家,种植业产值达1.92亿元。培育了10家融合型龙头企业,完成农产品新商标注册16个。以特色杂粮、脱毒马铃薯、甜糯玉米、农业旅游、饲草种植、中药材种植六大产业基地为主的农业科技循环产业园,形成了"种植—加工—养殖—旅游"一体化产业链体系、产业集群。充分发挥园区主阵地、主战场、主引擎、集聚区作用,力争将五寨打造成晋西北重要产业、人流集散地和集聚区。

全县以谷子为主种植优质小杂粮29.5万亩,带动贫困户9300户、贫困人口21100人增收,成为忻州杂粮之都的主产区。全县中药材种植新增1.5万亩,带动贫困户420户、贫困人口920人增收,形成100多个"一村一品"中药材专业村。全县种植露地蔬菜0.8万亩,带动贫困户160户、贫困人口350人增收。种植食用葵1万亩,带动贫困户540户、贫困人口1180人增收。

2020年5月10日下午,时任忻州市

采访五寨甚喜茶业　　秦泽玉　摄

委书记郑连生深入五寨县甚喜茶园食品有限公司、胡会村中医药产业孵化园就推进药茶产业、中药材产业发展进行实地调研。郑连生指出：芦芽山独特的自然环境，孕育了丰富多样的道地药材资源，拥有药茶产业发展的良好生态条件和产业基础，市场需求空间大，产业发展前景好。五寨县要提高认识、抢抓机遇，深入贯彻落实山西省委、省政府推动药茶产业提质升级要求，积极挖掘整合全市毛建草资源优势，结合现代制茶工艺，加强产品研发，切实打造山西精品药茶。他强调，要积极创建毛建草药茶行业标准，在药茶品质提升、市场推广上发力，带动药茶产业做大做强。

五寨县是全省36个国家扶贫开发工作重点县之一，是吕梁山集中连片特困区20个县之一。全县共有建档立卡贫困村161个、贫困人口14257户32784人，呈现出贫困面大、贫困发生率高、致贫原因复杂、分布相对集中的特点。经过4年努力，全县共退出贫困村114个，减贫9912户23222人。

二

忻府区大力实施"一村一品一主体"产业扶贫行动的具体做法，推进特色种植、特色养殖业。以乡、村为主体，逐村确定主导产业，精准确立目标，达到"五有"标准，即有脱贫产业、有专业合作社、有带动企业、有项目、有技能。按照"稳粮增收、提质增效、创新驱动"的总体要求，做精做优农业特色产业，积极实施品牌推进战略，健全质量监管体系，推行农业标准化生产，全区有"三品一标"认证产品68个（其中有机农产品8个，绿色食品24个，无公害农产品32个），农产品地标认证产品4个。先后获得"全国甜糯玉米标准化示范县（区）""中国甘甜红薯之乡""中国香瓜之乡""中国优质辣椒生产基地"等荣誉称号，多次被评为"全国粮食生产先进县（区）"。

"忻州香瓜"是忻府区特有的特色农产品品牌。忻州香瓜种植历史悠久，因地处盆地和"光、热、气、水"充足、昼夜温差大的气候特点，呈现出"瓜皮绿色鲜脆、瓜肉红绿沙甜、瓜味清香营养、瓜体鲜美安全"的显著特征，含糖量高达15%，素有"知味停车、闻香下马"之美誉。主要分布在北义井乡、部落、金山铺、北合索等8个特色种植基地，产品远销太原、西安、呼市、大同、北京等十几个省市、自治区，确定了董村镇、合索乡、高城乡、奇村镇、西张镇、曹张乡六大集中种植区域，种植面积约达到8万亩以上，产值2亿元。2016年"忻州香瓜"被农业部认定为国家地理标志农产品。2017年4月12日通过省检验检疫局审查，获得了出境水果果园注册登记证书，拿到了"通行证"，远销加拿大等国。2020年被中国蔬菜流通协会授予"中国香瓜之乡"。

忻府区红薯主要品种为忻薯2号，长条形，表皮光滑、颜色呈玫瑰红色，肉质淡黄，单个重量300～550克左右，煮后甘甜绵软、口感细腻香滑、色泽晶莹剔透,可溶性总糖4.5%以上。全区种植面积5万余亩,主要分布在董村镇、合索乡、高城乡、奇村镇、西张镇、曹张乡等6个集中种植区域。形成了"西呼延红薯""游邀红薯""西张红薯""金山红薯"等地域品牌。忻府区对本土优种"忻薯2号"提纯复壮,在全区推广脱毒种苗,新发展建设红薯脱毒育苗基地2个、红薯标准化生产示范基地3个,全区种植面积达3万亩。2018年被山西省粮食行业协会授予"山西红薯之乡"称号。2019年,被中国粮食行业协会授予"中国甘甜红薯之乡",通过了农业部地理标志农产品目录外评审。"游邀红薯"在第五届中国甘薯产业博览会上被评为"品牌优秀奖",红薯种植大户、游邀村党支部书记苏全虎被评为"中国甘薯大王"。

忻府区是全国鲜食玉米三大生产基地之一,糯玉米种植面积6万亩。忻府区糯玉米具有"色泽亮丽、穗行齐整、皮薄味香、品质鲜嫩"的典型特征,经第三方检测机构品质鉴定,7个营养素高于国内普通糯玉米含量,属于"原生态食品",倍受消费者青睐,在全国享有盛誉。全区共有鲜食玉米加工、冷贮合作社20余家,涌现出民宇、宝登多、金穗穗、青玉、青穗、玉米兄弟、玉米皇后、天飨、谷苞苞、米小西等糯玉米品牌十余个,均通过了绿色食品、有机产品认证,年产量达2.5亿穗左右,产品远销北京、上海、广州等发达城市,甚至销往国外。2011年,忻府区被农业部授予"中国甜糯玉米标准化示范县(区)"称号;2012年,"忻州糯玉米"被农业部认定为农产品地理标志产品;2019年,"民宇"牌甜糯玉米被中国国际粮油产品及设备技术展示交易会组委会评为金奖、《中国农业品牌目录2019年农产品区域公用品牌》、山西省市级农产品区域公用品牌;地标商标注

香瓜和辣椒

册申请已被国家知识产权局受理。

"忻州辣椒"是忻府区传统种植作物。2000年初开始规模种植，种植面积稳定在10万亩以上。主要有线椒、色素椒和朝天椒等类型，北京红、L3号、合兴903、鲁红6号、辣丰3号、艳红、油椒等品种。所产辣椒品质优，富含多种矿物质和微量元素，产品成为全国色素椒定价基准。80%的辣椒种植基地都通过了无公害农产品认证和绿色食品认证，备受全国各地消费者的喜爱。产品畅销周边省份和全国市场，并出口韩国、日本等国家，年销售6亿元，交易额达9亿元以上。成为全国有影响的辣椒生产基地和辣椒交易集散地，色素椒的交易量更为全国第一。2020年忻府区被中国蔬菜流通协会授予"中国优质辣椒生产基地"荣誉称号。

忻府区是农业大区，在做大做强以鲜食玉米、辣椒、香瓜、红薯四大特色产业为主的农业产业同时，还重点培育发展了小米、蜂产品、香椿等名特优新农产品品牌。支持和指导贫困村及合作社，组织贫困户发展地膜谷子、中药材、干鲜果等特色产业，完善实施好建档立卡贫困户2311.16亩渗水地膜谷子项目。大力发展中药材、仁用杏、玉露香梨等特色产业，帮助贫困户增加收入。对贫困户开展新型职业技能、果树栽培修剪、农作物病虫害防治等实用技能培训，让贫困户增收致富。加大农业基础设施建设，完成灌溉引水工程，扩大贫困区水浇地面积13000亩。

谷子是忻府区传统栽培作物，种植历史悠久，是主要杂粮之一。目前种植面积3万亩，主要分布在兰村乡、三交镇、庄磨镇等丘陵、山区。忻府区谷子品种有忻州黄、红谷、晋谷21、晋谷40等系列产品，出产的小米色泽金黄、米香浓郁，堪称小米中上好佳品。"一村一品一主体"产业脱贫专项行动扎实推进，重点对建档立卡贫困户推广2030.9亩渗水膜谷子穴播技术示范种植，完成种植面积1355.5亩，共涉及7个乡镇24个村。

忻府区盛产香椿，出产的香椿朵肥味香，叶厚芽嫩，色泽红绿油润，香味浓郁，营养丰富，远高于其他蔬菜，蛋白质含量≥7.18g/100g，脂肪含量≥0.5g/100g，膳食纤维≥5.28g/100g，锌含量≥7.3mg/kg，铁和钙的含量均居蔬菜之首。全区大部分村庄都栽植有香椿树，比较有名的是孙家湾香椿。孙家湾村及周边村有上万棵成年香椿树。香椿已成为当地农民一项主要收入来源，2013年通过农业部地理标志农产品认证。

忻府区养蜂历史悠久，以五台山蜂业为龙头，带动全区乃至全市养蜂户18家，经过多年的发展，公司及合作蜂场年产蜂产品2000吨，有蜜蜂产品全系列80余个单品。五台山蜂业有限公司注册的"五台山"商标，是全国蜂产品知名品牌，2004年，公司的5种产品经农业部绿色食品发展中心认证，认定为"绿色食品"，公司被评为全国蜂业龙头企业，被省质量监督局评为"山西省产品质量合格企业"。其蜂产品被国家质检总局评为"市场产品质量用户满意品牌"，被质量万里行评为"质量连续合格企业"。

脱贫攻坚中，忻府区在对2017年3个乡镇4个贫困村种植的1000亩中药材加强管护指导的同时，又在3个乡镇5个村发展种植中药材1170亩，其中阳坡乡寨底村种植黄芩、板蓝根、红花、蒲公英等450亩，有劳动能力有技能的贫困人口6660人。形成了杂粮、高效农业、中药材、蔬菜、畜牧、林果、农产品加工、休闲农业和乡村旅游、农产品电商、三品一标十大产业增收工程。

老果园改造涉及两个贫困乡镇3个村共410亩。其中兰村乡西王村新栽丹霞苹果树100亩，温家山新栽杏树150亩，高接换优桃树60亩；豆罗镇徐凹村新栽苹果、梨100亩。

全区118个贫困村基本上做到了"村村有脱贫产业，户户有产业增收项目，人人有致富技能，专业合作有组织，带动有主体"的产业扶贫新格局，全部实现了"五有"全覆盖。118个贫困村"五有"共涉及贫困户6247户、贫困人口13796人，其中有劳动能力有增收项目的贫困户3416户。后河堡村种植柴胡60亩。下沙沟村种植中药材360亩。三交镇下水马种植中药材100亩。豆罗镇下河北种植中药材200亩。重点打造与天致制药公司签订种植协议的500亩中药材基地，豆罗下河北200亩、阳坡寨底200亩、三交下水马100亩。

宁武县积极调整农业产业结构，围绕"特"字做文章，在提高效益上下功夫，推进农业现代化，实现脱贫致富新突破。根据全县种植业特点，规划建设了高标准现代扶贫农业产业园区，引进小杂粮、马铃薯、沙棘、食用菌、中药材等7个深加工龙头企业，逐步形成农业种植、加工、销售一条龙产业体系，带动全县贫困人口稳步脱贫。

宁武县农民习惯种植适宜本地生长的传统作物胡麻、大豆、莜麦等小杂粮。通过调优种植结构，按照"区域化布局、集中连片种植"的思路，把土地流转给龙头企业、农民合作社、专业大户等新型农业经营主体种植小杂粮、露地蔬菜、中药材、食用菌、马铃薯和观赏型农作物的，采取农机农艺结合、良种良法配套，依靠科技进步，扩大优质杂粮生产基地建设。有流转合同并按要求种植的每年每亩补助贫困户150元，最高不超过1500元；有流转合同通过土地流转种植其他农作物的贫困户每亩补助100元，最高不超过1500元。对贫困户自我发展种植业的，按当年种植收入给予奖补。当年种植收入在500元（包括500元）以上，按收入的10%进行奖补，最高奖补不超过1500元。

立足区域优势和品种特色，大力发展莜面、胡麻等特色农副产品加工，促进农业产业化经营，实现农业品牌化、特色化、规模化，弥补农业条件先天不足的缺陷。着力打造杂粮产业融合区，鼓励企业和农户加大"三品一标"认证力度，推动杂粮生产向产业化、品牌化发展。整合扶贫资金707万元在22个村引进脱毒马铃薯、莜

麦、胡麻等优良品种试种扩繁，建设4个万亩杂粮生产基地，建设20个500亩以上的高产示范片。发展50亩以上的高产示范片100个，黄豆、黑豆、蚕豆、谷子等杂粮种植面积稳定在23万亩以上，占总播面积的70%以上。

做强绿色品牌。以马铃薯主食化和全市建设"中国杂粮之都"为契机，利用高寒山区原生态环境，大力推广脱毒马铃薯和优质小杂粮。围绕宁武县独特的地理环境和气候条件，以高源脱毒马铃薯制种园区为依托，大面积种植优质马铃薯5万亩，同时进行马铃薯深加工，从而促进农民增收。继续采取"合作社+农户+基地"的种植模式，在全县推广种植优质脱毒马铃薯，种植面积发展到5万亩以上。建设生产马铃薯精淀粉300吨、粉丝200吨、粉条100吨、速冻薯片薯条100吨的高源薯业马铃薯深加工项目，通过企业发展提高带贫能力。全县发展种植8万亩优质有机旱作小杂粮，带动贫困户785户增收；7个乡镇共发展食用菌大棚246座，带动355户贫困户增收。

莜麦是世界公认的营养价值很高的粮种之一，莜麦含高蛋白、低糖，是糖尿病人的极好食品，脂肪中较多的亚油酸可降低胆固醇在心血管中的积累，对动脉粥样硬化性冠心病、高血压均有疗效，其营养价值居谷类粮食之首。宁武莜麦，籽粒呈纺锤形，有腹沟，籽粒整齐饱满。加工的面粉白黄色，白度大于异地，筋度高，口感好，吃水多，耐寒耐饥，出粉率高达97%。

2017年4月20日，农业部正式批准对"宁武莜麦"实施农产品地理标志登记保护。地理标志产品地域保护范围为余庄乡、阳方口镇、迭台寺乡、圪廖乡、东马坊乡、怀道乡、化北屯乡、西马坊乡、石家庄镇、新堡乡10个乡镇244个行政村。

宁武银盘蘑菇是本地著名特产，傅山先生以"芦芽秋雨白银盘，香簟天花腻齿寒"盛赞宁武银盘蘑菇为菌类珍品。抓住本地适合蘑菇生长这一特点，宁武县决定做强食用菌，以怀道千亩食用菌产业园区和西马坊农业集约化经营科技示范园区为依托，捆绑资金150万元，在10个村新建塑料大棚50座，进行食用菌种植，鼓励农户利用闲置房屋、畜圈、简易大棚进行庭院式香菇生产，同时扶持已建成的设施大棚种植香菇等食用菌，年产量实现500万公斤。预计全县全年食用菌产量可达1000万公斤。利用"户贷户用"扶持政策，大力引导园区、合作社、家庭农场种植食用菌，规模达到200万棒，年产量达到200万公斤。

毛建茶变为宁武特产。宁武人管毛建茶叫作"毛尖茶""野茶"，因为制作毛建茶的这种草过去都是野生于管涔山林之中，口感又带有毛尖茶的香气，这两个名字因此成了毛建茶最早的"身份证"。300多年来，宁武县几乎家家都在挖茶，家家都在加工茶。20世纪90年代，毛建茶随着宁武的旅游开发一起走进了三晋百姓家。研究发现，毛建草富含黄酮、氨基酸、磷镁、钙、钠、铁、铜、锌、硒等多种微量元

河曲娘娘滩　秦泽玉　摄

素,其制作的茶饮,从药用价值方面看,是当之无愧的"药茶"。宁武县抢抓全省推动"山西药茶"产业提质升级、打造中国第七大茶系的发展机遇,重点抓好政策扶持、标准体系、运营管理、科技支撑和品牌宣传,积极推进毛建茶规范化种植、精细化加工、产业化经营,3年内建成100个百亩茶园,抚育野生毛建茶1.5万亩,把宁武县打造成全省的"药茶基地"。

宁武山林盛产中药材,县委、县政府鼓励企业和个人规模流转坡梁地发展中药材种植5000亩(黄芪、黄芩、猪苓、柴胡、党参等)。突出发展中药材饮片和药食同源等中药材深加工产业,带动中药材种植规模发展到5万亩,打造"管涔山道地中药材"品牌,使中药材种植与加工成为农民增收致富的拳头产业。建设两个2000亩以上的中药材生产基地,并扶持加工企业。政府投入风险铺垫资金1000万元,采取担保、贴息等办法,扶持五谷园、华盛农贸、芦芽山农副、永禾、星星食品、田园农副等7大龙头加工企业发展,特别是加强五谷园与台湾米德兰公司小杂粮的全方位合作,发展特色优势农产品加工业。

按照缓坡地种植中药材、平地种植小杂粮、大棚种植反季节蔬菜和食用菌、坡梁地种植饲草、圈舍舍饲养殖的格局进行规模化生产。发挥高寒山区优势,继续种植以露地蔬菜、芥菜为主的冷凉露地蔬菜6000亩。打造管涔山道地中药材种植基地,种植中药材4万亩,为贫困户提供劳务收益206万元,全县中药材种植合作社达到36个,带动贫困户3074户增收。

现代特色农业产业园是宁武县全农特色产业的先行区和培育新型经营主体的创新区。为加快脱贫攻坚步伐,推进农业产业结构调整,宁武县持续推进扶贫农业产业园建设,秉承供改引领、园区集聚、龙头带动、市场运作的理念,探索要素投入、创新模式、全域辐射的思路,在县经济技术园区内设立现代特色农业产业园,先后引进中药材、小杂粮、沙棘、脱毒马铃薯、冷凉露地蔬菜(含食用菌)、毛建茶等

6类产业12个农产品加工项目入驻园区。园区按照省委总体思路和要求，立足于县域传统特色产业和独特的自然条件，于2018年规划建设，占地面积650余亩，2019年底完成了道路、管网、水、电、气等"七通一平"工程；2020年完成展示厅（农产品交易中心）和标准化厂房等配套项目，园区功能日趋完善。

宁武县充分利用龙头企业在市场、人才、信息、技术等方面的优势，采取"龙头企业+基地（合作社）+农户"的模式，吸收贫困户参与种养殖，重点打造2万亩道地中药材种植基地，带动贫困户参与马铃薯、中药材、优质小杂粮种植，由龙头企业负责技术指导和销售，实行统一供种、统一收购、统一培训、统一销售，农户只负责种、养等生产环节的工作，实现企业与农户的双赢。

高源薯业、华盛农贸、五谷园农产品加工等规模龙头企业充分发挥其示范带动作用，全年累计投资2亿多元，有效带动了周边贫困户脱贫。引导贫困户以政府扶持资金和户贷户用资金进行收益分红，贫困户分红收益达到了1200余万元。企业与贫困户合作，企业负责技术指导、产品收购和销售，贫困户只管种植，政府根据种植面积给予补贴。

三

河曲县在脱贫攻坚中，紧紧瞄准特色农业产业的巩固提升，2016年，因地制宜实施优化三大农业经济带、打造三大农业园区、做大三大农产品加工业、加快三大农产品品牌认证、抓好三个环节、突出三个抓手兴水造地的"六三"模式。

沿黄地区借助水源充足、灌溉便利、种植瓜菜历史悠久等有利条件打造设施农业产业带，半山区借助杂粮林果优势打造特色杂粮林果产业带，高山区借助种植养殖优势发展有机种养加产业链，打造生态农业产业带。依托沿黄条件打造设施农业示范园区，依托莲芯硒美、晋北农牧业、榆发小杂粮加工等涉农企业打造生态农业示范园区，依托兴农科技公司打造脱毒种薯示范园区。加快特色乳制品、绿色小杂粮加工、特种薯类加工。推进无公害、绿色和有机农业品牌认证。抓好规模经营、土地流转、企业带动三个环节，以规模化、特色化、品牌化、有机化为方向为抓手，加大农业结构调整。

以引黄灌溉工程和一村一井节水灌溉工程为依托，构建覆盖全县农业用水的灌溉小水网，继续对微型薯繁育原种和原种收购两个环节进行补贴，打造脱毒马铃薯繁育推广基地；发展以养羊为主的生态畜牧业，使羊产业成为覆盖全县农村的致富产业。

"六三"模式实施以来，全县共发展设施蔬菜2000亩、脱毒马铃薯8万亩、富硒杂粮5000亩；建立了以海红、核桃、红枣、钙果、仁用杏为主的特色林果基地；新增羊饲养量3万只、饲草种植1.5万亩；扶持能人大户86个，组建各类专业合作社51个，建成电商平台3个。把更多的贫困人口聚集到了特色产业链上来，仅马铃薯产业一项，片区项目村农民人均收入1500元。

2017年，河曲县农作物总播种面积40.28万亩，粮食作物播种面积36.09万亩，油料播种面积2.11万亩，瓜菜面积1.25万亩。全县粮食总产量达到0.665亿公斤，超过市每年下达0.45亿公斤的目标产量任务；油料总产达到277.56万公斤；瓜菜产量3035.5万公斤。全年种植全株青贮玉米1万亩，紫花苜蓿3000亩。

2019年，特色产业基地面积稳步扩大。发展脱毒马铃薯种植产业基地5.94万亩，发展特色杂粮及富硒功能杂粮基地5.02万亩，发展渗水地膜谷子种植基地1.5万亩，发展设施(特色)瓜菜基地0.52万亩，有效吸纳有劳动能力的农户参与特色产业，带动农户稳定增收。

以高山区脱毒马铃薯、肉羊产业，半山区富硒功能杂粮、肉羊、肉猪产业，平川区设施和露地红辣椒、农产品加工、蛋鸡产业为布局，全面实施"政策倾斜、资金扶持、项目实施、主体带动、金融支持、保险保障"；完成脱毒马铃薯、特色杂粮、特色瓜菜、林果、健康养殖五大农业特色产业扶贫项目，落实4项惠农补贴政策和20条河曲产业扶贫政策的"6542特色农业产业工程"。引导、激励、扶持贫困户特色农业产业发展，不断提高贫困户的组织化程度和产业收益。农民人均可支配收入不断增长，村集体经济不断壮大。

为确保稳定脱贫，河曲县紧紧围绕特色产业增收和固定收益增收，实现了对10265户22734名贫困人口的"两个全覆盖"。在产业增收上，县财政每年拿出4500余万元，整合扶贫资金2.4亿元，出台了20项产业奖补政策，通过推广新技术新品种，创新发展出口红辣椒、蓖麻养蚕、中药材、夏季马铃薯3323亩，填补了农业产业空白。在固定收益方面，该县通过推动兴农科技、四海进通、隩州酒业、莲芯硒美等19个龙头企业与270个专业合作社和贫困户联合，对农业产业链条中的公司、合作社、基地、农户进行奖补。

旧县乡大王家也村利用山煤露天矿回填土地，采用滴灌技术，通过能人合作社带动，发展起了1000亩红辣椒种植项目，亩产可达1500公斤，效益非常可观。土沟乡寨洼村通过公司集中流转农户土地，发展起了富硒藜麦、小米等小杂粮种植，带动了周边农民增收。

河曲县万家福商贸"许诺牌小米"获得"山西小米"产业联盟品牌商标授权，在首届全国小米品鉴大会上荣获上榜品牌；兴农公司"西口源"商标被评为山西省著名商标。"种薯微型化"繁种推广模式获得了农业部科技成果推广奖、忻州市科技进步一等奖；莲芯公司的"莲宇康"富硒小米荣获"山西好粮油"称号，获得中国小康科技成果奖、第四届中国农博会金奖；河曲县成功创建国家电子商务进农村综合示范县；四海进通创业园被评为全国农村创业创新园区。

随着五大产业的不断壮大发展和村

集体产权制度改革的全面开展,全县"一村一品一主体"产业扶贫利益联结机制步入正轨,产业扶贫带动主体和贫困户利益联结日益紧密,村集体经济收入不断增加。振钢化工、万家福商贸、兴农科技等3个省扶贫龙头企业,昌农农产品购销、仲翔小杂粮购销、荣旺沙马铃薯种植等3个省级扶贫农民专业合作社以长期用工、订单收购、劳务合作等紧密半紧密联结方式稳定带动贫困户1486户。晋北农牧、莲芯硒美、一品农夫果品等3家县级扶贫龙头企业以长期用工、订单收购、劳务合作等紧密半紧密联结方式稳定带动贫困户418户,驿腾养殖等县级扶贫农业专业合作社以长期用工、订单收购、劳务合作等紧密半紧密联结方式稳定带动贫困户136户。振钢化工、河滩奶牛等10家企业以入股委托经营等紧密联结方式带动贫困户3335户7876人,连续三年户均每年纯收入增加1180元。通过产业项目的实施和奖补政策的落实,河曲县新型经营主体不断发展壮大,产业带动及带贫脱贫能力凸显。全县158个贫困村,每个贫困村均有1个以上的带动主体,均有杂粮、马铃薯、光伏、养殖、红辣椒等2项以上的主导产业。

为了进一步提高经营主体的带动能力和产业发展水平,河曲县精心打造1座扶贫农业产业园区。园区规划占地1158.3亩,按不同产业划分为"五园六区一基地"。园区内配套设施已完成"七通一平"。目前已有8家企业报名入驻,3家企业开工建设,园区可安排1300余名贫困劳动力就业。

2019年,河曲县314个村的村集体经济收入实现了大幅增长。对全县47个2018年村集体收入未达3万元的村,给予每村10万元集体经济壮大扶持资金,用于发展村集体经济,允许通过入股收益、创办实体经营、购买商铺出租等形式,巩固提升村集体经济收入。158个贫困村村集体经济收入达6043.14万元,并全部突破3万元,比2018年1737.44万元增长247.82%。其中,3~5万元的村10个,5~10万元的村22个,10~22万元的村49个,20万元以上的村77个。10万元以上的贫困村占总贫困村数的79.7%,20万元以上的贫困村占总贫困村数的48.7%。

保德县围绕优势抓特色,扶助龙头创品牌,在杂粮增产增收、提质增效和加工转化三个方面同步推进。整合农业部和省级旱作农业、高标准农田建设、耕地质量提升、农技推广补助、优种补贴、种粮大户补贴等项目资金,向贫困村、贫困户倾斜。优先贫困户参与治理沟域经济,通过直接生产、入股分红、以工代赈、创业就业等方法让贫困户获利。以桥头镇、腰庄乡、孙家沟乡为核心,建设3个3000亩杂粮种植基地,带动贫困户种植3.7万余亩,受益7213户,户均享受杂粮种植补贴480元;以桥头镇3000亩渗水地膜谷子种植基地为试点,统筹推进全县9000余亩渗水地膜谷子种植,惠及全县87个贫困村2400余户贫困户,户年均享受特色补贴562.5

元；以南河沟乡、土崖塔乡为核心区建设3个3000亩薯类基地，带动贫困户种植薯类1.4万余亩，受益农户2000余户，户均享受特色种植补贴691元。结合上级引黄灌溉水利工程和大小水网工程的实施，以东关、义门、杨家湾为核心区，建设2000亩绿色无公害蔬菜基地；重点推广设施农业"117"经营模式，即"一户一棚，年人均增收7000元"，至少可使2000户具备能力的建档立卡户每户平均1座温室，达到持续稳定增收目标。

重点实施安家山流域治理，发展沟域经济示范点13个，每乡镇1个，新增造地5000亩。全县农作物长势很好，尤以糜子、谷子、黍子、马铃薯特别好。2018年粮食产量达到3750万公斤，比任务数3500万公斤超额250万公斤，其中杂粮2000万公斤左右。

加强对现有瓜菜园区的指导、培训、销售服务，推行标准化生产，打造特色瓜菜品牌，确保达标、达产、达效。新修80亩高标准温室，每座补助1万元；开发露地特色蔬菜600亩，每亩补助2000元；新发展一批食用菌大棚。

实施林果业提质增效工程，打造一批"三品一标"认证产品。重点推广普通大沙棘、薄皮大果核桃等14个新品种；沙棘企业山地阳光扶助的1000户贫困户，已落实358户，每户每年种植沙棘补助4000元，连续3年达1.2万元，3年挂果后，企业保底收购每吨2000元，直接助力群众得实惠。新建立的1000亩红枣科技示范基地，科学经营，技术先进，在全县得到了推广。

红枣是保德的传统主导产业，产枣区集中在沿黄河的冯家川、神山、杨家湾、韩家川等村一带，以冯家川所产者为最佳。故流传着"口里猪，口外羊，冯家川的油枣寸半长"的谚语。油枣得名于清朝，相传康熙皇帝品尝了冯家川埝盘儿产的红枣后，觉得油性很大，称赞说"好油枣"并留言："一穷二白的保德州，唯有鲤鱼大油枣"。自此，保德油枣便成了贡品，每到秋季收枣的时候，地方官就向老百姓征收鲜枣进京上贡。这种干枣肉润如油，糖丝长亮，品质佳美，誉满省内外，远销陕西、内蒙古、东北等地，进而打进国际市场，很受欢迎。全县红枣种植面积达7万亩，年总产量达2000万公斤。

保德县重点扶持红枣改换优种、低产改造、矮化密植、避雨棚，以冯家川、林遮峪、韩家川为核心区，改造红枣4000亩；重点推广"一户一园，年人均增收3000元"的枣园"113"经营模式，每个贫困人口可按1万元总投资规划经营面积10亩左右的枣园1个。通过改造，年产优质红枣3000公斤，每年人均增加纯收入3000元，可带动200余户550余人脱贫。以杨家湾为核心区，以孙家梁村、霍家梁村、段家沟村为主产区建设2000亩特色林果基地，鼓励农户流转土地发展采摘园和林下经济，可带动350余户1000余人持续增收。

要想重振红枣产业，必须补齐深加工

保德红枣

和营销两块短板。2018年1月,在保德县委、县政府招商引资政策大力支持下,山西可宝食品有限公司强势入驻。公司利用自身资源优势,与中国农科院、天津科技大学等单位进行技术交流,合作研发系列红枣功能食品,现已研制出红枣系列产品3个单元8个品种。红枣烘干、果糕、红枣固体饮料等8条生产线是沿黄地区首屈一指的集红枣产品研发、深加工和市场营销为一体的农业产业化龙头企业的封闭生产线。公司红枣深加工项目投产达效后,与全县贫困户达成利益联结机制,将贫困户融入企业,实现资源变资产、资产变资金、资金变股金、农户变股东,实现优势互补,延长产业链,将传统资源优势转化为经济优势。

为了维护红枣产业链的健康发展,县里制定了专门的奖补政策:红枣品种改良每亩奖补2000元。红枣收购采取订单定量定价收购补贴的办法,实行每公斤0.5元的收购保护价,市场价与保护价差额部分由财政进行补贴。

红枣不仅有加工休闲食品一条路,还可以作酿酒的好原料。山西养元堂酒业有限公司与中国科学院、江南大学生物工程学院酿酒科学与酶技术研究中心进行红枣、枸杞养生酒的研发。现已成功研发出配方科学独特、极具养生价值的高端养生酒、养生醋系列产品。2018年初,公司投产运营,全年共消化红枣500万公斤。酿醋企业建成投产,全年可加工红枣1750～2000万公斤、枸杞500万公斤,为保德红枣、枸杞打开更加广阔的销售空间。

产业作支撑,红枣再飘香。保德县的红枣加工企业已与枣区乡镇150余个村签订了1000余万公斤的订单、定量、保价协议,受益枣农8217户,其中建档立卡贫困户达5465户,极大地激发了广大枣农经营红枣的积极性,有效助力枣区群众脱贫致富。

南河沟乡党委、政府以农民增收为目标,因地制宜、因势利导,大力推广特色种植,实施"一村一品"工程,积极引导农民发展红葱产业,确定了以四井头村为主要种植基地的产业扶贫红葱种植项目,当地成立了四井头红葱专业合作社,注册了红葱商标,有效带动了周边村民积极开展红葱种植。红葱已成为四井头村的支柱产业。2016年,驻村扶贫工作队通过努力,在保德县设立了四井头红葱销售点,解决了销路问题。他们还通过电商平台,大力推介四井头红葱品牌,确保农民收益稳定增加。四井头红葱已成为家喻户晓的红葱品牌,并畅销周边县市。南河沟乡红葱种植面积已达到400余亩,同时还辐射带动庄果塔、沙塔、郝家沟等周边8个村的村民实现增收。仅红葱种植一项,足以带动125户268名贫困人口脱贫。

除了四井头的红葱,南河沟乡还在井由山等地推广种植藜麦400余亩,"造血式"扶贫让贫困户脱贫更有底气了。

偏关县结合特色农业产业发展实际,按照特色种植产业"五个一"目标,全力推进小杂粮、马铃薯、中药材、莜麦、高粱等农业特色产业扶贫项目共计12项。其中,渗水地膜谷子穴播技术示范推广项目,选择在全县10个乡镇进行推广种植,推广面积5万亩,共计投资750万元,受益户数将达9566户,受益人口将达24709人,预估贫困人口人均增收526.12元。

建成以南堡子乡教子沟、北场两个贫困村为主的优质莜麦基地2000亩,以楼沟、陈家营等5个乡镇14个贫困村为主的优质谷子、糜黍示范基地1万亩,以尚峪、南堡子为主的"裕佳牌"无公害脱毒马铃薯基地4000亩。三大杂粮基地平均每亩增产85公斤、增收150元;项目区涉及贫困户1412户4238口人,预计人均年可增收750元。

扶持贫困群众大力发展中药材等特色种植,重点建设500亩中药材示范基地。

成立于2007年的益生元生物科技有限责任公司依托偏关地处黄河之滨,属于黄土丘陵区,境内四季分明、光照充足、盛产优质杂粮的独特优势,充分利用黄河老牛湾、护宁寺一带旱地良田以及无污染的生态环境,以"公司+基地+农户+品牌"的产业化经营模式,发展小米绿色种植1.7万余亩,生产出富硒小米、红皮谷小米等小米系列品种。

公司按照偏关县"突出优势、服务三农、创新跨越"的发展思路,秉承求真务实、诚信经营的生产经营理念,同合作社、建档立卡贫困户种植合作,力争实现优种谷子种植面积3万亩、黑豆种植面积5000亩、涉及贫困户3000户、覆盖贫困总人数1万人、人均增收3000元的奋斗目标。

为了消除贫困户担心因天灾造成农作物减产和因市场波动造成增产不增收的顾虑,激发贫困户内生动力,在认真落实为贫困户免除玉米、马铃薯自然灾害个人保险缴费102万元的基础上,偏关县脱贫攻坚领导小组还出台了谷子保险特惠政策,即由县财产保险公司为谷子产业提供收购价保险,张杂3号谷子保底价1.4

元,张杂13号谷子保底价1.5元,共缴纳350.84万元保险费,为全县贫困户增收提供了保障,此举属全市首创。

在特色种植增收产业布局上,以益生元、宏钜大磨坊等加工收购企业为龙头,签订特色种植增收订单,建设以关河、县川河无公害"裕佳牌"为主的脱毒鲜食马铃薯面积1万亩,以南堡子"恒堡余"为主的优质莜麦面积0.5万亩,以南北两山为主的渗水降解地膜覆盖谷子面积5万亩,以关河为主的地膜覆盖小黑豆面积1万亩,以黄河沿线为主的地膜覆盖谷子品质提升面积3万亩,以东山、南山为主的地道中药材面积0.5万亩,以天峰坪为主的优质高粱面积0.1万亩。共在全县发展特色种植面积达到10万亩,贫困户户均10亩。

四

繁峙县地处燕山—太行山集中连片特困地区,是国家扶贫开发工作重点县。繁峙坚持贯彻精准扶贫方略,狠抓特色种植,研制中药材饲料,引进劳动密集型产业,形成十大精准脱贫产业;通过施行"一户一策"帮扶举措,贫困户户均产业覆盖2.5个以上,实现了"村村有产业,户户有项目"。

2016年县委、县政府出台了扶持特色种植、生态扶贫、畜牧养殖以及龙头企业发展的奖补政策,筹措产业发展资金4200万元,推动扶贫产业的发展。全县共种植杂粮22.4万亩,重点推广种植富硒谷子、藜麦1万多亩,薯类种植面积达2.5万亩,胡萝卜、胡麻等特色种植2.1万亩。37384名贫困人口享受杂粮种植各类补贴791.6万元。种植中药材9.1万亩;全县新发展中药材种植2.3万亩,322个贫困户增收221.2万元。全县已建成2个黄芪加工企业,加工能力达到500吨/年,还有10万多亩宜芪坡地有待开发利用。种植白水杏、仁用杏、玉露香梨、红富士苹果等经济林2.1万亩。在加强产业基地建设的同时,培育了富云牧业、绿源亨通、宝山鼎盛等9大龙头企业,带动6大产业基地发展,形成了"龙头企业+基地+合作社+银行"带动贫困户的产业扶贫新模式,可带动8934人实现稳定脱贫。

2017年做优杂粮产业。重点打造10万亩优质谷子、10万亩优质糜黍、2万亩富硒藜麦、2万亩黄花、5000亩优质胡萝卜、2000亩优质水稻等11个特色种植基地。全县粮食总产量达到8417.7万公斤。

2018年在种上下功夫,规模集聚做优特色种植业和中药材产业。在提升特色种植业、中药材产业规模和效益上下功夫,发展优质特色种植33.2万亩,带贫11916户;全县中药材种植面积达到20万亩以上,带贫1950户。

为深入推进农业供给侧结构性改革,繁峙县坚持绿色可持续发展理念,大力发展特色谷子产业,实现全面提质增效。建设优质谷子种植基地10万亩,主要品种为晋谷21号、张杂10号、张杂13号等。在金山铺乡海丰农牧场建设千亩杂交谷

杂粮品牌　秦泽玉　摄

子集成技术示范园区，建设面积1200亩，主要品种为张杂13号和张杂10号，展示集成推广实用技术，包括良种选用、配方施肥、节水灌溉、地膜覆盖、秸秆还田、机械耕作、机械化精量播种、镇压保苗、机收、谷草打捆和卷盘式喷灌等，综合运用农业技术10余项，全程机械化操作。结合实际，出台精准扶贫、精准脱贫产业扶持政策，对种植谷子的农户发放杂粮支持保护补贴。

2018年，繁峙县谷子种植面积10.2万亩，涉及2.3万农户7.6万人，户均增收485.6元，其中，涉及8171户贫困户2.4万贫困人口，贫困户种植面积3.4万亩，贫困户户均增收641.3元。

2019年，繁峙县以铭洋农牧专业合作社为实施主体，开展省级有机旱作农业封闭示范片创建工作，主要以发展有机杂粮为主，其中大白谷260亩。

繁峙大米一度闻名三晋大地，后由于滹沱河水位下降，沿岸的水稻种植改为玉米种植。随着生态环境保护和滹沱河治理工程的实施，河水基本恢复到了早年的水流量。2017年，繁峙县为实施精准扶贫，提高农民收益，决定对高产高效特色种植水稻进行复产，支持勇和农业有限公司进行实验种植。该公司首先引进了东北稻花香2号、龙稻16等优良水稻品种，在滹沱河畔的繁城镇作头村流转土地750亩，进行试种，实现了亩产400公斤、亩收入8000元的预期目标。由于大米色泽白、黏度大、味道香，广受市场青睐。为带动贫困户脱贫致富，繁峙勇和农业有限公司实施了"四位一体"精准帮扶工作，已带动11户贫困户入股种植，每年可获得分红收入3250元。同时，贫困户还可以通过施肥、除草等劳动获得收益，直接带动80余人增收。勇和农业有限公司还与山西农业大学合作试验种植水稻，并在此成立了产业示范基地。在山西农业大学的帮助下，滹沱河畔又将是十里稻花香。

以创建国家级出口食品农产品质量安全示范区和国家生态原产地产品保护示范区为抓手，建设农产品质量安全追溯系统，加快推进种植业由增产导向转向提质提效导向，快速提升种植业的带动效益。繁峙县谷子产业主要开发的品种是小米。2016~2018年，繁峙县共认证"三品

一标"农产品1个,即繁峙小米。在此基础上,繁峙县创建了"味道"农副产品区域公用品牌,鼓励和动员农副产品加工企业使用"滹源味道"公用品牌。目前,全县25家农产品加工企业已标识这一品牌。

成功创建"山西省食品安全示范县",累计认证无公害农产品、绿色食品、有机农产品150个次,认定无公害、绿色、有机农产品基地面积20万亩次。宏钜大磨坊、福康醋业等9个龙头企业获得QS认证资格,"繁峙白水大杏"取得地标产品认证;农村常住居民人均可支配收入达到7523元,增速连年快于城镇常住居民人均可支配收入,脱贫攻坚再战再胜,5738户15834名贫困人口高质量脱贫,贫困发生率下降到10.1%。

代县全县特色农业已发展到21.7万亩,其中全县发展百亩以上连片种植特色农业产业21151.35亩,实现总产值2.7亿元,可带动全县6.9万贫困农民增收致富。特色农业产业主要发展了小杂粮、瓜菜、饲用玉米、辣椒、水稻等。小杂粮总播种面积9.1万亩,比上年增加了1.8万亩,小杂粮总产1195万公斤,比上年增产534万公斤,总产值约2981万元,可带动全县3万贫困农民增收致富。全县特色瓜菜种植面积4万亩。主要模式有大棚草莓、葡萄、香椿、黄花菜套种豆类、蔬菜、订单胡萝卜等,平均亩收入4000元以上,瓜菜产业总收入1.6亿元,可带动1.5万名

繁峙民为天养殖公司　马欣荣　摄

贫困农民增收致富。粮改饲种植面积1万亩,其中饲用玉米5000亩以上,永安养殖专业合作社与周边70多户农民签订收购订单3000亩,亩产饲用玉米4吨以上,每吨预计收购价300元,亩收入1200元。辣椒种植面积达4000余亩,涉及6个乡镇20多个村,预计亩收入4000元,可带动1500户贫困农民增收致富。

代县还种植特色中药材,面积1.9万亩,现有中药材和相关农民专业合作社以及家庭农场18个、大型中药材企业2个。流转土地1.5万余亩,通过企业带动,可安排贫困户500余人就业,人均年工资收入1.2万元,年人均增收1000余元。全县特色水果种植面积5万亩,年产特色水果1600万公斤,产值4000万元,可带动全县1.8万贫困农民增收致富。特色农业产业的蓬勃发展,有力地助推脱贫攻坚,成为全县贫困农民脱贫致富奔小康的支柱产业。

代县发展体量较大、脱贫致富效果显著的项目11个,带动贫困村发展特色种植、牛羊养殖、苗木培育、乡村旅游、劳务输出等,可为贫困人口提供常年就业岗位3000个、季节性就业岗位1500个,融入扶贫产业链条的贫困人口将达到1.5万人,人均增收可达2000元。

代县毓泽农牧有限公司流转胡峪乡6个贫困村的荒山荒沟面积2.2万亩,引领64户贫困户发展黄芪种植6000亩。

新高乡民营企业家董二狗,从铁矿采选企业转型发展农业产业项目,成立了鑫飞农业专业合作社,通过"合作社+基地+农户"模式,大力发展玉米烘干、秸秆加工和肉牛、肉驴养殖,年可实现产值1亿元以上,利润500万元,辐射带动周边15个村1000余贫困人口脱贫致富。

在抓好传统优势作物玉米的同时,扩大水稻和特色瓜菜种植面积。坚持集中连片、扩大规模,发展高产玉米9.355万亩、优质小杂粮3000亩、温室大棚3770亩、优质葡萄2000亩、高效瓜菜3.9万亩,打造了特色农产品专业化生产基地,提高了全县的产业集约化程度。

在南北两半坡旱垣区,以打井节水工程为重点加快中低产田改造,大力推进干水果经济林、小杂粮和中药材种植基地建设。发展高产玉米4000亩、特色小杂粮16万亩、林果业2.65万亩、瓜菜8505亩。在南北山区宜居人区,重点发展以黄芪、党参、黄芩、半夏为主的中药材种植基地。

重点扶持谷子、黍、红芸豆、薯类等小杂粮产业和红辣椒种植特色产业,采取"以奖代补"的形式,对集中连片种植的百亩以上的谷子、黍、马铃薯、红芸豆补贴200元/亩,红辣椒补贴300元/亩。

全县共实施特色农业产业面积21151.35亩,涉及全县10个乡镇69个村。其中谷子连片种植16158.25亩,涉及50个百亩片;黍子连片种植1163.8亩,涉及8个百亩片;红辣椒连片种植2863.3亩左右,涉及16个百亩片;马铃薯连片种植650亩,涉及2个百亩片;红

薯连片种植204亩，涉及1个百亩片；红芸豆连片种植112亩，涉及1个百亩片。在政策引导面积扩大和上年谷子、辣椒市场价格上扬的情况下，受益农户达2942户，其中贫困户1391户，户均增收2100元。

在水果产业上，重点抓了水果、大棚甜瓜等9个温室大棚设施农业示范园区建设；在小杂粮种植上，重点抓了上馆镇桂家窑村实施谷子品比试验展示区1个，安排谷子品种15个，实施面积15亩；在特色蔬菜种植上，重点抓了新高乡建设黄花菜种植特色蔬菜示范园区260亩；在水稻种植上，重点抓了上馆镇建设特色水稻种植示范区1个，建设规模1000亩；在红辣椒种植上，重点抓了上磨坊乡建设300亩红辣椒特色种植示范园区1个；在新品种推广上，重点抓了阳明堡镇建设1个40亩的玉米新品种展示园区；在新技术推广上，重点抓了雁门关乡实施谷子绿色防控示范区500亩；在有机旱作上，建设了1处1000亩的有机旱作农业封闭式示范园区。

大力开展科教兴农活动，深入贫困村推广普及农业高新技术，通过组织培训班、讲座、印发技术资料、宣传车下乡等多种形式，深入开展农业科技、农村新技术的教育培训活动。

农业农村局积极在特色农产品销售上下功夫，与北京市场建立了"两平台一通道"的特色农产品销售渠道，即国家体育总局消费扶贫平台、北京高校采购平台、企业-市场直供通道，共计销售特色农畜农产品收入近500万元，通过市场渠道的拓展，有效促进了特色农产品销售，增加了贫困户收入。

随着全县农业产业结构进一步优化，基本实现了村村有特色农业主导产业。特别是在奖补政策的引导下，全县形成了78个百亩以上集中连片种植区，总面积达2万多亩，为进一步优化产业结构，逐步实现适度规模经营，持续增加农户收入奠定了良好基础。

五

原平市地处山西省北中部，总面积2560平方千米，辖7镇11乡3个街道办事处，总人口50.9万人，其中乡村人口14万户37万人。通过精准扶贫建档立卡工作，共有建档立卡贫困村51个，分布在6个乡镇；建档立卡贫困人口7842户17809人，分布在18个乡镇494个村。49个贫困村分布在"七沟八梁两面坡"上，全部都是旱坡地，土地贫瘠，却又有着种植谷子、糜子、豆类等小杂粮的优势。如何化劣势为优势，原平市选定了石鼓农产品开发有限公司、双惠种业开发公司、如亮饲料公司及一部分专业合作社，由企业直接对接帮助贫困户，了解他们家中的劳力、土地状况，面对面签订种植收购协议。只要贫困户按照要求种好收好，各企业合作社便以高出市场价10%的价格上门收购，保障了农民每亩地至少可增收200元。

在深入市场调查的基础上，原平市与

山西省农科院合作,推荐适合原平丘陵山区种植的小杂粮品种十余个,成为主打品牌。坡梁地的特点是十年九旱,原平市四维农机公司针对精准扶贫的需要,研制成功杂粮覆膜集水播种机,铺膜、下种、喷洒除草剂一次性完成,并且派出专业技术人员深入到南白、苏龙口、楼板寨、沿沟等乡镇的贫困村现场传授操作技术。

为实现贫困户稳定脱贫探索新路,利用4万水果销售大军带动农户进市场,覆盖40%的贫困户约3000个贫困人口,年销售本地酥梨3000万公斤,占到总产量的70%以上,贫困户人均增收1500元。规模化发展东山酥梨、骏枣、西山豆类、谷类、莜麦等小杂粮,平川地区核桃、大杏等梨果产业,"三品一标"农产品达到155个。积极发展村级扶贫车间、家庭作坊,把扶贫项目建到群众家门口、炕头上。共建设4个"扶贫车间",其中南白乡清水沟村引进锁具组装加工项目,带动就业200余人,年均收入1万元以上。

推广"企业+基地+贫困户"模式,培育龙头企业17个。其中,石鼓农产品公司

原平康馨扶贫敬老院　秦泽玉　摄

带动13个村612户贫困户种植优质谷子、糯玉米,每年可为贫困户提供120个为期两个月的季节性用工岗位,"石鼓小米"还荣获"中国好粮油"品牌;双惠种业公司向贫困户免费发放2000亩的玉米种子,辐射带动5乡700余户贫困群众;南白乡东山造林合作社、东社镇永昌种养专业合作社、石鼓农产品公司被评为省级扶贫专业合作社或龙头企业。

增加特色农产品供给,不断壮大特色优势产业规模,立足区域特点,优化调整种植面积,做大做强辣椒、甜糯玉米、香瓜、张杂谷、红薯特色优势产业,辣椒种植面积要达到7万亩,甜糯玉米要达到2.3万亩,香瓜要达到2万亩,谷类要达到4万亩,红薯要达到1.5万亩,核桃要达到8.3万亩。牢固树立绿色有机农业的理念,扶持发展绿色有机农业,发挥"玉米兄

弟"有机黑糯玉米示范效应,加快建设可溯源绿色有机农产品生产基地。加大"三品一标"的认证和宣传力度。引导扶持有条件的村、合作社、农产品加工企业发展无公害、绿色、有机农产品,并做好申报"红薯之乡"的后续工作。

积极培育现代职业农民和专业大户、家庭农场、专业合作社等新型经营主体。发挥好现有1522个农民专业合作社的积极作用,培育省级示范性合作社3家、市级示范性合作社5家、区级示范性合作社7家。大力推行"公司+合作社(家庭农场)+农户+市场"经营模式,形成农民与新型经营主体利益共享、风险共担的联结机制。

不断强化农技推广服务体系和队伍建设,大力推行专业技术人员"包村联户"工作制,加大农产品生产示范推广力度,引进培育农业新品种,积极推广玉露香梨1500亩、红嘎啦苹果200亩、中药材2000亩。积极发挥惠农政策杠杆作用,争取中央投资1100万元继续实施秸秆综合利用项目。争取投资260万元的测土配方项目、投资200万元的高标准农田建设项目等一批农业项目的实施,带动农民增收、脱贫致富。

实施渗水地膜谷子项目种植面积2925.8亩,可惠及7个乡镇61个贫困村1056户建档立卡贫困户。实施中药材种植项目,种植黄芪1500亩、板蓝根500亩。实施干果经济林提质增效项目1000亩、退耕还林1万亩,通过产业帮扶实现贫困户的稳定增收。118个贫困村中有产业的村达到84个,有企业的村26个,有合作社的村26个,有劳动能力的贫困户2503户有增收项目,有劳动能力的贫困人口1072人有技能,达到"五有"的贫困村有5个,共摸底核实了89家企业、合作社等新型经营主体,与贫困户对接,带动贫困人口1477人,户均可新增产业收入3000元。

南白乡是原平市唯一的一个贫困乡,全乡25个村全部是贫困村,占到全市49个贫困村的50%还多。脱贫攻坚、精准扶贫工作全面

原平扶贫移民武彦小区服务中心　秦泽玉　摄

开展以来，原平市石鼓农产品开发有限公司依据自身的产业优势，决定利用南白乡全部是干旱坡地的特点，打造谷子扶贫产业链，利用谷子这一传统杂粮，为每户贫困户每年增加500到800元收入。

在乡党委和乡政府的全力支持下，石鼓农产品开发有限公司与南白乡的近千名贫困户签署了3000亩优种谷子种植合同，由公司提供山西省农科院谷子研究所审定的"晋谷"系列优种，由市农委提供栽培技术，谷子收获后，公司按超出市场价10%的价格回收，但必须保证是优等谷子。

合同签订以后，由市农机部门全面推广谷子种植技术，采用该市四维农机开发公司研制的宽窄行一穴多株集水覆膜播种技术，这种技术在谷子播种时，要求一次性施足底肥，同时采用膜下除草技术，谷苗出土后，不用薅谷、除草，而且一穴出苗3到4株，既通风透气，又防止倒伏，下种时由于农膜中间有一凹槽，遇到下雨，雨水可以顺着凹槽流入谷子根部，从而起到集水抗旱的作用。

由于全面采用了旱作农业技术，南白乡的3000亩扶贫谷子，亩产平均达到350公斤，比传统种法每亩地可以增收200元左右，而石鼓农产品有限公司则由于回收的谷子品质好、出米率高，再加上"石鼓"的品牌效应，同样可以得到不错的经济效益。石鼓农产品开发有限公司还准备探讨糜子、豆类等杂粮扶贫产业链，准备利用南白乡自然生态资源环境建立自己的小杂粮扶贫基地，真正实现贫困户增收、公司增效的双赢目的。

原平坚持以农业供给侧结构性改革为指导，具体实施渗水地膜项目1.5万亩，谷子、高粱、杂豆7.1万亩，甜糯玉米1.2万亩，中药材1.2万亩，酥梨提质换优4.1万亩。

定襄县众友农业科技有限公司农家乐园建设项目位于河边镇陈家营村，占地面积230亩，总投资4570万元。该项目于2015年12月开工建设，现已完成投资1500万元，建成高标准温室大棚8座，占地50亩；高标准塑料大棚6座，占地35亩；修建鱼塘3个，占地30亩；新修道路1千米。建设联栋大棚、游客接待中心、农家酒店、房车营地等基础设施，形成一个融观光采摘、生态旅游、休闲娱乐、餐饮住宿、会议培训于一体的现代农业园区。大棚内已引进早熟优质葡萄品种玫瑰、红芭、醉金香等，采用无公害管理技术，全部施用优质农家肥，不使用任何化肥及农药。预计温室大棚葡萄每棚收入可达20万元，塑料大棚葡萄每棚收入可达30万元，年仅葡萄一项收入可达340余万元。

此外，通过技能培训，帮助贫困劳动力掌握实用技术，可直接和间接带动周边村劳动力就业。现已吸纳周边村贫困户劳动力105人，年人均增收2500元。

2018年成立了种子、肥料、农药、畜产品4个绿色通行保障组，帮助涉农企业办理通行证15个，开具肥料入境卡口手续22笔，肥料共计685吨，为全县27万

亩大田作物、10万亩辣椒、5万亩小杂粮、1.2万亩设施大棚及时储备所需种子、肥料、农药、地膜等农资,保证了春耕备耕正常运行,为稳定粮食产量奠定了坚实的基础。结合实际,以设施蔬菜、栽桑养蚕、中药材、玉露香梨五项特色产业为主导产业,确保脱贫户产业收入稳定增加。

五台县充分发挥五台地域优势,依据贫困村资源禀赋和产业现状,以园区建设为抓手,采取"基地+合作社+农户"的方式,投入6000万元,进一步建强优质小杂粮、道地中药材、设施蔬菜、脱毒马铃薯等特色种植产业基地。

把中药材产业发展为全县脱贫攻坚的重要支柱产业,中药材面积达到5万亩,力争2020年达到10万亩。大力推进蔬菜产业提质增效,新建一批高标准现代化设施园区,发展设施蔬菜达到2万亩,吸收带动贫困户通过蔬菜产业脱贫致富。以上4种特色种植产业总面积达到34万亩,可带动全县16941户47436名贫困人口脱贫,实现户均增收2000元。

以标准化生产为突破口,着力推行无公害、有机、绿色食品生产技术,进一步建立完善"合作社+贫困户""企业+贫困户"利益联结模式,通过订单、打工等方式带动周边贫困户稳定增收脱贫。以粮食、油料、薯类、果品、蔬菜、菌类和中药材等为重点,培育和发展农副产品加工企业和手工作坊158个。

支持百草绿源中药材、建安豆腐丸子、高洪口金丝面、茹家垴粉产品等农副产品加工企业和作坊改善储藏、保鲜、烘干、清选分级、包装等设施装备条件,提升农产品精深加工水平。

围绕台参、台芪、台蘑,倾力打造五台"三宝"。主打"台参""台芪"2个中药材品牌,依托5大中药材产业园区,大力扶持百草绿源、康达中药材有限公司、五台山台药中药材有限公司等发展壮大,叫响以"台参""台芪"为代表的五台中药材品牌;支持企业引进先进生产加工线,生产药品、茶品、保健品、化妆品等"台参""台芪"系列产品。

做大做强台蘑品牌,重点支持五台山土特产开发有限公司,培育壮大其他台蘑酱等小微企业。以食品、饮品、果品为抓手,着力打造五台"三品"。

食品产业。创优东冶佛地黄小米、建安蟹米、灵境藜麦等农产品品牌。培育五台豆腐丸子、五台万卷酥、五台高粱粉等名优食品。

饮品产业。继续支持五台山酿酒厂、五台山沙棘制品有限公司发展壮大;依托五台优质泉水,大力发展天然矿泉水饮料,加快推进红崖湾矿泉水生产项目;推进"台藜奶"打入市场,叫响品牌;抢抓全省把"山西药茶"打造成中国第七大茶系的机遇,积极发展五台黄芪茶、五台山金莲花茶等品牌。

果品产业。积极发展核桃、柿子等干鲜果产业,发展"枣+核桃"等袋装食品。整合分散品牌,集中打造"五台斋选"区域共用品牌。整合小杂粮、中药材、干鲜果等

"三品一标"认证产品,统一纳入"五台斋选"区域共用品牌,以组合拳的形式打入线上线下市场,通过宣传、推介、推广"五台斋选",扩大影响力、知名度,让外面的消费者认识五台产品、认同五台产品、消费五台产品,让五台的农副土特产品搭上电商销售快车道。

位于五台县耿镇村大山深处的山西百草绿源中药材种植基地,2017年从五台农村商业银行得到"产业贷"490万元,采取"基地+合作社+贫困户"的运作模式,种植中药材6540亩,已辐射全县13个乡镇77个村869家贫困户。通过微信、电商、互联网、实体店等,实现销售收入1120万元,户均收入18700元。县扶贫开发办公室又联结耿镇北月池村百味药材种植专业合作社,发展社员25人,其中贫困户16人,种植中药材260亩,育苗30亩,创收47万元,社员人均1.9万元。

"种药材投资四百万、五年能翻八千万"。这是经常挂在五台县东冶镇南大兴村"铁牛中药材种植专业合作社"社员口中的一句话。合作社从五台农商银行东胜支行得到"产业贷"80万元,用流转土地的形式,种植黄芪800亩、射干600亩、党参400亩、油用牡丹1000亩,创产值8000万元,实现利润4800万元,合作社年均收入1600万元。

县扶贫开发办公室引导支持农民成立中药材种、加、销公司2个、合作社23个,带动中药材种植贫困户4441户10534人脱贫致富。

茹村乡苏子坡村返乡能人张荣飞,成立了"茹湖葱园"小香葱种植专业合作社,吸纳贫困社员55人。从2016年开始,用土地流转的形式试种小香葱138亩,一茬小香葱亩产可达850公斤,总产11.73万公斤,以每公斤3.8元的价格直销右玉县图远实业有限公司,经过冻干加工后销往德国,成为西方人餐桌上的绿色调味佳品。年获4茬,收入178.3万元,人均32363元。

不负人民
——忻州特色的脱贫攻坚之路

我们的阳光银行

偏关光伏发电　来源：《忻州日报》

　　2017年某天，偏关县天峰坪村人头攒动，来自全县各地的各级领导以及农民代表挤满了天峰坪村委会的院子。他们全神贯注要见证一个前所未有过的奇迹：户级光伏电站要发电！从这天开始，全村97户建档立卡贫困户的97个户级光伏电站陆续并网发电。人群中，最忙碌的是来自中国建筑科学研究院担任天峰坪村第一书记的孙建雷。虽说他对这套设备很熟悉了，但毕竟是全县的现场会，来不得半点差错。他熟练地打开正面墙上挂着的户级电站监控终端，村里每家新安装的3千瓦光伏电站运行情况尽收眼底。人群中最激动的还是天峰坪的村民，他们目不转睛地盯着显示屏里自家电站和别人家电站的运行情况，嚷嚷着谁家发电数量多，谁家发电少。那一串串跳动着的数字就是一沓沓叫人心醉的人民币呀。一位胡须花白的大爷感慨地说："黄土快埋脖子了，还真看到这稀奇事了，谁能想到哇，咱这是晒着阳婆挣钱哩！"

　　天峰坪镇位于偏关县西部，过去是偏关的工业大镇，地下有煤有硫，曾经辉煌一时。天峰坪村里的老人大多以种地为

155

生,年轻人则外出打工。建档立卡贫困户有100户279口人。全村63户通过"五位一体"贷款模式,每户从信用社贷款1.68万元。有34户60周岁以上贫困户因不具备贷款条件,第一书记孙建雷积极向所在单位即中国建筑科学研究院争取,由该院垫资57万元,为60周岁以上贫困户解决了所需资金。全村户级光伏电站建成投产,并全部并网发电,走在了全县前列。

从2016年开始,偏关县不断推进3千瓦户级光伏扶贫电站建设,覆盖了全县所有建档立卡贫困户。贫困户3千瓦屋顶分布式户级光伏扶贫电站项目,已在市发改委备案9244户、完成贷款6254户、安装5901户,实际合闸并网发电3100户。户级分布式电站从2017年11月至2018年6月发电640.4万度,累计收益480.2939万元。户用光伏扶贫电站贫困户平均在前五年每年增收1000元以上,后五年每年增收2000元以上,后十年每年增收3000元以上。户级光伏扶贫电站正在成为偏关贫困户实现稳定增收的阳光工程。

分布式户用光伏项目,计划为5000户建档立卡贫困户建设每户3千瓦的村级光伏扶贫电站。每户需投资2.38万元,其中银行贷款1.68万元,企业垫付7000元,政府贴息。项目收益时间25年。年平均发电5100度左右,按每度电0.88元计算,年收入可达到4500元左右。

县里采取"贫困户部分贷款、政府全额贴息、企业垫资、保险资产投保"的方式。政府首先遴选优秀光伏企业作为全县光伏电站建设企业。光伏企业成立项目公司,设立维修站,配备专职维修维护人员,负责光伏电站建设、施工及售后服务,为贫困户提供整个光伏系统10年质保、25年免费售后服务。

偏关县在发展光伏发电"阳光增收"上不遗余力,走在了忻州市前列,并为全市带了好头。市领导对偏关发展分布式户级光伏扶贫项目的运行模式高度认可,给予高度评价,指出这是贫困户脱贫致富的捷径,并在全市推广其经验做法。大同、朔州等市以及忻州市的忻府、五台、五寨、神池、河曲等区县,也前来偏关学习典型经验。

偏关县主要领导不懈努力,又争取了"集中式"和"联村式"光伏项目指标,建成项目总投资约320万元、总装机容量为400千瓦的光伏扶贫电站。第一批村级电站总投资14691.24万元,2018年6月底实现并网。集中式电站总投资22500万元,2018年6月底实现并网。

在偏关县城北部,距离县城不到10千米,新关镇贺家山村一个半山坡上,雨后的太阳分外刺眼。由贺家山、营盘梁、高家上石会、杨家岭4个村联合建成的联村光伏扶贫电站里,100多面蓝色的面板,静静地承受着阳光的照射。电站自并网发电,运行正常。项目涉及4个村总人口2136人,其中贫困户254户659人。项目总投资约320万元(扶贫资金200万元、省电力公司帮扶资金100万元、剩余部分

由承建公司垫付），由中国恩菲工程技术有限公司承建。电站年发电量约60万度，年纯收益约52万元，25年寿命期内共可发电1500万度，实现总收益1320万元。

偏关已经建成2座这样的电站，另一座电站位于窑头乡大石洼村，是由大石洼、光明、闫家贝、沙庄窝4个村级电站联合建成，装机容量同样为400千瓦。可为132户贫困户每年提供收入2300多元，也为这4个村带来20多万元的村集体经济收入。

自从在以前只能长草的窑顶放上了"蓝片片"，就像给每家每户安上印钞机一样，自家的电站每天发多少度电、换算下来有多少钱的收入，在家里的逆变器或者手机上随时就能看得一清二楚。

光伏发电项目是国务院扶贫办确定的精准扶贫十大工程之一，是创新财政支持与企业参与的扶贫模式。光伏扶贫具有简便、快速、稳定、融合性强等独特优势，是实施科学扶贫、精准扶贫、精准脱贫的重要举措，是脱贫攻坚的主攻方向之一和重要手段之一，也是造福贫困地区、贫困群众和推广绿色清洁能源的大好事、大实事。实施光伏扶贫对于持续增加农民的经营性资产、壮大村级集体经济、拉动投资增长具有十分重要的意义。

2016年忻州市发改委全力推进全市光伏扶贫、精准扶贫进程，积极引导和鼓励电力能源央企、省属国有企业和有实力的民营企业参与光伏扶贫工程投资和建设；鼓励各类所有制企业通过各种方式支持光伏扶贫工程实施；建议政府制定优惠政策，优先支持参与光伏扶贫的企业开展规模化光伏电站建设，调动全社会支持光伏扶贫工作的积极性和主动性。建立推进光伏扶贫工作调度会制度，跟踪掌握扶贫项目推进情况，积极协调解决工作推进中的问题和困难，确保项目按期建成并持续运营；建立光伏项目建设运行人员技术培训机制，特别是加强村级和户用光伏扶贫电站管护人员培训，提高贫困群众对光伏发电认知程度和维护管理水平，确保扶贫对象精准受益。

各县（市、区）依据地理环境、光照条件、电网状况及贫困户承受能力，按照"四比较、四分析、十一优先、六不准"的原则选点订户、精准选户，农户自愿申报，建档立卡贫困户中选优，开展工作。按照国家能源局、国务院扶贫办联合下达的光伏扶贫项目，各部门多方协调、合力推进，积极完成备案，已完成11个贫困县共计89个村级光伏电站和4个集中式电站的备案手续，光伏扶贫工作推进顺利。

国家统计局山西调查总队发布数据显示，忻州市把光伏扶贫作为破解深度贫困问题的有效方法，全面破题，全力推进，2016年和2017年两批下达村级光伏扶贫项目计划共计1439个，总规模36.576万千瓦，规模占全省121.35万千瓦的30.14%，位列全省第一，受益贫困户56508户；集中式光伏扶贫项目计划共计12个，总规模38.5万千瓦，规模占全省120万千瓦的32.09%，位列全省第一，受益贫困户15558户。

在宁武县余庄乡东庄村，一块块蓝色的太阳能电池板整齐地铺设在山坡上，在蓝天的映照下格外醒目。余庄乡100千瓦光伏发电建设项目占地3.5亩，投资92万元，采取争取国家扶贫专项资金作为贫困户入股资金建设项目分红的模式。4个村的20多户贫困户户均年可分红3000元。

宁武县充分发挥当地光热资源优势，把光伏扶贫产业作为脱贫增收的主攻方向，大力推进集中式、户用分布式和村级电站建设，光伏产业已成为当地壮大绿色经济、助力脱贫攻坚的新动能。紧紧抓住国家政策机遇，进一步加强组织领导，完善工作方案，拓宽发展思路，强化协调配合，最大限度用好政策，把光伏扶贫村级电站规划好、设计好、建设好，确保光伏扶贫项目顺利推进。

宁武县"十三五"第一批98个村级电站项目建设总投资60240万元，资金来源主要是省级扶贫资金、县级整合资金和企业自筹。建设电站中标企业为阳光能源股份有限公司、山西顺鑫源电力工程有限公司、山西华通电力工程有限公司、江苏华西能源投资发展有限公司。集中式光伏电站总投资21908.5万元，其中企业自筹20%，银行贷款80%。

宁武县村级光伏扶贫电站项目共涉及全县14个乡镇，共建设28个联村电站，设计总装机容量为7.53万千瓦，按年均1400小时计算，年收益可达7906.5万元，直接带动246个贫困村11020贫困户增收脱贫。

宁武县把集中式光伏发电和分布式光伏发电作为工作重点，大力开发光热资源。经过不懈努力，光伏扶贫项目已全部并网发电，并网发电的30兆瓦集中式发电站已累计发电300千瓦时，将带动1000户贫困户增收脱贫，每年可为国家节约标准煤约115673.31吨，减少二氧化碳排放3.829万吨，大大减轻了环保压力。分布式光伏发电则为全县7965户建档立卡贫困户每户建设3千瓦分布式光伏发电系统，可使每户每年增收3000元，实现稳定脱贫。

宁武县通过不懈的努力正在走出一条绿色发展、脱贫致富的新路子。已完成投资10.014亿元，光伏扶贫电站建设总规模达到12.92万千瓦，光伏扶贫项目成为贫困村村级集体经济持续增收、贫困人口稳定收益的有力支撑。宁武扶贫光伏电站总装机容量达10.72万千瓦，规模全省第二、全市第一，年纯收益可达8400万元，为全县一般贫困户提供户均1万元收益，带动贫困户12637户增收。

静乐县有162座村级光伏扶贫电站，总规模37.3兆瓦，总投资2.44亿元，建设资金全部由政府筹集出资，年度总发电量5222万千瓦时，发电总收益3935万元。该县扶贫办主任范武胜说："这些光伏收益按照确权规模转入贫困村账户进行二次分配。在确保贫困群众稳定脱贫后，光伏收益不但可以解决改善村容村貌所

需资金的难题,也可消除村集体发展产业的资金障碍。"

2016年静乐县争取到国家能源局和国务院扶贫办批复下达的10个村级光伏扶贫电站试点指标,每个电站100千瓦,投资80万元,帮扶贫困户20户,帮扶建档立卡贫困户200户。10个村级电站采取集中招投标方式选聘施工队伍进行统一建设,发电量120796度,收益106300.48元。电费收益的30%留给村集体所有,实现村级经济破零;70%用于解决建档立卡贫困户的扶持,按每户不少于3000元进行兜底扶贫。

静乐县争取到总投资2.66亿元的35兆瓦地面集中式电站1个,引入北京京仪集团,共同合资成立静乐县北控绿产新能源有限公司。首先成立了光伏扶贫领导组,由3名县级领导担任组长、组建工作队伍、制定工作制度,全力推进光伏扶贫项目建设。县主要领导和相关部门负责人与北控绿产新能源有限公司负责人共同议定了光伏电站建设的项目资本金及股权分配事宜。

集中式电站占地面积1500亩,带动全县14个乡镇建档立卡贫困户1400户,保证20年户均收入不低于3000元,累计上网电量59.35万度,可扶持贫困户1400户。

与四川通威新能源集团多次协调,并结合气象条件、阳光资源和贫困状况,启动了总投资2.75亿元自然人屋顶分布式户用光伏扶贫项目。项目还获得了北京农行总行的支持,得到了2.08亿的贷款支持(光伏贷)。成功并网962户,总发电量

繁峙农村新貌　来源:忻州网

280334.54 度，平均每户发电量 256.4 度，总收益 246694.39 元，可扶持贫困户 5839 户。已批复的光伏指标为 36 兆瓦，项目总投资 3.6 亿元，可解决建档立卡贫困户 1600 户。

2017 年，编制的第二批光伏扶贫实施方案 192 个贫困村 5937 户贫困户，规模达到 47.5~50 兆瓦，全县所有贫困村实现光伏扶贫全覆盖。

繁峙县创新机制发展光伏扶贫产业。村级电站 117 个，总规模 25.5 兆瓦。项目总投资为 1.734 亿元（6.8 元/瓦），采取全部由县政府整合各级各类扶贫资金筹集，分三年付清施工单位建设总费用。集中式电站 1 个，总规模 30 兆瓦。项目总投资 2.1 亿元，其中资本金 4200 万元（占总投资 20%），政府、企业各投资 2100 万元（各占总投资 10%），剩余 80% 通过企业自筹解决。

全县光伏发电达到 7.25 万千瓦，带动无劳动能力贫困户 6500 户。由 3 家光伏公司在全县 10 个乡（镇）246 个行政村全面铺开的 3 千瓦户用光伏发电项目建设，实现 1912 户贫困户（4784 口人）年均增收 3200 元的目标。

全县投入 480 万元在光裕堡村、黄家庄村、大砂村等 8 个贫困村各规划建设 1 个 100 千瓦的光伏扶贫村级电站，每个电站帮扶贫困户 20 户，项目发电收益保障建档立卡无劳动能力贫困户每年每户增收 3000 元，同时适当为村集体分配一定比例的集体收益，实现村集体经济破零。

正在规划和即将实施的还有繁城 100 兆瓦农光互补扶贫电站、大李牛扶贫小水电站等。

县里对砂河镇具备条件的村进行光伏扶贫，发改部门负责总协调，派专人审批手续、核验电路板质量；农商行负责派专人落实贷款；扶贫办负责配套政府资金；电力部门负责落实变压器容量问题，并与个户对接，同时监督公司施工技术质量一定要过关。各相关部门要全力配合，通力协作，派专人与乡镇对接，在不影响老百姓正常生活情况下，充分利用闲置空地、房顶。

繁峙县集中式光伏扶贫电站、村级光伏电站和户用光伏总规模达到 63 兆瓦，带动 6293 户脱贫。

代县"十三五"第一批光伏电站 217 个，涉及建档立卡贫困村 236 个，帮扶户数 6483 户，建设规模 42.8 兆瓦。

2017 年忻州市最大的光伏发电项目是代县宝通光能新能源科技有限公司实施的 40 兆瓦光伏发电扶贫项目，县财政投入 2800 万元作为股本金，于 3 月中旬正式开工建设。此项目位于代县雁门关乡西瓦窑头村，这里土地宽广，日照充足，光能资源极为丰富，建设光伏电站具有得天独厚的条件。代县宝通公司实施的 40 兆瓦光伏发电项目，总投资 3.5 亿元，占地面积 2149 亩，其中场区面积 1500 亩。第一期工程总装机容量 40 兆瓦，年发电量 6200 万千瓦时，年发电产值 5456 万元。项目由中国能源建设集团山西电力勘

测设计院规划设计,山西晋通送变电有限公司施工,山西科能电力工程建设监理有限公司监理,技术力量雄厚,施工队伍精干,自开工以来,争时间,抢进度,严格质量管理,争创一流工程,6月底竣工投产,并网发电。投产后,40%的利润将直接用于精准扶贫,可安置周边村庄的100多名劳动力就业,可为1558户贫困户每户年增收3000元,使他们有稳定的收入,顺利脱贫致富。企业还将拿出40%的利润用作扶贫资金,为代县1558户贫困人口每户每年提供不低于3000元的扶贫资助,一补20年,以保障这些贫困户每年都有稳定的收入。

2018年1月26日,村级光伏扶贫电站项目在市发改委备案;根据各乡镇及相关部门前期对选址、电力接入等勘测结果,结合各乡镇实际情况将217个电站合并为97个电站位置,其中联村电站31个,村级电站66个,总建设规模不变。经县光伏扶贫领导小组研究决定,项目以EPC总承包方式进行,全县为一个标段,4月13日完成招标,中标单位为青岛奥博、青岛昊盛、山东广建联合体,中标价为6.48元/瓦。为了把好质量关,通过公开招标确定山西省建设监理有限公司,全程监管工程质量,保障建设质量以及长期稳定运营。

代县整合配套资金6420万元,剩余资金拟采用过桥贷款的方式经农发行贷款解决,贷款期限为5年,贷款金额约为2.1亿元。从海泰公司和韩华公司分别购买335Wp多晶硅光伏电池组件;从固德威公司采购全部逆变器。

推进光伏产业扶贫,全县建设村级电站14座,建成后每村年可增收10万元。7乡镇14个光伏扶贫项目建设村均已并网发电,每村年可增收10万元,带动贫困人口2243人脱贫。

五寨县第一批122村级光伏扶贫电站2018年已全部开工,场地平整已全部完成,96个已完成基础安装,支架安装完成76个,完成组件安装3600千瓦,10个完成外围线路架设。五寨县三岔30兆瓦集中式光伏扶贫电站厂区进场道路和检修道路全部完成,箱变基础开挖14个,占总任务80%,桩基打孔完成6700孔,送出线路开挖完成29基,支模完成24基,浇筑完成23基,开关站场平和开关站地板钢筋铺设已全部完成,开关站基础完成30%。发电总容量达4.43万千瓦,全部并网发电,覆盖贫困户4951户。

全县建成30兆瓦集中式光伏1座,村级光伏电站134座,1500户分布式户用光伏,带动建档立卡贫困人口4770户11448人实现增收。可覆盖兜底贫困户3270户8175人,年人均实现收入3000元。

岢岚县光伏扶贫联村电站于2018年1月26日完成备案手续,所有前期手续均已办理完成,正在办理并网手续。8个村级电站(含7个联村电站)全部开工,其中宋家沟乡东沟村级电站已建成,等待并网;秦家庄村2处联村电站、宋家寨2处联村电站完成打桩，进入组件安装阶段，辛家沟电站、十里岩电站、井溢电站正在打桩。除井溢电站外，其余7处的配电网施工正在进行，电杆全部栽完，正在进行变压器的安装。

岢岚县30兆瓦集中式光伏扶贫电站项目所需资金已100%到位，满足供货以及施工需要。目前升压站部分已完成综合楼建设、主变安装、设备基础、电缆沟施工、接地沟施工等土建工作。正在进行电气安装工作。光伏场区部分已完成桩基础打孔3500个，灌注完成2100个，预计每天完成300~350个。送出线路部分已完成基础浇筑81基，铁塔组立6基，目前正在抓紧剩余基础以及组塔施工。

保德县村级光伏扶贫电站，总规模32.8兆瓦，于2018年1月22日完成备案。建设144座电站。村级光伏扶贫电站总投资2.12811亿元，政府出资1.114亿元。集中式光伏扶贫电站总投资2.3146亿元。

2017年拟新建57个100千瓦的村级光伏电站和1个县级50兆瓦集中式光伏扶贫电站，村级站合计收益825万元，其中342万元解决1140户贫困户每户3000元扶贫款，513万元用于解决各村公益金或者扶持村里贫困户；50兆瓦集中式光伏扶贫电站年收益7500万元，其中600万元用于每年2000户的特困户扶持，6900万元由县里统一安排用于其他扶贫事业。

光伏项目经过两年的推动，11个光伏扶贫村级电站累计完成发电量36070.8度，每度电0.88元，实现经济收益31742.3元。

神池县2017年第一批光伏扶贫发电项目已全部实现并网发电，涉及10个村庄，总装机容量1兆瓦，每户贫困户每年可获得纯收益3000元。10个村集体和200户无劳动能力的深度贫困户受益双赢。

前期投资800万，规划在龙泉镇荣庄子、义井镇永祥山等10个村建设村级100千瓦分布式光伏扶贫电站的项目，可在20至25年内每年实现发电纯收入10万元以上，保障200户建档立卡深度贫困户每年增加收入3000元以上。神池县依托光伏项目设置公益岗位，带动8490人就地就近就业。

神池县龙泉镇荣庄子村电站总投资73万元，政府直接补贴50万元，农发行支持贷款23万元，贫困户不需任何投入。据保守测算该电站每年可收入11万元，按当前分配要求，为20户贫困户分红6万元，除去1万元运营维护费，村集体还可收入4万元，6年后可还清贷款，村集体经济可成功破零，村里基础设施以及公益事业可取得较大改善，贫困户收入还有待提高。

紧抓神池被列入"十三五"第二批光伏扶贫项目试点县的机遇，按照"一村一站""多村一站"的思路，在已经建成6.5万千瓦光伏电站覆盖所有贫困村的基础上，神池县再投资1.65亿元，新建25.4

不负人民——忻州特色的脱贫攻坚之路

代县光伏发电　来源：代县你好

兆瓦村级光伏扶贫电站，同时做好3万千瓦地面集中式和1.5万千瓦村级分布式光伏扶贫电站的运营维护。带动4222户贫困户稳定脱贫。计划在戎家梁、段笏咀、太平庄、腰店子、桥上建设5处集中式联村电站。

全县村级光伏扶贫电站项目共121个，总投资0.945亿元，建设规模为14兆瓦。村级光伏扶贫电站项目总投资9450万元，省级扶贫资金2100万元，县级自筹2100万元，企业垫资5250万元。

神池县继续加大光伏扶贫力度，通过入户宣传、走访群众等方式把可再生新能源项目光伏发电的知识、优势、发展前景和预测收益情况再次深入传达给群众，筛选出有光照条件、结构好的房屋，并且勤劳卫生、遵纪守法的贫困户给予优先实施。同时要求各村明确1名光伏发电服务人员，做好发电量统计和问题梳理工作，对于一些常见的容易解决的问题，各村服务人员积极上门解决；对于解决不好的问题，积极与安装工程队联系，尽快帮助解决。目前又对符合条件的88个村上报审批，待审核批复实施后，全县又可让88个村集体和2000户深度贫困人口受益。

投资2.7亿元在八角镇川口村新建3万千瓦地面集中式光伏扶贫电站，覆盖贫困户1000户。新建14兆瓦规模121个村级分布式光伏扶贫电站，带动贫困户2800户。采取"政府+企业+贫困户"的模式，大力推广实施小型户用光伏扶贫电站项目，计划建设3000户。

五台县是太阳能资源丰富区，年辐照总量约为1709千瓦时。2016年五台县建设村级光伏电站8座、集中式光伏电站1座，带动2160户贫困农户户均增收3000元；"十三五"第一批光伏电站，村级电站共计208个，总规模40.7兆瓦。土地、林业、环保、电力等相关部门手续全部完结，也已办结评标手续。总投资26455万元，

163

其中省级财政（按每100千瓦补助15万元专项资金)6105万元，县整合资金20350万元。

2018年创优施工环境，及时跟进服务，及时办理项目的审核审批和并网手续，全力推进工程建设，全部建成并网发电。"分布式光伏扶贫项目"在全县铺开。五台农村商业银行已投入"科技贷"263.7万元，带动贫困户199人。光伏扶贫试点五台县蒋坊乡泗阳村，共有643户人家1489口人，其中，建档立卡贫困户175户560人。已向22户贫困户发放"科技贷"39.1万元，贷款户的年收入可达3000元。在"科技贷"的带动下，全县建起村级光伏扶贫电站208座。

河曲县高度重视村建光伏扶贫项目建设工作，积极引导贫困户通过自己的双手勤劳致富，主动参与到光伏扶贫项目的建设中来，形成合力，确保光伏扶贫电站按既定的时间节点建成并网发电，壮大村集体经济，确保群众持续受益增收；做好村级电站、地面集中电站、户用分布式光伏电站的建设工作，确保按时间节点并网发电，实现光伏收益全覆盖，壮大村集体经济。"十三五"第一批村级扶贫电站，总规模20.96兆瓦。总容量50.96兆瓦的106个村级电站和1个地面集中电站全部并网发电。对7001名贫困户给予每人3000元产业发展资金，通过委托经营，每人每年固定增收1180元。全县22745名贫困人口实现固定收益全覆盖。

2018年新建3类光伏扶贫电站6.6万千瓦，可实现光伏扶贫收益对所有贫困户全覆盖。县政府办主任王军在沙坪乡担任党委书记期间，以光伏发电建设最早、速度最快、效益最好的业绩为全县树立了标杆；为了让贫困户一度电多挣一毛一分钱，他带领全乡干部昼夜苦干，终于在春节前50天时间里，拿下了308千瓦的光伏工程。

六畜兴旺到我家

"天苍苍,野茫茫,风吹草低见牛羊。"这诗句写的不仅是1600多年前的场景,也是当今忻州百看不厌的画卷。农耕与畜牧兼具,形成忻州的特色农业。

忻州山地多,牧坡广阔,水源丰足,自汉唐以来,就是国家重要的畜牧基地。隋、唐在宁武天池到芦芽山,设置皇家牧苑,养马"七十余万,色别为群",又置天池、元池、楼烦三牧监。历代以来,宁武的黄草梁、马仑草原和位于五寨、岢岚、宁武之间的荷叶坪以及五台山东台顶的高山草甸都是极好的天然牧场。五台山每年六七月骡马交易遂成民间盛会。繁峙驴、定襄牛、岢岚"柏籽羊",享誉省内外。羊群放牧与圈养一直是忻州农村重要经济来源,五寨、神池、岢岚等县,家养上百只羊的农户比比皆是。五寨黄牛、忻府奶牛占据市场可观份额。岢岚县培育成功的山羊新品种,被命名为"中国晋岚绒山羊",为我国三大绒山羊国字号品牌之一。

忻州特色农业加强农副产品品牌打造与市场营销体系建设,扶持与引导农业三产内部融合发展,推动"种、养、加、销"四环联动,推进农业产业结构战略性调整及农业产业化经营。以"工业化理念、产业化运作、项目化建设"为手段,以"建基地、强龙头、出精品、创名牌、促营销、活流通"为重心,突出打造"基地化、原料化、地标化、名品化"的优势产业及特产之乡。坚持产业化规模发展,启动雁门关生态畜牧区经济建设;中央和地方各级财政支持植树造林、治理水土流失、建设标准化养殖小区;发展畜产品加工企业,健全动物防疫体系,促进农民增收。

一

繁峙县把畜牧业作为精准扶贫的主导产业,把做大做强畜牧业作为深化农业供给侧结构调整、促农稳定增收、带农脱贫致富的重要举措来抓,鼓励建档立卡贫困农户以"五有"标准成立养殖专业合作社,发展适度规模养殖脱贫。鼓励和引导社会资本投入到养殖领域,扩大养殖范围,不仅贫困户可以养殖,非贫困户也可以参与。鼓励养殖能繁母牛、能繁母驴、生猪。努力打造产业链模式经营的畜牧龙头企业。以创建"繁峙黄芪肉牛"特色农产品优势区、"金驴产业示范区"和牧原100万头生猪养殖基地为抓手,擦亮繁峙畜产品出口"金字招牌",使全县牛、驴、羊、猪、鸡、兔养殖规模不断扩大。

把健康养殖列为脱贫十大产业之一,做大做强畜牧龙头企业,取得了明显成效。以供粤、港、澳活牛、肉兔出口,京津冀肉猪、鸡蛋、羊肉供应等七大养殖园区为引领,涌现出一大批规模和实力都跃居全市前列的养殖龙头企业,畜牧业发展风生水起。

肉牛直通出口港澳,日销1万公斤鸡蛋到首都北京,引进河南牧原集团发展百万头生猪养殖产业,创建"繁峙黄芪肉牛"特色农产品优势区,率先探索"代养留驹"贫困户与企业利益联结模式,创造性实施"5+"畜牧养殖方式,国务院扶贫办命名的全国金驴产业扶贫十大示范县……这些都是繁峙县在畜牧产业发展过程中呈现出的亮点和特色。

2016年,繁峙县被列入国家北方农牧交错带重点区域县。把肉驴养殖产业作为脱贫攻坚的一项主导产业,县政府出台了畜牧产业扶贫政策,明确了以"公司+基地+贫困农户+政府+银行+保险公司"模式带动发展

的建档立卡贫困农户购买能繁母驴,每头补贴3000元,并统一参加保险。保险费为每头每年420元,县财政承担50%,对全县贫困农户养殖的肉驴标准化养殖小区棚舍每平方米补贴200元。畜牧部门编制发展规划,制定了繁峙县北部浅石山区以柏家庄乡、金山铺乡、砂河镇、集义庄乡、下茹越乡、繁城镇为重点的肉驴产业养殖带。

繁峙驴肉声名远播的秘诀就在于一锅煮肉的老汤,老汤的配料全部是中药材,加上恰到好处的火候,让肉质不仅鲜美,而且近乎软绵,吃起来余味无穷。最火爆的时候,驴还在坡上吃草,肉已经被四面八方慕名而来的客户预订了。

在政策支持下,繁峙县田源毛驴养殖科技发展有限公司投资2800余万元建设1.2万平方米、可容纳3000头毛驴的标准化圈舍,2000多平方米的饲草饲料库,

繁峙肉牛养殖　马欣荣　摄

800多平方米的污粪处理厂，并建成运行肉驴养殖培训基地、人工采精室、分析化验室、生产和工作用房及其他配套设施。2017年，该公司带动全县398户贫困农户发展肉驴养殖，涌现出了下茹越乡下寨村张原生、柏家庄乡万民庄村刘喜亮等一批规模化肉驴养殖脱贫示范户。目前，该县肉驴养殖饲养量突破万头，涉及全县2000余户贫困农户。

繁峙县健康养殖形成规模。2016年全县发展牛2.8万头、猪32万头、羊53万只、鸡105万只、兔1.2万只、驴7600头，带动2405名贫困人口增收325万元。全县共建成各类高效特色示范园区25个、各类养殖园64个、规模养殖场（小区）125个，规模养殖户发展到1.5万余户，规模饲养量占到畜禽总饲养量的41.8%。

繁峙县做强畜牧产业。2017年坚持牛、驴、猪、羊、鸡、兔六畜并进，全面推进供粤、港、澳活牛出口基地，肉兔出口基地，京津冀肉猪、鸡蛋、羊肉供应基地等7大养殖基地建设。牛、驴、羊、猪、鸡、兔分别发展到3.1万头、1.02万头、53.6万只、36.5万头、112万只、1.4万只。6月2日繁峙县金山铺乡农发新村举行仪式，向85户贫困户发放了170头优质能繁母牛。这是继上年金山铺乡农发新村和南河会村57户贫困农户购买100头优质能繁母牛、发展肉牛养殖后，该县在脱贫攻坚过程中发生的又一件可喜的事情。养羊26.8万只，养牛1.92万头，养鸡80万只，养猪5000头，建设养殖小区143个。

繁峙县采取"政府+公司+基地+银行+保险公司+贫困农户"模式，由天河牧业公司牵头，带动金山铺农发新村和南河会村57户贫困农户共购买100头优质能繁母牛发展肉牛养殖产业脱贫。天河牧业与养殖户签订代购、收购、全程技术服务3份合同。县里和第一书记还出资为每头牛买了420元的保险，养殖中途意外死亡，每头牛可获赔7000元。公司采取统一购置、统一技术、统一饲料、统一合同、统一收购、分户饲养"五统一分"方式解决贫困农户肉牛养殖产前、产中、产后存在的不会养、不敢养、养不成、养不住的问题。一头牛8500元，县里补贴2000元，第一书记补贴1000元，天河牧业补贴500元，农民自己只需出5000元。

2017年，金山铺乡、横涧乡、光裕堡乡、柏家庄乡、砂河镇通过"五位一体"金融扶贫方式，为贫困农户筹集了购置能繁母牛资金325万元，天河牧业公司派人前往购买地选牛、隔离。第一批170头优质能繁母牛已被分配到农发村贫困农户手中饲养。

2018年初步建成供粤、港、澳活牛、肉兔出口基地，京津冀肉猪、鸡蛋、羊肉供应基地等七大养殖基地。以创建"繁峙黄芪肉牛"特色农产品优势区、"金驴产业示范区"、繁峙牧原100万头生猪养殖基地为抓手，到年底鸡、牛、羊、猪、驴、兔发展总规模可分别达到142万只、4.4万头、58.6万只、106.5万头、2.02万头、11.4万只，带贫1.6万户。

2018年底,繁峙县"六畜兴旺",全县牛、驴、羊、猪、鸡、兔饲养量分别达到4.72万头、1.31万头、30.8万只、27.6万头、151万只、7.6万只,带动了贫困户1.4万户。

推动"购销企业+农户+订单"一体化发展,鼓励和支持绿源亨通、宝山鼎盛等17家龙头加工企业与贫困户建立紧密、半紧密的利益联结,努力实现全县农产品加工龙头企业销售收入达到4.5亿元以上。以万锦肉牛、绿源亨通等出口企业为引领,推动全域全产品出口,可带动1420户脱贫。

配套建设规模化养殖硬件设施,新建标准化养殖小区,同时配套建设的污粪堆积池补贴5万元。规模化养殖建档立卡贫困农户参与率达到60%。县财政还对全县养殖户所需的铡草机给予50%的补贴。对采取"公司+合作社+贫困户+银行+保险"的"5+"模式购买的优质能繁母牛、母驴统一参加保险,保险费为每头每年420元,政府补贴50%,让养殖户吃上"定心丸"。2018年政府先期注入风险保障金30万元,扩大"助牛贷"贷款额度。保险责任包括重大病害、自然灾害和意外事故导致的投保个体直接死亡等,进一步建立和完善了畜牧产业风险防范体系,助推畜牧产业健康稳定发展。

2018年对"以销定养"饲养育肥架子牛或育肥牛的贫困农户和非贫困农户,每出栏1头育肥架子牛或育肥牛分别补贴600元和400元。对带动全县贫困农户和非贫困农户的养殖企业、合作社和养殖大户,每出栏1头育肥架子牛或育肥牛,分别补贴300元和200元。农户以小额贷款建设符合肉兔出口生产和环境标准的集约化环控肉兔舍,政府给予5%的贴息。对2018年远离村庄新建的肉牛、肉驴、肉羊标准化养殖小区(场),在棚舍建设上每平方米补贴200元。

专门安排资金,用于相关科研课题、科研经费和项目论证咨询等工作。主要研究课题包括:繁峙县肉牛肉驴自主特色品种选育、"繁峙黄芪肉牛"地方特色品牌饲草料加工饲喂体系及黄芪牛肉品质检测分析、肉牛肉驴调入严格规范的隔离检疫流程及防治制度、能繁母牛能繁母驴人工授精繁殖集成技术推广等。

毕业于山西农大兽医系兽医专业的繁峙县畜牧兽医中心主任高月平,在畜牧产业扶贫中,树起了全省产业扶贫的鲜活样板,其做法被称之为"繁峙战法"。

高月平兼任中国林牧渔业经济学会肉牛经济专业委员会第二届常务理事、特色肉牛生产山西省科技创新团队成员、国家肉羊体系山西分体系成员。他是"许身"畜牧14年的"老畜牧"、全县养殖户的贴心人。在他的领导下,繁峙县畜牧兽医中心先后获得国家、省、市、县级各类奖项47个。

高月平把对畜牧业的深层理解和扶贫攻坚的创新思考有效"嫁接",向县委、县政府提出建议出台政策、整合资金、创新模式,充分借助养殖龙头企业的市场、技术、资本、社会化服务等方面的优势,打

造利益联结机制，通过结对帮扶的形式，解决贫困农户搞养殖"不会养、不敢养、养不起、养不成"的问题，激发广大贫困农户自主脱贫的内生动力。

2016年起，在县委、县政府的大力支持下，在当地扶贫部门的大力配合下，高月平牵头创造性地在繁峙脱贫攻坚中整合植入了五种畜牧产业扶贫模式，即资产收益分红模式、饲草料订单种植增加收入模式、劳务用工增加收入模式、土地流转解放劳力增加收入模式和"5+"模式。

利用财政专项扶贫资金、涉农整合资金和金融扶贫小额贷款，采取资产收益扶贫的股权投资和债权投资两种模式，引领天河牧业、富云牧业、田源毛驴公司等23家规模养殖龙头企业和合作社，以每年每户500至250元不等的年资产收益分红模式，累计带动全县2003户贫困户脱贫；依托畜牧养殖企业和合作社，以饲草订单种植形式，累计带动1902户贫困农户调整优化种植业结构，实现户均年增收800至1000元。此外，养殖企业还根据生产所需与建档立卡贫困户签订玉米订单收购合同，帮助贫困户解决了卖粮难的问题。

调动田源毛驴、天河牧业、富云牧业、绿洲兔业、牧原集团、辰翔牧业、万锦肉牛等102个养殖企业和合作社，以固定工和临时用工等方式先后吸收2980名贫困人口务工，由此实现贫困家庭"一人打工、全家脱贫"。

号召畜牧养殖企业采取在一般耕地建畜舍、流转基本农田种植饲草料两种流转土地方式，为贫困农户稳定赚取土地租金，同时解放劳力出去打工，再多增加一份收入。在推进畜牧产业扶贫的进程中，通过"五位一体"形式，整合各方要素，带动贫困户稳定增收。以繁峙牧原100万头生猪养殖产业体系建设为依托，推出了"政府+银行+牧原集团+合作社+贫困户"的模式，以肉牛、肉驴龙头企业为载体，推出了"政府+公司+贫困农户+银行+保险公司"的模式。五种模式有效解决了政府缺平台、缺人才，企业缺资金、缺土地，贫困户缺项目、缺技术，银行缺担保、缺对象的现实问题。模式一经推出就赢得了各方好评，吸引全省多地贫困县派员来繁峙县实地考察学习。

繁峙县集义庄乡田源毛驴养殖场　马欣荣　摄

高月平提出并主导的畜牧产业扶贫模式使繁峙县形成了百企百社带万户的养殖扶贫格局，涌现出各类养殖专业村51个。2016至2018年，全县畜牧产业带动1.6万户贫困户脱贫，占到全县贫困户总数的67.4%，带动3920户贫困户"摘帽"。

2019年6月，全省攻坚深度贫困扶贫推进会专门将繁峙的畜牧产业扶贫项目列为现场观摩点之一，其经验在全省推广。

岢岚县作为全省的农牧大县，脱贫攻坚战打响以来，全力实施以养殖业、农副产品加工业为重点的扶贫项目。

岢岚县养羊历史悠久，有"骑在羊背上的岢岚"之美誉。因地处晋西北高寒山区，农田广阔、土层深厚、气候凉爽、草资源丰富，县域内拥有138万亩天然草坡及宜林、宜草面积，占总面积的46.7%，为岢岚发展养羊业创造了得天独厚的资源优势。

岢岚县以"柏籽羊肉"闻名三晋。位于岢岚西部的温泉乡、西豹峪乡等地柏树林密集、自然生态保持良好，山上有品种丰富的中草药。这一带的羊因为能吃到野生柏籽，无羊膻味，且带有天然清香，被当地人习惯上称作"柏籽羊"。加之散养坡放，羊的运动量大，故羊肉肥瘦相间，不肥不腻，以"柏籽羊肉"为原材料制作的各种食品成为风味独特、营养丰富的地方美食。

为打好养羊牌，岢岚县先后邀请省、市农业畜牧部门和山西农大、内蒙古农大等科研机构和院校，组织指导以该县引进的辽宁盖县3万只种羊为父本、山西吕梁黑山羊为母本，进行杂交改良、横交固本、选育提高等，成功地培育出了"晋岚"绒山羊新品种。2011年，岢岚县"晋岚绒山羊"新品种通过农业部专家组织的现场初审；10月份顺利通过国家畜禽品种遗传资源委员会认证，成为全国第三个人工培育绒山羊新品种，山西省养羊业唯一国家级品牌，岢岚县被称作"三晋绒山羊第一县"。

2013年"岢岚柏籽羊肉"成功申报国家地理标志产品，2017年在西豹峪乡进行了0.75万只柏籽羊无公害认证。

岢岚县通过政府扶持、企业运作，在传统养殖的基础上，打造了占地约10万亩的岢岚柏籽羊精准扶贫示范项目和晋粮一品柏籽羊核心产区示范基地。项目立足自然资源，构建以柏籽羊物联网化智能养殖为核心，溯源系统和标准化示范养殖为保证，集生态循环农业、创意农业、沉浸式观光旅游、农事体验等于一体的田园生态综合体，努力打造柏籽羊品牌高地和中国养羊业第一品牌。

岢岚县将"晋岚"绒山羊确立为"一县一业"的主导产业后，县里先后投资700余万元，建成了高标准舍饲示范养殖小区12个和青贮窖3000余个，并将全县所有的乡镇基层畜牧兽医站合并重组为6个中心站，完善了25个村级改良点、32个畜牧兽医服务网点，使全县形成了一个纵向到底、横向到边的生态畜牧服务体系。

核心产区内1号路家岔基地由晋粮一品出资购买旧羊场改建而成，现有圈舍2000平方米，已开工建设新圈舍，总占地约50亩，未来可养殖高品质柏籽羊约

5000只。2号长水基地,将在西豹峪乡长水村建设,预计建设15个智能圈舍、5个日光大棚,配套相应服务设施,建成后可养殖高品质柏籽羊5000~8000只,有机蔬菜、瓜果1万公斤的规模,项目建成后,将示范引领全县50万头以上柏籽羊养殖和销售,通过精准分割和精准对接高端市场,打造柏籽羊产业链。

在全县脱贫攻坚六大产业中,羊所占份额最大。岢岚柏籽羊精准扶贫示范项目和晋粮一品柏籽羊核心产区示范基地创新精准扶贫新路径,探索出三种扶贫模式。柏籽羊收购,每公斤活体在市场价的基础上加价1元。杂粮收购,在市场价基础上加价15%,并与全县6020户普通户和2428户贫困户签订保价包销协议,每户每年增收381元。政府投入资金建设水电路网等基础工程,核心产区农户以土地流转等形式入股,温泉乡和西豹峪乡615户贫困户,每户每年保底收益900元,企业利润按照政府扶持基金投入和土地流转等农户投入折股量化,进行利润分红,实现贫困户持续稳定增收。

柏籽羊托管代养精准扶贫,认养者出资,晋粮一品公司按照柏籽羊养殖标准在柏籽羊核心产区进行放养,根据认养者的期限,每只羊拿出200~500元不等的金额一对一帮扶贫困户,首轮认养就达到了3500多头,已让全县2428户贫困户全部受益,接下来此项工作还将持续深入进行,力争覆盖全县5150名贫困户,并让他们更多受益。

与此同时,加大了"晋岚"绒山羊的良种推广和市场研发及品牌推介的力度,确立了培育3个龙头企业、41个规模养殖场、52个专业合作社和1400名经纪人的目标,总投资1.55亿元的国家级"晋岚"绒山羊种羊场基本建成;投资3亿元的周通公司中寨沟综合开发项目顺利签约;纪元集团沙麻沟种羊及生态旅游系列开发项目达成了投资意向;万泰农牧、秦岚、岚光嘉业等规模养殖基地也即将建成。县里先后扶持发展起来的暖神绒毛、卢峰肉制品、佑铭皮革等龙头企业,已逐渐形成了集皮、毛、绒、肉于一体的绒山羊系列化加工生产,年可加工羊肉3000吨、皮张20万张、绒毛300余吨,并创建了"暖神""岚登"等山西省著名的羊绒品牌。

晋岚生物公司,是岢岚县落实习近平总书记"深度贫困地区要改善经济发展方式,重点发展贫困人口能够受益的产业"的指示精神,依托"晋岚绒山羊""岢岚柏籽羊"两大品牌和全县65万只优质羊资源,新建的支撑全县产业扶贫半壁江山的全产业链公司。公司总投资1.1亿元,规划设计年屠宰加工羊30万只,开发冷冻鲜羊肉及下货类产品100种,将每只羊的附加值提高1000元以上。晋岚公司作为一个项目落地,其意义不仅仅是补齐岢岚羊产业链中屠宰和肉制品加工滞后两块短板。通过订单养殖、保底收购等方式,项目将帮扶带动1272户贫困户每户每年增收1000元,三年内联结贫困户养羊9万只,人均增收2500元,直接和间接带动650人"有事可做"。"项目的实施,将促进岢岚羊产业由粗放型向精细化转变,实现产业链条各个环节带动贫困群众增收的目的"。

"一村一品一主体"特色产业扶贫战略开启以来,岢岚县相继出台一系列补贴办法,着力发挥"晋岚绒山羊""中华红芸豆"两个国字号品牌优势,全力巩固和提升羊、豆、马铃薯、沙棘、食用菌、生猪六大传统产业,使之成为贫困户持续增收的主渠道。在8个乡镇规划建设羊养殖园区13个,总圈舍面积达13064平方米,总预算587.88万元。

岢岚县坚持以脱贫攻坚为工作统领,紧紧围绕区域比较优势,以丰富的自然资源、良好的发展环境,大力营造"招商、护商、亲商、安商"的浓郁氛围,确保了各类扶贫项目早日落地、早日建成投产。山西大象集团是我省最大的国家级农业产业化重点龙头企业,岢岚县以粮多地广、投资环境良好的优势,与山西新大象养殖股份有限公司签订政企合作精准扶贫战略合作协议,公司计划总投资10.4亿元,在岢岚建立百万头生猪养殖项目,规划建设两个种猪场、25个标准化养殖园区以及各养殖园区配套的粪肥环保处理设施。项目通过企业提供信贷担保、农户贷款入股、政府贴息和"1+1+1+1"发展模式进行运作管理。已培训生猪养殖户170余人,签约2户,确定合作意向16户。项目建成投产后,可带动全县5500户贫困户脱贫致富,直接带动养殖收入2亿元,带动种植业、运输业、服务业、劳动力转移等收入1亿元,综合可带动3亿元,人均收入可提高3500元以上。

通过山西新大象集团担保,养殖户从邮储银行争取贷款21万,建起占地3200平方米的生猪养殖场,一期投入猪仔700头,腊月里就出栏上市,每头毛利润在500元左右,除去雇佣的20多名贫困户每人每月3000元的工资和饲料、水电费等开销,纯利润能达到每头260元以上,一年就差不多能还清贷款。引进新大象集团,通过"1+1+1+1"和"211"两种模式,引领450户贫困户走上养猪脱贫路。

除此之外,岢岚祥熙农牧养殖有限公司林牧综合开发项目、山西薯宴食品有限公司万吨土豆主粮专用面粉扩建项目、新上投资5亿元的光伏大棚食用菌循环经济产业园建设项目等一批以养殖业、农副产品加工业为重点的扶贫项目已在岢岚投资兴业。各项目或是通过农户入股的经营模式,从土地流转、扶贫资金入股分红、务工收入等方面提高贫困户收入,实现扶贫项目多元化,加快农民增收步伐;或是通过"公司+农户"订单农业经营模式,统一标准、统一价格,保底收购,提升贫困户抵御风险能力,进一步为脱贫攻坚持续有效推进注入新的动力和活力。

二

神池县注重做实畜牧产业扶贫工作,通过多种措施积极帮助农民增收致富。重点推广实施肉羊"231"养殖模式,引导扶

持贫困户发展家庭养殖。按照"稳量提质增效"要求,实施"65321"羊业富民项目。以奖代补发放、置换湖羊妊娠母羊等优种羊2.2万只,带动3.68万户贫困家庭年均增收3000元以上。有2个劳动力的贫困户,通过饲养30只基础母羊,实现年增收1万余元,达到脱贫目标。

鼓励扶持养殖合作社新建养殖小区。充分利用培育起来的养殖专业合作社,动员他们与贫困户联营,新建养殖小区(场)发挥各方优势,分工协作、取长补短,提高标准化规模养殖水平。引导已建成的小区与贫困户合作、联营或贫困户入住小区、投劳赚钱、牲畜托养,带动贫困户增产创收。

创新帮扶机制,探索建立贫困人口资产收益扶持制度,尝试将财政专项扶贫资金和其他涉农资金在不改变用途的基础上,作为贫困人口的股份,参与专业大户、家庭牧场、农民专业合作社、畜产品加工企业等新型经营主体的生产经营和收益分红,增加贫困人口的财产性收入。

推广订单帮扶模式,鼓励新型经营主体和贫困户依法签订利益共享、风险共担的合作协议,贫困户按照协议生产、提供产品,新型经营主体按照协议提供服务、收购产品,从而增加贫困人口收入。

依托专业合作社,从基础入手,帮助贫困户解决资金、技术难题,让贫困户放心发展产业,实现"鱼、渔"兼得,增强"造血"功能,"一村一品一产业"不但带动脱贫,更成为致富奔小康的有效途径。

东湖乡大赵庄村兴隆养猪合作社成立于2015年7月,通过金融扶贫不断扩大养殖规模,到2016年存栏猪130多头。针对猪多、饲料短缺、猪舍扩建等困难,县、乡两级政府及时出台帮扶政策,鼓励以"政府补贴、低价发放种猪""以粮换猪、滚动发展"等多种模式发展,一方面通过政府补贴发放种猪带动贫困户发展养猪产业;另一方面,以猪换取玉米作为饲料,继续扩大养殖规模。最后确定,一头小猪,农户出玉米250公斤,政府补贴850元,发放给本村村民饲养,年底自行销售或通过合作社代卖,所得收入完全归养殖户所有,贫困户优先考虑。这样就既解决了养殖场规模扩大带来的饲料问题,又解决了贫困户没钱买猪仔、发展养猪难的问题,实现互利共赢。

市场上买一头50公斤左右的猪崽至少也得1400元,合作社卖给贫困户才400元钱,这极大地降低了养殖成本;如果出现意外,400元和1000多元相比,养殖风险也会降低许多。成本和风险的降低让他们养得放心、卖得舒心,增收不少。大赵庄建档立卡贫困户谭尚礼,以前一直有养猪的想法,但受资金困扰,买不起猪崽。2017年村里建起养猪合作社,专门针对村里贫困户以每头猪崽400元钱卖给贫困户饲养,这让他养猪愿望得以实现。和老谭一样,村里的贫困户都从合作社购买猪崽,通过养猪来增收。

按照"一村一品一主体"的要求,全面完善产业项目和贫困户利益联结机制,采取"政府为主导、企业为主体、合作社为平

神池全产业链培育乡村振兴"领头羊" 来源:《忻州日报》

台"的模式,服务养殖户抱团发展。依托晋神五和畜牧科技有限公司,投入3200多万元,采取以奖代补的形式,扶持有养殖意愿和条件的贫困户发展肉羊养殖,全年推广养殖湖羊妊娠母羊1万只、杜湖改良羊2000只、人工授精2000例,覆盖贫困户4534户。出台系列优惠政策,因地制宜、因户施策,发展牛、驴、猪、鸡养殖,扶持586户贫困户养殖能繁母猪543头、能繁母牛885头、能繁母驴201头。多元互补、多点支撑的特色养殖体系已逐渐形成。

河曲作为扩展晋陕蒙黄河金三角区域的桥头堡,20万头生猪养殖项目扛起产业脱贫大旗。

2017年4月份,精准招商,引进山西新大象养殖股份有限公司这个省级农业龙头,签订了20万头生猪养殖农业产业项目协议。项目总投资5.67亿元,2019年全县出栏生猪20万头。市场广阔,共涉及全县4个乡镇6个村。

全县种植全株青贮玉米1万亩、紫花苜蓿3000亩。新建和完善畜牧养殖园区1个、规模养殖场区6个、家庭牧场12个、草畜配套示范企业15个,新建羊牛棚圈1.5万平方米、青贮窖1万立方米。肉蛋奶产量分别达到5143吨、4039吨、5520吨。猪羊鸡饲养量分别达到10万头、30万只、50万只。农民人均纯收入达到6531元,同比增长10.8%。

单寨乡新林村把村里集中连片的65亩土地流转回村委会,办起猪场,让全乡贫困户入股,年年享受分红,实现稳定脱贫。新林村的万头猪场只是河曲全县敲定的5个养猪场建设项目的其中之一,带动全县1000户贫困户稳定脱贫,每户年增收7500元。

在强化硬件建设的同时,河曲县委、县政府创新产业项目的发展模式,主要运用政府协调、银行支持、企业实施、农户参与的"1+1+1+1"模式。具体做法是,政府保本贴息,每户贫困户可享受扶贫小额贷款5万元在公司入股,参股农户每年可拿到不低于15%的股金分红7500元。有养猪意愿的贫困农户,可按照"公司+农户"

"公司+家庭农场"的经营管理模式,由公司提供猪仔、饲料、技术,由农户代养,代养户养到100公斤左右,公司再以市场价回收,这样既输了"血"又造了"血",农户脱贫、企业发展,达到双赢效果。每个养猪场根据规模不同,还可就近安置贫困劳动力30至40名。

保德县利用北方农牧交错带农业结构调整和打造雁门关生态畜牧经济区的有利契机,以粮改饲为突破口,强羊增猪稳步发展驴牛,全力推进种养结合、草畜一体为主的草食畜牧业和规模高效养殖业。按照"兴鸡强羊增猪稳步发展驴牛"的思路,积极探索规模养殖区、规模养殖场、规模养殖户、散养户"1+1+1+1"产业扶贫发展模式,大力发展养驴产业。以桥头、韩家川、窑洼为养驴示范区,试点推进3个2000头养驴项目,带动区域内600余户1700余人脱贫。两个200头规模的养驴专业合作社,吸收60%以上贫困户,稳定带动28户220余人脱贫;发展10头以上规模养驴户150户,发展10头以下散养户200余户,带动350余户贫困人口稳定脱贫,养驴产业可带动全县1000余户贫困户稳定脱贫。

大力发展规模养殖和农户散养,天一农牧百草驴养殖便是众多增收项目中极富特色的一个。

驴以优质牧草和秸秆为主要饲料,无重大流行疾病,易饲养且不耽误农活,综合养殖收益优于牛,是贫困地区农民增收脱贫的理想选择。对此,保德县在2017年与山西厚德集团全资子公司山西天一生态农牧产业有限公司积极洽谈,通过提供奖补优惠政策,最终将这个全省知名的肉驴养殖企业请回县里,在腰庄乡冀家峁村成立了保德县天一农牧百草驴养殖有限公司。

由于驴肉、驴皮的市场需求巨大,每年市场缺口达100万头以上。活驴、驴肉和驴皮的市场价格逐年提高,驴肉价格已超过牛肉,驴皮价格10年内翻了近百倍,供需矛盾的进一步加剧让肉驴养殖业迎来黄金发展时期。公司存栏能繁母驴1060头,2019年将免费为农户提供驴驹进行育肥,等到育成商品驴进行回购时,每户农户可从一头驴身上获得将近5000元的收益。

采取"政府+贫困户+驻村队伍+社会力量+两代表一委员"的"五位一体"举措,大力发展以养鸡为主的"庭院经济"。首先以窑洼、窑圪台乡为核心区,示范建设2000亩"牧草种植+养殖"基地,以"合作社+贫困户"的模式运行。合作社吸收60%贫困户,每带动1户贫困户脱贫给予补助5000元,带动全县500户1400余人稳定脱贫。

利用县级脱贫特惠帮扶政策,统筹使用每只鸡10元的补贴资金,根据贫困户养殖意愿,结合实际情况,合理制定1户2笼30只鸡的"1230"养殖模式,积极组织购买鸡笼和种鸡,并发放到贫困户家中。1户贫困户自筹100元领取2笼30只鸡,既享受了养殖红利,又改善了人居环境。各驻村工作队积极协助村级组织邀请业务专家，举办养殖专业技能培训班，为养殖户提供技术支持。驻村工作队员自发捐款捐物，大力弥补庭院经济资金缺口。广泛宣传和动员，积极引导社会各界投身脱贫攻坚工作，全县83个民营企业与263个行政村结成帮扶对子，投入资金202万元，进一步保障了庭院经济所需资金。开展"两代表一委员"结对帮扶行动，全县700多名"两代表一委员"各提供20只种鸡送到1620户贫困户家中，进一步壮大了庭院经济的规模。

省特检院负责尧圪台村的扶贫任务，重点帮扶贫困户发展养殖业。2016年以来，院领导多次深入尧圪台村开展调研，按照省质监局精准扶贫的有关要求，走家串户了解贫困群众的实际家庭情况，制定了养殖扶贫、技术扶贫、教育扶贫等三大扶贫活动，力争通过三年的时间，开展养殖、扶持教育、技术培训等多点帮助贫困户脱贫致富。在前期充分调查走访的基础上，结合贫困户家庭、身体等具体情况赠送山羊，所有送给贫困户的山羊由贫困户现场抓阄领取。省特检院扶贫工作队还与畜牧部门工作人员对所有领养山羊的贫困户送上饲养和病疫防治知识，并定期为山羊做健康检查，打各类疫苗，确保群众养好羊，解除群众的后顾之忧。

为促进全县养殖业健康快速发展，保德县发放养殖特惠补贴资金1764.5万元，使全县驴、牛、猪、羊年饲养量达30余万头(只)，鸡年饲养量达48万余只，肉产量4300吨，畜牧业年产值达到2.1亿元。大力推进畜牧产业项目，立足实际制定了一系列产业扶贫政策实施方案，鼓励贫困户加入合作社，带动全县一批贫困户稳定脱贫。全县有养殖专业合作组织480个，全县新增母驴731头、肉牛1538头、羊42751只、猪30508头、散养蛋鸡240777只。全县扩建、新建规模养殖场109个。

保德县从传统资源当中不断挖掘经济潜力，实施了一系列特色鲜明、增收显著的扶贫工程。2018年12月，保德县累计退出贫困村154个，脱贫32967人，经自评，脱贫摘帽14项指标均达到贫困县退出标准。

五寨县实施百万只羊、百万头生猪、百万只蛋鸡"三个百万"养殖基地建设项目。羊、生猪、能繁母驴、能繁母牛、蛋鸡等特色养殖强力带贫增收。草产业作为转型发展项目强劲发展，带动全县100多个村、贫困户967户、贫困人口2127人通过发展草业和养殖业，年人均增收6000元左右。亿牧源农牧有限公司成为全省最大的饲草生产企业。大力发展全产业链农产品加工产业，加快了一、二、三产融合发展。

宁武县生猪养殖在全省首创"四位一体"扶贫模式，重点实施了新大象百万头生猪养殖项目，在全县建设25个生猪养殖小区，可覆盖全县半数以上的贫困村，带动贫困人口150人就业、2642户增收，累计分红2642.1万元。

阳方口镇大水口村57户精准贫困户

全部加入生猪养殖专业合作社，每户入股3万元，由政府给予贴息2年，新大象公司提供银行贷款担保，2年本息全部收回，贫困户可全部脱贫。迭台寺乡、石家庄镇等乡镇采取合作养殖模式实施牛、羊养殖项目，依托新大象生猪养殖公司，采取"公司＋农户"模式，投入6000万元，建设生猪养殖"百村百场"项目，3年内建成"211"模式养殖场100个，带动100户贫困户稳定增收。另外还有投入5.5亿元、用3年时间建设肉牛养殖规模3万头的养殖和加工项目；投资2亿元建设屠宰能力为100万头的定点屠宰场1座；投产育肥场13个，共带动8022人增收，为入股贫困户、扶贫合作社分红1355万元。对贫困户自我发展养殖业的，按当年养殖收入给予奖励。当年养殖收入在5000元以上的，按收入的10%进行奖补，最高奖补不超1500元。

壮大特色畜牧业，坚持"乡建小区、村育大户"的思路，走"小群体、大规模"的路子，大力发展规模养殖，提高养殖业在农民增收中的比重。建设新大象年产30万头的生猪养殖基地项目，引进1000头良种母驴发展肉驴规模养殖，启动20万只圪廖清福肉鸡养殖基地。做大羊产业，利用彩票公益金1200万元在10个扶贫整村推进村规划建设基础母羊存栏400只、羊舍面积1000平方米的健康养殖场10个，示范带动周边养羊业发展，全县种养殖专业合作社发展到650余个，大畜存栏量达到1.9万头，羊存栏70余万只。

三

偏关县以扶贫农牧专业合作社带动建档立卡贫困户发展规模健康养殖产业，实行"四个一"的畜牧产业扶贫模式。以祥农羊饲料有限公司、鼎盛种猪繁育有限公司等为龙头企业，采取公司＋合作社＋农户的经营模式，建立有效的利益联结机制，以销定产，确保增收。

为破解传统养殖"小、散、低"困局，出台新发展1000户大畜养殖户、1000户养羊户、1000户养猪户、1000户养鸡户的"四个一"畜牧业扶贫举措，以扶贫农牧专业合作社带动建档立卡贫困户发展规模健康养殖产业。

在养殖区域的划分上，因地制宜，按照区域优势结合传统的养殖习惯，严格划分，初步形成了黄龙池区域、老营镇、南堡子乡、尚峪乡、楼沟乡、陈家营乡、水泉乡、老营镇、窑头乡发展养羊，在楼沟乡、尚峪乡、新关镇南山区域、窑头乡、陈家营乡、天峰坪镇和万家寨镇合并前原万家寨镇的区域发展养猪，新关镇北山、万家寨镇合并前原黄龙池乡区域、南堡子乡、尚峪乡、陈家营乡、水泉乡、老营镇、楼沟乡、窑头乡发展养驴，窑头乡、新关镇、天峰坪镇和万家寨镇合并前原万家寨镇的区域发展养鸡的新格局。

为了推动"四个一"规模健康养殖产业发展，制定"养驴、牛每头补3000元，养母羊每只补600元，养猪每头补750元，养鸡每只补30元"的畜牧业补助办法，通过引龙头、建基地、联农户,实现规模化、标准化、科学化发展。积极引导推动贫困户实施"面积15平方米、3天加1次料、自动饮水喂食、粪污无害处理"的科学化健康养殖。已建成标准化猪舍723座,每个标准猪舍第一年补助3000元,贫困户户均增收3600元。依托龙头企业鼎盛种猪繁育有限公司,成立了264个农牧专业合作社,730户贫困户养殖驴(牛)1142头,1466户贫困户养羊15145只,878户贫困户养殖肉猪2072头,1985户贫困户养鸡57945只。

在全县10个乡镇为475户贫困户实施健康养殖项目,引调种公羊69只、能繁母羊2425只,购置铡草机245台。项目涉及贫困人口1593口人,户均年可增收800元。羊产业完成2664只,涉及贫困户258户,政府补贴171.6万元,饲料补贴25.8万元,贫困户户均年增收78100元;扶持1000户贫困户发展养猪产业,猪产业完成1066头,涉及465户,政府生猪补贴79.95万元,贫困户户均年增收4100元。

在偏关县脱贫攻坚的产业布局蓝图中,小蒜沟村的蛋鸡养殖属于"规模健康养殖产业"的一部分。2016年,小蒜沟村两委结合本村实际,经过反复考察、商议,最终通过村民同意,把投入相对较小、风险相对较低的蛋鸡养殖作为全村发展的第一项产业。在县、镇的大力支持下,投资63万元的扶贫养鸡场于2017年底顺利投产运行。养鸡场采取村委监管、合作社负责经营、全体贫困户享受分红的运行模式,是偏关县养殖规模最大的自动化养鸡场,鸡存栏数达到10000余只,已经成为脱贫致富的支柱产业。

陈家营乡桦林沟村村民杨永富是一个闻名全县的大能人。他在2017年成立农牧业发展有限公司,将公司经营范围扩大到全县10个乡镇233个自然村,选择具有一定产业基础、致富愿望强烈的2000户5000名农民加入"公司+合作社+农户"运营模式,公司给养殖农民提供优质种羊、技术培训与服务,统一购买种羊保险,统一回收羔羊与销售,农户利用自身劳动与自家农副产品作为粗饲料优势,进行养羊生产。公司还定期收购农户羊粪并统一发酵生产,然后再免费分发给农户,进行有机杂粮种植。在公司的带领下,全县5000多名农户走上了致富路。

静乐县采取"政府扶持、农户自主"的新型分散式养猪模式,由农户自己出资一部分,扶贫资金补贴一部分,因地制宜、精准施策,实事求是、因势利导。这样的做法,统分结合,扬长避短,既有集中养殖的强大优势,又有个户养殖的灵活机动。充分利用当地有利条件,极大地调动了农民的积极性、主动性,合村情、顺民意。

石寨则村致富带头人秦跃华投资300万元在本村办起了存栏500头猪的规模养猪场,还种植药材。

在省政协的帮扶引导下,下村村两委创立的"分散式养猪"模式收到预期效果,养猪产业已成为贫困户脱贫的支柱产业。养猪贫困户可以根据自身的条件灵活确

定养殖规模、养殖标准，在饲料上可以灵活广泛，贫困户自身生产的土豆、玉米、包括残羹剩饭都可以作为饲料，既节约了饲料的成本，又提高了效益。精准脱贫养猪户王付珍从2017年建猪舍，买了3头母猪，下了50只猪崽子。卖了10只，收入5000多块钱。除了一切开支能收入4万元左右。养的大猪小猪总共能收入将近5万元。

大型养殖户在下村有5户，就单从这5户来讲，一年的收入就达到了30万元。在这5户带动下，下村养猪户发展到16户。从养猪情况收入来看，一头猪一年能产两窝小猪，一窝小猪按8至10只计算，一只猪幼崽就能卖到500块钱，两窝小猪按20只计算收入就近10000块钱。整个村里单从养猪这一项来讲，收入就有40万，收入是很可观的。下村现有贫困户35户、贫困人口是102人，加上养猪收入、种植业以及劳务收入，全村达到了整体脱贫。

五台县2016年累计建设"一县一业"肉牛示范园区12个、标准化养殖小区9个、规模养殖场140个、各类规模养殖户2103个。2016年实施项目10个，带动1400户4000多贫困人口增收。

五台县神西乡苏家庄村农民曲跃堂从五台农商银行神西支行得到科技扶贫贷5万元，温室养鹅3200只，预计到6月底就能出售，收入48万元。老曲的养殖目标是：养鹅1万只，出栏7000只，年产值突破100万元。

代县牧原公司是代县引进国家农业产业化重点龙头企业河南牧原食品股份有限公司在代县创办的养殖企业。2017年完成投资6500万元，建成5000头规模母猪场一座、256头公猪站一处，成为代县发展养殖业的龙头企业。牧原集团的发展为代县的贫困群众提供了就业岗位。牧原公司的用工70%来自代县的建档立卡贫困户，有效缓解了代县就业岗位的不足，使代县人足不出县就能实现就业。胡峪乡建档立卡贫困户杨磊大专毕业后在外地打工，薪资不高，开销较大，离家较远，还无法照顾家人。牧原集团入驻代县后，他毅然辞去原有的工作回乡发展，经过牧原集团的专业培训，已成为牧原集团代县分公司的一名管理人员，年薪6万元，并交纳五险一金。家庭生活得到了保障，家人也得到了照顾，一家人顺利脱贫。

永安养殖专业合作社为25名贫困人口提供了就业平台，与11个村70户签订了种植3000多亩青贮玉米收购合同，其中贫困户23户。由此把贫困户有序引进"粮改饲"产业化运行轨道，通过推进农业供给侧结构性改革带动贫困户增收；与38户贫困户签订"五位一体"帮扶协议，户均年收益3000元。

四

定襄县积极招商引资，营造浓厚的招商引资氛围，2016年成功使温氏集团落户定襄。定襄县温氏畜牧公司规模设计为年上市肉猪40万头，总投资5亿元，销售产值8亿元左右,采用"公司+家庭农场"的合作模式,带动周边农户发展养猪业。公司为农民提供统一规划、统一供苗、统一饲料、统一技术服务、统一销售,确保合作户年平均获利18万元左右。同时,可带动相关行业提供就业岗位2000余个,为全县的脱贫工作注入了强大的产业动力。

马家尧二牛合作社与定襄温氏畜牧有限公司合作,吸收蔚家梁村和临近的马家尧村的12户贫困户,利用"五位一体"贫困户小额贷款的金融扶贫政策,建起了两座可存栏1000头猪的猪舍,以产业发展带动贫困户增收致富。先期投入的500头种猪,4月底便可出栏,后期投入的500头种猪处于保温、除菌的隔离阶段。

2017年,伴随着广东温氏集团在定襄县40万头生猪养殖一体化项目开工,定襄县产业脱贫的步伐又向前迈进了一步。季庄乡是典型的农业乡镇,南林木村作为季庄乡有名的"灰七村"之一,全村有279户约700口人,过去因土地盐碱泛滥,"春天一片灰茫茫,夏天一片水汪汪",农业经济发展深受制约,因而"灰"名远播,贫困人口比较集中,全村农民人均收入远远落在全县后面。2015年全村建档立卡贫困户124户。2016年"回头看"确定全村贫困户为8户18人。经过一年的脱贫攻坚,南林木村未脱贫人口还有5户11人。

南林木村脱贫攻坚重点放在依托产业发展,以先富带后富、拔穷根、摘穷帽上。落户于南林木村的两个养殖场,是定襄40万头生猪养殖一体化项目的一部分,依托广东温氏集团雄厚的实力和完善的体系,采用"公司+家庭农场"的经营模式,由公司向农场主提供统一的猪舍规划、猪苗、饲料、技术指导、销售回收等服务,确保肉猪饲养达到公司标准,合作农户能获得合理利润。特别针对该村的贫困户,由小额扶贫贷款入股,村干部和养殖能手主动承担经营风险,以后每年对贫困户实行固定分红。产业的发展带动,使贫

定襄千亩流转盐碱地　秦泽玉　摄

困户有稳定的收入保障，实现脱贫致富指日可待。

2018年定襄县南林木村村民马河香养殖的430余头生猪出栏上市，成为定襄温氏畜牧有限公司与农户合作第一家投产达效的家庭农场。马河香养殖的这批肉猪，给她带来了10万元左右的纯利润。与定襄温氏畜牧有限公司合作的两个家庭农场第一批生猪已出栏上市，南王乡南王村周心爱养殖的450余头生猪也将出栏，示范带动效应逐步凸显。2018年将进一步整合资源，借助政府贴息贷款，由公司提供1000多万元无息垫资及其他相关政策，解决农场主的融资难题。

定襄虽然不是贫困县，但用全面小康标准来衡量，仍然处于发展层次不高、水平较低阶段，为此在"率先脱贫"上下功夫。全县各级各部门明确目标，扎实行动，决心在全市2020年完成脱贫攻坚任务进程中，起到带头作用和引领作用，五年任务三年完，提前两年交答卷，到2018年彻底完成脱贫任务。

40万头生猪养殖一体化项目，成为完善全县产业布局的新要素、扩大全县规模养殖的新动能，也成为助力全县脱贫致富的新支撑。这种帮扶模式不仅有助于眼下的贫困户脱贫，而且对于"假脱贫"和"返贫"等问题，也可以在动态发展、滚动管理中做到摘"帽"不摘政策，依托产业形成长效脱贫机制。

原平市采取"政府+企业+银行+合作社+贫困户"的"5+"扶贫模式，大力发展特色产业，按照"资金跟着穷人走，穷人跟着能人走，能人跟着产业走，产业跟着市场走"的思路，积极发展规模养殖业，共组建1680个专业合作社，走出一条"合作社+贫困户"的产业帮扶路子。其中，鑫鸿达养殖专业合作社养殖规模达到800～1000头驴，分3年将养殖红利分配给5个乡镇469户贫困人口，每人每年可收益1200元，每年10月15日前将56.28万元养殖收益红利通过"一卡通"形式发放，3年贫困户可累计分得红利168.84万元，达到新型经营主体与贫困户双赢。推动牧原集团140万头生猪项目落地建设，形成企业和贫困户双赢的良好格局。

忻府区在农村大力发展养殖业，投资1195万元在阳坡乡、庄磨镇、三交镇、兰村乡、奇村镇、豆罗镇、紫岩乡、西张乡、合索乡、曹张乡等10个乡镇20个村，新建标准化养殖小区20个，其中贫困户养殖小区12个。大力发展养驴产业，在目前驴存栏1万头的基础上，再增加养殖3000头，达到1.3万头。整合利用扶贫资金和强农惠农资金，重点扶持投资300万元的千头驴养殖项目，带动7个乡镇40个村的623户贫困户通过发展养殖业增收脱贫。

忻州市养殖业走上了良性健康的发展轨道，显现出勃勃生机。

我们的绿水青山，我们的金山银山

山西母亲河源头——汾源灵沼　来源：芦芽山风景区

一提起绿水青山，我们就不能不想起造林老英雄张侯拉。张侯拉，保德县人，几十年如一日义务植树，风餐露宿，吃在山野，住在山洞，人称"野人"。他一生植树100多万株，全部献给国家；多次被评为国家、省、市劳动模范和造林英雄。神池县的高富老汉，60多岁时组织7个平均年龄65岁的人，成立了一支义务植树队，防风治沙，绿化了8条沟，打起26条大坝，为集体创造了惊人的财富。他的英雄事迹后被以"青山不老"为题编入小学课本。几十年后，在生态治理更加深入人心的今天，我们更不会忘了这些让山更绿水更清的先驱者，也越发坚定践行"绿水青山就是金山银山"理念。

忻州市把生态扶贫作为最大的民生工程，坚持生态治理和脱贫攻坚紧密结合，联动实施退耕还林、生态治理、生态保护、经济林提质增效、特色林产业"五大项目"，探索出一条生态建设与群众增收高度融合的生态扶贫道路。

把退耕还林作为调整种植结构、增加

贫困群众收入的有效途径,稳步实施退耕还林,及时兑现政策补助。全市累计实施退耕还林50.34万亩,带动7.66万贫困人口稳定增收2.257亿元。以组建脱贫攻坚造林专业合作社为载体,探索造林务工增收模式和机制。组建616个造林合作社,通过议标方式由合作社造林230.22万亩,带动贫困劳动力3.7万余人次,以造林务工保就业,累计获得务工收入4.066亿元。

建立"县建、乡聘、站管、村用"的生态护林员管理机制,以森林管护稳脱贫,吸纳贫困管护人员7820名,其中森林管护员2744人、生态护林员4515人、未成林管护员561人,累计发放管护费3.56亿元。实施提质增效项目,以精细管理和优良品种改造为重点,高标准建设一批示范基地、示范园区。完成经济林提质增效38.75万亩、沙棘林改造19.8万亩,236个合作社5209人参与了项目实施。

以干果产业添收益,带动3671名贫困社员稳定增收。持续推进特色林产业、林下经济,将贫困户精准嵌入林业产业化发展过程中,培植贫困群众稳定增收的致富产业。实施以沙棘为主的特色经济林16万亩、特色林产业项目2600亩、林下经济项目6250亩。特色产业拓财源,带动1.68万名贫困群众稳定增收。

2016年9月21日至22日,省林业厅造林处处长郑文全一行深入岢岚,就林业生态扶贫工作进行督查指导。

督查组指出,脱贫攻坚是省市县当前及"十三五"时期的重要政治任务,林业生态扶贫作为脱贫攻坚的一种有效方式,各级林业部门责任重大、任务艰巨。要按照全省林业扶贫工作会议精神,紧紧围绕"五个一批"林业扶贫要求,发挥行业优势,自觉承担社会责任。结合实际,因地制宜,进一步做好退耕还林调查摸底工作,抓好经济林的提质增效,加快扶贫攻坚造林专业合作社规范化建设;大力发展林下经济,扎实推进林业扶贫各项工作,力争出成效、出经验、做表率,在保护生态中促进农民增收致富,实现生态效益和经济效益的双赢,助力全县打赢脱贫攻坚战。

督查组一行还深入山西周通农业生态开发有限公司、阳坪乡、山神庙生态养殖场、青年林、岢岚县乐龙综合农业专业合作社等地进行实地察看,详细了解扶贫攻坚造林专业合作社组建情况、群众退耕还林意愿、荒山造林、林下经济食用菌种植以及合作社对贫困户的吸收带动情况等。

在一个战场打响两场战役,忻州市2017年完成退耕还林34.51万亩,人均增收1631元。组建扶贫攻坚造林专业合作社588个,完成造林82.24万亩,吸收贫困人口9946人,落实4824名森林管护员、生态护林员,人均收入7437元。

宁武是山西省重点林区县,拥有82万亩原始次森林,森林覆盖率达到25.1%,为实施林业生态扶贫提供了广阔空间。全县牢固树立"绿水青山就是金山银山"的生态发展理念,借力生态环境和资源优势，坚持生态管护与生态治理并重，发展新产业、探索新模式、培育新业态，把生态优势转化为发展优势。探索出一条"生态—生计""增绿—增收"的生态脱贫新路径，坚决打赢脱贫攻坚和生态治理两个攻坚战。

大力开展生态扶贫，联动实施退耕还林、合作社造林、生态管护、经济林提质增效和林业产业项目"五个一批"工程，积极推进汾河中上游山水林田湖草生态保护修复工程。坚持增绿增收、生态生计有机统一，通过退耕还林、护林造林实现脱贫增收贫困户达到13718人，户均年增收6715元，全县受益贫困人口达到14172人。森林覆盖率比"十二五"末提高了4个百分点，实现了生态建设与脱贫攻坚互促双赢。

稳步实施整沟治理，沿沟寻"路"，整沟布"景"，围绕"治沟、治村、治河、治山、治林、治人"立体开发，对汾河源头的溽山沟、马仑沟、梅洞沟进行全流域、全方位综合治理，让山沟成为风景，让河道成为景观，让农舍成为民宿，3条沟脱贫52村3360户8418人，山庄窝铺变成了"宜居宜业宜游"风水宝地，推动了贫困山区"生态+脱贫+振兴"的"宁武模式"，成为全市整沟治理的样板。

2019年全县完成退耕还林1.86万亩，13个乡（镇）70个村的836户贫困户2316口贫困人口受益。近3年累计完成退耕还林5.16万亩，享受退耕还林补贴贫困户11314人次（每亩500元），人均增收2280元。坚持生态建设与脱贫攻坚互促双赢，通过实施生态扶贫"五个一"工程，实现贫困户14855户增收脱贫。创新组建72个扶贫攻坚造林专业合作社，吸收贫困人口1132人，完成营造林16.26万亩、沙棘林改造3万亩，人均劳务收入1万元。聘用贫困户护林员1006名，其中生态护林员（全部为建档立卡贫困户）627名，人均年工资1万元；天保护林员379名，人均年工资8400元，带动全县3276口贫困人口脱贫，实现了"一人护林，全家脱贫"。2019年，通过议标落实人工造林4.2622万亩，投资3409.8万元，带动816户贫困户脱贫。落实封山育林2.3万亩，投资230万元，带动60户贫困户脱贫，人工造林和封山育林两项总计带动876户贫困户2628口贫困人口增收脱贫。

宁武县石家庄镇地处汾河岸边，土地肥沃、气候温和，适宜绿化苗木的培育和发展。2017年，宁武县青绿苗木产业专业合作社在这里成立，吸纳该镇苗木种植大户13户、贫困户社员39户，通过土地、苗木和资金等方式入股合作社，带动该镇石家庄村、马头山村等9个村脱贫。合作社在经营活动中做到三优先，即对贫困户优先用工、苗木优先销售、苗木款优先结算，让贫困户通过劳务用工、土地租赁、利润分红等措施增加收入。2019年，为巩固该合作社苗木扶贫产业的发展，宁武县专门从扶贫资金中拨款100万元用于建设苗木花卉温室大棚，同时采取政府订单、全县绿化工程中包销苗木等措施支持苗木

生态扶贫项目,扶持产业做大做强。合作社培育各类苗木 4375 亩、1200 余万株,经济价值近 2 亿元,已成为全县生态扶贫领头企业。

2018—2019 年,已带动社外贫困户 171 户 396 人,平均每年可增加贫困户收入 3500 多元,有力地助推了全县脱贫摘帽进程。

静乐县推进生态环境保护与脱贫攻坚相结合,重点抓好退耕还林、"购买式"造林等工作,积极探索生态脱贫新路子。从 2002 年开始实施退耕还林工程,涉及全县 14 个乡镇 185 个村 4.8 万农村人口,至 2013 年共完成退耕还林工程 33.5 万亩,其中退耕地造林 9.2 万亩、荒山荒地造林 23 万亩、封山育林 1.3 万亩。对全县前一轮完成的 9.2 万亩退耕林地全部确权发证,让退耕户吃了定心丸;将 9.2 万亩全部纳入国家重点生态公益林管理,在全县已有天保护林员 525 名的基础上,又增加生态护林员 116 名,使全县形成网格化管护,退耕地管护得到有效保障。2008—2015 年实施巩固退耕还林成果专项建设,8 年共完成营造薪炭林 7.9 万亩、干果经济林 0.4 万亩、补植补造 8.74 万亩,生态移民 130 人、统一培训退耕农户 6035 人。前一轮退耕还林工程完善政策补助资金 90 元 / 亩,全县每年共计 828 万元,分别于 2015 年和 2016 年底全部兑现到户。

2015 年实施新一轮退耕还林工程,涉及全县 9 个乡镇 60 个村,共造林 1 万亩,其中贫困户退耕面积 4200 亩。县政府在人力、财力等方面给予积极支持,除省级安排工作经费 3.6 万元外,县财政在十分困难的条件下安排工作经费 10 万元,确保工程顺利实施。政策补助资金兑现率达 100%。新一轮退耕还林工程国家补助第一年 500 元 / 亩于 2015 年底全部兑现到户,2016 年国家补助 300 元 / 亩也在年底前全部兑现到户,兑现率均达 100%。退耕还林工程为全县脱贫攻坚工作作出了卓越的贡献。2015 年全县脱贫人口 7781 人,其中退耕户脱贫人口 892 人,占全县脱贫人口的 11.5%。

按照中央"一个战场"打好"两个攻坚战"的部署要求,实施退耕还林;依托 150 个扶贫造林合作社,继续推进 2017 年底下达的新增造林 8.91 万亩工程,组织实施好生态林和经济林建设;完善护林员管理办法,新增贫困户护林员 240 人,优先聘用建档立卡贫困劳动力;改造提升野生沙棘林 4 万亩,退耕还林地种植以沙棘为主的经济林 5 万亩,促使更多群众在大地增绿、美丽家园建设中创业增收,实现脱贫增收和生态增绿"双赢"。

退耕还林工程实施以来,静乐县委、县政府高度重视,严格执行党中央、国务院有关退耕还林的各项决策,狠抓了强化领导、创新机制、落实政策、加强管护等工作,逐步完善适应全县林业发展的机制、体制,确保退耕还林政策到位、能量达标、效果明显、成绩突出。这项德政工程、民心工程,均顺利通过省、市、国家林业部门的检查验收。

静乐县2018年继续抓好林业生态脱贫"五个一批"工程。全省安排贫困县造林任务260万亩。加强对造林专业合作社的管理，切实形成一套科学规范的管理制度和监督体系，提高合作社带动贫困户增收的能力。积极引导造林专业合作社，由单一造林向造林、管护、经营一体化转变。支持贫困户以林地经营权、林木所有权等入股，带动贫困户向入股增收转变，确保贫困群众务工可持续、常年有收入。重点抓好经济林提质增效项目，完成野生沙棘林改造4万亩，营造沙棘工业原料林5万亩，实施好6000亩玉露香梨标准化基地建设。各乡镇、相关单位精准对接项目，合理安排工程任务，切实打造生态脱贫新产业。

省里将争取对25°以上坡耕地全部进行退耕，总任务为195万亩。各乡镇和林业、国土部门加强对接，落实地块，提前做好规划，争取做到应退尽退，为贫困户栽上更多的"摇钱树"。

繁峙县县政府每年在林业生态建设的投资均不少于1000万元，2016年在严峻的经济下行压力下，县政府依然投入1500万元用于绿化造林。在具体实施过程中，在充分尊重农民意愿的基础上，调动广大贫困户的积极性，大力发展种植经济林，让广大贫困户全面参与。进一步完善了发展经济林种植相关政策，贫困户在自己的承包地上种植经济林，所需的项目苗木及用工补贴均由县政府负责，每亩每年享受200元的补贴，一补三年，并将所种植经济林按林改政策确权到贫困户名下。将精准扶贫产业扶持政策全面落实到村、到户、到人，确保脱贫成效的精准，也为贫困户的长效脱贫奠定了坚实的基础。同时，创新资金投入机制，整合各类资金，用于造林绿化和贫困户增收，建立了以财政专项扶贫资金为牵引、政府专项投入为主体、社会帮扶资金为补充的资金整合机制。组织林业、水利、治沙办、五台山国有林管理局等部门，将风沙源治理、巩固退耕还林成果、干果经济林、天保工程、小流域治理以及五台山国有林管理局实施的项目全部整合到林业生态建设上，全力助力脱贫攻坚，资金缺口部分政府全额保障，做到了集中项目、集中资金、集中实施，形成了规模效应。

全县2013到2015年整合项目资金1.24亿元，政府投入8200万元。2016年重点对万亩干鲜果种植基地县政府配套500万元，对万亩白水杏种植基地配套600万元，加工企业补助安排扶贫资金300万元。同时，积极争取上级投资，将各类资金进行有效捆绑、精准投放，按照"整合、集中、统一、严管"的要求，保证各类资金发挥作用最大化，为贫困户增收脱贫提供保障。

2017年以来，以脱贫攻坚为统领，以建档立卡贫困人口为主要扶持对象，坚持林业生态建设与脱贫攻坚紧密结合。"十三五"期间，通过林业"五个一批"扶贫工程的实施，助推10800个建档立卡贫困人

口稳定脱贫。利用生态护林员项目把一些贫困人口转化为生态护林员。2017年国家投资218万元，聘用建档立卡贫困人员218名成为生态护林员，带动了654名贫困人口脱贫。

全县6.2万亩造林工程通过议标全部由50家扶贫攻坚造林合作社实施。合作社参与造林人数1560人，贫困人口参与967人，贫困人口参与率达到62%，贫困劳动力可获工资1339万元，可带动967户贫困户脱贫。

上一轮退耕还林繁峙县涉及贫困户3457户贫困人口9938人，退耕面积33972亩，每年贫困户可享受国家补助305.7万元，人均307元。

新一轮退耕还林繁峙县任务3.5万亩，重点安排在贫困村，优先保证贫困户退耕需求。项目实施后，退耕户可享受国家政策性补助5250万元。其中涉及贫困户1570户贫困人口6690人，退耕面积1.18万亩，贫困户可享受国家补助1785万元，人均2645元。

大力发展林下经济、林中旅游、特色经济林种植。做优林、果、蔬产业，推进万亩优质白水大杏生产基地、万亩红富士苹果基地、万亩优质蔬菜种植基地建设。全县已种植经济林5万亩，园区以赵庄村为核心，辐射周边15个村，品种以白水杏为主，增加仁用杏、鲜桃、李子、红富士苹果、玉露香梨等品种。重点规划了北部浅山区万亩生态经济林园区，打造规模为万亩以上的特色林果产业基地，其中白水大杏2万亩；核桃、仁用杏、玉露香梨、红富士苹果3万亩。已栽植白水大杏1.14万亩，人

偏关生态换新颜　秦泽玉　摄

均收入达 8600 多元。坡上盖被子、农民挣票子,这些漫山遍野的生态经济林已成为赵庄村周边农民脱贫致富的"摇钱树"。

紧紧抓住 6013 亩省级经济林的提质增收项目,每亩补贴 200 元,扶持全县 435 户 1317 个贫困人口增加收入。着重在繁城镇、下茹越乡、集义庄乡、砂河镇、金山铺乡、神堂堡乡等丘陵山区实施经济林产业基地和生态林绿化带工程,进一步发展仁用杏、白水杏、红富士等经济林,形成跨乡连片种植。共发展白水大杏、仁用杏、苹果、核桃等生态经济林 4.7 万亩,拥有各类生态经济林带及园区 15 个,覆盖了 4200 户贫困户 1.5 万贫困人口参与其中,人均增收 2000 多元。

因地制宜发展林业经济,在林下探索栽植黄芪、党参等中药材,打造品牌,做好中药材产业。在南北两山发展黄芪、党参等中药材种植 5 万亩,全县中药材种植面积达到 14 万亩。

大力发展日光温室大棚,形成四季挂果的"一村一品"示范基地,带动周边 6 个乡镇 34 个村 1.5 万人脱贫。与此同时,开展梨、苹果、山楂、枸杞和小杂粮、大葱等低秆经济作物多品种试点工作。实现了经济林与林下作物双重增收的林业脱贫新模式。

为确保生态产业脱贫不走过场、起到实效、长效发展,繁峙县在配套设施建设和技术服务上全面跟进。水利设施配套是绿化造林的关键,对已建成的 10 万亩绿化造林工程,通过工程措施解决了长期性浇水问题。对暂时无法建设到位的水利配套设施,由施工工队解决浇水的问题,保证成活。

在造林绿化的同时,同步开展林道规划设计,跟进土地规划服务,确保绿化造林成效。在技术服务上,按照统一规划、分项目设计的原则,进一步细化、优化和完善了林业重点工程规划,明确了苗木种类、种植标准等具体实施内容,做到了精准种植。林业部门组织专门技术人员对造林绿化重点工程进行技术指导服务,特别是加大了对贫困户种植经济林的指导服务力度,在白水杏、仁用杏种植推广方面,以繁城镇赵庄村为主开展园区示范培训工作,在赵庄村设立示范培训基地,聘用高级技术人员和专家开展技术和管理培训,为贫困户进行科学种植提供技术支持。同时,与五台山国有林管理局技术人员配合,抓好技术人员队伍的建设,保证每个项目都有技术人员进行指导服务。

在配套和技术服务跟进的同时,着力加强了管护。全县建设 6 个林业管护站,对所有建成林区全部进行拉网管护。实行划片管护。划入管护站范围的由管护站管护,没有划入管护站范围的由各乡镇进行管护,实现了管护的无缝式覆盖。

通过退耕还林补贴、生态管护、国家公益林管护、造林劳务和发展经济林等方式,共实现生态脱贫收益 1287.49 万元,带动贫困人口 3860 人实现稳定脱贫。尤其是贫困村生态管护脱贫方面,选择 218 名建档立卡贫困人口担任生态护林人员,

按照每人每年1万元的标准落实了管护费用。新一轮退耕还林2万亩,带动贫困人口1115户2851人。

代县县委、县政府以落实省林业生态扶贫"五个一批"项目为重点,努力实现荒山增绿、农民增收,确保在一个战场打赢生态建设与脱贫攻坚两大战役。发展林业生态产业实现"四个一",即沙棘主导产业助推脱贫一批、退耕还林助推脱贫一批、森林生态保护脱贫一批、干果经济林提质增效脱贫一批。

上一轮退耕还林工程补助面积8.7098万亩,涉及全县11个乡镇186个行政村,每年补助总金额为783.88万元,可覆盖贫困村141个、贫困户4737户贫困人口10254人,贫困人口可获得补助金额279.942万元。2017年上级下达给代县的新一轮退耕还林工程任务1.5万亩,涉及9个乡镇73个行政村,可覆盖贫困户1486户贫困人口3921人,贫困人口退耕面积为9320.9亩。2017和2018两年贫困人口可获得补助金额605.8585万元。

2017年上级下达代县的生态治理任务为3.7万亩,生态保护项目管护资金304.39万元,管护面积51.33万亩,包括退耕还林工程、京津风沙源治理工程、环京津生态屏障区造林工程、通道荒山绿化工程。项目涉及全县11个乡镇,通过议标的方式,全部承包给代县的43个扶贫攻坚造林专业合作社实施,包括国家生态护林员、国家公益林管护员和未成林造林地管护员3个项目。利用统筹整合资金,实施干果经济林提质增效面积6000亩,总投资120万元,项目涉及上馆镇、磨坊乡、枣林镇、胡峪乡、峪口乡5个乡镇7个行政村。对4~20年生的干果经济林树采取高接换优、整形修剪、中耕施肥、除草、病虫害防治等综合管理技术措施。通过连续实施3年,可大幅度提升其产量和果实品质。3年后,仁用杏平均每亩可增收50公斤,按2.5元/公斤计算,每亩可增收500元;核桃平均每亩可增收25公斤,按5元/公斤计算,每亩同样可增收500元。共聘用护林员538人,其中贫困人员505人,可获得劳务收入275.633万元,人均5458元。参与施工人员达到1200多人,其中贫困户社员参与人数为792人,可获得劳务收入667.76万元,人均8103元。

一方面鼓励群众大力发展以仁用杏和核桃为主的传统干果经济林和以沙棘、皂角、花椒为主的特色干果经济林,并利用林地资源,大力发展林下经济、育苗产业,培育林药、林菌、林果、林蜂、林菜等立体式复合经营的种植业、养殖业,塑造一批独具特色的生态产业品牌。另一方面大力发展育苗产业,全县育苗面积已发展到8000余亩,涉及11个乡镇、150多个行政村,共有育苗户300余户,其中贫困户60多户,年收益约1200万元,其中规模最大的山西雁门万达苗木有限公司共育苗2300余亩。公司通过贫困户流转土地、土地入股、进公司打工、五位一体小额贷款扶持、参与造林专业合作社植树造林等方式可带动周边村庄的530多户贫困户脱贫致富。

山西雁门万达苗木有限公司成立于2009年，位于代县枣林镇西留属村，注册资金为7000万元，总投资9300余万元，是一家集苗木培育、种植、销售、科研及绿化工程施工于一体的规模化综合性苗木企业。公司所在地代县西留属村，其中2016年建档立卡精准扶贫户167户479人。公司共流转了西留属村、显旺村、鹿蹄涧村300余户的2300余亩土地，其中涉及精准扶贫户180多户，低保、残疾等困难户36户100多人。

作为一家民营企业，2017年公司作为金融扶贫的实施主体，在尊重贫困户意愿的基础上，与29户建档立卡贫困户签订带动帮扶协议，由建档立卡贫困户承贷的145万元金融扶贫小额贷款资金注入企业，公司也成为代县乃至山西省首批"五位一体"金融扶贫的受益者。公司扶持到的贫困户数占到西留属村精准扶贫户数的87%，扶持的贫困人口占到全村贫困人口的81%。

公司苗木基地有2300余亩，有油松、樟子松、云杉3个常青针叶树种，苗木质优、量大、规格全，是晋、蒙、京、津、冀地区的优质苗木输送地。从1.5米到3米左右的树苗有300多万株，是忻州市最大的育苗基地。由于公司资金投入大、劳动力投入大，而周期长、见效慢，资金周转困难成为制约企业发展的主要瓶颈。"五位一体"金融扶贫模式像及时雨滋润了大地。公司通过集中使用扶贫小额贷款资金使建档立卡贫困户获得稳定收益，带动了贫困户增收脱贫，同时也为公司解决了资金周转的困难，从而实现了贫困户与企业共赢的目标。

种树是个卖力气的活儿，劳动投入多，技术含量低，所以对于缺乏一技之长的农民来说，不出家门口就可实现就业，既有流转土地的收益，又有务工收入，还有分红收入，是他们脱贫致富的有效途径。公司年总用工数约为36800多个，总人数约750多人，其中有精准扶贫人口180人，占到全年用工人数的24%。用工原则上优先解决土地流转户和贫困户，长年在公司打工的贫困农民有上百名。公司每年仅土地流转费用支出约为400万元，劳务费支出约为280万元。公司将原本低效的土地资源转变为高效的绿色产业，走出一条生态良好、产业繁荣、农民增收，为政府分忧，促贫困人口稳步脱贫致富的新路子。

偏关县通过综合实施退耕还林奖补，惠及798户贫困户2105人，5年内每年人均可增收1687元；80个扶贫攻坚造林专业合作社，吸纳贫困人口1310人，荒山绿化投工当年人均可增收5914元；森林管护就业涉及贫困人口433人，年人均工资达6000元以上；经济林提质增效和特色林产业增收每亩补贴200元，每亩增收800元，涉及贫困户1065户、贫困人口2777人。生态扶贫工程的大力推进，实现

了增绿和增收、生态和生计的有机统一。

偏关县北半坡精准扶贫综合开发项目，充分利用中央彩票公益金2000万元，打包全县5个项目，总投资2.5亿元，综合实施以完善水利设施、打造10万亩干鲜果经济林为重点的北半坡精准扶贫综合开发项目，实现项目区农民人均增收1955元，带动6个乡镇66个村、10167户贫困户23347贫困人口拥有稳定增收产业。

2018年至2019年在闲置土地上实施沙棘造林3万亩，参照国家退耕还林政策补助标准，每亩补助1500元，全县涉及南堡子、尚峪、楼沟、老营、窑头、新关、水泉、陈家营、万家寨9个乡镇52个村2397户6663人，其中贫困户1019户2919人，涉及面积1.318万亩，贫困户补助资金投入1977万元，人均可增收6773元。全县林业生态建设项目共覆盖贫困户4900多户贫困人口10500多人。贫困人口可获得各项林业收入1800万元，户均3673元，人均1714元。

河曲县坚持"生态治理投工、退耕还林奖补、生态管护就业、干果经济林提质增效、林产业增收"五项措施项目化，确保在"一个战场"上同时打赢脱贫攻坚和生态治理"两个攻坚战"。

在持续推进实施生态扶贫"五个一批"上精准发力，在"品种、规模、管护、经营"等4个关键环节上精准把握；因地制宜，选择适合河曲种植的干果和水果等品种，加大对海红果品种的改良力度；发展林业产业化、规模化、标准化、精细化，杜绝品种"零散多"的现象发生，努力打造特色品牌，形成拳头产品；加大管护力度，破解河曲林业生态发展的短板，积极成立技术服务组织，为全县种养殖业提供技术支持；以发展经济效益为目的，坚持市场经济思维的经营理念，适应市场需求，加大市场培育力度，力推主导产业发展。

深化集体林权制度改革，加快建立集体林地三权分置运行机制，依托林地、林木增加财产性、经营性收入，持续保障贫困群众脱贫后稳定增收；坚持底线思维，落实责任，细化措施，强化队伍，坚决做好全县森林防火工作，确保生态安全；加强统筹规划，部门联动，始终坚持"大农业"理念，全县农业部门与扶贫、发改、财政、金融等部门协同配合，信息资源共享，全方位跟进，实施好浅山丘陵区干果经济林建设和全县重点项目建设，不断丰富全县各项工作内涵和具体举措，加快推进河曲县脱贫攻坚、生态建设、经济发展，百姓持续增收，努力实现强县富民。

2017年生态治理共有8大项目，总投资2950.2万元，全部由52个扶贫攻坚造林专业合作社承担，贫困社员人均劳务收入1.15万元，带动696户脱贫；退耕还林补助总面积4.05万亩，涉及11个乡镇139个村，贫困户受益2257户5428人；今年全县生态护林员103人，全部为建档立卡贫困人员；天保公益林护林员396人，其中建档立卡贫困人员287人，比上年新增建档立卡贫困护林员120人，带动

天然氧吧　康养五寨　来源：《忻州日报》

390户贫困户脱贫；干果经济林提质增效项目任务1.5万亩，涉及7个乡镇71个村，年人均增收240元；利用浅山丘陵区特色经济林项目，发展壮大仁用杏产业，兑现农户补助资金。

2018年联动推进生态扶贫五大项目，向2257户贫困户发放退耕还林补助257万元，向393名贫困护林员发放工资306.5万元，完成浅山丘陵特色经济林项目1.2万亩，49个造林合作社承担12.5万亩绿化任务，带动696名贫困人口人均增收9476元，实现增绿与增收、生态与生计的有机统一。

五寨县依托生态建设、生态保护、退耕还林和林下产业，实施新一轮退耕还林2.5万亩，延长上一轮退耕还林补助5年，吸纳贫困户参与造林及森林管护，带动2357人脱贫。

2017年以来，为了加快全县脱贫摘帽步伐，五寨县委、县政府支持组建了一批以贫困户为主要劳动力的植树造林专业合作社。合作社的成立既促进了造林工作的专业化，又为贫困户开辟了脱贫增收的新渠道。造林专业合作社具备"三高"特点。工作覆盖率高。通过议标的形式，全县林业生态建设3.74万亩，全部由植树造林作业队开工营造，实现了全县47个专业合作社造林工作全覆盖。脱贫精准度高。合作社贫困社员量化造林任务，平均每人分到造林任务14.48亩，初步做到了造林项目助推精准脱贫精细化。工资兑现率高。合作社社员工资在完工验收合格后

立即兑现。2017年全县所有造林合作社贫困社员共获得劳务费721.3万元。

管护就业项目方面。涉及建档立卡贫困人口395户628人，依靠护林户均增收7800元。退耕补助项目方面。涉及建档立卡贫困人口905户2726人，除依靠退耕还林补贴收入外，还有134户421人从事养殖业、769户2303人从事种植业，人均耕地6.2亩。年人均实现纯收入5470元。造林务工项目方面：涉及建档立卡贫困人口300户494人，除依靠参加造林专业合作社获得收入外，还有48户105人从事养殖业、159户264人从事种植业，人均耕地4.7亩。年人均实现纯收入9437元。

保德县把生态建设作为打赢脱贫攻坚战、实现全面小康的有力抓手，抢抓国家政策机遇，结合贫困户的实际情况，精准谋划，以退耕还林、林业生态治理、林业生态保护、林业产业脱贫、干果经济林提质增效"五个一批"为重点，扎实推进生态林业和民生林业建设，成立了生态建设和特色经济林种植两个专项领导组，狠抓落实，做到领导到位、规划到位、责任到位、政策到位、资金到位、工作到位，实现生态建设与经济发展双赢、生态美与百姓富的有机统一。

紧盯"绿色装点城市，绿色覆盖乡村，绿色环绕居民"目标，先后投入巨资打造了一系列林业精品和重点工程，生态建设取得突出成就。同时实施了红枣、海红和核桃林业工程，面积达到12万亩，实现了大地增绿、农民增收。

2017年，全县退耕还林任务4.7万亩。第一批3.2万亩，涉及贫困户1954户5809人。上级每亩补助500元、县政府每亩特惠补贴200元，共可兑现资金1800余万元。第二批1.5万亩，可为2725名贫困人口增收，可助力1000余名贫困人口稳定脱贫。全县营造林计划任务8.0925万亩，由1200余名建档立卡贫困人员参与造林，劳务收入可达500余万元，直接助力1600余贫困人口稳定脱贫，其中6.75万亩全部由扶贫攻坚造林专业合作社承担实施。合作社贫困社员全年共计可实现劳务收入800.44万元，按人均脱贫收入3000元标准计算，可带动2668名贫困人口脱贫。

在全县13个乡镇92个建档立卡贫困人口中选聘85名生态护林员，加上原来的乡镇护林员33名，全部转为贫困人员，又选聘82名生态护林员，全县贫困管护员护林员达200人，补助资金共164.4万元。按照省厅关于护林员收入带动脱贫人数以3人计算，可带动600人脱贫。

2018年重点在48个整村搬迁村实施特色经济林项目1.8万亩、实施人工造林4万亩，强化森林资源管护，将贫困户护林员增加到300人以上，每名护林员至少增收6800元以上。

为实现贫困户稳定脱贫，重点加大干果经济林发展比重，凡是新实施的造林工程，只要自然条件允许，优先发展经济林。在林种树种结构调整方面，按照市场需求、尊重农民意愿,大力发展传统干果经济林和特色经济林。干果经济林基地建设项目。按照"区域布局,规模发展,突出特色,打造精品"的原则,依托退耕还林工程在5个乡镇栽植沙棘1.5万亩,大力发展沙棘产业,采取"龙头企业+农户"的合作方式,沙棘企业山地阳光扶助1000户贫困户,每户每年栽植沙棘补助4000元,连续3年达1.2万元,3年挂果后,企业保底收购每吨2000元。特色水果经济林基地建设项目。涉及4个乡镇,主要栽植仁用杏、核桃、海红果树。在3个乡镇发展海红果树0.5万亩,建立西府海棠酒业原料基地。拟和山地阳光合作在黄河沿岸5个乡镇开发红枣深加工产业。特色中药材基地建设项目。依托上一轮退耕还林工程的优势,大力发展林下种植,选择适应当地条件的中药材,建设特色中药材基地,项目涉及2个乡。

积极实施干果经济林提质增效示范项目,对象为4～20年低质低效干果经济林。以建档立卡的贫困户为优先扶持对象,以村为单位逐户摸底调查、统一汇总、核实确认,实现贫困户干果经济林提质增效项目全覆盖。省级干果经济林提质增效每亩补助200元,连续扶持3年,真正将干果经济林变成广大贫困群众的摇钱树、致富林。红枣干果经济林提质增效工程在3乡9村实施2.1万亩。后3年实施4.5万亩。

绿色产业项目共扶助贫困户1077户,企业共获得贷款5435万元,其中,贫困户直接得到企业种植补助1304.4万元。

原平市积极践行"两山理论",按照省、忻州市一个战场打好"两场"战役的部署,生态建设工程全部由19个扶贫攻坚造林合作社承担。

2017年在农信、中行、农行、建行等5家银行扎实开展"五位一体"金融扶贫工作,建设生态扶贫"绿银行",已累计完成小额扶贫贷款6800万元,超额86%完成全年任务。其中农信社直接支持244户贫困户,发放贷款1026万元。"五位一体"扶贫小额贷款支持783户贫困户发放贷款3915万元。中行支持103户贫困户,发放贷款515万元。把2万亩退耕还林任务优先安排给721户建档立卡贫困户,给予退耕补助,人均增收701.6元。还有退耕造林与林业工程的投劳所得,可使贫困人口1084人人均获得劳务收入328多元。

2018年完成退耕还林工程0.6万亩,81万元劳务收入带动253人脱贫;完成荒山造林9000亩,优先安排整体搬迁村和贫困村,劳务收入带动379人脱贫;实施干果经济林提质增效4000亩,项目涉及54名贫困人口,人均增收200元;聘用130名建档立卡贫困户为护林员,每人年均收入4000元,带动130个贫困家庭稳定脱贫。南白乡清水沟村先后成立2个林业专业合作社,可带动50户人口脱贫,实行了1200亩退耕还林,种植优质红枣和核桃,打出该市南白骏枣和纸皮核桃的优质品牌。上南白村立足本村多坡地的自

然条件,发展立体农业,在集中连片的果树和林地发展林药结合、林粮结合的林下经济,形成林上采果和林下种粮、种植中药材的高效复合模式,共发展仁用杏300余亩、葡萄树30亩、柴胡300亩,有力推进了农民增产增收。

退耕还林任务6000亩,任务覆盖自愿退耕的4个乡镇,优先安排给贫困户,尽量满足全部建档立卡自愿退耕贫困户的要求。农户每退耕还林1亩获得现金补助1500元,分五年进行兑现(分别为500元、150元、300元、150元、400元)。造林补助每亩500元,共300万元,按45%劳务收入135万元计算,劳力全部启用贫困人口,可使100余户400余人脱贫。后两年在巩固成果的基础上,用足用好退耕还林政策,在确保全市耕地保有量和基本农田保护任务前提下,将重要水源地15°～25°坡耕地、陡坡梯田、严重污染耕地、移民搬迁撂荒耕地、采煤沉陷区和地质灾害避让搬迁区纳入新一轮退耕还林还草工程范围。

实施人工造林34.23万亩,2020年累计实施134万亩。规范发展扶贫攻坚造林专业合作社,在贫困劳动力入社、造林技术培训、林业工程管护、资金财务运作、运营模式探索、劳务收入分配等方面加强指导,健全完善扶贫攻坚造林专业合作社带贫机制,由单一造林向造林、管护、经营一体化转变。注册成立扶贫攻坚造林专业合作社19家,每个合作社贫困人口占社员的80%,共吸收全市10个乡镇的贫困人口351人。初步形成扶贫攻坚造林专业合作社主动与造林实施地的贫困户对接帮扶机制,引领和带动一批贫困户自发参与劳动、主动脱贫。

突出发展红枣、核桃、仁用杏、沙棘四大经济林,力争建立1～2个林业技术实

忻州云中河生态画卷　来源:忻州生态环境

训基地,每年培训林农300人次,培养50~100人的技术服务队,每年打造干果经济林高效管理示范园2个,三年提质增效30万亩。积极推进林地三权分置、林地流转和资产收益改革,培育新型林业经营主体,加快落实集体生态公益林管护权,放活集体经济林经营权,鼓励贫困户将林地经营权、财政补助资金入股新型林业经营主体,增加林业资产性收益,充分释放生态扶贫改革效应。鼓励发展生态旅游、康养基地、特色林产业等,把精准扶贫纳入林业产业化发展过程中。逐步扩大贫困地区森林、湿地等重点领域生态保护补偿覆盖范围。完善流域上下游横向生态保护补偿机制,让保护生态区域的贫困村、贫困户得到更多的经济效益。确保参与护林的350名建档立卡贫困人口人均增收4000元左右。由市林业局牵头、各乡镇配合,推行集体公益林托管、"合作社+管护+贫困户"等模式,吸收贫困人口参与管护增收,集体林管护岗位安排贫困人口达到60%以上。

忻府区实施水土保持生态治理工程,庄磨镇南河、太河村沟坝地治理工程,治理面积328亩,投资200万元。工程涉及1个贫困村、1个非贫困村,受益贫困户159户贫困人口336人。对标《忻府区2018年专项政策兑现和部门扶贫行动计划》,强化责任,科学管理,推进生态扶贫退耕还林工程1100亩任务。同时做好春季栽种未成活林的补栽补种工作。通过退耕还林奖补、造林绿化劳务、林业管护就业、经济林提质增效、林产品综合效益等途径,持续推动贫困户增收。实现增收和增绿双赢、生计和生态的有机统一。

定襄县实施退耕还林政策,支持贫困村、贫困户优先实施国家第二轮退耕还林补偿政策,积极引导退耕还林农户发展后续产业。推进生态治理工程。2017—2020年完成人工造林3万亩,尽可能吸纳更多贫困人口参与林业工程建设,让贫困人口在参与生态建设中获得劳务收入,实现"绿荒山、富群众、促民生"的目标。实施生态保护脱贫工程。合理设置管护岗位,使建档立卡贫困人口的占比达到60%以上;促进干果经济林提质增效。2017年省级干果经济林提质增效任务指标,全部安排贫困户。大力培植绿色产业。引导贫困户发展核桃、仁用杏、白水杏等经济林和油用牡丹、皂荚等特色经济林,以及林下经济培育林药、林菌等林业绿色产业,促进贫困户持续增收致富。坚持精准支持与整体带动相互结合、金融政策与扶贫政策协调配合、创新发展与风险防范统筹兼顾的原则,推广政银保企农"五位一体"模式,做好"扶贫贷"和"惠农贷"业务、农村土地承包经营权抵押贷款业务、面向"三农"金融服务体系等工作,确保扶贫小额信贷需求准、责任清、放得出、管得好、收得回、受益广,切实发挥好金融对脱贫攻坚的助推作用。

五台县阳白乡桑院村僻居深山,七沟八梁九面坡养育着223户人家570口人,耕种着1800亩山坡地,粮产低而耕种难。

村民们认准了发展经济林这个"摇钱树"，并成立了"五台县阳白乡桑院村湘昌苗木种植专业合作社"，入社社员101户，先后从五台农商银行阳白支行得到分户支农信贷70万元，大面积种植核桃树1760亩，其中，开垦荒山、荒坡种植核桃树1260亩。后来又从省城太原请来农艺师秦麦林，利用核桃树下的空闲土地，深耕施肥后种植芍药等410亩，长势喜人。

神池县以扶贫造林专业合作社为载体，对实施的13.1万亩人工造林未成林地进行补植补造，通过健全完善带贫机制，打通贫困户参与造林渠道，增加贫困社员劳务收入。以精细管理和优良品种推广为重点，以沙棘经济林品种保量提质为目标，实施沙棘林改造4000亩，依托神池县曦晟源饮料有限公司，以每公斤高于市场价格0.25元的价格，向贫困户回收野生沙棘果，形成"种植沙棘—改善生态—发展产业—农民增收"良性发展的循环产业链，增加贫困群众收入。进一步完善"县建、乡聘、站管、村用"的生态护林员管理机制，让贫困群众通过森林管护、生态护林等途径增加收入。大力实施生态扶贫"四大工程"，9000多人稳定增收2000元以上。

实施退耕还林1.3万亩，带动1857名贫困人口增收；由31家造林合作社实施生态造林2万亩，带动372户贫困户增收；结合曦晟源沙棘饮料厂二期项目，实施沙棘项目改造1.8万亩，带动277名贫困农民增收；开展森林管护就业，新增贫困护林员120人，人均每年可获得工资性收入6000元。

村村户户都有新套套

忻州市始终把发展产业作为脱贫攻坚的治本之策，着力构建稳定脱贫的四梁八柱，扶贫产业逐步走上组织化、集约化、规模化的农业现代化快车道。针对忻州市村多、村小、村穷的特点，做大优势、创出品牌，打好"中国杂粮之都"品牌，县县乡乡、村村户户都得有新套套抓好农业"第六产业"，即一、二、三产的融合发展，走出一条产出高效、产品安全、资源节约、环境友好的具有忻州特色的产业发展现代化之路。

产业扶贫是脱贫攻坚的主要途径，也是增强贫困地区造血功能、帮助群众就地就业的长远之计。立足忻州地域实际，撬动产业扶贫动能，实施杂粮、养殖、蔬菜、林果、中药材、"三品一标"、电商、旅游、光伏等九大产业增收项目，带动32.24万贫困人口，"五有"目标（贫困村有脱贫产业、有带动主体、有合作经济组织、贫困户有增收产业项目、有劳动能力的有技能）基本实现全覆盖。

做精特色种植业。种植杂粮350万亩以上，马铃薯种植稳定在80万亩，瓜果蔬菜种植稳定在40万亩，发展中药材40.5万亩，发展酥梨、白水杏、海红果等特色优势水果37万亩。

做实传统养殖业。坚持强羊、壮牛、兴猪、稳鸡，全市羊、猪、禽饲养量分别达800万只、220万头、1300万只。

做大电商产业。13个县（市）纳入国家电商示范县，其中11个贫困县县级电商公共运营中心全部建成，适宜建店的行政村电商服务网点实现全覆盖，行政村、贫困村电商服务覆盖率均达到70%以上。

做长旅游产业。创建旅游扶贫示范村39个，全省AAA级乡村旅游示范村10个，全省首批"黄河人家、长城人家、太行人家"54个；全市22个景区、34个涉旅经营主体、41个旅游项目累计带动3.4万人持续增收。

做优光伏产业。建设并网1568座光伏扶贫电站，总规模93.2298万千瓦，累计结算电费10.15亿元，分配到村9.79亿元，惠及3208个村，惠及贫困户13.57万户。

做强龙头企业。建设"中国杂粮之都"产业融合园区，发展省级现代农业产业示范区3个、省级现代农业产业园6个，培

繁峙县滨河移民小区箱包加工车间
来源：《忻州日报》

不负人民——忻州特色的脱贫攻坚之路

育国家、省、市、县四级农业产业化龙头企业 178 个，鼓励发展合作社 8182 个、家庭农场 2137 个，建成"一村一品"基地 4002 个。

做好"三品一标"品牌塑造。打造省级农产品区域公用品牌"山西杂粮"、市级区域公用品牌"忻州杂粮"和"原平石鼓小米"，创建"静乐生活""五台斋选""芦芽山珍""汾源印象""粮裕五寨"等县域公用品牌，发展企业品牌、产品品牌 80 余个，农产品地理标志 24 个。"中国杂粮之都""中华红芸豆之乡""中国亚麻籽之乡""中国藜麦之乡""中国甜糯玉米之乡""中国薄皮甜瓜之乡""中国甘甜红薯之乡""中国高原莜麦之乡"一都七乡获得国字号荣誉认证，代县黄芪、繁峙杂粮获得"全国有机农产品基地"认证。

岢岚县以培育农村经济新的增长点和增加农民收入为切入点，紧密结合当地农牧资源优势，着力培植"晋岚"绒山羊、"中华红芸豆"为该县"一县一业"的主导产业和"一村一品"的主导产品，取得了显著的成效，全县饲养"晋岚"绒山羊达到 48.6 万只，种植"中华红芸豆"达 13.33 万亩，仅此两项农民纯收入可达 3000 元左右。

忻州全市构建的"一县一业一园区、一村一品一主体"产业发展格局形成以来，忻州市科技局将"三区"人才（边远贫困地区、边疆民族地区和革命老区人才）专项工作作为科技扶贫的一项重要内容来抓，突出抓好产业技术需求的摸底调查。

突出抓好科技特派员的选派。市科技局与省农科院、山西农大、省直涉农部门主动对接，与市级农业、畜牧、水利、林业、农机等部门协调，选好县级管理特派员，突出抓好对接工作，做好培训。市科技局至少每年一次对各级选派的"三区"人才请省科技厅农村处、省农科院、山西农大等单位的专家进行培训，同时推荐科技扶贫的示范项目。在培训会上，各级"三区"人才还要进行经验交流，相互学习、取长补短。经过精心组织，明确各方职责，强化工作合力。2016 年，全市"三区"科技人才共开展各类实用技术培训 145 期，受训农民10832人次,发放技术培训资料1.76万份,引进新品种300多个,示范推广新技术90多项。"三区"人才充分发挥了科技特派员的示范引领带动作用,使受援村农民群众学习和掌握了至少两门实用技术,极大提高了农民群众的科学文化素质,促进了农业增效、农民增收。

2016到2017年共选派4批次574人次的"三区"人才到11个贫困县的受援单位开展技术服务工作。围绕项目的实施,共选派科技人员163人下基层服务群众。

全市"三区"人才服务涉及玉米、谷子、温室蔬菜、食用菌、林果、畜牧、中药材、小杂粮加工、生态环境治理等10多个产业,覆盖11个贫困县的56个乡镇。

"三区"人才深入受援村,结合实际,围绕优势特色产业,开展技术培训和技术指导服务工作,使受援地农民种植、养殖由粗放型向精准型转变,逐步走向科学化、规范化的轨道,大大提升了农民的自我发展能力,提高了受援地的发展后劲,涌现出一批先进典型。

省农科院玉米所陆续在五寨、宁武、五台、静乐等地派出技术人员进行服务,副所长张中东带领的技术团队,在五台推广以玉米地膜覆盖的保水作用来提高旱地玉米的抗旱性,同时又解决了农民最担心的覆盖后出苗不整齐、放苗投工大等问题,操作简单、效果明显。

玉米所助理研究员武小平连续4年服务于静乐县,与山西农大的专家一起,以推动藜麦产业发展为服务内容,先后进行了藜麦品种提纯、品种筛选、抗倒伏研究、病虫害防治研究,筛选出两个比较纯的品系进行推广,并加强对农民的培训指导,为静乐藜麦产业发展起到明显的推动作用,受到农户的一致称赞。

山西省薯类脱毒中心研究员姬青云连续两年在五寨县进行服务,为受援单位提供脱毒马铃薯种薯繁育、中后期田间管理以及新产品引进等技术支持,还经常性地举办各类新农业技术培训班,给农民送去先进的田间管理技术。

2018年6月27日,市民政局深入所包帮扶村五台县神西乡边家庄村、水泉湾村和建安乡甲子湾村开展"送科技下乡"活动。

此次"科技下乡"专门邀请了省农科院果树栽培专家程恩明和蜜蜂养殖领域学者宋怀磊老师进行改良果树品种、果树种植技术指导和对荒弃坡耕地进行规划,实地调研了柿树、君迁子(也称黑枣)、核桃和花椒树等果树品种的种植和生长情况及周边蜜粉源植物的生长和分布情况,并对开展蜜蜂养殖的可行性进行了科学认证。从专业化角度对柿子、黑枣、花椒、核桃的深加工,提出"柿子加工成柿饼精包装销售;黑枣做成果脯销售;核桃推广新品种并做好田间管理;花椒深加工、精包装和制作花椒油销售;坡地嫁接扁桃、相对平整块地种植玉露香品种梨、路边酸枣树嫁接壶瓶枣或团枣提升市场前景"等可行性和合理化建议。两位专家现场实地

为村民讲解了土、水、肥在果树栽培管理中所起到的重要作用以及果树栽培各个阶段的操作要点和注意事项。针对当地花椒树和核桃树一直存在的严重虫害现状，向村民推荐了几种有效的杀虫药剂和防治方案。参加培训的贫困群众纷纷表示，通过学习受益匪浅，对今后果树栽培和蜜蜂养殖帮助很大，并希望以后多组织这方面的培训。

静乐县培育出的藜麦、辣椒、黑枸杞、玛卡等特色产品开始向全产业链延伸。宁武县依托大象集团带领贫困户发展生猪养殖产业。岢岚县在全省范围内进行土地指标交易。偏关县建设户用光伏电站户均年受益 4000 余元。

2017 年忻州市在繁峙县召开脱贫攻坚现场推进会。实地观摩了繁峙县滨河扶贫移民小区、"繁峙绣娘"技能脱贫培训班、赵庄白水杏生态脱贫工程、牛叫河村健康扶贫工程及天河牧业的产业脱贫工程后，省人社厅驻五台县东雷村第一书记江英弟说："这样的现场会，开眼界，触动大。"

繁峙县有贫困人口 50856 人，排在全市第一。贫困程度深、贫困面分散、脱贫难度大是制约脱贫的主要因素。脱贫攻坚贵在"精准"。全县各级、各部门按照"九个一批"的要求，把"一村一策、一户一法、扶贫到户、措施到人"进一步具体化为项目、具体化为工作，确保精准施策、实招更实。精准"造血"拔穷根，激发贫困人口内生动力。

繁峙县坚持把培育脱贫产业放在精准扶贫的首要位置，按照精准扶贫实施方案，充分发挥资源优势，大力调整和优化产业结构，积极培植特色种植加工、生态林业、中药材栽培、健康养殖、旅游产业、光伏产业、农村电商七大扶贫产业，作为支持群众发展的主导产业，产业扶贫精准到村到户，构建"一乡一业、一村一品"的产业发展格局，带动 8934 人实现增收脱贫，助推全县 2016 年完成 4302 户 12368 人的脱贫。2018 年 9 月 25 日，获得商务部"2018 年电子商务进农村综合示范县"荣誉称号。

繁峙集义庄田源毛驴养殖公司、大营蔬菜种植加工园区、晋岚生物科技公司羊肉深加工项目、金山铺乡农发村贫困村提升工程、滨河移民扶贫产业园区、静乐北麦科技公司等农产品企业，是贫困群众增收的保障。静乐万国工坊服装生产园区和代县滨河移民扶贫产业园区为群众提供了大量就业岗位。

静乐庆鲁沟流域生态修复工程、王端庄万亩生态经济林工程、代县生态扶贫雁门万达苗木基地和繁峙赵庄河流域综合治理工程、伯强沟整沟治理工程，积极实施退耕还林和荒山造林，发展生态林果产业，推动生态综合治理，走出了一条"生态＋扶贫"的新路子，带动群众摆脱贫困。

静乐县智慧医疗建设，以县中医院为纽带，依托大数据、互联网建立起县、乡、村三级远程医疗服务网络，解决了边远山村患者看病难问题。

繁峙绣娘　秦泽玉　摄

从2018年7月1日起,忻州市在6个月时间里集中开展攻坚深度贫困"破零清零"专项行动,对标对表补齐短板弱项,确保全市脱贫攻坚连战连胜。

按照脱贫成效考核对标对表的要求,应干未干的工作要"破零",应完未完的工作要"清零"。"破零"行动主要有10项内容,分别是整村搬迁土地复垦增减挂钩指标交易破零;深度贫困县"一县一策"项目落地破零;150个村特色风貌整治破零;搬迁户零就业家庭破零;扶贫车间、扶贫产业园破零;扶贫移民安置房不动产登记证颁发破零;精神扶贫措施见效破零;民营企业结对帮扶破零;静乐、偏关2个县义务教育"改薄"任务破零;扶贫干部提拔使用破零。

忻州市严格考核问责,方案明确提出,在全省脱贫攻坚统一考核中,排后三位的在全市公开检查,排末位的按不作为启动问责,市直部门服务不到位、基层有意见的,一票否优。

2018年10月31日,忻州市在关于全市脱贫攻坚工作情况的报告中说:特色产业扶贫以"一县一业一园区、一村一品一主体"为抓手,以完善带贫益贫机制和利益链接机制为核心,构建产业链、集成政策链、壮大脱贫链。发展优特杂粮、生态畜牧等特色种养产业,带动贫困户10.2万户;发展光伏产业,1350个村级电站全部并网发电,8个集中式电站并网22.38万千瓦,受益贫困户6.5万户;发展电商、休闲农业等新业态,创新87个涉旅经营主体,带动贫困户500户;11个贫困县全部列为国家电商示范县,农产品网络销售2.06亿元,带动贫困户1.2万户。

生态扶贫践行"两山"理论,打赢"两场"战役,深入实施生态扶贫"五个一批"工程,治理面积、贫困户受益数全省第一。完成退耕还林4万亩,带动贫困户2999户;组建515个扶贫攻坚造林专业合作社,完成造林28.11万亩,带动贫困群众10731名;落实森林管护员、护林员5868人;实施沙棘林改造项目19.8万亩,培育沙棘产业20.06万亩,带动贫困群众1.5万多人。

培训就业。完成创业致富带头人培训2472人、全民技能提升培训27179人,打造了"忻州月嫂""五台瓦工""繁峙绣娘""静乐裁缝""保德好司机"等特色劳务品牌,构建了"县有园区、乡有车间、村

有工坊"的就业体系，促进贫困劳动力转移就业12883人，实现了"就业一人、脱贫一户"的目标。

2018年忻州市攻克深度贫困，扭住产业扶贫这个龙头，实施了"3659"脱贫攻坚策略，抓住立志、立业、立状"三立"，瞄准六个精准，着眼五个一批，开展"9+9"产业扶贫行动。全市1619个贫困村实现了脱贫产业全覆盖，838个贫困村与龙头企业建立了利益共同体，1374个村培育了合作经济组织，11.6万贫困人口通过培训，掌握了新技能。全市89个贫困村光伏发电累计999.44万千瓦时，带动贫困户1960户。全市规划建起1350座村级光伏电站，使政策链、产业链、利益链"三链联动"，促使资产变资本、资金变股金、农民变股东。

2019年1月4日，市脱贫攻坚领导小组暨市委农村工作领导小组召开会议，会议指出，2018年全市脱贫攻坚和三农工作取得明显成效，特别是脱贫攻坚的整村搬迁受到国务院通报表扬；省级杂粮检验检疫中心和杂粮示范园区正式获批，忻州杂粮产业优势区多品种整市推进取得重大突破；山地阳光等一批企业进入农业龙头企业序列，忻州的国家级农业龙头企业不仅实现破零，而且占比达到全省第一，忻州的脱贫攻坚和三农工作进入了一个新的阶段。

2019年8月10日，忻州市委、市政府在宁武县召开全市决战深度贫困、助力乡村振兴现场推进会。

与会同志分两组利用半天时间进行观摩，赴芦芽山区域马仑沟、涔山乡大石洞村、阳方口镇宁武扶贫农业产业园、新大象全产业链生猪养殖饲料分公司，实地了解落实"一县一策"在旅游扶贫、生态扶贫、整村提升方面取得的实效，了解发展生猪养殖，种植和加工蔬菜、杂粮、沙棘、道地药材、脱毒马铃薯等特色农产品，通过龙头企业辐射带动全县贫困群众脱贫增收的举措办法。

会议指出，三农工作将迎来重大的结构性、历史性的变化，全市籽粒玉米种植面积持续下降，小杂粮经济作物种植面积稳步提升，农业种植结构实现稳定反转；脱贫攻坚稳步推进，全市非贫困县数量将首次超过贫困县数量，贫困县与非贫困县结构实现历史性反转；要突出抓好五项工作，助推乡村五个振兴，注重"两段"有机衔接。

要大力发展有机旱作农业，助力产业扶贫和产业振兴。关键是要抓达标、抓认证、抓品牌、抓项目、抓园区、抓集成、抓基础、抓特色、抓优势，全力实施"1855"有机旱作农业发展的部署。

要大力推进农村集体产权制度改革，提供脱贫攻坚和乡村振兴的动力源。这是组织振兴的基础和条件，是中央赋予全市的使命，是全面深改的一号工程。

要大力推进整沟治理，走出一条生态治理、脱贫攻坚、乡村振兴相结合的路子。这是生态振兴的有效途径和重要抓手，要像右玉栽树一样，实施百沟治理，实现县县破零。宁武、静乐两县要以实施汾河中上游山水林田湖草生态保护治理修复试点项目为契机,打造整沟治理精品工程,为国家试点做出示范。

会议强调,把乡村产业振兴摆在更加突出位置抓紧抓实抓好,加快推动农业由生产型向市场型转变、粗放型向集约型转变、家庭型向融合型转变、数量型向质量型转变、"靠山吃山型"向"两山转化型"转变,最终走出一条独具忻州特色的乡村产业振兴道路,以产业振兴促进乡村全面振兴。

要不断深化认识,农业永远是朝阳产业,新型农民是一份新型职业,农村产业布局正处于调整形态,要转变观念,树立市场导向、效益导向、质量导向、集群导向、融合导向、创新导向,认真做好三农工作。

要坚持求实求是,着力推动忻州农业产业化。坚持以市场为引领,生产为基础,产品、营销、加工、仓储为环节支撑的六环联动体系,聚力打造杂粮主食、果饮品、肉制品、药品、酿品、功能食品六大全产业链集群,推动创建"中国杂粮之都"产业融合园区、中国杂粮产地交易市场、山西杂粮出口平台,带动全市农业现代产业转型升级。

要聚焦全面脱贫,决战决胜脱贫攻坚。着力统筹推进,不断激活乡村面貌改善的动力和活力。农村改革作为乡村振兴的不竭动力,乡村治理作为乡村振兴的基础保障,人才培养作为乡村振兴的关键支撑,重大项目作为乡村振兴的重要抓手,推动建立新型产业体系,推进城乡布局优化,全面转变工作方式,合力激发乡村产业振兴活力。

快手、抖音"十进十销"

新的时代,新的扶贫手段不断更新变化,谁也没料到,手机和互联网这些通信工具竟也摇身一变,成为脱贫攻坚的好手段。位于静乐县城西南方向的窑会村共有建档立卡贫困户92户277人,在脱贫攻坚工作中,积极推广特色小杂粮种植,大力发展养殖业,创立"农业产业+电商扶贫+公益"的模式,推动农产品在网上销售,带动贫困户脱贫致富,一年仅小米就在网上销售5000余公斤,曾经滞销的农产品成了热销货。

各级帮扶干部依托农村电商平台,线上销售农副土特产品15万余单,成交价近500万元。在组织货源时优先销售贫困户农产品,如第一书记刘冬梅,利用快手直播和微信朋友圈为100余户贫困户线上出售旱地小米、有机藜麦2万多单,销售额15万余元。同时,通过静乐好友拼团平台,帮助贫困户销售蔬菜,价值12万余元。农民朋友欢喜地说:"耍着快手也能卖货,耍着抖音还能挣钱哩!"

脱贫攻坚以来,忻州市深入开展"十进十销"消费扶贫,启动"消费扶贫月"活动。2020年全市共认定扶贫产品供应商112家,认定扶贫产品403种,销售金额11.8亿元。

传统农业和互联网营销的融合碰撞,成为农产品销售的新动力,使农村贫困劳动力成为新的营销主体。电子商务为农产品销售打开一扇窗。忻州是重要的小杂粮产地,要在做好传统销售的同时,充分利用电商平台扩大销路,找准产品定位,提升产品品质,创造经济收入,带动群众增收致富。邮政作为电商营销的"主力军"、快递行业的"国家队",通过"邮农合作社"的形式为贫困群众提供金融保障、农资分销城等综合服务,在现有平台、网络渠道、人力资源、技术支撑等方面拥有"大、广、博、强"的优势。

岢岚县运用互联网思维把建设精准扶贫大数据管理平台作为实现扶贫资源精细化配置和建档立卡贫困户精准化扶持的一项重要决策部署,在全市率先搭建了脱贫攻坚信息服务平台。

平台设置了统筹指挥、教育宣传、综合服务、资料查询四大功能模块,实现了"实时了解贫困户信息、实时察看帮扶举措、实时跟踪措施落实、实时评估脱贫成

忻府区香瓜电商平台线上销售前景好　秦泽玉　摄

效、实时监督扶贫过程"五大功能,真正做到底数清、户情明、措施准、责任实,通过平台能全面掌握贫困户的致贫原因、家庭详情、帮扶举措等内容。点击平台主界面的资料查询模块,再点击扶贫措施中的易地搬迁,就可以了解到目前岢岚县共有1852户贫困户享受到易地搬迁的帮扶政策。还可以随机抽取一户贫困户查看具体信息。该县扶贫办赵利生主任通过简单快捷的操作演示,向笔者介绍贫困户的帮扶措施落实情况。

平台的另一大亮点是,通过"互联网+"电子商务,可以同步实现电子商务"线上服务、线上销售"和"线下参观、线上销售",从而将农村的农户小生产对接全国乃至全世界的销售大市场,促进农副产品的生产、加工、销售、服务一体化,实现助农增收劳动致富的目的。

静乐县全力推进电子商务进农村,把特色农副产品销售作为发展电子商务的主渠道。充分依托互联网、物联网发展,创新脱贫攻坚手段,探索互联网+扶贫新模式,把特色资源和特色产品推向更广阔的市场,不断增强群众的脱贫致富能力。经过积极争取,2015年被国家商务部列为全国首批200个电子商务试点县之一。经过两年的努力,已经建起了功能完备的电子商务中心,配套建设了电商创业孵化园和大学生创业平台,聘请浙江大学农本咨询团队设计了"静乐生活"农产品品牌,培

育起了乡村两级电商示范基地。

坚持因地制宜,树立"消费扶贫"新理念。全县各级帮扶单位、驻村工作队、第一书记、结对帮扶干部对帮扶贫困村、贫困户的农产品销售需求进行了摸底,积极为帮扶对象的农副产品进行代言,寻求推销渠道。不断丰富内涵,探索"消费扶贫"新模式。

"以购代捐"是驻村帮扶力量开展"消费扶贫"的主要模式,引导各级帮扶单位、驻村工作队、第一书记、结对帮扶干部积极参与到"消费扶贫"工作中来,"人人参与消费扶贫、人人支持消费扶贫、人人宣传消费扶贫"。前期将贫困户农副产品售卖信息挂到自己的微信朋友圈,每天转发到亲朋好友微信群里,通过帮助贫困户销售农产品,增加他们的收入。后期贫困群众的农产品有了稳定客户后,还引导贫困群众更加注重保持产品质量,驻村帮扶干部以组织者和消费者的双重身份,在"消费扶贫"全程中监督把关、真实评价,通过"消费扶贫",真正激发了贫困群众的内生动力,树立了拒绝"等靠要"、主动脱贫的思想。

形成规模效应,取得"消费扶贫"新成效。与山西大学、太原学院、阳煤集团、国新能源4家驻静帮扶单位率先签订了"消费扶贫"合作协议,通过帮扶高校、国企助销贫困村、贫困户的农副产品,切实增加贫困群众的收入。一座"校农结合"的"销售桥梁"已经架起,一头连着高校、一头连着贫困户,"消费扶贫"模式的辐射带动效应日益凸显。山西日报社驻段家寨乡梁家村工作队将两户老百姓的3000公斤土豆拉到报社宿舍门口销售,不到3个小时便售卖一空。山西日报社驻段家寨乡梁家村工作队员张欣说:"我们就是要通过消费扶贫,真正激发贫困群众的内生动力。"各级驻村帮扶力量共为贫困群众销售土豆、小米、黑谷、绿小米、甜玉米、红芸豆、山蘑、高粱、老黑酱、藜麦、莜面、豆面、胡麻油、土鸡蛋、羊肉、核桃等各种农副产品1648335.5公斤,销售金额达到199.3279万元,带动了2939户贫困户5395人增收。

2020年,受疫情影响,经摸底,全县共积压玉米、土豆、藜麦等20类农副产品227万公斤。为帮助贫困群众解决销售难的问题,县委发动全县143个省市县帮扶单位、599名驻村工作队员、385名第一书记和5998名结对帮扶干部,多渠道销售农家土特产品。首先是结对帮扶干部"自购"。省邮储银行、市教育局、忻州日报社、市中行和县农行、妇联、司法局、供电公司、城关学区等省市县帮扶单位积极响应县委号召,发动结对帮扶干部自掏腰包,购买所包贫困户藜麦、土鸡蛋、核桃、莜面、豆面、土豆、小米等各类农家土特产品20余万公斤,销售金额120余万元。

其次是山西大学、太原学院、阳煤集团、国新能源结对帮扶单位"采购"。从所帮扶村及周边乡村集中采购土豆、小米、胡麻油等食堂常用食材35万公斤,静乐一中、致远中学、君宇中学等6所县内初高中集中采购所帮扶村1200户贫困户各类土特产品6万公斤,为复学复工做足准备。

然后是组织"三支力量"通过电话、微信、快手、抖音等形式,发挥结对帮扶联系人、驻村工作队员、第一书记思路宽、交际广、渠道多的优势,为贫困户土特产品进行代言,开展熟人销售,向亲朋好友推荐购买,拓宽销售渠道。

省政协利用其联系广泛的优势,通过微信朋友圈推荐销售黑猪肉、红皮土豆、土鸡蛋、黑豆豆腐、老黑酱、手工陈醋等农家土特产品3万公斤。山西报业集团驻村工作队牵线全国百强商业连锁企业美特好集团,签署了农副产品集中采购合作协议,帮助贫困群众销售土特产品。

山西大学包扶的丰润镇庆鲁村、西里上村自然条件较差,经济基础薄弱,老百姓增收非常困难。自山西大学驻村工作队到来,在了解到扶贫点土豆、小米等农作物无公害、原生态、质量好,但贫困群众苦于没有销路、增产不增收的情况后,学校提出发挥高校师生人数众多、消费需求量大的优势,大批量采购包扶村的农产品,并逐步从土豆和小米拓展到核桃、土鸡蛋等其他小量农产品。目前已经有了多种有效的消费模式,取得了显著的成效。

繁峙县全县共培育规模以上电商企业3户、发展电子商务平台8个、网络销售企业15家、个体网店经营户166家,发展283家淘宝店铺、148家"乐村淘"农村体验店,实现农副土特产品线上交易额1640万元,直接带动996名贫困群众增收59.8万元。以乐村淘和阿里巴巴在贫困村设点营销为抓手,发展龙头电商9家、村级体验店163家,年销售额1425万元。积极申创全国电子商务进农村示范县,打造"滹源味道"繁峙特色食品农产品区域电商推广品牌,力争农副产品线上交易额达到1亿元以上。培育规模以上电商企业2户、网络销售企业8家,发展电子商务平台7个,对400名贫困人口进行电子商务培训,带动660户脱贫。

大力发展农村电子商务平台、个体网店经营户和农村体验店,帮助贫困户销售农副土特产品,拓宽增收渠道。同时,通过电商体验店为贫困群众提供低成本、高质量的生活用品,进一步降低贫困户的生活成本。集义庄乡上永兴村通过"电商体验店+贫困户"模式,带动37户151人人均增收500元。

保德利用"互联网+"实施电商扶贫,为"工业品下乡、农产品进城"提供便捷途径,同时加强对从业人员的技术培训。

电商营销较好的乐村淘上半年培训农村消费顾问6次,培训263人次,网络代购消费品354万元,网络代销农产品28万元,全县服务网点辐射贫困人口约3000人,参与网络销售贫困人员300人。新发展或巩固100家网店,年销售额达到400万元,实现300口人以上的行政村"一村一个网店"全覆盖。初步形成全县农产品网上销售网络,拓宽100余村农民增收途径。

原平市宽带网络基本实现"村村通"，4G网络覆盖率达90％以上；邮政、申通、韵达等物流快递企业在市区和乡镇均已布点。全市电商企业达到94家、体验店300余家、县级物流中心1家、乡级物流中心17家、便民店260余家，300个农村电商示范店覆盖200人以上行政村，其中贫困村电子商务服务网点39个。2017年原平在32个贫困村建立了电商服务点。2018年，白酒、莜麦、红枣、小杂粮网络销售额达到8382万元。

忻府区实施电商扶贫行动，在9个乡镇的24个村和扶贫移民搬迁工程怡居苑小区各建立1个农村电子商务综合服务店，忻府区嘉丰电子商务有限公司建立平台终端，培育贫困户乡土人才，实现农副产品电商交易。解决贫困户销售产品难的问题，切实帮助贫困户增产增收、脱贫致富。

定襄县经信局、扶贫办、团县委、县妇联联合组织召开了电商扶贫业务培训会。两家由团县委通过青年创业大赛培育发展起来的本土电商企业起步于农村、扎根于农村，整合各种服务于农村的资源，构建了县、乡、村三级的连锁网点结构，其终端直接延伸对接至每个农户，在销售农副产品中形成了"特、快、专"的优势。

成立于2016年的山西阳坡婆电子商务有限公司，是定襄团县委扶持打造的定襄本土电商平台，"互联网+阳坡婆"原生态农副产品销售开启了"农村电商+精准扶贫"的创新模式。目前，该公司在继成村和下零山村建立了阳坡婆电商扶农助农工作站；与继成村贫困户签订谷子订单70亩；在阳坡婆商务平台上线5个板块，开发40多个产品，并制作网商图片，积极帮助农民销售香椿、甜瓜、葡萄等农副产品；引导培育年轻农民在阳坡婆平台开店，带动有条件的贫困户搞差异化养殖，积极推进电商销售，增加贫困户收入。

定襄县乐村淘电子商务有限公司经过2年发展，其村级体验店已覆盖包括21个贫困村在内的125个村，在服务群众优惠买进的同时，通过乐6集和乐村淘特色馆销售平台，为当地农民大量销售五彩红薯、定襄蒸肉、小米等农副产品，该县被山西省乐村淘网络科技有限公司定为全国乐村淘农村电商发展十大重点县之一，并获得全国优秀县级管理中心称号。为解决"农产品上行"的质量问题，该公司与蒋村乡军家贝村10户贫困户签订了种植合同，收购所有贫困户种植的小米，并与河边戎家庄所有贫困户签订柿子收购合同，助力脱贫攻坚。

在2016年10月份定襄县东峪滞销柿子收购外销中，两种电商平台会同供销社农芯乐电商平台、中通快递中通优选电商平台累计销售柿子超5万公斤，带动其他渠道销售共计27万公斤，最大限度地确保了柿农收益。在这个特殊情况下启动的电商销售活动，为两者进行全面合作奠定了初步基础。

为促进电商扶贫发挥更大的功效，县经信局和团县委从中牵线对接，成功促使中国邮政定襄分公司分别与山西阳坡婆电子商务有限公司、定襄县乐村淘电子商务有限公司签订了合作协议,在农产品网上销售、电商进农村、物流快递、金融服务、人才培训等方面开展全面合作,携手打造集渠道建设、物流配送、农村金融、电商公共服务为一体的电子商务生态链和生态圈,大力提升农村流通现代化水平,力争为农业发展、贫困群众脱贫致富带来实实在在的好处。定襄县引导扶持电商发展并参与脱贫攻坚工作,使各种电商平台"联姻"有了更加明确的发展方向。

五寨县在电商产业扶贫方面积极行动,通过京东、美淘村、乐村淘电子商务企业建成的3家实体店、65个挂牌体验店,带动建档立卡贫困人口3000余户实现增收。

神池县积极申创全国电子商务进农村综合示范县,推广"神韵土味"特色食品农产品电商品牌;借助供销社改革契机,新建26个农村电商服务点,打造"网上供销社",切实解决农民"卖粮难""卖粮贱"等问题。通过发展六大产业,有效补齐"一村一品一主体"产业发展短板。

按照"政府引导、市场主导、社会参与、互利共赢"的原则,组织开展消费扶贫系列活动。在北京航信集团总部和上海分公司组织开展了"神池县农特产品走进中国航信年货大集"活动,销售各类农特产品7060件,销售额达34.7万元。正着手组织开展以"消费扶贫,与爱同行,实在神池,食在神池"为主题的消费扶贫推荐活动,每月推出一品,以单品推荐为抓手,调动社会各界参与消费扶贫,促进贫困群众农特产品与市场需求有效对接,增强他们自我发展的能力,形成可持续增收长效机制,加快特色产业的发展。

2015年农村电商蓬勃兴起。中国民航信息集团有限公司在神池扶贫的挂职副县长王宝龙利用业余时间组织电商沙龙,带动起50多名年轻人开始电商创业,帮助神池当地农产品实现网上销售。经过两年多发展,佰农尚品、阿墩科技、山人乐购等电商企业已在当地农村电商市场小有名气,农村老百姓也开始意识到"网上"可以卖东西,甚至可以卖个好价钱。王宝龙意识到市场经济条件下品牌营销必不

岢岚县黑峪村农产品团购电商平台开张
来源:山西新闻网·忻州频道

可少。为了解决品牌营销问题,他积极利用挂职干部的"特殊身份",在2015年全国扶贫日期间,联合其他挂职干部策划推出了"五县长联合推荐吕梁山区农产品活动",利用互联网平台宣传推荐贫困地区特色农产品。一时间,"吕梁山货""神池月饼"等特色品牌被大家所广泛认知。

在王宝龙的积极推动下,神池县2017年成功申报全国农村电子商务示范县,建立起神池电商服务中心,发布了神池农产品公共品牌,在推动农产品电商和品牌宣传方面不断取得进步。2018年,在中国航信集团大力支持下,神池县成功申报全省有机旱作农业示范县。通过绿色食品生产和加工,借助互联网营销和消费扶贫举措,汇聚形成了一条贫困地区绿色产业发展链条,这将助推神池迈向一条可持续的绿色发展致富之路。

河曲县地处晋、陕、蒙能源金三角的中心地带,被神府煤田、准噶尔能源富集区、朔州工业区、河东煤田等大工业包围,境内已经或即将建成的神朔铁路、朔准铁路、黄河龙口大桥、韩河公路、沿黄公路和府谷至河曲公路桥等便利交通网络,使河曲融入晋陕蒙金三角区域经济板块,是承接呼、包、鄂、榆、忻、朔经济发展辐射力的枢纽带。

河曲县万家福商贸公司荣获第二届"山西小米"品牌标识使用权,"许诺"牌小米成为"山西好粮油"产品,莲芯硒美公司的"莲宇康"小米成为"中国好粮油"产品,打出了河曲县的杂粮类品牌。国能集团河曲发电有限公司等10家驻地企业与相关乡镇分别进行了消费扶贫对接签约。"翠峰山"羊肉、富硒杂粮、"许诺"小米、"隩州"黄酒、"一品农夫"海红蜜等受到了消费者的青睐。在推进消费扶贫的同时还实行"农户+基地+村集体"联结的订单农业,其中,唐家会的大蒜、焦尾城的葡萄、鹿固的糜米甚为抢手。

2016年,五台县发展农村电商企业4家、线下体验店136家,吸收贫困人口600人就业。

2018年,忻州市电子商务进农村工作试点走在全省前列,11个贫困县全部进入全国电子商务进农村示范县行列。瞄准国家级电子商务进农村综合示范试点申报这个契机,把发展普及农村电商作为全市脱贫攻坚的重要抓手,建设和完善农村电商公共服务体系,培育农村电商供应链,完善农村电子商务配送体系及综合服务网络,促进产销衔接,带动贫困人口稳定脱贫,使电商进农村成为脱贫攻坚和乡村振兴的新动能、新引擎。

"三大法宝"授之以渔

"农民工"一词是中国经济社会改革开放以来催生的汉语新名词。在传统的工人、农民之间,多了成千上万的"农民工",不能不说这是时代造就的一个特殊群体。

世世代代以耕田种地为生的农民终于改变了自己的生存方式,将他们田间劳作的身影印在了城市的大街小巷、各个角落,成了一道独特而醒目的风景线。

"农民工"一词作为正式称谓出现在2003年的政府工作报告中,在2004年的政府工作报告中,"农民工"出现了7次,在以后的政府工作报告中,"农民工"一词不断出现,已经成了一个约定俗成的称谓。

与此同时,农民就业问题也就被各地政府摆在了一个重要位置上。农民成为农民工的前提条件就是有工可做。一直以来,忻州农民工不仅数量多,而且在各地口碑甚好。忻州市始终把就业作为群众稳定增收的重要途径狠抓不放,全力以赴保障就业。打造了"忻州月嫂""五台瓦工""繁峙绣娘""静乐裁缝""保德好司机"等"忻"字号劳务品牌,全市贫困劳动力转移就业7.44万人次,基本实现了"就业一人、脱贫一户"。

农民要增收,农民要创收,不能再单纯依靠种地打粮食了,而是将打工视为他们的开源之道。

忻州农民工在外面成了"香饽饽",已是不争的事实。

但很多外地人会问:这是为什么?

一个关键环节,农民种地靠的是种地的技术,而打工靠的是打工的技能。一个常年在外打工的五台人说:"你技术好,人家就吃香你;你什么也是'凉壶',人家就不要你。"从早期的劳力活到后期的技术活,新一代打工者已经转换了思维方式,把技术视为自己的立身之本。

来自原平西山上的小刘说:"你会电工,挣的就是电工钱;你会焊工,挣的就是焊工钱;你什么也不会,只能挣个小工钱,那差距大了。"

市场、效益,让农民们懂得了工业时代,技术才是根本。

忻州市农民工遍布全国各地,甚至远走国外,靠的就是技术过硬。忻州市政府高度重视农民职业技能培训,各种技能培训应运而生,以工代训、订单培训、定向培

训、定岗培训,一边培训,一边转变群众观念,让大家主动提升职业技能,不断拓展就业渠道。

请看这样一组令人兴奋的数字:

全市完成职业技能培训17.09万人次,其中贫困劳动力培训5.96万人次。开展科技结对帮扶,为11个县实施专项计划130项,选派科技人员815人次;为3个深度贫困县38个乡镇选派科技特派员342人次;认定星创天地17家,签约服务团队和创业导师人数140人,解决1000余名贫困人口就业问题,带动5000余户贫困户实现稳定增收。

总的来说,忻州市帮助农民工就业有"三大法宝":

一个是推进劳务协作,加大劳务输出。建立贫困劳动力务工就业实名制登记台账、就业岗位菜单和就业状态清单,全面掌握贫困劳动力就业返岗需求、求职意愿、年龄结构、素质技能等信息,完成贫困劳动力建档立卡27.31万人。对接服务助就业,组织15524家企业发布用工信息,提供就业岗位17.63万个,达成就业意向4.19万人。

一个是实施返乡创业带头人计划、创业服务能力提升计划。新建50个技能培训基地,完成农民工创业培训6533人次,鼓励创业促就业,帮扶2983户实现自主创业,带动就业6625人。

还有一个就是进行劳务输出拓宽就业渠道。先后在山东青岛等地建立6个市级劳务输出基地,全市贫困劳动力外出务工15.77万人。

脱贫攻坚战以来,在每个易地搬迁集中安置点建立就业服务工作站,后续扶持抓就业,拓宽就业门路,扩大岗位供给。组织有劳动力的搬迁群众参加培训1.85万人次,提供职业介绍1.31万人次,实现就业1.27万人。

从2016年开始,忻州市妇联按照全市脱贫攻坚战略,认真实施巾帼扶贫专项行动计划,通过思想引领、技能培训、项目带动、健康扶贫、公益助贫、乡村振兴"六措并举",团结引领全市广大妇女积极投身脱贫攻坚主战场。她们首先着眼市场需求,采取分类型、分区域、分对象,订单式的"三分一订"培训模式,帮助贫困妇女提高脱贫技能和发展能力。根据基层贫困妇女的生活现状和就业意愿,送需上门,组织忻府区康乐居家政、繁峙晋绣坊等精干师资,深入县(市、区)开展月嫂、刺绣等培训。然后利用巾帼脱贫示范基地、巾帼创业就业培训基地等各类基地有专业场所、师资、教材的优势,为贫困妇女搭建专业平台,开展各种培训。组织贫困妇女赴北京、义乌等地参加培训,开阔眼界,更新理念,增强自我发展能力。通过多元技能培训,引导贫困妇女立足当地特色,增加非农收入,实现巧手脱贫。"巾帼脱贫行动"实施以来,全市共举办绣娘、巧手、月嫂、烹饪等各类技能培训430余期,培训妇女4万余人次。通过多元培训,引导贫困妇女立足当地特色,增加非农收入,实现脱贫。另外,她们突出基地能人带动作用,倾心打造"妇字号"品牌，积极搭建创业创新平台，多元化拓宽妇女增收渠道。选树各类示范基地、合作社187个，各类妇女典型217名。打造带动力强的"巾帼扶贫工厂"和"巾帼脱贫基地"，助力妇女脱贫增收。全国妇女手工协会在山西的首个"妇女手工扶贫工厂"于繁峙开工运营，百年老店瑞蚨祥牵手"繁峙绣娘"，目前已带领周边近百名妇女稳定就业；依托全国巾帼脱贫示范基地山西莲芯硒美农业科技开发有限公司，带动6900余名贫困妇女增收400余万元，其中建档立卡贫困妇女1400余名；静乐依托全国妇女手工协会在山西建立的首个"妇女手工扶贫培训基地"，引领2000余名"静乐裁缝"抱团开展缝纫业务，实现手工技能脱贫致富。

你若盛开，清风自来。我们可以看到，"忻州月嫂""繁峙绣娘""静乐裁缝""代县巧姐"等"妇"字号特色品牌效应已经初露峥嵘。"忻州月嫂"武志兰走出国门赴俄罗斯上岗；"忻州月嫂"贺明先、张香萍入选全国妇联"最美家政人"优秀故事；"忻州月嫂"孙国辉参加了中国扶贫基金会与荷兰皇家菲仕兰共同举办的"赋能月嫂助力脱贫"2019年家政技能精准扶贫研讨会，并作为优秀月嫂代表进行了交流发言；市妇联积极组队参与，在全省第五届、第六届"晋嫂"家政服务技能大赛中取得了1人金奖、1人银奖、2人铜奖、9人优秀奖的好成绩，市妇联获"优秀单位奖"；开展"最美巾帼家政员"故事征集展示活动，征集全市27名"最美巾帼家政员"故事，并在市妇联微信公众号开设专栏予以陆续展示。

她们的故事，是忻州市脱贫攻坚故事中的一个精彩篇章。她们用自己灵巧的双手撑起了农民工的半边天。

比如"繁峙绣娘"与中国手艺网联合，打造"互联网+非遗刺绣"直播定制绣项目，以引导城市时尚青年人群的体验方式探索新的销售趋势；在第四届山西文博会上，晋绣坊现场销售2万余元，签约五星级酒店客房装饰绣品200幅、价值30万元，使200名"繁峙绣娘"人均增收1200元；晋绣坊绣娘在"农信杯"山西职业技能大赛忻州选拔赛暨第一届忻州市职业技能大赛中，获刺绣工一等奖。

比如"静乐裁缝"结缘"巴拉巴拉"服装品牌，实现订单销售；并将好手艺变成好收益，通过经营者将服装半成品"送货进村"的方式，使数以千计的农村留守妇女利用农闲时间"见缝插针""在家务工"，构建了"大村有服装加工点、个体有手工缝制"的产业网络覆盖新格局。

比如"代县巧姐"依托工业园区、扶贫车间、家庭作坊3种模式，5000余人参与手工脱贫项目，人均增收近万元，实现巧手脱贫致富。打造"非遗+扶贫"模式，连续四年在恭王府举办忻州市"非遗+扶贫"妇女手工产品展，销售额达100余万元，带动2000余名贫困妇女人均增收2000余元，使好手艺变成了好收益；与南京市妇联签署合作交流框架协议，在深化妇女创业就业、脱贫致富、妇女儿童关爱

等领域探索合作；举办"弘扬工匠精神 展现巾帼风采"庆祝建国70周年暨改革开放40周年手创作品展评活动，助力改革创新。

发挥妇联优势，动员广大妇女，助推乡村振兴，已经是新时代的一个新风尚。忻州市看到了这一契机，大力加强新型职业女农民培育，积极组织实施农村妇女素质提升计划，先后举办农村妇女实用技能培训100余期，共有6000余名农村妇女参加培训，有效提升了农村妇女服务乡村振兴的本领和能力；同时选树市级巾帼示范农家乐10个、巾帼新型农业经营主体带头人38名，以点带面来鼓励支持更多妇女参与到农村新产业新业态中来。

忻州团市委推进共青团"双争双兴"工程和农村青年创新创业工程，共开展电商培训活动45场，覆盖贫困人口1800余人，为贫困青年创业发放1100万元小额贷款支持。

如何创新培训模式，如何促进农民工就业？每个县可谓是"八仙过海，各显神通"，各地有各地的做法，各地有各地的特色，这样的努力，让忻州市的农民工插上了新的翅膀，自由搏击在时代的大潮中。

在繁峙县，我们看到了让人欣慰的新局面。为了全面完成脱贫攻坚总目标，繁峙县加大劳动技能培训力度，县人社劳动部门牵头组织农业、扶贫、妇联、科协等多个部门和协会开展针对不同技能需求的培训活动，以特色种植加工、生态林业、中药材栽培、健康养殖、旅游产业、光伏产业、农村电商等7大扶贫产业所需技能为目标，实施贫困户"壮骨"工程，通过培训增强扶贫对象的"造血功能"，大力促进劳动力转移就业，培训贫困对象5200人。

由劳动、农委、妇联、农机等部门牵头组织的7个专业11个培训班已经多次开班；由人社（劳动）局牵头的创业、计算机培训班分别在县城开班，涉及培训人员80人，其中建档立卡贫困户22人；由农委牵头的新型职业农民、林果栽培3个培训班分别在下茹越村、西沿口村、繁城镇政府开班，参加培训的有170人，其中建档立卡贫困户151人；由妇联牵头的刺绣专业4个班在宝山中学开班，参加培训的有100人，其中建档立卡贫困户76人；由农机局牵头的农机具培训班在县城龙河宾馆开班，参加培训的138人，其中建档立卡贫困户82人。县人社局和忻州市轻工职业技术学校在繁城中学共同举办了繁峙县脱贫攻坚计算机培训班，参加培训的学员共47人，年龄最大的53岁、最小的23岁，培训内容为与学员生活、工作、就业相关的计算机知识，培训为期15天。忻州轻工职业技术学校为做好此次培训，专门为每位学员都配备了新购买的笔记本电脑，学校派出了知名老师周玉琼前来为学员授课。繁城镇举办林果类树木管理培训班，下茹越村举办的小杂粮生产培训班和西沿口村的小杂粮高产知识培训班，总共有170名贫困劳动力参加。春耕前，培训贫困劳动力350人，其中举办小杂粮生产培训班3期，总计170人；林果类树木管理专业4期,总计200人。

他们找到了"技能培训+提供岗位+交通补贴+薪金"的新型模式,支持企业为技能培训合格的贫困劳动力提供就业岗位,获取劳务输出交通补贴和工资性收入。中兴实业、华茂精密铸造等企业为1858名贫困人口提供就业岗位,人均享受劳务输出交通补贴567元,年均工资13564元/人。

他们还以基地建设、吸纳就业、参与经营等方式,推动经营主体与贫困村、贫困户"结对子",全面强化贫困户利益联结机制。全面整合劳动、农业、农机、教育、妇联、扶贫等单位和协会的培训资源,重点围绕驾驶员、农机员、刺绣、新型职业农民等需求加强特色技能培训,实现技能脱贫。

2017年,全县对1810人开展技能提升培训,其中建档立卡贫困户家庭成员1310人,占总数的72%。继续推进"公司+基地+合作社+农户+保险""提供岗位+薪金""资金入股+资产收益""贫困户贷款+带资入企+就业分红""专业技术合作社+贫困户""电商体验店+贫困户"等利益联结机制和健全脱贫利益联结机制。坚持"以奖代补、先干后补"原则,创新奖励激励机制,对自主脱贫、自主创业的贫困户进行奖励,教育引导"等靠要"贫困户。

值得一提的是,"繁峙绣娘"技能脱贫培训班在位于繁峙县宝山中学的晋绣坊巾帼双创技能脱贫培训基地举办。来自该县东山乡等4个乡镇26个村的98名建档立卡精准扶贫户和立志手艺脱贫致富的农村妇女,分4个班接受了为期半个多月的培训,共培训"繁峙绣娘"500人。

繁峙县劳动部门还牵头组织了繁峙县精准扶贫箱包加工培训班,培训在横涧乡白坡头村举行,把箱包加工作为该县特色劳务品牌进行打造,引导当地村民参加箱包加工技能培训,横涧乡小屯、白坡头、横涧、前所4个村的50多名妇女参加。

山西建筑工程集团公司是繁峙县对口帮扶单位,扶贫工作队先后在杏园乡岗里村、黑山沟村实施了引水灌溉项目和养殖项目,两个村均实现了整村脱贫。为帮助更多贫困农民掌握一项劳动技能,带动

岢岚广惠园社区扶贫车间　　秦泽玉　摄

他们脱贫致富，公司驻繁峙扶贫工作队在杏园乡成立了精准扶贫劳务输出培训基地，对繁峙县的劳动力进行培训。共有156名贫困人口参加塔吊、电工、电焊、施工电梯、钢筋工5个专业的培训，其中有103名贫困劳动力与企业达成就业意向。培训费用一律全免，经培训合格后将颁发建筑特种行业从业许可证，由山西建筑工程集团公司安排在本系统就业。

繁峙县还坚持把智力扶贫作为增强贫困户"造血"功能的治本之策，健全"技能培训+劳务基地"机制，打造家门口就业产业，叫响叫亮"繁峙绣娘""繁峙巧姑"等特色劳务品牌，引导促进农村贫困劳动力转移就业1万余人。

五寨县则是把加强远程教育工作与全县精准扶贫工作相结合，以政策宣传、教育培训和示范带动为抓手，全县已通过远程教育平台开展政策宣传60多次。各类技术人员深入各乡镇站点开展现场服务30余次，使远程教育成为农民脱贫致富的好帮手。

事实证明，创新才是硬道理。抓好了农业技术培训，无疑就扩充了人才队伍。他们通过采取"线上+线下"双线结合模式，有针对性地开展培训工作。一方面把先进的管理、农业技术、产品营销等新知识新方法，及时补充更新到线上学习资料库，紧跟市场、紧跟社会；另一方面各乡镇结合实际，利用已建成的12个农业专家实验站点，有针对性地开展培训、提供技术服务。由县农委、扶贫办、林业局、畜牧局等部门20余名技术人员组成的远程教育师资队伍，分组分批深入乡镇站点，定期为贫困户开展培训，并提供上门技术服务。

如何才能把群众的自主积极性调动起来？他们想到的办法是充分发挥远程教育学用标兵和示范户的带头作用，结合前期入户调查摸底情况，按照贫困户脱贫意愿和产业发展意愿，采取"一帮一、户帮户"传带帮扶、村级站点集中组织等教学形式，聚焦三农，实实在在开展了以设施养殖、设施种植为主要内容的一系列菜单式培训、定点培训，真正把"真扶贫、扶真贫"的精准性要求贯彻到实际行动中，着力培育富民产业，进一步提升农民群众致富能力和"造血"功能。而他们持续打造的"五寨驾驶员""五寨厨师"等特色劳务品牌，也为贫困劳动力创造了更多的就业机会。

如何确保搬迁群众"搬得出、稳得住、能脱贫、可致富"是他们关心的实际问题。围绕搬迁群众全面融入新社区的目标，扎实做好产业培育、就业帮扶、服务配套、社区治理、社会融入、拆旧复垦、权益保护等后续扶持重点工作，持续联动实施退耕还林奖补、造林绿化务工、森林管护就业、经济林增效、林产业增收五大生态扶贫项目，建立稳定的带贫益贫机制，带动贫困户增收，实现增绿增收互促共赢。

静乐县的抓手是坚持就业创业相结合，以职业中学为依托，整合各类培训资源，持续开展以"静乐裁缝""静乐小杂粮面点师"等为主的实用技能培训，加大劳务输出和跟踪服务力度，确保每户至少有一人掌握实用技能；完善劳务对接协作机制，引导本地煤炭企业、物流公司等企业优先使用贫困群众，带动贫困群众实现就业、创业增收。认真落实健康扶贫、教育扶贫、民政扶贫、残疾人帮扶等各项政策措施，确保到村、到户、到人、到位，进一步增强贫困群众获得感。扶贫与扶智、扶志相结合，下大力气抓好能力建设，激发贫困群众脱贫的内生动力，让贫困群众变"没办法"为"会致富"，增本领、拔穷根。

2020年，他们组织帮扶责任人通过电话、微信等各种途径，对全县所有贫困户进行了排查摸底，建立疫情期间贫困劳动力就业意愿台账。这是一个大工程，但他们顺利完成了。全县春节期间返乡回村或在村居住的务工人员共有9908人（建档立卡贫困户5993人），已经务工4183人（建档立卡贫困户2015人），计划外出务工5725人（建档立卡贫困户3978人）。

县人社局、妇联等帮扶单位组织开展了2020年"春风行动"暨就业援助月网络招聘活动，鼓励用工单位、贫困群众通过网络视频等方式进行线上招聘、应聘，与富士康、蓝泰集团等16家省内外知名企业达成就业意向，提供就业岗位1360余个，其中贫困群众216人。

在县城两个集中移民安置点联合举办的以"春风行动"为主题的3场招聘会，帮助652名贫困劳动力实现就业。结对帮扶单位和帮扶责任人，针对贫困户就业意愿，主动对接联系农业龙头企业、农业产业合作社、县内建设项目，收集就业岗位信息，提供就业服务，帮助232名"能外出不能远行"的农村贫困劳动力就地就近就业。

根据疫情防控需要，县委政法、农业农村、住建、卫健等县级帮扶单位通过开发网格化管理员、防控值守员、卫生消杀员、护林员等公益性岗位，吸纳3508名贫困劳动力就业。阳煤集团、市工信局等省市帮扶单位为所帮扶村有务工需求的贫困劳动力，提供矿工、保洁员、保安等就业岗位，解决了68名贫困劳动力的就业问题。

忻府区依托本区已形成的1个国家级技术中心、4个省级技术中心、20个市级技术中心和1个国家级技术创新示范企业，进一步密切与科研院所、省内外高校及其他科研机构的交流合作，大力培育引进优秀科技管理人才和科技研发团队，组织好科技进步奖评奖活动，进一步完善科技奖励办法，开创科技引领发展新局面。强化科技创新的核心位置，加快建立以企业为主体、以市场为导向、以应用为目的的科技创新体系，打通科技创新和经济社会发展之间的通道。积极鼓励侨友化工、金宇高岭土、高淳陶瓷等企业进行科技创新和技术改造，促进产品更新换代和优化升级，提高企业的市场竞争力，增加对经济发展的贡献率。不断提升已建成技术中心的创新能力和水平，结合重点产业发展需求，不断扩大企业技术中心的覆盖面。

他们继续推进特色行业和区域重点产业,创新产学研合作新模式,推动创新链与产业链更好地相互贯通,加速科技成果转化,培育新的发展动能。鼓励企业开展"小发明、小创造、小革新、小设计、小建议"竞赛,挖潜创新,苦练内功,大力开展精细化管理,降低生产成本,压缩期间费用,在提高劳动生产率和利润率上下功夫。

原平市2017年筑起就业扶贫大平台,对全市贫困户劳动力873人开展转移就业焊工、月嫂护工、种植、养殖等技能培训,就业率达43%。

在各行业、各单位开展助贫就业献爱心社会活动。原平市政协常委、双惠种业有限公司董事长武江涛积极投身脱贫攻坚主战场,不仅帮助贫困户种植蔬菜并签订保护价收购协议,而且安排126个贫困户劳力在本公司务工,每年可增收103万元。

市四大班子领导带头在全市开展干部驻村结对帮扶工作,种好"双包"扶贫"责任田"。103个市直机关单位组建1145人的包村帮扶工作队,分别包扶349个村。全市机关适龄党员、市党代表、人大代表、政协委员共2997人包扶贫困户5648户,做到了精准帮扶全覆盖,达到了贫困户户户有人帮、不落一户,贫困人人人有人扶、不落一人。全市涌现出宁新军、郭双全等一批帮扶成绩突出的先进典型。

五台县积极组织有劳动力的贫困户参加农科技术培训、转移就业培训和企业订单定向培训,提高贫困户种植、养殖技术和就业技能。已有900名贫困人口参加了就业培训和新型职业农民培训。以擦亮"五台泥瓦工"特色劳务品牌为引领,积极开展泥瓦工、护工、刺绣和电工等技能培训,努力实现培训一人、就业一人、脱贫一户的目标。

宁武县从2018年以来,坚持扶贫与扶志、扶技、扶智相结合,先后开展了20余期技能培训活动,培训贫困户609人。以提高贫困群众自主脱贫本领为目标,实施全民技能提升工程,做到应培尽培、愿培尽培;有序发展扶贫车间、开发公益性岗位,带动贫困群众"门口就业,顾家赚钱";扩大宁武"好矿工""好导游""好猪倌"等优质劳务品牌影响力,提高劳务输出组织水平,促进贫困群众"走出去"就业。

充分发挥新时代农民讲习所(夜校)和农村"小喇叭"作用,通过脱贫政策宣传、脱贫知识宣讲,营造了良好的脱贫氛围。加大精神扶贫力度,出台了《关于鼓励支持贫困户"三自一带"奖补的实施意见》《脱贫攻坚"双扶"(扶志扶智)工程积分奖励指导意见》,通过选树典型示范引领,全面激发贫困群众自我脱贫的内生动力。

神池县大力推进就业增收工程,累计培训建档立卡贫困劳动力5053人,其中有2748人取得职业资格证书、994人取得专项能力证书,全面落实奖补政策,外出务工贫困劳动力达到5566人。

开展千村万人就业培训和新型职业农民培育工作，共培训保洁员、电工、钳工460人。依托忻州市实用技术学校，为贫困村劳动力开办以种植、养殖技术为主的实用技能培训班6期，共培训600人次。

按照"以培训促就业，以就业促巩固"的思路，在中国航信集团的协助下，神池县与北京家政巨头管家帮合作，投入200万元，针对25至50岁农村妇女，组织实施了"神池保姆"进京务工示范项目，组织第一批神池保姆进京参加培训。

采取多种奖补方式鼓励贫困群众走出神池、参加培训、上岗就业，全年可为200余人稳定托底，户均增收5.4~7.2万元。真正实现"就业一人、脱贫一户、稳定一家、带动一村"的目标。

定襄县围绕需求性职业技能开展培训，使经过培训的农村贫困劳动力基本具备劳务输出职业技能；围绕春耕备耕期间农业实用技术、种肥同播、测土配方施肥、杂粮生产等方面开展农业实用技术培训；围绕实现职业技能培训全覆盖目标，以公共就业培训服务机构为主，对有就业意愿和培训需求的农村贫困劳动力进行培训，达到初级工以上职业技能水平。同时，依托现有职业培训机构，统筹各类职业培训资源，抓好技能培训基地建设，力争使300名贫困人口就业并实现脱贫。

河曲县大力推进培训就业工程，促进贫困劳动力转移就业。加大培训补贴力度，精准培训人均补助3000元，打造劳务培训基地，培育"河曲厨子""河曲汽修""农村经纪人"等一大批具有河曲特色的劳务品牌。

山西农业大学校长、省农科院院长赵春明一行就与河曲县共建专家工作站签署合作协议一事在河曲县调研。双方在人才培养、农业技术推广、农产品研发等领域加强合作，发挥专家院士的技术引领和山西农业大学多学科、多功能的优势特色，加快技术成果转化，提升河曲农业企业核心竞争力，辐射带动当地老百姓早日脱贫奔小康。

山西河曲四海进通有限公司和山西河滩奶牛育种有限公司作为山西农业大学的校企合作企业，也是河曲县的农业龙头企业和农业产业化发展的典型，在山西农业大学的大力支持下，建成了以人才培养、农业科技研究和技术示范推广以及农业技术协同创新为一体的实践教育基地，引入院士及其研发团队落户河曲。依托山西河曲四海进通有限公司和山西河滩奶牛育种有限公司，引进省内外知名专家、人才团队入驻河曲，引进高层次人才5人，为河曲县农业产业化发展提供了可靠的人才支撑，进一步加快了河曲县农业产业高质量发展步伐。

保德县构建完善的服务体系，在乡土人才聚集地建立"两红""反季蔬菜"等协会，在协会内部建立产、供、销等服务小组，有效整合资源，组织乡土人才引资金、上项目、谋发展，全面助推了脱贫攻坚工作。

构建"双向互动"的教育模式，开发

"适销对路"的专业课程,采取研讨式、案例式、体验式等教学方式,大力推行社会化"选学"培训,努力提高乡土人才的自身素质。共培训乡土人才和科技致富能手3200人次,68人成为全民创业的典范。

通过举办电商、厨师、理发、保德绣娘等技能培训,打造了以"保德好司机"为代表的劳务主打品牌,依托跨省劳务输出优势,投入3000万元就业创业基金,面向全县有劳动能力的贫困人口开展技能培训、就业创业补贴,劳务收入成了贫困群众可支配收入的主要来源。通过三批次招聘,保德县共有246人在奇瑞汽车制造厂就业,其中贫困户113人。

坚持扶贫与扶志、扶智、扶德相结合,强化诚实劳动、脱贫光荣的价值导向,培养贫困户自立自强、敢想敢干的意识,催生脱贫潜力,激发内生动力,提高自我发展能力。实现物质扶贫与精神扶贫双轮驱动,夯实立志、立业、立德内在统一,补齐贫困户精神短板,使内生动力与外部帮扶力量同向发力,自主脱贫与社会帮扶同频共振。针对劳务市场需求,开展以驾驶员、护工、月嫂、刺绣等多个领域的技能培训,开展好"保德好司机""山西护工"等形式多样的培训活动,完成1500人以上贫困劳动力精准免费培训,组织实施好贫困村创业致富带头人培育工程,倾心帮扶。

岢岚县落实就业创业奖补办法,依托政策保障、职业培训、就业服务、品牌塑造和劳务维权"五位一体"平台体系,将搬迁户纳入贫困劳力全覆盖培训持证计划,开展烹饪、缝纫、电工、保育、护理等多种技能培训。广惠园搬迁贫困户有392人外出务工、3607人"家门口"稳定就业。2019年底人均收入达到11042元,较2014年翻了两番。

偏关县坚持"授之以渔",注重培育贫困群众发展生产和务工经商的基本技能。县级层面先后开展电商、绣娘、家政等技能提升培训77期,5346名贫困人口实现转移就业。按照分层分级培训的原则,各乡镇也大范围开展新型职业农民培训,如老营镇在各村开办创业技能培训班7期,其中电工、家政、义工等实用技术培训班4期,共培训农村各类人才476人。

各种类型的培训,让这些农民工掌握了一种或多种专业技术,他们在就业上有了挑选,有了底气,收入也大大增加。五台的老安高兴地说:"别看我年龄不小了,以前出去没技术,只能给人家当小工,现在学了技术,咱就是大工,那挣的钱差老鼻子了。叫我说呀,这学技术就是挣钱串子哩。"

惠农福农输血造血

张贵荣、马黑女夫妇是岢岚县水草沟村人，原本是靠种地吃饭的，一年下来挣不下几个钱，生活得很艰难。穷则思变，两口子一琢磨，靠种地只能吃个肚儿饱，得变个活法。岢岚山地多，适宜养羊。柏籽羊是当地的招牌，人家能养，咱也养吧。手头没钱怎么办？正好那天乡里的信用社主任来村里办事，张贵荣拦住人家想贷几个钱养羊。本来是试着问一下，不想人家很爽快地答应了，说是信用社就是为农民兄弟脱贫致富服务的。张贵荣咬咬牙贷了几万元，买回几十只山羊。这年是2004年。年复一年，张贵荣的羊群越滚越大，已有百十来只的规模，家里的生活也越来越好了。谁料天有不测风云，常年在山里风餐露宿，张贵荣得了严重的风湿性关节炎，连炕也下不来了。看病一天就得百十元钱，几年下来，不仅积蓄花光，连羊也卖得差不多了。2016年，病日渐痊愈，张贵荣想重操旧业。还是老问题：钱呢？这时，村里已经有了扶贫工作队，他们说，政府会给每一位贫困户想法子的，上边有专项扶贫贷款。张贵荣贴息扶贫贷款贷了18000元，政府补助12000元，买回60只山羊，现在已发展到150多只了。张贵荣家里的生活又一天好似一天了，马黑女还被市里评为"脱贫致富最美女性"。每每想起这贷款的往事，张贵荣感激不尽地说："正盼着钱呢，马上就来了财神爷。感谢财神爷！感谢政府！"

张贵荣夫妇的贷款故事正是这些年来国家扶贫资金投入的一个缩影。

"十三五"期间，中央、省、市、县四级财政累计投入专项扶贫资金73.99亿元。市县两级累计投入财政扶贫资金24.83亿元，其中，市级投入3.71亿元，县级投入21.12亿元，市县两级均实现投入逐年增长的目标。

全市11个涉农资金统筹整合试点县（国定贫困县）累计计划整合的财政涉农资金129.23亿元，实际整合资金126.73亿元，占计划整合资金的98.06%；已经支出资金124.58亿元，占计划整合资金的96.40%。

全市扶贫小额信贷累计投放428086万元，发放贷款户数98980户。运用扶贫再贷款资金发放扶贫贷款32.9亿元；投放易地扶贫搬迁专项贷款10.41亿元；投

放基础设施建设贷款76.45亿元。

全市农业保险承保金额合计1.77亿元，人保财险为全市3.78亿元扶贫小额贷款提供保证保险保障，带动7764户贫困户受益。开办特色农业种植保险,其中玉米保险参保200496(户次)10.78亿元,马铃薯保险参保48179(户次)2.21亿元,小杂粮保险15598(户次)1.62亿元,谷子保险18825(户次)1.03亿元。

2016年10月14日,由省发展和改革委员会副主任刘峰带队的第一督导组和由省财政厅副厅长黄庙带队的第二督导组莅临我市,检查忻州市财政专项扶贫资金滞留和结转情况,并对相关工作进行指导。督导组指出,各级各相关部门要进一步统一思想,充分认识到财政专项扶贫资金拨付工作的紧迫性,明确任务与目标,确保资金马上拨付到位。就做好下一步工作,督导组提出四点要求:一要摸清家底。各县(市、区)要查清楚本地财政专项扶贫资金滞留情况,及时提出解决办法。二要马上就办。符合支付条件的项目要立即支付。三要分类施策。针对不同情况的资金滞留,提出相应的解决方案,做到"三个确保"。四要同步推进易地扶贫搬迁和采煤沉陷区综合治理资金的拨付工作。

2017年2月13日,山西省召开"一村一品一主体"产业扶贫和"五位一体"金融扶贫电视电话会议。会议强调,要进一步明确目标任务,推进"一村一品一主体"到村到户,实现贫困村有产业、有带动企业、有合作社,贫困户有项目、有劳动能力的贫困人口有技能的"五有"全覆盖和户均增收3000元以上的目标。推进"政府+银行+保险+实施主体+贫困户"五位一体的金融扶贫模式,力争产业扶贫贷款和扶贫小额信贷大幅增长;要进一步解决突出问题,抓好新型经营主体的培育和引进、合作组织创新、扶贫小额信贷风险补偿金的使用;要进一步压实农业部门、金融机构、市县党委政府、驻村工作队和派出单位工作责任;要进一步严格考核督查,以最严格的考核督查确保脱贫的质量成色。相关部门负责人要认真贯彻落实会议精神,结合实际统筹规划,尽快安排部署相关工作,进一步推进金融扶贫和产业扶贫工作,全力打好脱贫攻坚战。

2017年4月,为认真落实全市"1661"发展战略和"3659"脱贫攻坚措施,进一步加大金融扶贫力度,根据金融机构及扶贫部门提供的建档立卡贫困户、贫困人口发展生产、易地搬迁等方面的资金需求和金融服务需求信息,分门别类录入平台,反馈给相关金融机构,并将金融机构发放的扶贫贷款信息、普惠金融信息等录入平台,实现纸质档案与电子档案同步建立。大力开展信用户、村、乡(镇)创建活动,加大小微企业和农村信用体系试验区建设力度,不断提高贫困地区居民的信用意识,信用户、信用村、信用乡(镇)覆盖率在2017年达到50%。改善贫困地区支付结算环境,推进网上银行、手机银行等新型电子支付方式的业务,加大农村金融服务站建设力度，2017年底达到1450个，真正方便农民各项支农补贴发放、小额取现、转账消费和余额查询等基本金融服务，力争在全年总体实现全市行政村基础金融服务"村村通"。解决尚未覆盖的793个行政村基础金融服务工作，主要由辖区农行、邮储、农合等3家涉农银行业金融机构来完成。农业银行要解决尚未覆盖的582个行政村；邮储银行要解决尚未覆盖的142个行政村；农村合作金融机构要解决尚未覆盖的69个行政村。

优先围绕建档立卡易地搬迁人口脱贫问题，协助地方政府统筹规划易地扶贫搬迁和后续产业发展，统筹制定融资服务方案，充分运用农发行现有信贷产品，支持安置区通过基础设施建设、产业园区建设、新型经营主体和龙头企业带动等方式促进搬迁后续产业发展，使贫困人口"搬得出、稳得住、能脱贫"。2017年，农发行预计投放易地扶贫搬迁专项贷款3.5亿元，投放易地扶贫搬迁项目贷款0.7亿元，投放光伏扶贫贷款0.5亿元，投放旅游扶贫贷款3亿元，投放生态保护扶贫贷款2.8亿元，投放其他产业扶贫贷款3亿元。

积极协调相关银行业金融机构为符合条件的建档立卡贫困户投放扶贫小额信贷。2017年计划投放9.2876亿元，其中，信用联社计划投放52110万元，邮储银行投放29680万元，农行投放3200万元，晋商行投放5500万元，建行投放2000万元，工行投放386万元。

要求各承办金融机构建立各部门参加直至末端的条线制专项工作机制，对信贷政策、资源配置、任务规划、责任划分、进度计划、跟踪督查以及对接扶贫部门等，制定实施细则。在金融扶贫工作领导组的统一安排下，大力开展产业扶贫信贷业务政策宣传和培训，及时梳理、总结扶贫产业贷款工作中的典型经验、成功案例、工作成效，加强宣传推介和经验交流，营造有利于产业扶贫金融服务工作的良好氛围。督促各金融机构加强与政府相关部门的协调配合，促进政策衔接，将扶贫政策与监管政策、信贷政策有效衔接；定期会商研究工作进展、困难问题及意见建议；强化增信风险，积极对接政府增信机制，完善政策性担保及风险补偿机制，联合采取守信激励与失信惩戒措施；联合开展工作督导与调查研究，及时总结推广良好做法及先进经验；建立产业扶贫金融服务考核和奖惩制度；组织政策性银行扶贫政银企专场对接、扶贫小额信贷业务培训等对接活动。

协调银行业金融机构在信贷政策、资源配置、考核责任、贷款方式等方面对扶贫信贷加以倾斜。一要全面了解产业扶贫项目和贫困户信息，把扶贫项目和贫困对象认定结果作为发放贷款的首要条件，保证精准支持贫困户。二要按照商业化原则自主审贷，全面、深入评估有关产业扶贫项目风险，强化项目全周期风险管理，将确实的还款来源作为还款主要保障，在准确评定贫困户信用等级和还款能力基础

上进行授信。三要把借款人生活和经营情况、项目建设和运营情况以及贷款资金是否专款专用作为贷款风险管理的重要内容，特别要跟踪关注扶贫小额信贷集中使用情况，防止贷款挪用。四要加强与财政部门的工作协调，做好与财政专项资金、贴息资金、风险补偿金、担保基金和保险资金的对接工作，完善风险缓释机制。

坚决贯彻党中央、国务院和省委、省政府关于脱贫攻坚的战略部署和各项要求，指导各主要责任银行，分工明确、密切配合，切实加大金融扶贫支持力度；推动农合机构、邮储银行和村镇银行围绕自身定位，发挥渠道优势，在支持扶贫特色产业项目等方面发挥主力军作用，切实加大信贷投放力度；政策性银行和其他商业银行主动对接扶贫特色产业项目，加大信贷支持，通过扶持特色优势产业发展，实现"以社带户""以企带村"；农信社、邮储银行发挥网点优势，全力做好扶贫小额信贷投放，广泛惠及贫困人口。

各银行业金融机构在有效防控风险的前提下，适当放宽扶贫信贷标准，尽其所能加大产业扶贫信贷投放，做到应贷尽贷、随用随贷，同时开展监测通报和年度考核，强化金融扶贫政策导向。实施差异化监管政策，推行信贷尽职免责制度。对履职尽责的银行业分支机构和信贷人员做出尽职免责安排；适当提高特色产业扶贫信贷的不良贷款容忍度；将特色产业信贷支持情况作为法人机构监管评级、高管履职评价、业务准入等的重要参考因素，对不能完成扶贫特色产业贷款目标要求的银行业金融机构特别是地方法人机构，限制开展同业、投资等非信贷业务。

神池县2016年由政府统筹，不断建立完善对"沉睡"资金的管理制度，对资金的使用、拨付、监督程序进一步明确，同时建立资金使用管理奖惩机制，提高资金管理的科学性、规范性。加强扶贫等民生项目跟踪问效，严格按照项目实施方案完成项目。在项目审批、验收、竣工审计、资金报账等环节明确办结时限，对超过一定时限不进行报账的，作出相应处理规定，避免资金长期闲置。强化对盘活财政扶贫资金工作的跟踪监控，财政、扶贫联合审计、监察等部门开展监督检查，形成多层次、多角度监管机制，保证扶贫开发项目的顺利实施和扶贫开发工作的有效开展。健全结余结转资金定期清理机制，定期清理财政专户的存量资金，确实不需使用的缴入国库统筹安排使用，已经作出安排的存量资金尽快拨付到资金使用单位，避免资金的二次"沉睡"。2015年以前滞留结转财政专项扶贫资金2544.44万元已全部拨付项目实施单位。2016年财政扶贫发展资金2033.39万元，易地扶贫搬迁专项补助资金4252.61万元已陆续拨付，年底前全部拨出。

神池县分别与邮储银行神池支行、神池县信用合作联社建立金融扶贫合作关系，并先后注入金融风险补偿金823万元。两家银行全年累计为1124户贫困户发放"富民贷"4641.51万元，完成全年贷款发放任务的258%；为能人大户与合作社发放"强农贷"812万元。大量金融扶贫贴息贷款的发放，对促进贫困户创业、带动产业发展、增加群众收入发挥了重要作用。对从事大牲畜繁养、中草药、果树种植等生产周期较长的项目，将贷款周期延长至3年；

山西银行业金融扶贫现场推进会　来源：忻州网

以带动贫困户增收致富为前提，尽量提高贷款额度；拓展抵押渠道，5万元以内的贷款根据信用评级方式取得，超过5万元的贷款，可以用土地承包权、林权、牲畜、机械设备、房产等有效资产进行抵押；创新担保方式，积极推广村级互助和联户联保贷款方式，覆盖更多贫困农户享受扶贫小额信贷政策。

成立农村信用体系建设领导小组，组织、协调和指导全县信用评级建设工作。按照自愿申请、真实可信、民主评议、公开透明的原则，经过组织培训、宣传动员、贫困户填写申请等程序，全县共评定信用村32个、建档立卡信用户3132户，授信总金额11312万元。将合作银行扶贫贷款发放总额、贫困户评级授信工作完成情况作为年度扶贫小额信贷绩效考核的重要依据，对未完成年度贷款发放任务的合作银行实行"一票否决制"，并要求其限期进行整改，限期无法达到要求的，启动退出机制，撤回注入该银行专户的风险补偿金。形成外有压力、内有动力、奖惩结合的考核评级机制，充分发挥财政扶贫专项资金的"杠杆"和引导作用。

2017年忻州市信用联社扶贫工作队在2016年帮助扶贫点九姑村实现整体脱贫的基础上，实行"扶智+扶技"策略，对扶贫成果进行再巩固、再提高。他们专门聘请了2位农业、畜牧业方面的专家，将国家政策、市场信息和科技知识送上门，让村民尽享政策大餐、科技大餐。具体是以持续举办科技讲堂的形式，采取面对面互动的方式，一方面为农民解读国家农业供给侧改革政策和预测2017年种植、养殖方面的市场行情；一方面针对农民提出的在小杂粮种植、畜禽养殖中出现的病虫害、疫情防治等问题进行解答，同时还对种子选购、肥料使用等知识进行咨询讲解。为充分发挥金融小额信贷在脱贫攻坚中的"输血"和"造血"作用，推动贷款投放实现"两个不低于"，该县积极完善普惠金融服务体系，创新金融产品，针对性地推

出了"农户小额信用贷""健康养殖贷"等十余个特色信贷产品,让贫困户充分享受金融活水灌润。各金融机构投放扶贫小额贷款2604万元,给贫困户728户1987人稳定托底。

神池县为1067户贫困户发放"富民贷"4136.11万元;为能人大户与合作社发放"强农贷"1600万元。金融扶贫成效显著,全省金融扶贫工作现场会在神池召开。

"十三五"以来,繁峙县委、县政府准确把握金融对脱贫攻坚的支持作用,以"政银联动、风险共担、多方参与、合作共赢"为基本思路,以"完善体系、降低风险、提升服务、产业支撑"为突出特点,通过政府主导、部门联动、金融发力,共同构建起县、乡、村三级金融服务网络,填补了基层金融服务的空白,织密了农村金融的"毛细血管",增进了政府、银行的协同融合,形成"牵头推进有机构、办理服务有人员、贷款发放有流程"的工作格局,实现了金融服务从无到有、从基础到全面的根本性转变。

繁峙县在推进金融精准扶贫工作中先后出台制定了《繁峙县五位一体金融扶贫实施方案》《繁峙县金融富民工程实施办法》《繁峙县扶贫小额信贷操作办法》等一系列政策文件,有效地构建了金融扶贫的框架体系,为金融扶贫工作的扎实开展奠定了坚实的基础。繁峙县委、县政府协同各金融机构深入各乡镇与贫困户和实施主体召开现场对接会,介绍金融扶贫政策、贷款申请流程等,进村入户反复宣传宣讲金融扶贫政策,面对面为群众解答疑惑。通过政策引领引导和广泛发动宣传,极大地提升了贫困户参与金融扶贫工作的积极性。

在推进金融扶贫的具体过程中,繁峙县千方百计从减轻贫困户负担的角度考虑,组织协调各金融机构对接多元化融资需求,简化扶贫小额贷款工作流程,放低申贷门槛,探索创新了"上门代办+现场受理+评级放贷"的服务模式。优化办事流程,缩短了贫困户申贷所需时间。繁峙县在推进金融扶贫的过程中,强化产业支撑,精心选择和重点培育了特色种植业、健康养殖业、生态林果业、中药材、农副产品加工业、家庭手工业、劳务业、旅游业、光伏产业、农村电商等十大产业作为全县脱贫主导产业,将产业扶贫与"五位一体"金融扶贫紧密结合,协调推进,有效解决贫困群众产业发展资金短缺问题,金融扶贫已逐渐成为脱贫产业发展的坚强保障。

同时,积极发挥龙头企业的典型带动作用,对参与产业扶贫开发的实施主体,在资金扶持、贷款贴息、土地流转等方面给予重点倾斜。共有1617户贫困户通过"带资入企"参与企业经营,企业融资规模达到7000多万元,融资成本进一步降低到6.5%,4851名贫困人口人均获利1100元,政府、银行、社会协同推进的大扶贫格局初步形成。

充分发挥财政专项扶贫资金对产业扶贫的杠杆作用,2017年县财政投入扶贫资金3991万元,同比增长53.5%;统筹整合使用各类涉农资金2.92亿元,同比增长21.7%。创新金融扶贫模式,在金融机构对贫困户授信的基础上,政府主导,银行、部门、乡村、企业联动,助推脱贫攻坚。

县政府注入各金融机构扶贫贷款风险补偿金1600万元,撬动小额扶贫贷款2.67亿元,带动贫困户5926户17362人。定制助驴贷、助牛贷、光伏扶贫多个金融产品,发放产业扶贫贷款2.43亿元用于扶持17户龙头企业,带动贫困户7958人。支持扶贫项目贷款6.68亿元,全县资产收益共计2451万元,涉及贫困人口3421户,户均增收7165元。

强化金融扶贫与产业扶贫相结合,以扶贫小额贷款为抓手,有效解决贫困群众产业发展资金短缺问题,金融扶贫取得阶段性成果。截至7月底,繁峙县金融部门发放5万元以下扶贫小额贷款16878万元,其中直接支持模式发放9864万元,间接带动模式发放7014万元,发放5万元以上建档立卡贫困户小额担保贷款5290万元,发放产业扶贫贷款21750万元,信贷资金投入有效带动5270余户15700余贫困人口实现增收。在全省扶贫小额贷款推进会上作了典型发言,全市金融扶贫现场推进会在繁峙县召开。

2018年全县新增扶贫小额信贷24121.3万元,目标任务完成率290.79%,增量和目标任务完成率居全省第一。

2018年6月28日,山西银行业金融扶贫现场推进会在繁峙举行,对该县金融扶贫工作取得的成效予以充分肯定。

原平市有40多万人口,虽然电子支付手段比较多,但在一些偏远地区、贫困户家庭却并不认可手机银行、网上银行等现代的结算方式,仍然喜欢使用存折,有余额、有明细,一目了然。原平市金融部门仍然全力满足农村这部分人的需求,全面完善520个村庄的农村信用服务站。服务站大都由村会计兼任,村民在村里便可办理存贷业务,全市所有农业补贴、养老金发放、低保救助都是通过农村金融服务站完成,大大方便了偏远地区的困难户和贫困户办理金融业务。

刘武生是一位普通农民,十几年前,他创办了原平石鼓农产品开发有限公司,并且注册了"石鼓"牌商标。十几年的时间就由一个小打小闹的手工作坊,成长为一个全市举足轻重的农产品加工龙头企业。公司的发展处处留下政府和各部门支持的痕迹。公司先后获得各银行贷款上百万元。有了银行的支持,公司越做越大。公司通过精准扶贫帮扶贫困村,2016年在与上千贫困户签订3000亩谷子种植合同的基础上,2017年又与1200户贫困户签订了3.4万亩优质谷子种植合同,等谷子成熟后,每斤以高于市场价10%的价格收购,仅此一项,公司一年为贫困户让利上百万元。此外如亮饲料、双惠种业等18家涉农企业,都采取"龙头企业+基地+农户"的模式把精准扶贫的福利送到农户手中。

除了全面支持涉农企业通过延长产业链助力精准扶贫外,原平市金融部门还将金融服务的重点放在全市370多个农业专业合作社上,让合作社成为全市精准扶贫的火车头。王家庄乡弓家庄村福满园瓜菜种植合作社在为农户扩大塑料大棚时,急需资金500万元,在与原平市汇民村镇银行取得联系后,当即得到全力支持。银行采取现场办公的方法,利用一周时间在现场为130户农户发放了该笔贷款。一年后,不但贷款农户户户增收,贷款也如数全部收回,成为扶持专业合作社发展的范例。两年时间,全市9家金融机构为专业合作社发放的贷款就超过上亿元,为合作社的发展提供了有力支撑。

农村电商是金融部门的又一个重点扶持对象。原平市农村电商发展迅速,特别是"乐村淘""同城淘"等电商,借助农家店遍布全市的优势展开合作,2016年为农民在网上销售酥梨、核桃等农副产品超过5000吨,成为农产品的又一重要销售渠道。为实现电商网上结算的方便、快捷,金融部门及时支持完善农村电商终端的结算平台,实现网上结算、网上付款,使全市金融服务实现了从农户到龙头企业、从种植到网售全方位的金融覆盖。

偏关县县联社作为金融支农主力军,共派出信贷员200多人次下乡开展农户摸底调查工作,累计投放支农贷款28636万元,投放扶贫贷款646万元,全力支持全县春耕备耕生产,不断加快贫困村和建档立卡贫困户脱贫致富步伐。他们发扬背包下乡的新风,深入田间地头、进村入户,了解农民朋友在春耕备耕生产当中遇到的资金问题,特别是针对全县9867户建档立卡贫困户,通过建立扶贫档案,制定帮扶计划,与贫困户"零距离"接触,急农所需、想农所想,切实帮助农民解决春耕备耕资金短缺等问题。他们走进种粮大户家中,了解种子、地膜等基本生产资料情况;钻进春意盎然的蔬菜大棚,了解蔬菜生长及销售情况;来到农机具经销商铺,了解农民购买农机具的积极性……哪里有对春耕资金的需求,农信社员工就将服务送到哪里。

楼沟乡东寨村农户张龙租地近300亩准备种植谷子,由于资金紧张,买谷子生产所需专用肥、地膜、农药等生产物资的钱成了他的一大难题。楼沟信用社在审核了他家信用等级和经济收入情况后,当天就帮他办理了2万元的小额贷款,这让张龙心里乐开了花:我要撸起袖子大干一场!

偏关县联社针对春耕生产资金需求"时间紧、数量大、期限短、金额小"的特点,对信贷资金投向实行"五优先",对农民春耕备耕生产所需化肥、农药、种子、农机具资金优先供应,对建档立卡贫困户扶贫贷款优先发放,对农田水利基本建设资金优先安排,对科技兴农项目资金优先满足,对农业产业化资金优先发放。同时,简化贷款手续,缩短办贷时间,实行贷款审批"绿色通道",确保支农资金及时发放到农户手中。2017年全县农信社累计投放各项贷款86522万元,其中,累放春耕支农贷款28636万元,占比72%,占全县金融机构涉农贷款发放的90%以上;发放扶贫贷款646万元。

偏关共有贫困户9867户贫困人口25472名。为做好建档摸底调查工作,不丢下一户贫困户,偏关县联社与扶贫办、政府和村委会积极沟通,从摸底调查到建档立卡,相互协作、全程对接。县联社机关包社到基层网点下乡督查时发现,柳界沟村精准扶贫户吕龙致贫原因为"缺资金",信用社根据吕龙的需求给了5万元的扶贫贷款,扶持他发展种植。

县农信联社按照县委"12991"经济发展战略和"12895"脱贫攻坚策略,积极主动对接,与当地扶贫开发中心和河北瑞隆新能源科技有限公司等3家企业通力合作,采取"政银企合作+免除抵押担保+信用贷款发放+扶贫贴息支持+县级风险补偿"模式,创新推出最高额度为1.68万元的光伏扶贫贷款产品,并与合作单位签署了偏关县分布式户用光伏扶贫PPP项目合作协议。同时,由河北瑞隆新能源科技有限公司等3家企业为贫困户建设造价2.38万元的3千瓦户级扶贫电站。电站建成后可连续25年获得稳定收入,按照实测数据日均发电18度计算,户均年收入3000元左右;10年后户均年收益在4300元左右。这一产业扶贫项目,彻底解决该县5729户贫困户的脱贫致富问题。

县农行从2016年4月下旬开始,通过采取"商户+电子机具+惠农卡+社保卡+农户"等方式对全县80个行政村布放80部转账电话进行了全覆盖,使持卡村民足不出村就能办理养老金、惠农卡补贴使用以及用电刷卡消费等业务。目前发放的惠农卡、社保卡在新布放电子机具全部开通转账支付、账户查询、刷卡消费等便民服务。同时,激活惠农卡6587张,卡存款余额249.19万元。激活农村社保卡3.5万张,其中60岁以上老人1.2万张卡使用率已达到98%。累放个人贷款2058万元,其中助业贷款1笔190万元;随薪贷88万元;薪保贷77万元;住房贷款219万元;个人生产贷款1428万元;农户贷款56万元。县建行对养羊户及养殖场进行了建档立卡工作,为筛选出的4户助保贷客户,发放贷款300万元。县农发行将贫困地区基础设施建设作为金融脱贫的工作重点,为两个项目发放贷款1740万元。

邮储银行向定位建档立卡的贫困户和能人大户等非贫困户发放扶贫贴息小额贷款。邮储银行与县扶贫办对接,签订了中国邮政储蓄银行扶贫贴息小额贷款业务合作协议。同时,对资产质量好的老客户享受优惠政策,还款期放宽到2年;小额商户贷款额度由10万元调整为20万元;小额农户贷款由5万元调整为10万元。客户可根据资金周转周期,自行选择灵活的还款方式。

岢岚县人行岢岚县支行将发展普惠金融作为脱贫攻坚、促进经济发展的重要

手段。根据金融助推脱贫攻坚工作精神，人行岢岚支行积极探索、主动作为，着眼于助农扶企，在岢岚县没有建设银行分支机构的情况下，为县政府和建设银行忻州分行牵线搭桥，成功引进建设银行"助保贷"业务模式。在此基础上，引导辖内金融机构特别是农村信用社创新贷款品种，结合实际，设计推出支种贷、支企贷、支养贷3种贷款模式，有效满足了"三农"和小微企业的贷款需求。截至2016年末，累计发放"三支贷"21028万元，余额14278万元，净增8581万元，带动1146户农户创收、136户建档立卡贫困户受益。

岢岚县农村信用联社在农村信用体系建设上一直充当主力军的作用，一是截至2016年末，在全县6.8万户农户中，共建立信用档案11632户，占比为17.06%，为农民增收和产业发展起到了巨大的推动作用。二是通过开展信用乡(镇)、村、户创建工作，为农村信用体系建设搭建平台。截至目前，共评定信用乡镇2个、信用村24个、信用户8549户。信用体系建设工作极大提高了农户的诚信意识，培养了"诚实守信""诚信创业"的文明乡风，农村的信用环境明显得到改善。三是加强农村征信宣传，为农村信用体系建设营造氛围。在积极开展信用乡(镇)、村、户建设的同时，以"诚实守信"为主题开展信用宣传活动。为强化宣传效果，专门印制了大量图文并茂的信用知识彩色宣传单等宣传资料向街头过往群众和农贸市场的商家散发，并通过设立宣传咨询点、悬挂横幅、LED滚动播放宣传语、电视广告投放等形式，向农村社会各界宣传信用知识，促进了农村社会信用状况的逐步改善。加大了信贷支持力度，向信用联社发放扶贫再贷款6000万元，重点支持了28户建档立卡贫困户和能人大户，支持了岢岚县百企千村产业扶贫开发项目中山阳药业利用沙棘果渣废料生产异鼠李素和β-胡萝卜项目、岢岚县晋岚绒山羊种羊场建设项目、山西奥斯特绒毛有限公司规模化繁育巴美种羊及20万块羊绒被项目、岢岚县铭拓皮革制品有限公司出口全皮劳保手套及再生产建设项目、岢岚县方圆农副特产有限公司食用菌生产线项目等。指导、督促金融机构加大对贫困户的支持力度，截至2016年末，全县金融机构累计向2235户贫困户发放农户小额信用贷款9035万元，占全县建档立卡贫困户总数的30%以上。

岢岚县联社作为当地的农村金融"主力军"，坚守服务"三农"阵地，将助力深度贫困村整体脱贫作为"重中之重、坚中之坚"，发放各类扶贫贷款2.49亿元，在金融助推县域经济发展、助力全县脱贫攻坚方面作出了积极贡献。

巧抓特色，用活"小额信贷"。扶贫小额信贷是信用社的主打产品，该联社不断加强扶贫小额信贷宣传，因地制宜，重点支持贫困户发展小杂粮种植、畜牧养殖等产业。

岢岚县联社充分借助毗邻宋长城景区和荷叶坪高山草甸景区优势，利用小额扶贫贷款，帮助贫困群众发展红芸豆种植、蔬菜大棚建设、山羊养殖、土鸡养殖、农家乐旅游等特色产业。村民吴计刚一直靠种地养家，孩子正在上学，收入只够维持日常开销，他一直想搞山羊养殖，无奈资金短缺，该联社的工作人员了解情况后，为其发放"富民贴息贷"5万元，并帮助吴计刚联系专业养殖户进行技术指导，帮助他实现了山羊养殖梦。

贫困户信息采集是扶贫工作的基础。该联社组织客户经理进村入户，对贫困户进行详细的摸底调查，认真分析致贫原因，细化贫困分类，找准帮扶突破口，制定具体的帮扶计划。

联社通过走访建立帮扶台账，协调各方资源帮助他们增收，对所有建档立卡贫困户进行金融扶持，共计发放扶贫小额信用贷款9户、金额45万元。宋家沟村作为易地扶贫搬迁集中安置点，村内现有165户建档立卡贫困户。该联社对原有户籍村民和新吸纳移民中的建档立卡贫困户进行了认真分类，对30户村里常住建档立卡贫困户给予金融扶持，其中自主致富模式发放贷款5笔、金额25万元；通过间接带动模式发放贷款25笔、金额125万元。

产业扶贫是帮助贫困群众甩掉"穷帽子"、拔去"穷根子"的有效路径。该联社积极引导信贷资金向地方特色产业倾斜，精准输送产业血液，大力帮扶小杂粮加工、牛羊养殖、特色经济作物加工等龙头企业和特色产业发展，间接带动百余户贫困户脱贫致富。

位于宋家沟村的山西薯宴食品有限公司主要经营脱水农产品的生产加工购销，有着较好的发展潜力，属于县域支持的产业扶贫项目。同时，该企业还能够长期在村内收购小杂粮，长期吸纳村内劳力工作。该联社在对企业经济实力、偿债能力、经济效益及发展前景进行客观、公正、科学的评价后，发放产业扶贫贷款490万元，并通过"企业+贫困户"的模式，以规模经营实现规模效益，带动贫困户增收致富。建档立卡贫困户依托农信社5万元扶贫贷款入股到公司，每年可以分红4000元。

河曲县实现退耕还林、荒山造林、光伏扶贫、土地复垦增减挂交易"四个全覆盖"。积极发展现代特色产业，建立带动贫困户发展的利益联结机制。全面推进"一村一品一主体"工程，建立起产业、光伏、金融扶贫与深度贫困人口增收的利益直接联结机制。积极推进"政府+银行+保险+经营主体+贫困户"的"五位一体"金融扶贫模式，主动对接产业扶贫项目，助推脱贫攻坚，全年实现财政贴息放贷规模达到1.6亿元以上。

按照省脱贫攻坚指挥部文件精神，针对财政专项扶贫资金滞留结转量大、拨付进度慢及到户率低等问题，畅通渠道，加速拨付，着力解决财政专项扶贫资金滞留问题，高效发挥扶贫资金使用效率，扎实推进脱贫攻坚工作。

不论是扶贫部门资金，还是发改部门以工代赈资金，已经完成或即将完成的项

目涉及资金，抓紧时间组织完成扫尾工程，完成村级自验，组织乡级验收，完成报账；在建项目涉及资金，组织县、乡、村三级力量，推进项目实施；已经盘活的扶贫资金，要求各乡镇立即开展工作，尽快落实项目，加快组织实施，推进资金落地；制定有效措施，按照资金报账制的管理要求认真落实，特别是把易地扶贫搬迁资金的拨付进度作为重中之重。扶贫资金必须专款专用，年度项目资金安排要求提前公开，到村到户项目在行政村及时公告公示，防范资金使用管理风险的制度措施要健全完善、落实跟进。资金安排使用与建档立卡贫困人口相挂钩，扶贫资金扶持对象要求精准，财政专项扶贫资金到户比例达到70%以上。用于精准扶贫的财政资金投入总规模达25234万元。

统筹县级扶贫专项资金1975万元用于易地扶贫搬迁项目。用于生态脆弱区及黄土高原治理、通道及高速两侧荒山绿化、乡村园林绿化及生态造林以及新一轮退耕还林等。用于贫困大学生补助及"雨露计划"、乡村医疗机构修缮装备及"山西护工"就业培训、千村万人就业培训、农村贫困劳动力免费职业培训、中小学校舍维修改造等。用于贫困户大病医疗补充保险与意外伤害保险、"五位一体"扶贫小额贷款保证保险补贴、建档立卡贫困人口补充医疗保险及基本医疗保险。用于贫困户产业发展、新建马铃薯储藏窖、片区开发马铃薯产业项目、渗水地膜谷子穴播技术示范推广农机补贴、新型职业农民培育、脱毒马铃薯原种繁育、农业技术推广与服务、肉猪育肥场"三通一平"、养驴及畜牧产业提升工程、光伏扶贫、"一村一品一主体"实施主体使用低息借款的周转金等。

大力支持基础设施建设项目。用于翠峰山风景区旅游公路、村硬化路"畅返不畅"、县乡公路安全生命防护工程、农村公路窄路基路面拓宽、单寨乡农村客运站建设、基本农田建设、引黄工程配套设施、农村饮水安全工程、贫困村排洪涵、防护堤等建设以及农村危房改造等。投入260万元扶贫资金的县乡村道路安全生命工程处置隐患34千米，涉及7个乡镇，使28912人直接受益，产生了巨大社会效益。

大力支持金融扶贫项目，安排财政资金用于扶贫小额贷款风险补偿金、建档立卡贫困户小额贷款贴息、龙头企业贷款贴息，还支持了村集体经济发展、村容村貌整治等项目。2019年，人保财险公司继续对贫困户参加中央政策性玉米、马铃薯种植保险免除个人自交保费部分，其中：玉米种植保费减免4.08万亩15.44万元，比2018年的2.25万亩8.5万元增长81%，惠及贫困农户5716户；马铃薯种植保费减免1.37万亩6.58万元，比2018年增长15%，惠及5044户贫困户。

同时县政府同人保财险创新开发了4种特色农业保险。露地特色蔬菜红辣椒种植保险：保险面积7247.97亩，涉及农户1571户3572人及5个种植专业合作社，其中贫困户1120户2510人。每亩保费70元,50.74万元保费全部由县财政承担。贫困户谷子种植保险：保险面积3.22万亩,涉及贫困户4471户。每亩保费28元,90.08万元保费全部由县财政承担。贫困户谷子目标价格指数保险：保险面积3.22万亩,涉及贫困户4471户。83.55万元保费全部由县财政承担。贫困户马铃薯目标价格指数保险：保险面积1.37万亩,涉及贫困户5044户。每亩保费90元,123.45万元保费全部由县财政承担。

五寨县推进"一村一品一主体"产业扶贫行动实施方案:完善财政金融扶贫政策。加大财政资金统筹整合力度,采取以奖代补、先建后补、财政贴息等方式对贫困村产业发展项目予以支持。将县级农业产业发展基金、扶贫开发基金倾斜扶持贫困村,农业信贷担保公司加大对贫困村的担保支持力度。进一步完善政府、金融机构和企业合作机制,构建"政银企"对接平台,扩大企业产业扶贫贷款,推进扶贫小额信贷工作。进一步完善金融扶贫政策,设计促进"一村一品一主体"产业扶贫的金融产品,充分发挥金融扶贫的助推作用。积极发展政策性保险,面向各类新型经营主体和广大农户,量身定制覆盖特色农业产业链的组合型农业保险产品。

五寨农商银行党委以各党支部为扶贫核心点,通过组织共建、队伍共管、困难共帮、资源共享的方式,创新支部和支行的工作方式,共助脱贫。同时党委积极调整扶贫小额信贷实施战略,在疫情期间主

山西忻州农商银行金融扶贫结硕果　　来源:搜狐城市——忻州

动为扶贫贷款进行展期,并持续执行基准利率、财政贴息、免购保险等优惠政策。累计发放扶贫贷款629户14492.79万元,有效解决了贫困户资金周转难的问题。发挥党员模范带头作用,以党员包户促扶贫实效。五寨县新寨乡旧寨村是该行定点帮扶村,全村有建档立卡贫困户131户。在原来的基础上调整了部分包户责任人,形成了全体党员包户格局,坚持做到不定期地进村入户与贫困村、贫困户对接,帮扶到户、责任到人。截至目前,该行共为旧寨村发放扶贫贷款99笔384.72万元,实现了旧寨村整村脱贫的总目标。

代县县委、县政府认真贯彻落实上级关于金融扶贫的政策措施,加大金融扶贫力度,完善金融扶贫体系,建立健全金融扶贫保障机制,充分发挥金融业在脱贫攻坚中的撬动和支撑作用,两年时间累计向建档立卡贫困户投放小额信贷4515笔,共2.21亿元,带动4173户建档立卡贫困户11063名贫困人口受益脱贫。持续加大财政扶贫资金和整合资金对特色农业产业的投入,2016年以来已累计投入特色农业产业发展资金共计1.38亿元。利用2017年的扶贫周转金1506万元对全县18家新型经营主体进行金融扶持。2018年县政府将1110万元产业扶贫周转金作为特色农业产业扶贫贷款政府风险补偿金注入泓都银行,泓都银行以1:3的比例对县域内的新型经营主体发放符合监管指标的贷款,目前共向10家新型经营主体发放贷款2420万元,有力地推动了特色农业产业经营主体的发展,带贫能力得到有效增强。

2018年,代县牧原公司先后与代县工行、农行、建行、农信社、泓都村镇银行5家银行及各乡镇11家养殖专业合作社建立合作关系。截至2018年末,共投入扶贫资金8305万元。代县牧原公司当年支付全县11个乡镇合作社猪舍租金581.35万元,其中用于参与牧原"3+X"资产收益模式的1625户贫困户每户3000元利益分红共计487.5万元,用于村集体经济破零及合作社运营资金93.85万元。

金融扶贫帮助牧原集团解决了发展资金不足的困难,牧原集团也采取更多的扶贫措施帮助代县的贫困户脱贫致富,教育扶贫就是他们参与脱贫攻坚的一项重要工作。牧原主动要求在"3+X"协议中约定,建档立卡贫困户子女当年考入本科以上大学的一次性资助3000元,小学优秀教师奖励1000~2000元。2018年共资助大学生42名,资助金额12.6万元;奖励小学优秀教师53人,金额6.15万元。在全县形成了关爱教育、支持教育、回馈教育的氛围。

省、市、县三级驻村帮扶工作队先后投入代县帮扶资金达1.4亿元,实施大小产业项目435个;为贫困村配套图书1.9万多册,维修13所学校42间房屋,配套桌凳450多套;开展农业技术培训75期,发放科普宣传资料5万余份(册),6.5万多名群众广为受益。另外,59家民营企业开展企村结对帮扶行动。全县民营企业共筹资110万元结对帮扶贫困村62个；以郎文、王涌为代表的300余名离退休老干部通过帮扶、培训、捐助、慰问等形式助力脱贫攻坚，为助推贫困群众如期脱贫做出了贡献；在全县强力开展村集体经济破零行动中，所有行政村实现了集体经济破零，其中收入在5万元以上的村有233个，进一步夯实了巩固脱贫成果基础。

宁武县立足地区实际，鼓励和引导金融机构主动服务，扎实推进信贷扶贫、扶贫小额信贷、保险扶贫等各项工作，激发金融活力，充分发挥金融扶贫的直接效应，大力扶持农民专业合作社和贫困户兴办的企业，积极帮助解决脱贫产业资金不足的难题，切实增强了贫困户自主脱贫的内生动力。4年来，辖内银行机构累计向4606户建档立卡贫困户投放扶贫小额信贷22856.7万元。

为切实强化对金融扶贫工作的组织领导，县脱贫攻坚总指挥部成立了宁武县金融扶贫工作领导组和宁武县扶贫周转金评审委员会，多次召开金融扶贫工作会议，扎实开展金融扶贫进农村、进企业活动，促进了金融扶贫工作扎实有序开展。强化驻村工作队、第一书记等干部帮扶，把推动扶贫小额信贷作为重要帮扶任务，积极配合做好贷款办理、项目实施、诚信教育、还本付息等工作。按季为贫困户进行贴息，由放贷银行提出贴息申请，先从"贴息周转金"专户内拨付金融机构进行贴息，待贴息申报文本完善后，统一向财政部门报账，报账后打入"贴息周转金"专户，循环使用。

宁武县创新探索金融扶贫的经验做法，为贫困户量身定制了以"信用评级"为主导的扶贫小额信贷模式，根据贫困户征信情况，乡村干部、帮扶责任人、金融机构工作人员等进行信用等级评定。在贷款使用过程中，由各村"两委"、驻村干部、第一书记等组成村级风控小组，协助银行开展授信评级和贷款审批、贷后管理。

各金融机构严格落实扶贫小额信贷政策、严格执行贷款基准利率，精准对接建档立卡贫困户的贷款需求，对有贷款意愿且有就业创业潜质、技能素质和一定还款能力的建档立卡贫困户，执行"免抵押、免担保"方略，切实加大扶贫小额信贷发放力度。找准特色产业项目与贫困户的利益联结点，以特色产业扶贫带动贫困户脱贫。涌现出了一批邮政储蓄银行、宁武农村商业银行等金融机构扶贫典型事例。运用风险补偿金为贫困户增信，先后与县邮储银行、信用联社、工商银行等8家金融机构合作，投入风险补偿金3150万元，建立扶贫小额信贷风险基金，与金融机构按7:3的比例分担信贷风险。还进一步加强了数据风险监控、健全了金融风险处置协调机制，深入开展金融扶贫调查活动，确保了金融扶贫各项指标任务高质量完成。

静乐县脱贫攻坚工作开展以来，人行静乐县支行积极响应静乐县委、县政府号召，主动作为，精准施策，发挥金融扶贫牵头作用，立足定点扶贫重要工作，按照"单

位包村、干部到户,一包三年、稳定脱贫"的总体要求,携手辖内7家金融机构,与扶贫办、金融办、银保监对接,定期组织召开联席会、推进会、座谈会。以货币政策工具支持为手段,督促各金融机构结合自身优势创新特色扶贫模式,做到扶持对象精准、资金使用精准、措施到位精准、脱贫成效精准。

静乐县邮储银行推出造林扶贫贷、惠农易贷、小额信用贷、运输车辆抵押贷款。静乐县农业银行推出"政府+银行+光伏企业+农户+电费补贴"合作模式,把金融支持光伏产业与精准扶贫有效结合,实现了贫困户零自筹金、政府风险补偿担保、光伏企业收入保障三大突破,累计发放3560.96万元,共2568人增收。静乐县农商行推行"扶贫再贷款+优惠利率+财政贴息""合作社+贫困户""龙头企业+贫困户"等捆绑式低风险的金融产品模式,深化农户利益联结。

在对王村乡寺庄村的扶贫中,依托"一村一品一主体"政策,帮助成立了玉米种植专业合作社,提供财政支持10万元,每年向村集体返还2万元,返还3年,耕种面积70亩,承包费一亩100元/年,主要种植玉米、高粱等小杂粮,在春秋繁忙时节,按照80元/天的工资标准吸纳30名村民帮助春种秋收,带动了村集体经济发展及村民分红增收。

利用当地自然条件,发展规模化特色种植养殖产业。种植马铃薯260亩、玉米60亩、藜麦130亩,并聚焦"订单式"消费扶贫,建立农副产品与市场需求有效对接的长效机制,实现产购销一体化。2020年,寺庄村在支行驻村帮扶工作队协助下,新引进了花椒种植,现已开辟试验田7亩1000多株,通过聘请技术人员、围栏保护、抽水浇地等措施,持续为村民增收。同时,养羊750只、牛110头、鸡600只、猪60头、驴/骡50头,由驻村帮扶工作队、村委、养殖户、收购商建立微信群,通过线上交流,拓宽销路。发展光伏产业。通过"企业+农户"方式安装分散式光伏发电3户,建立村级光伏发电站1座,由静乐县电业局购买所产电能,每年县级电站带动贫困户8户,每户发放补贴3000元,村级电站带动贫困户51户,每户发放补贴1000元。

保德县财政发挥财政资金"四两拨千斤"的撬动作用,首先注入合作银行8000多万元风险补偿金,建立"资金池"。农业银行、邮储银行、农村信用社3家合作银行,按照1∶8比例放大贷款规模,到2017年底,全县金融精准扶贫小额信贷投放力争达到6.5亿元,支持带动3.5万贫困人口稳定脱贫增收。

人保财险保德县支公司开办贷款保证保险,鼓励动员承贷贫困户及实施主体参加保证保险。贷款出现风险后,人保财险、扶贫小额信贷风险补偿金、合作银行按照70%、20%、10%的比例承担风险损失。

目前,保德县结合"一村一品一主体"扶贫产业,确定西府海棠、红源果枣、恒胜农产、山地阳光、大象集团、厚德集团等6

家企业为合作主体,合作银行在贫困户信用评定基础上,降低贷款门槛,简化贷款流程,严格按照单笔贷款金额在5万元以下、期限3年以内、免抵押、免担保、基准利率发放的政策发放扶贫小额贷款。县级财政对扶贫小额贷款给予贷款利息补贴和投保费用补贴。金融扶贫支持的对象主要是全县建档立卡户、能带动贫困户脱贫的能人大户、家庭农场、农民专业合作社、扶贫龙头企业等实施主体。

各乡镇有关人员、有关企业的工作人员纷纷深入乡村农户家中,讲政策、做工作,动员建档立卡农户根据需要自愿签订协议,参加"五位一体"扶贫贷款。信用社等金融部门也简化手续,开通绿色通道,为办贷农户和企业提供优质服务。随着时日的增加,愿意参加"五位一体"的农户与日俱增,县脱贫摘帽指挥部每日公布数字统计,每天通报、排队,发现问题及时沟通、协调、解决。市领导、市扶贫办等相关部门领导也专门深入保德指导、检查、帮助、出力,全县上下一心,有关各方协力,金融扶贫在保德县热潮叠起,已经形成气候。西府海棠对接落实户数358户,已办理贷款户数156户,贷款780万元;山地阳光对接落实户数259户,已办理贷款户数95户,贷款475万元;红源果枣对接落实户数216户,办理贷款60户;恒胜农副产品对接落实户数39户,落实贷款11户;厚德养驴和大象养猪也正在对接落实贫困户,积极动员贫困户签约。

忻府区为切实做好金融扶贫小额信贷工作,成立了风险金管理委员会、金融扶贫领导组,开设了风险金专用账户。贫困户与实施主体对接。已对接2340户,对接率达96.9%。区财政拨付风险补偿金710万元。忻州农商银行直接发放贫困户贷款497户,贷款金额2178.41万元;晋商银行"五位一体"贷款带动贫困户901户,贷款金额4505万元,已完成贷款6683.41万元,占总任务的79.8%,动态调整后农商行、邮储银行、农行可再发放贷款800万元。

2018年6月底,忻府区财政已投入下拨扶贫资金1307.938万元,其中,投入省专项扶贫资金252.108万元用于扶贫小额信贷贴息,带动2366户贫困户发展产业扶贫项目;投入财政专项扶贫资金587.7万元,用于发展养殖、种植等产业扶贫项目,可带动6个乡镇47个村建档立卡贫困户1836户2603人脱贫;投入财政专项扶贫资金45万元用于"雨露计划"补助;投入37.45万元财政专项扶贫资金用于贫困村创业致富带头人培训;投入财政专项扶贫资金39.38万元,用于移民搬迁贷款贴息等;投入区级财政专项扶贫资金289.45万元,用于贫困户基本医疗保险和补充医疗保险;投入区级财政专项扶贫资金56.85万元用于贫困户大病保险及意外险。

五台县小额扶贫贷款工作推进会在五台农村商业银行召开,明确了各职能部门及金融机构的工作职责。拟定了"政府+银行+实施主体+保险+贫困户"的精

准扶贫小额贷款"五位一体"方式。具体为政府支持、银行投放、保险保障、实施主体使用、贫困户承贷并受益,通过扶贫小额贷款的形式,实现产业带动和贫困户增收的目标。县财政拿出风险补偿金500万元,分别为当地农商银行、邮储银行注入风险补偿金500万元、200万元,用于全县建档立卡贫困户及"能人大户"带动贫困户共同致富的专业合作社、家庭农牧场扶贫贷款贴息。向银行申请了5000万元扶贫再贷款,进行足额发放。2016年底该县两个合作银行已发放"富民贷""强农贷"1963.07万元,贴息227394元,受益贫困人口1330人。

2017年集中体现了金融扶贫的有效性。具体实施了"五个精准",即贷款对象精准、发放区域精准、贷款用途精准、贷款方式精准、扶贫政策精准。并建立了与政府各部门互相联动的协作机制;建立了与政府扶贫规划主动配合机制;建立了支持"大众创业、万众创新"融合机制;建立了良好信用环境保障机制;建立了预防风险的防控机制等"五种机制"。在各乡镇设立了金融指导站,培养了"驻村金融指导员"。以建档立卡贫困农户为重点支持对象,兼顾专业大户、农业龙头企业等,确立了4000万元的扶贫规模。使"五个全覆盖"惠及了2000余贫困户,受益信贷扶贫资金3亿元。

作为支农务农主力军的五台农村商业银行,为了让偏远山区的贫困户享受到方便快捷的金融服务,全行120余名客户经理对行政村进行了网格化包片划分,接受了专业的"客户经理外拓营销"培训,定期进村入户全面了解贫困户的生产计划、信贷需求,接受贫困户对金融业务和知识的咨询。自助取款设备布放全覆盖。在全县19个乡镇布放了29台ATM机、86台POS机和252个助农取款服务点,总计发行信合通卡、福农卡、"五台山"系列IC卡12.62万张,满足了金融服务。流动金融服务全覆盖。购置了两台流动服务车,对金融服务空白农村进行定人、定时、定点服务。电子银行全覆盖。登陆五台农村商业银行的手机银行客户已达8298户、微信银行客户1.37万户、个人及企业网银客户2.4万户、第三方快捷支付客户1.88万户,电子交易金融额达11.8亿元,广大农户不出村就能"喜刷刷",享受到小额取现、转账缴费等金融服务。评级授信全覆盖。五台农村商业银行先后与省妇联、银监局扶贫工作队分别在高洪口乡、耿镇开展了金融知识宣传服务月暨精准扶贫现场授信活动,向贫困农户宣传讲解扶贫政策和金融知识,现场对符合条件的建档立卡贫困户进行签约授信。已对29106户建档立卡贫困户进行了调查摸底,评级授信覆盖率达到100%。

2017年,五台农村商业银行建安支行发放"富民贷"109笔634.5万元,有128家贫困户实现稳定脱贫,同时发放建档立卡贫困户贷款5111万元,支持建档立卡贫困户1110户,让贫困户干有资金、想富能富。

五台农村商业银行已为建档立卡的贫困户投放"富民贷"5111万元,支持种养园区11个、涉农龙头企业39个、农民专业合作社38个、供销流通企业78个、"一村一品"专业村40个、小微企业1210个。涉及产业项目6类22项。拉动全县地区生产总值2017年上升到42.7亿元;规模以上工业增加值8.1亿元;农村居民人均可支配收入达到5765元。

2018年五台农村商业银行用"四位一体"的扶贫方式,创新打造的"四贷四带"新模式,投放扶贫资金40158万元,直接与间接拉动各项精准扶贫贷款达到67217万元,受益贫困户7167人,创收21500万元。

位于五台县阳白乡的五台山酿酒厂,依靠当地盛产玉米、高粱的优势,形成了种田产粮、粮食酿酒、酒糟喂牛、牛粪发酵生成黄粉虫喂鸡、鸡粪再投入生产循环经济产业链,于2017年得到五台农村商业银行支持的"产业贷"4595万元,用于扩大再生产,吸收当地贫困户11人进厂当工人,年收入2万元左右。64户贫困户因此种地不愁卖粮食,户均年收入增加4000元以上。围绕五台县的项目建设,五台农村商业银行又采用了"项目贷"带动贫困户的办法,发放扶贫贷款16400万元,让项目实施单位直接让利于贫困户。

五台县东冶镇集贸市场是五台农商银行评定的首个信用市场,现有中小商户54户,行业门类广、商品种类杂、信贷需求较旺。为做好对商户的金融服务,东冶镇东胜支行在县扶贫开发办公室资料建档全覆盖的基础上,联合东冶镇政府和工商、税务等部门组成资信评定小组,对54家商户进行评级授信,其中44户被评为"信用户",获得贷款授信额度343.2万元。

繁峙养驴业　马欣荣　摄

五台县 26640 家"授信户"和 5618 家"用信户"通过取之于民、用之于民的"信用工程"的实施,增产增收,促进了农村经济的发展。作为支农务农主力军的五台农商银行,相应推出了以构建信用户、信用村、信用市场为"主抓手"的"信用工程"。该行成立了"一把手"任组长的"信用工程"领导组,下设 5 个督导组,出台了一系列行动计划和实施细则,特别是疫情期间坚持金融服务不断档,采取续贷、降息等方式,合理帮助贫困群众和困难企业渡过难关,做到了不抽贷、不断贷、不压贷。

五台县已完成"信用工程"建档 45010 户,覆盖率达 74%。其中,授信 26640 户、用信 5618 户。同时,评定信用村 24 个、信用市场 1 个。"信用工程"贷款净投放 5.88 亿元。

定襄县坚持精准支持与整体带动相互结合、金融政策与扶贫政策协调配合、创新发展与风险防范统筹兼顾的原则,推广政银保企农"五位一体"模式,做好"扶贫贷"和"惠农贷"业务、农村土地承包经营权抵押贷款业务、面向"三农"金融服务体系等工作,确保扶贫小额信贷需求准、责任清、放得出、管得好、收得回、受益广,切实发挥好金融对脱贫攻坚的助推作用。

定襄县委、县政府与邮储银行"量身定制"推出的"惠农贷",破解了作为国家现代农业示范县农民贷款难、抵押难、担保难、贷款成本高的问题,切实提高了金融扶持的效率。

"惠农贷"作为定襄县 2016 年创新扶贫的重要体现之一,主要用于借款人购买农业生产资料、农机具,从事农田水利、大棚等基础设施的建设维修,以及缴纳地租等农业生产经营用途。采用保证金担保模式,由政府缴纳一定比例的风险保证金作为授信手段。由定襄县"惠农贷"工作领导组推荐客户并出具推荐函,客户持推荐函向邮储银行申请贷款,授信额高达 200 万元,贷款期限长达两年,利率执行 7.5‰。贷款对象主要包括:下岗失业人员、城镇其他登记失业人员、城镇复员转业军人及符合条件的大中专毕业生、残疾人、回乡创业农民工、创业妇女、失地农民及自谋职业等人员,帮助有思想、有发展意愿但缺乏资金的贫困群众早日脱贫致富,奔上小康之路,助推定襄经济快速发展。

2017 年,忻州市金融扶贫当年累计贷款余额 5.66 亿元,排全省第一名。

迎老乡　回故乡　建家乡

"眷鸟恋旧林,池鱼思故渊。"这是古代诗人陶渊明的诗句。鸟恋旧林,鱼思故渊,这是非常自然的事。在我们忻州,也是这样。一只只飞出黄土地的小鸟,经过风雨的洗礼,变成神采奕奕的金凤凰。他们思恋着家乡,他们眷恋着故乡,只要家乡一声呼唤,这些金凤凰纷纷飞归故土,为家乡的建设和发展做出特有的贡献。

忻州市在创新产业扶贫中,实施本土人才回归工程,动员 4700 余名离退休干部、3800 余名在外本土人才、2300 余名民营企业家带着人脉信息、产业项目和智力资源投身脱贫一线,广泛开展结对帮扶活动,投资兴业,吸纳就业,助推贫困群众脱贫致富。

开展民营企业"百企帮百村"行动,向全市非公经济人士发出脱贫攻坚倡议书,各类企业自觉履行社会责任,将企业发展与群众脱贫深度联结,形成命运共同体。引导全市 293 家民营企业结对帮扶 1135 个贫困村,投入资金和物资合计 5.37 亿元,实施项目 1568 个,受益群众达 8.47 万人次。代县雁弘纺织有限公司被全国工商联、国务院扶贫办授予"万企帮万村"精准扶贫行动先进民营企业荣誉称号。

保德县搭建"四大平台",充分发挥乡土人才作用,为全县脱贫攻坚工作奠定了坚实的人才基础。以村为单位,对科技带头户、致富能人、龙头企业主等进行"拉网式"排查,在 206 个村建起科技带头户、致富能人和龙头企业主档案 530 个,经过全面考核,89 名致富能人被确定为乡土人才后备人选。

采取组织"引"、党员"帮"的方式,把符合入党条件的乡土人才及时吸收到党组织来,把年纪轻、素质好、懂经济的党员乡土人才纳入农村后备干部人选,把致富能力强、群众公认的党员乡土人才选拔到村级班子中来,有效解决了村级班子"人难选"和党员队伍素质偏低的问题。全县有 24 名乡土人才回村准备竞选村"两委"主干。把产业扶贫和转移就业作为稳定脱贫的根本支撑,做足"传统产业提质升级、实施主体带动经营、新业态产业发展"三篇文章,投入资金 1.34 亿元,大力实施产业扶贫 13 项增收工程,累计认证"三品" 23 个,培育了一大批特色富民产业。坚持培育本土龙头企业和招商引资并重,引入

山西可宝食品有限公司5000吨红枣开发、山西鑫土地农林科技有限公司10万吨农业废弃物资源再生利用等项目,构建利益联结机制。重点扶持红源、恒胜、西府海棠等"两红"产业龙头加工企业,同步引进厚德集团等养殖龙头企业,形成种、养、加、销全产业链的产业发展新格局。同时,大力推进"保德红枣""晋德"杂粮等品牌建设,加强区域品牌宣传和保护,提升保德农产品的知名度和竞争力。通过西府海棠、红源果枣等红枣开发项目,开发果脯、果酒等功能食品。海红果中富含黄酮类等物质,具有健脾胃、增食欲、助消化功效,号称"果中钙王"。海红果在保德种植面积达3万多亩。保德县新闻办记者王伟在工作之余经过4年潜心研究,在研制海红果干红果酒的基础上,发明了发酵型果酒去除技术。这一技术获得国家知识产权专利认证,同时填补了国内空白,使保德县海红果酒步入国内高档果酒行列。

为了推进海红果产业化进程,变资源优势为经济优势,尽快引导农民脱贫致富奔小康,保德县以西府海棠酒业有限公司为代表的特色深加工龙头企业让海红果"枯木逢春"。

山西西府海棠酒业有限公司是一家专门从事以海红果、红枣、山楂为原料的酿酒企业,经过8年的发展,一路高歌猛进,先后取得了果酒研发国家专利3项,注册了10余个商标,是山西省级饭店业商会的"诚信供应商"。

2017年8月,公司所产的"西府海棠"干红又成为"世界一带一路组织"在国际交往中的指定用酒,迈出了国门。作为保德县特色农业深加工龙头企业,西府海棠酒业有限公司一直和全县果农建立着稳固的利益联结关系,西府海棠酒业公司采取企业+农户合作方式,打造酒业优质原料基地,带动农户走致富道路,已带动1500余贫困户和果农脱离贫困,安排30余名贫困家庭大学生就业,2017年、2018年共免费发放海红果树苗近18万株,打造万亩海棠园,带动5000户贫困户与果农形成长期的产业发展。通过企业的带动,保德的海红果收购价格已经从以前的每斤0.3元涨到每斤1.4元,红枣和山楂也按每斤1元和0.8元的价格敞开向订单农户收购,果树真正变成了农户家里的摇钱树。

2019年12月11日,中国烟草总公司山西省公司向保德县扶贫捐赠3000万元,用于该县李家湾水库建设。李家湾水库是我省中部引黄"小水网"工程在保德县境内两个战略性重要水源之一,总投资1.8亿元,总库容424.5万立方米。工程建成后,可解决保德县5个乡136个村4.6万人的生活用水问题和8.25万亩农田的灌溉问题。

繁峙县积极培育新型经营主体,壮大农产品加工龙头企业,推动农民专业合作社发展壮大,努力培育家庭农场。通过加大对企业的科技投入,延长产业链;积极研发新产品,创建农产品公共地域品牌;多次组织参加国家、省、市农产品博览会、

繁峙手工业瑰丽多彩　秦泽玉 摄

产品展示会，进一步拓展销售渠道，提高农产品市场占有率。重点支持了绿山庄粮油加工、绿源亨通食品、宏钜大磨坊、恒盛鑫粮食收购、万象农林牧生态发展、泰吉小杂粮等6家农产品加工龙头企业，主要产品为繁峙黄米和繁峙黄米面。2018年底，繁峙县共发展种植类专业合作社31家、核准家庭农场5家。对采取"购销企业+农户+订单"发展模式，订单收购本县农户谷类农产品的县内购销及加工企业，根据企业订单及实际收购情况给予奖补。通过以上政策，提高农户种植谷子的积极性，大大增加了农户收入。

为找准精准脱贫发力点，该县一直对脱贫攻坚路径进行着积极的探索实践。2016年，横涧乡白坡头村率先走出一条办箱包加工企业带动贫困户就业增收的新路子，脱贫成效明显。在进一步考察论证后，认识到手工业对当前全县的脱贫攻坚工作有着补短板、强弱项的重要作用。为此，繁峙县主要领导两次率团赴河北白沟、雄县、荣城、阜平等地对箱包加工、毛绒玩具、服装等手工业发展情况和发展经验进行了深度考察学习。瞄准"京津冀一体化的发展和雄安新区规划的实施，箱包、毛绒玩具、插花等劳动密集型产业已准备外迁"这一机遇，从多方面入手，通过政策优惠、组织建构等手段，积极招商引资，着力搭建手工业发展稳定平台。成立了以县长为组长，相关部门、乡镇负责人为成员的手工业协调推进领导组，并设立常设工作机构——繁峙县手工业办公室，统一组织实施全县手工业扶贫工作，在全县形成了"政府重视、部门配合、乡村主动、群众积极"的手工业发展浓厚氛围。

按照优化营商环境"六最"要求，建立了手工业项目审批绿色通道，协调各金融机构为相关企业拓宽融资渠道，落实贷款贴息和中小微企业的税收优惠政策，并聘请高级技师，在技术、管理、服务等方面进行跟踪帮扶，为手工业发展营造良好的营商环境，全力促进手工业做大做强，带动贫困群众脱贫致富奔小康。在征求多方意见的基础上，研究出台《繁峙县推进手工

业发展奖励补贴政策》，积极破解厂房、机器、培训等方面的瓶颈，并给予大量优惠奖励补贴，推动全县手工业发展步入快车道。在各种优惠政策吸引下，白沟、荣城、雄县等地客商纷纷前来考察投资，6家企业成功落地，8家企业达成投资意向。

全力打造服务白沟的晋冀箱包加工基地。引进发展各类手工业企业50余家，带动1500户脱贫。全县已发展手工业企业34个。大力发展品牌劳务脱贫产业，带动3000户以上贫困户脱贫；全县已建成10个加工点，贫困户增收效益明显。预计2018年底，全县引进的手工业企业至少带动5000人就业，人均年收入达1.2万元，可保证1500个贫困家庭稳定增收脱贫。

繁峙县充分利用矿山企业多、民营企业实力强等优势，引导资源型企业转型。通过支持引导企业实施产业扶贫开发，吸纳带动贫困户参与基地建设和产业发展，实现了"小群体""弱群体"与"大龙头""大市场"的有效联结，收到了企农双赢的良好效果。结合实际制定了一区一带十大产业扶贫发展规划，并制定了一系列扶持政策。按照"扶优扶强"原则，引导动员矿产企业投身产业扶贫。全县有30户企业转型参与产业扶贫开发，引领30~40个农业产业化项目，带动全县213个贫困村、5.0856万贫困人口增收脱贫。全县各类转型企业达67家，其中40户资源型企业转型投资肉羊规模养殖、设施蔬菜、农产品加工流通等涉农产业扶贫和第三产业领域。

以龙头企业为依托，通过"公司+贫困户"的模式，培养贫困户的市场意识、现代化的种养技术，使其具备"自我造血"功能。重点扶持天河牧业、绿源亨通等一批农业龙头企业，构建"公司+合作社+农户"的"风险共担、利益共享"利益共同体，将贫困户与企业、新型经营主体、基地、银行、保险公司的利益相联结，实现抱团发展，实现了企业增效、合作社壮大、农民增收的"三赢"局面，为产业精准扶贫积累了成功经验。

"贫困户贷款+带资入企+就业分红"模式。贫困户将小额贴息贷款以受托支付方式交由企业等集中使用，参与经营和分红。全县2314户贫困户享受扶贫小额贷款2.45217亿元，带动企业积极吸收贫困户参与经营，获取工资性收益。

"政府+公司+基地+贫困农户+银行+保险公司"模式。企业带动贫困户发展生产基地、参与特色产业开发增加收入。天河牧业、田源毛驴等养殖龙头企业带动全县974户2692名贫困人口养殖能繁母牛889头、能繁母驴1070头。

"专业技术合作社+贫困户"模式。17家扶贫攻坚造林合作社通过议标实施造林1.5万亩，带动288名贫困劳力获取劳务收入272万元。

"资金入股+资产收益"模式。鼓励支持将扶贫涉农资金等通过合作社入股企业，贫困户享受股份收益分红。全县资产性收益总收入65.5万元，带动贫困户

775户1907人，户均增收845元，人均增收343.5元。全县畜牧产业资产收益分红带动全县1013户2679名贫困人口增收，年户均分红收益2075元。

繁峙县著名企业家刘六六转型创办了天河牧业有限公司，是一家投资3800万元的规模化、标准化特色龙头养殖企业，年存栏肉牛1000头，年出栏肉牛700头。公司肉牛养殖项目占地70亩，已建成牛舍1万余平方米，牛活动场所1.3万余平方米，有安格斯牛200头、西门塔尔牛200头。该企业按照"公司+合作社+贫困户"模式，与15个贫困户建立合同养殖，为养殖户提供资金支持和技术服务，使15户贫困户靠养牛摆脱了贫困，走出了产业扶贫新路子。公司与金山铺乡农发新村和南河会村63户贫困户建立了合同养殖，县政府每头牛补贴2000元，省卫计委为每头牛提供补贴1000元，天河牧业公司每头牛补贴500元，统一代购牛犊、统一配种、统一防疫、统一收购，同时对养殖贫困户进行养殖技术培训。公司在能繁母牛调入品种选择、调入前后隔离饲养等方面解决了农发新村肉牛养殖产业品种优化、疫病防治等关键性难题，2016年、2017年对农发新村新调入的244头能繁母牛给予每头500元的补助。按照行情，5个月的小牛能卖到8000元，贫困户可年均增收3077元。

繁峙裕丰畜牧养殖有限公司建设能繁母猪养殖基地，为代养猪场或标准化养猪小区提供仔猪、饲料及技术指导服务，在全县规划代养场和代养户200多个，贫困户每代养1头育肥猪，在保本基础上可增加收入120~200元。

繁峙宝山鼎盛科技有限公司是由原宝山矿业公司转型的亚麻酸深加工企业，公司与农户签订胡麻订单1万亩，以每斤高于市场价0.1元的价格全部收购，农民每亩胡麻至少可额外增收500元。

绿源亨通食品有限公司是一家总投资9300万元的集农产品种植、加工、销售为一体的现代化企业。主要生产精品胡萝卜、脱水胡萝卜、蒸汽压片玉米、精装豆腐干、精品白水杏、白水杏干、精品小杂粮等农产品。公司与康师傅集团签订了脱水胡萝卜干销售合同，采取订单农业的办法，与大营镇、横涧乡、柏家庄乡的200户农民签订胡萝卜种植合同2000亩，公司担保从县邮储银行为农户每亩贷款1000元，秋后每斤按0.3元保底价全部收购，仅此一项，农户每亩增收900元。公司吸纳66名贫困户为员工，实现贫困户人均增收1.6万元。同时与152户贫困户建立订单收购业务，收购他们的农副产品，贫困户增收60.4万元，户均增收3974元。通过这种紧密和半紧密的联结方式，吸纳贫困户218户，贫困户户均增收7614.7元。

2018年5月14日上午，静乐县举办2018年扶贫项目集中签约仪式，共签约12个项目，总投资6.7亿元。此次12个新签约项目，其中养殖业项目6个、种植业加工项目3个、手工业加工项目3个。

繁峙县万头黄芪肉牛育肥基地建设项目是以创建"繁峙黄芪肉牛"特优区为抓手，精准招商引进的产业扶贫示范项目，集聚了繁峙县天河牧业有限公司和天津津浩牧业有限公司的养殖技术、管理经验、营销模式等优势资源，可带动2000户贫困农户稳定增收脱贫。

繁峙县万头金驴养殖产业项目，由山西晋胶牧业有限公司与龙头养殖企业田源毛驴科技有限公司合作，将推动肉驴繁育、养殖、屠宰和深度加工等全产业链条的建设，带动2000户贫困户稳定增收脱贫。

山西芊姿雅工艺品制造项目、铭都服装加工项目、山西森德隆皮具制造项目等手工业扶贫产业项目是全力打造家门口就业产业的成果展示。手工业企业已经发展到34个，可稳定带动1500户贫困户在家门口实现增收脱贫。

静乐县创造性地建立机关干部"1+1"结对帮扶贫困亲戚脱贫机制，组织动员974名"两代表一委员"深入脱贫攻坚一线，广泛开展"四送四帮"活动。持续开展"迎老乡、回故乡、建家乡"活动，引导静乐成功人士、大学生和在外务工人员回乡创办产业项目300多个，培育农民专业合作社105家、种养大户400多户，带动5700余名群众走上致富路。

引进劳动密集型企业山西万国工坊服装制造有限公司，占地11352平方米，建筑面积1万平方米，总投资约2000万元。1幢二层商务楼、3幢厂房，包括针织分厂、外贸分厂、劳保服分厂、校服分厂、绣花分厂和裁剪车间、打包车间。主要生产外贸针织产品、万国工坊羽绒服、滑雪服、户外棉服等外贸产品和工友卫士劳保服产品、盛世天骄残疾人校服产品等。项目年产值1亿元，实现利税1500万元，在带动相关行业及周边服务业发展的同时，更主要的是可以为与项目工地仅一墙之隔的易地搬迁移民户、贫困户创造就业条件，让他们在家门口就业。

万国工坊制衣厂用工600人左右，主要录用附近移民搬迁小区的住户，工资在1500~2500之间。一个贫困户有一人就业，保守按每个人月均工资1500元计算，户均年收入可达到1.8万元，人均收入可达4500元，足以保证2400个贫困人口稳定脱贫。

宁武县创新和完善龙头企业与新型经营服务主体、基地农户的利益联结机制，建设包括中药材加工、沙棘加工、燕麦加工、食用菌加工、马铃薯粉加工、生物制品在内的扶贫农业产业园，使园区内八大项目企业实现经营管理、科技支撑、产品营销、仓储物流等一体化发展。

宁武县充分利用龙头企业在市场、人才、信息、技术等方面的优势，产业园结合全市聚力打造杂粮食品、中药材、肉制品、饮品（药茶）、酿品、保健食品（功能农产品）六大产业集群部署，先后引进总投资为1158万元的忻州神达宇隆合作农业发展有限公司真空包装脱水萝卜丝加工项目、总投资8000万元的山西芦芽红沙棘开发有限公司沙棘原浆口服液生产项目、总投资3000万元的宁武县康佳燕麦粮食加工有限公司燕麦深加工项目、总投资1054万元的宁武县康仁药草有限责任公司中药材种植加工项目、总投资1000万元的宁武县绿源农副产品加工有限公司脱水蔬菜加工项目、预计投资1亿元的宁武高源薯业脱毒马铃薯加工项目、总投资3000万元的宁武县木燊园科技有限公司食用菌加工项目、总投资1000万元的山西乡村味食品有限公司莜麦饼干食品生产项目、总投资1亿元的山西神达朝凯芦芽山农业开发有限公司百亿茶健康产业园建造项目、总投资1亿元的宁武晋汾粮食加工发展有限公司食品加工项目、总投资97500万元的山西粮忻匠心科技有限公司洞藏酒(酒厂)及水厂建设项目、职业技能培训基地项目等6类产业12个农产品加工项目,园区布局逐步优化,要素集聚效应、产业示范带动效应进一步提升。园区项目全部投产运营后,可实现对全县贫困村贫困户的产业带动全覆盖、对全县特色农业产业引领全覆盖。

宁武县对贫困户自我发展家庭作坊、商店超市、饭店旅社、交通运输等产业的年收入达到1万元以上的,每户每年补助1500元。鼓励支持发展乡村旅游产业,对贫困户自主发展"农家乐"、开办旅游产品门店和将空闲房屋租赁或与他人合办"农家乐"的,给予2000~1万元的资金补贴。对符合要求的扶贫企业给予金融支持、资金支持和表彰奖励,其中金融支持指根据县级扶贫企业带动贫困户数量给予一定数额的产业贷款贴息;资金支持指对符合条件的扶贫企业,经审核批准,提供一定数量的低息扶贫周转金,并对企业每吸收一名贫困户稳定就业的给予每年奖补500元的奖励;表彰奖励指通过开展评比活动,评选出10家脱贫攻坚先进典型企业进行表彰奖励,年度奖励金额5~20万元。

代县县委、县政府始终把产业带动、企业助力作为推进脱贫攻坚工作的重要抓手,积极探索出"公司+产业+贫困户"和"合作社+产业+贫困户"的利益联结模式,把各种产业做优做强做出规模,再增加特色加工产业,从而带动扶持全县196个贫困村33340名贫困人口如期实现脱贫致富奔小康。

根据立地条件、贫困村分布和产业行业特点,坚持以政府帮扶企业为抓手,紧紧抓住企业化生产和农产品加工两大关键,以发展工业的理念发展现代化商品化农业,围绕中药材、黄酒、酥梨、仁用杏、晋谷系列谷子等主导产业发展一批规模加工企业。以企业发展辐射带动贫困户脱贫为目标,跨区域辐射、跨行业带动,通过产业带动、企业助力,让贫困户搭上脱贫快车道。代县金九州农产品实业有限公司,还有代王黄酒、四达黄酒、贵喜黄酒三大黄酒酿造企业,丰裕农产品开发有限公司等,都已成为带动全县农业产业化的龙头企业。

永安养殖专业合作社为25名贫困人

采风组采访保德惠民社区 秦泽玉 摄

口提供了就业平台，与11个村70户签订了种植3000多亩青贮玉米收购合同，其中贫困户23户。由此把贫困户有序引进"粮改饲"产业化运行轨道，通过推进农业供给侧结构性改革带动贫困户增收；与38户贫困户签订"五位一体"帮扶协议，户均年收益3000元。

方盛酒业饮料有限公司项目所在地上馆镇榄草沟村委会，以土地入股方式参与经营，提前获得分红19.5万元，既盘活了闲置用地，又增加了村集体收入。项目可安置贫困户劳动力110人，带动400名贫困人口发展酿酒高粱种植1000亩，人均年增收260元，制酒后残余酒糟免费给贫困户作饲料发展养殖增收。

方盛酒业还与大烟旺、榄草沟、闹市、两界沟、窑子头、西关6村200户贫困户签订了"五位一体"帮扶协议，已办结60户300万元。

代县雁弘纺织有限公司"雁弘织造"，注册资金3679.26万元，位于代县滨河新区致富产业园1号，是一家集袜品研发、生产、销售于一体的生产加贸易型企业，以针织棉袜为主导产品，年生产能力8000万双，从事针织袜及相关的进出口业务，90%以上的产品出口，市场覆盖美国、英国等多个国家和地区，目前已成为全市集中度规模化最大的轻纺制袜生产贸易基地，园区占地总面积300余亩。一期工程占地100亩；公司占地21亩，生产办公用地1万平方米，拥有934台智能袜机及近百台附属配套设备。

按照"县有产业基地，乡有扶贫车间，户有家庭工坊"的产业发展观，梳理产业定位发展，进行科学统筹规划，升级产业融合发展，项目总计投入0.73亿元，实现袜产业全县域带动，发挥制袜产业就业容量大、带动面广泛的行业优势，将当地轻纺制袜业"从无到有"逐步发展壮大为新兴产业，取得了历史性突破。依托"产业园标杆企业+扶贫车间+家庭工坊+贫困户"的利益联结机制，以滨河产业园为中心，辐射乡镇扶贫车间，带动村组家庭工坊，送岗位到户到人，将扶贫车间建在乡镇——车间产业化，把扶贫工坊设进农家——作坊平台化，村企融合发展有效弥补了产业链短板，切实保障贫困户就业增收兼容稳定性。

相继在聂营、枣林、上馆、新高、峪口各乡镇建起12座乡镇分厂，在各乡镇的贫困村设立了280户家庭工坊，对全县11个乡镇进行了产业就业全覆盖，培养280余个家庭式工坊，直接带动151个村1130户的2312人增收脱贫，累计安置795人就业（全日制工人475人、兼职工人320人），其中贫困就业人口392人。2018年6月，依照"合力先合资"思路，赵琦作为发起人，与上馆镇、新高乡等6个乡镇利用扶贫发展资金合资办厂，进行"预分红＋利润分红＋就业收入"带贫增收模式创新，截至2021年9月，累计分红374万元，惠及全县103个村736户。

偏关县作为农业产业化省级龙头企业和省级扶贫龙头企业的山西益生元生物科技有限责任公司，在偏关县委、县政府的正确引导下，采取公司＋基地＋合作社＋农户＋品牌的产业化经营模式，首先发展1.7万亩绿色源头种植生产基地，又相继研发出"农庄之爱"牌小米、杂粮面系列产品，"粮言谷香"牌小米、苦荞、陈醋系列产品，"圣豆香"牌小米陈醋渍黑豆等更加安全、绿色、营养健康的系列产品、杂粮石磨面系列产品等，其中偏关有富硒小米、红皮谷等多个优良品种取得了"地理标志"产品证书，偏关小米陈醋与小米双双取得了国家绿色食品发展中心"绿色食品"认证。

面向全县合作社、种植大户、建档立卡贫困户承担农产品烘干和产品代加工业务，并使用公司品牌、标识自行组织销售；还安排建档立卡贫困户在企业生产、原粮收购运输、电子商务平台、市场营销等岗位就业；以保价订单收购的形式和655户农民签订了1.3万余亩优质谷子、黑豆的种植协议，累计收购转化原粮6650余吨，户均增收2600余元。公司加工生产的小米和小米陈醋荣获"绿色食品"A级认证，自主研发的全固态法酿造小米陈醋获得山西省功能农产品品牌和十大农产品品牌之一，其相关产品已成功销往上海、北京、南京、广州、成都等各大城市；小米陈醋渍黑豆、小米陈醋渍红芸豆研发生产取得了企业标准认证；纯小黑豆豆腐干的研发取得成功，三关粮仓、东盛小杂粮等其他粮食深加工企业也先后在提高杂粮附加值上大做文章。

太原理工大学和理工大驻偏关工作队积极多方争取、牵线搭桥引进的久冠服饰，是太原理工大学校企合作单位，该企业在榆次、平遥、方山、静乐多地设有服装加工基地，公司规模大、实力强，是山西省规模最大的学生服装生产企业，入驻偏关能提供110多个工作岗位，其中优先安置70名贫困人口就业增收。

偏关县广众源扶贫电子有限公司是由政府牵头成立的劳动密集型科技企业，采用来料加工与自产自销相结合的模式，主要生产高频变压器、工频变压器、电子感应器、电子滤波器等系列产品，其各类产品均环保无污染，可提供大量的就业岗位，能为贫困户家庭增收作出巨大贡献。

原平市涉农企业、专业合作社共注册商标23件，涉及农产品58种，占到农产品总量的一半以上。

山西石鼓农产品开发有限公司是一家省级农业产业化龙头企业,生产的"石鼓"牌小米曾被评为山西省农博会优质产品。为进一步打响"石鼓"品牌,原平市将该公司列为重点扶贫企业,让公司直接对接本市南白、东社、苏龙口、大林、沿沟等乡镇的47个村庄,直接与村里的建档立卡贫困户签订扶贫合同,助力精准脱贫。按照精准对接、精准扶贫的原则,公司分别与247户贫困户签订谷子种植合同,由公司免费向贫困户提供种子、肥料、技术,贫困户按照要求种植谷子,秋后按等级,以高于市场价10%的价格进行收购。公司赶在下种前把30万元的种子、肥料免费送到贫困户手中,实现了扶贫对接。

"石鼓"公司注重把商标品牌从无形资产转变成真金白银,他们投资上百万元购回现代小米加工设备,使小米加工实现了从分类、去杂、精选、包装一条龙生产。产品多次参加山西省和农业部组织的农产品博览会,均受到客户的好评,全年合同订购超过了250万公斤,客户遍布广东、福建、云南、四川等24个省、市、自治区的上百个大中城市。业务的扩大,也给贫困户带来了红利。凡是与"石鼓"公司签订种植合同的建档立卡贫困户,不但可以免费得到种子、肥料,而且还享受业务指导,秋后还可以高于市场价10%的价格把谷子卖给公司,这样,平均每亩旱坡地可增加收入220元左右。公司通过这一模式,不但承担起了精准扶贫的社会责任,树立了与品牌相符的公司形象,而且建起了基地,保障了谷子的品质,好处多多。

原平市政协常委、双惠种业有限公司董事长武江涛积极投身脱贫攻坚主战场,不仅帮助贫困户种植蔬菜,并签订保护价收购协议,而且安排126个贫困户劳力在本公司务工,每年可增收103万元。

抓好农村本土人才回归工程。动员鼓励本土人才回村干事创业,实施"青年返乡创业计划",支持具有示范性、成长性、牵动性的精准脱贫创业项目,带动贫困人口发展生产增加收入。

驻村工作队、第一书记、帮扶责任人围绕有劳动能力的有志想做、有事可做、有技会做、有钱能做、有人领着做和没有劳动能力的老有所养、学有所教、病有所医、居有所安、难有所防这"十个有"的要求,以户为基、精准到人开展问题排查整改"十个清零行动"。驻村帮扶干部和帮扶责任人开展"送政策促就业保增收"活动,确保有劳动能力的贫困家庭至少有一人稳定就业、滞销农产品全部销售。

定襄县2017年全面开展"企业帮村—精准到户"行动,57户民营企业采取因地制宜、因企制宜、灵活多样的帮扶形式,与帮扶贫困村精准对接,签订精准结对帮扶协议,以扶持贫困村产业发展为主,带动增加集体经济收入,同时吸纳贫困人口劳动力就业,增加工资性收入;鼓励引导和最广泛地动员社会力量参与扶贫开发。

五台县2016年实施项目10个,带动1400户4000多贫困人口增收。加速发展龙头企业。扶持发展了德奥电梯、金道物流、科丰农牧、阳白酒厂及温室大棚、城园丰农机制造等一批农业龙头企业，辐射带动周边群众脱贫增收。

五台县西坡康杰农牧有限公司得到"项目贷"4700万元，与种植贫困户签订长期收购玉米、小杂粮等协议，按每斤价格高于市场价格1分钱计算，贫困户人均年收入增加500元，又免除了西坡村村民全年水费每户240元，猪粪无偿送给贫困户作肥料可替代220元农业生产资料，使241家贫困户年增加和节约资金23万元，户均960元。随着"迎老乡、回故乡、建家乡"活动的不断深入开展，一大批懂技术、会管理的能人志士开始回乡创业。为了让他们干有资金，五台农村商业银行已有效投放"能人贷"1.25亿元。

落户五台县耿镇乡的山西百草绿源中药材有限公司，是县扶贫开发办公室帮扶的一家授信企业，曾先后从五台农村商业银行得到"经营贷"490万元，采取"基地+合作社+贫困户"的运作模式，已辐射全县13个乡镇77个村869户农家。

神池县以谷德福杂粮加工为代表的"政府引导+企业订单+合作社+贫困户"发展模式，扶持谷德福农业发展有限公司新上一条杂粮深加工生产线，发展订单农业，带动农民增收；以曦晟源沙棘加工为代表的"企业+专业合作社+贫困户"发展模式，由公司与合作社签订订单协议，合作社吸纳贫困户采摘沙棘果，公司以高于市场价收购沙棘果，带动贫困户增收；由政府引导农户保护种植胡麻，并提供种植补贴，企业提供技术指导并签订保护价收购合同，保障贫困户增收致富……该县还出台《关于加强农村贫困劳动力培训促进就业创业的实施意见》，整合全县培训资源，采取奖补政策，围绕"神池

神池县烈堡乡万亩胡麻种植　来源：忻州商务　王登峰　摄

饼匠""神池油匠""神池月嫂"等特色劳务品牌,开展以月饼、胡油、芥菜加工和家政为主的技能培训,使贫困户掌握就业技能,既能在本地发展月饼、胡油、芥菜等加工产业,也可以走出去服务大众。

忻府区突出政策保障。积极通过项目、企业、带头人组织引导贫困户增收脱贫。支持农村贫困劳动力掌握实用技术或转移就业技能,确保贫困家庭劳动力至少掌握一门致富技能。把就近就地开展就业培训和提高劳务输出组织化程度结合起来,支持家政服务、物流配送、残疾人托养服务、养老服务等产业发展,拓展贫困地区劳动力外出就业空间。

岢岚县把促进就业、帮扶创业作为保障搬迁户持续发展的重中之重。引导搬迁户优先融入羊、豆、马铃薯、沙棘、光伏、旅游等产业扶贫和退耕还林奖补、荒山绿化务工、森林管护就业、经济林提质增效和特色林产业增收生态扶贫体系,实现搬迁户利益联结全覆盖。

引资建厂上岗。依托省级经济技术开发区,设立易地搬迁产业就业园区,引进项目26个,可解决2100余人稳定就业,现已解决620余名搬迁户就近就业;引进一些技术含量低、简单易操作的来料加工项目,如加工箱包、锁具、毛绒玩具等扶贫工厂,共吸纳用工523人(其中贫困劳动力178人,易地搬迁108人),针对疫情影响,实行"1+N"生产模式,把加工原料、技术送到户,组织家庭主妇在家生产,上门收购,以件付酬,解决弱劳力和家庭主妇不能外出务工问题。把系统化整合、利用、开发搬迁村现有资源作为保障搬迁户收益的有效举措。广惠园每年就业近200人参加造林,人均增收6000余元;使每个搬迁户至少对接1户企业、加入1个合作社、参与1个产业项目,实现稳定增收。

搞好"一新建"项目。制定特色种植、特色养殖、中药材种植等奖补办法,利用搬迁村丰富的水草资源和广阔的牧坡,新建设以绒山羊为主的养殖小区13座。人畜分离项目实施以来,建设71座规模养殖场,帮扶、引导、鼓励搬迁户自主创业,开展设施养殖,在推动绒山羊养殖的同时推进生猪、蛋鸡、肉羊、肉牛、肉驴养殖,实现资源合理利用,已有498户743人参与规模化种养产业,带动1498名群众稳定增收。531户搬迁户带资入股企业、合作社,户均年增收4000元。

用好"两保留"资源。将搬迁村中2至3处较好的安全住房和适于种植的耕地保留下来,把房屋作为农事活动、护林造林、旧村开发的集中生产点,把耕地采取承包租赁、委托经营、折股入社等做法向种养大户或合作社流转,扶持规模化经营、园区化开发,引进振东药业集团等8个企业联合10个合作社,在117个整体搬迁村建设道地中药材示范基地2.16万亩,采取"企业+合作社+搬迁户"的方式种植中药材2.1万亩,带动搬迁户1083户2571人,使道地中药材种植成为岢岚县三大新型产业之一,保证了搬迁户持续获益。

五寨县坚持把发挥人才队伍在打赢脱贫攻坚战中的作用作为"及时雨""掌中宝",打好优选、优育、严管三套"组合拳",采取"借""引""召""派""推"等多种方式,拓宽渠道选人才、一心一意聚人才、灵活多样用人才。截至目前,全县107个行政村,有19名返乡人才担任村"两委"主要负责人,68人被培养成村"两委"成员。建立分级负责、分批施教、全员培训的农村"领头雁"教育培训机制,大力实施农村党员干部"走出去"培训工程,先后组织村"两委"干部、驻村干部外出学习交流、教育培训700多人次,村干部领富带富、参与基层治理的能力不断提升。先后选派数百名优秀机关干部到村任第一书记,目前在岗151名。积极壮大村集体经济,激发群众内生动力,涌现出砚城镇中所村第一书记黄莹、杏岭子乡安家坪村第一书记张瑞祥等多个先进典型。组织召开选调生工作座谈会,组织新老选调生一对一结对,帮助近年来新考录的选调生积极投身全县脱贫攻坚事业,引导年轻的选调生深入基层、扎根农村,在脱贫攻坚一线锻炼成长。

五寨是国家中医药管理局正式定点扶贫县,自1994年8月以来,国家中医药管理局23年坚持不懈、驰而不息地支持五寨脱贫攻坚,先后选派挂职干部6人,引进落实各类资金2732万多元,重点围绕基层卫生服务机构建设、中药材产业发展以及基层教育事业方面持续性实施了53个各类帮扶性项目,取得了显著的效果。

五寨县一直把普及中医药文化作为扶贫工作的重要组成部分,中药材全产业链建设扎扎实实地推进,中医药人才培养稳步有序地进行。《五寨县防病治病100问》《五寨县百姓养生手册》出版,两本通俗易懂的中医药养生文化书籍受到当地百姓热捧,增印了若干次。同时,中医药文化进校园开展得热火朝天,国家中医药管理局办公室在五寨县16所中小学校开展了以"普及中医药知识,传承中华优秀传统文化"为主题的"校园中医药文化角建设"专项工作。"要长远、持久地巩固好脱贫成果,提高老百姓的健康意识和中医药文化素养才是根本。"

繁峙县有1453户2503名建档立卡贫困人口在人均种植6.5亩作物的同时,通过经营餐饮服务、汽修汽配等行业实现就业增收,年人均实现纯收入11238元。就业扶贫模式方面:全县有372户580名建档立卡贫困人口通过县外贸、餐饮、服务、汽修、运输、商业等行业就业,年人均实现纯收入10921元;有2041户3989名建档立卡贫困人口通过县内汽修、服务等行业就业,年人均实现纯收入6100元。主导产业扶贫方面:通过煤炭物流产业带动建档立卡贫困人口869人就业创业,年人均纯收入达19600元。

启智启志启德

在脱贫攻坚中忻州市积极探索"扶志+扶智+扶德"脱贫模式,在全省率先制定了《关于进一步激发脱贫攻坚内生动力打好精神扶贫主动战的实施意见》,通过物质扶贫与精神扶贫共同发力,外部"输血"与内部"造血"同向而行,不断激发贫困群众内生动力,不断增强贫困主体发展动能。坚持扶志为先。依托农村党组织"三会一课"、新时代文明实践站等有效载体,通过培训、宣传、教育引导,逐步拔除"思想穷根",让贫困群众在精神上站起来。

在脱贫攻坚工作中,贫困群众是主体,要把贫困群众思想转变作为首要的工作来抓。尤其是"自强、诚信、感恩"教育活动开展以来,通过制定村规民约、完善"四会"组织、评选精神脱贫典型人物、成立文艺宣传队、开展"不等不靠、艰苦奋斗""精准扶贫不是养懒人"思想培训会等一系列举措,不断激发广大贫困群众自主脱贫内生动力,全面提升了广大贫困群众脱贫致富的"精气神"。在全体党员干部和群众中形成不忘初心感党恩、弘扬新风正气、激发内在动力、全力脱贫攻坚的良好氛围。

全市成立新时代文明实践所18个、实践站352个,开展"牢记嘱托、感恩奋进"主题宣讲130余场;开展讲政策、讲理念、讲经验、讲故事、讲技术等活动8667次、受众37.9万人;组织宣讲团深入乡村、社区开展400余场宣讲活动,受众人次达5万余人。

深入开展"党员结对帮扶暖心""脱贫攻坚先锋行"等主题活动,对每个贫困村都分成建档立卡贫困户、边缘贫困户、脱贫户、中等收入户、富裕户、干部户六大类,分类施策,积极引导。对贫困户重点帮扶,对边缘贫困户结队帮扶,对脱贫户巩固提升,对中等户支持帮助,对富裕户引导鼓励,对干部户从严要求。推动农村党员结对帮扶贫困户6.5万户,组织技能培训12.4万人,带动贫困户8.9万户,多措并举提高群众就业创业、脱贫致富能力。

加强德治教育,破除陈规陋习,推进移风易俗。全市所有行政村普遍成立村规民约、道德评议会、红白理事会、村民议事会和禁毒禁赌会"一约四会";建立"以表现换积分、以积分换物品"的"爱心公益超市"1602个;设立贫困群众脱贫行为红黑

忻州市文联赴帮扶村送温暖、送文化　　秦泽玉　摄

榜，累计评选自主脱贫典型684个；推选"最美新娘""最孝儿女""最美家庭"70人(户)；创建"好观念、好风俗、好习惯""三好家庭"200户。"人人重实干、户户争脱贫"的良好社会氛围更加浓厚。

全市乡镇文化站、村级文化活动室全部实现全覆盖，共免费送戏下乡文化演出4200余场、举办54场"周末大戏台"、200场"乡村大舞台"演出，基本覆盖全市所有农村，为贫困村群众送去接地气、鼓斗志，群众喜闻乐见的精神食粮。

2020年10月15日，由忻州市委宣传部、市扶贫办、市妇联联合主办，忻州市广播电视台、忻州日报社协办的忻州市"凝聚力量·决胜今朝"全国扶贫日主题活动暨"三好家庭"揭晓仪式在市广播电视台演播大厅举行。活动揭晓了2019年度建档立卡贫困户中的100户好观念、好风俗、好习惯"三好家庭"。主办、承办单位相关领导为"三好家庭"代表颁发证书。

2015年，忻州市文联成为五寨县梁家坪乡燕家庄村的结对帮扶单位。市文联党组高度重视，共派出6批9名文联干部和工作人员担任驻村帮扶工作队长、第一书记和工作队员。

燕家庄村原是隶属五寨县梁家坪乡的行政村(现今燕家庄村与梁家坪村合并归入梁家坪村，梁家坪乡与孙家坪乡合并归入孙家坪乡)，位于梁家坪乡北部，与梁家坪、后子洼村接壤，距原梁家坪乡政府1.5千米，交通条件相对便利。全村总面积4680亩，其中耕地面积1774亩，自然地理条件较差，水资源贫乏，一直以种植玉米、土豆、小杂粮等普通农作物为主要经济来源，经济结构单一，人均收入低，被五寨县列为整村搬迁村。

自与燕家庄村结成帮扶的对子后,市文联全体第一时间进村入户开展全面调研,初步摸清了燕家庄村的基本情况和致贫原因。文联党组认真研究,制定了《忻州市文联干部驻村五年帮扶规划》,此后每年都认真制定年度帮扶计划与帮扶措施,确保对燕家庄村的贫困户帮扶到位。

强化"三基"建设,发挥村党组织战斗堡垒作用

一是完善基层组织。市文联驻村工作队坚持把制度建设放在突出位置,严格按照组织要求落实"三会一课"制度,完善"五簿一册"党建档案资料,定期开展主题党日活动。市文联党员干部与村党组织成员共同开展主题党日活动,学《党章》,讲党课,送党的扶贫政策,送科技文化知识,使村党组织的战斗力得到显著提高。二是夯实基础工作。完善落实村级学习制度,坚持抓好班子自身建设,每周进行党组织专题学习,提高班子成员的理论水平。完善议事决策机制,认真落实民主集中制原则,坚持推行"四议两公开"工作方法。抓好党员日常教育管理,保证党员的先进性和战斗力。三是强化基本能力。公开办事程序,严格执行"四议两公开",不搞一言堂,所有事情都保持高度的透明度,所有决策都由集体决议。定期召开村党组织和村委会议,在工作中互相支持、配合,形成合力,有力地推动各项工作的开展。

服务贫困群众,为巩固提升工作夯实基础

忻州市文联每年对燕家庄村的贫困户逐户确定帮扶责任人,市文联党组书记、主席王改瑛为所包村第一责任人,3名班子成员及其他干部为帮扶贫困户责任人。帮扶责任人对自己所包的贫困户精准分析致贫原因,签订结对帮扶责任书,并按照当年的家庭状况制定巩固提升计划。

根据贫困户的不同情况,帮扶责任人与所包扶的贫困户深入对接,共同协商制定种植养殖计划,确保做到"一户一计划一措施"。市文联通过发放宣传手册、制作展板等方式宣讲种植、养殖专业知识及精神扶贫相关内容,引导贫困户改变观念,调整产业结构和种植计划,选择经济收益好的种植养殖项目,并协助贫困户积极响应乡党委、乡政府和村组织引进推广的致富项目,发展燕家庄村经济合作社和五寨县燕富种植合作社,带领全村人民脱贫致富。

忻州市文联将精神文化扶贫放在十分重要的位置。依据本单位优势,每年将月刊《五台山》杂志每期20本赠送村党组织,并将300余册优秀文艺作品送到村党组织活动室,为帮扶村送戏送书送文化,送去丰富的精神食粮,充分激发了贫困户自主脱贫的信心和决心。自2016年始,市文联组织全市的优秀作家和艺术家深入脱贫攻坚一线开展农村现实题材采风创用活动,共创作千余件优秀文艺作品,部分作品在全省或全国获奖。创作了以脱贫攻坚为主题的长诗《圆梦》、长篇纪实报告《不负人民——忻州特色的脱贫攻坚之路》,张枚同、柴京云、王改瑛、张锐锋、张尚瑶、刘耀武等创作了歌曲《山里人》《深深的牵挂》《春风春雨》等和民间小戏类作品,为我市脱贫攻坚助力,其中二人台小戏《脱贫路上》《黄河恋歌》分获"中华颂·长丰杯"第九届、第十届全国小戏小品曲艺大展优秀剧目银奖、金奖,小戏《脱贫路上》还获得优秀编剧、导演、表演等多项大奖。

忻州市文联党组经过多次协调,为燕家庄村办公室和党员活动室提供办公桌椅、纸张、笔、文件盒和文件柜等,为村里安装路灯,为贫困户程二旦翻新屋顶,带领医疗专家李霖等送医下乡,为村里的妇女把脉问诊。春种秋收时节,驻村干部经常深入田间地头,了解贫困户的种植情况,并积极帮助他们联系农产品的销路,尝试利用微信朋友圈为贫困户推销红谷子小米。组织"衣公益"募捐活动,得到了社会各界朋友的大力支持,一周内募捐到200余件衣物,受到了贫困群众的欢迎和好评。在与贫困户的促膝交谈中,耐心为他们讲解扶贫政策,并鼓励帮助他们发展自己的产业。

以暖意化寒症、找"贫根",对症下药

驻村干部在帮扶过程中,想要把暖意送到贫困户的心坎上,应以同理心待之,心相通,则万事通。在仔细找寻"贫根",透彻掌握情况后,对症下药。在给予贫困群众物质帮扶的同时,还要从思想上、精神上进行帮扶,促使他们从"要我脱贫"的被动走向"我要脱贫"的主动。所有驻村干部都将每一名贫困群众当作自己的亲人,"想群众所想,急群众所急",真心实意地了解群众诉求,挑起扶贫担子。群众需要的时候,会第一时间纾难解困,尽全力帮扶他们,也正因为如此,村民把驻村干部真正当成了"家里人"。

体民情、察民意,驻村首先应该做到的是驻心。帮助贫困百姓早日脱贫,既是文联党组和支部交托给每一位驻村干部的责任,更是贫困地区人民群众的深切期待。扶贫工作是一项周期长、见效慢的工作,驻村干部必须久久为功,潜心扎根在扶贫一线。第一书记韩华在下乡期间,两个孩子还年幼,根据驻村干部"五天四夜"的要求,每周只能回一次家。和孩子视频的时候,孩子在那面哭,她在这面哭,在如此艰难的条件下,她硬生生坚持了两年。第一书记朱海华,进村入户走东家串西家。没有车,就坐公交,然后再走3里地进村,脸上时常挂着的是微笑,大家都亲切地叫她"朱朱"。工作队长张宝灯,心脏做了手术,但他仍然坚守在扶贫一线。有一年冬天下大雪,他硬是踩着厚厚的雪进村入户开展工作。工作队长梁生智、闫庆梅,都是放下自己的家庭、自己的爱好,为燕家庄村贡献着自己的力量。工作队员杨靓,为扶贫推迟了自己的婚礼……正是因为他们的艰辛付出,才有贫困户对驻村干部的信任,对脱贫致富的信心。

经过市文联多年的帮扶,燕家庄村贫困户实实在在享受到了国家扶贫政策的甜头和好处,各项政策性补贴百分之百落

实到户到人，市文联每年从紧张的经费中，挤出部分资金，给他们送米、面、油，送春联，送温暖。燕家庄村于2018年底完成易地搬迁，搬入五寨县城"百梦园"小区，34户贫困户73人全部脱贫。2020年底，市文联帮扶责任人完成对燕家庄村33户贫困户69人（1户、4人自然消亡）的巩固提升工作，燕家庄村正式销号，退出贫困村，归入五寨县梁家坪乡梁家坪村。

从2018年至今，共计评选出200户不等不靠、自力更生的好观念家庭，勤俭节约、干净整洁的好习惯家庭，移风易俗、孝老爱亲的好风俗家庭。

忻州市妇联围绕全市"百村示范、千村整治"乡村质量提升行动，开展了"我爱我村十件事"主题活动，选树"美丽新农家"100户，展示"美丽忻农家"100户，引导广大农村妇女和家庭从小事做起、从自身做起，积极参与美丽乡村建设，农业农村部《农村人居环境整治简报》《全国妇联简报》刊载了忻州做法。以思想引领为立足点，转观念、树理念，走出"精神脱贫"新路径。深入开展"巾帼心向党·扬帆新征程""小康路上·姐妹同行"主题宣传教育活动和"姐妹手拉手·巾帼脱贫快步走"系列活动，帮助贫困妇女坚定脱贫致富的信

忻州市妇联在全市贫困户中推选出"最美家庭""最美新娘""最孝儿女"，助力乡村文化振兴
来源：山西忻州妇联

心和决心，增强内生动力和脱贫能力。

创造性用好"巾帼脱贫大讲堂"这一载体，开办线上线下"巾帼脱贫大讲堂"，举办各类政策宣传、典型宣讲、事迹报告、励志分享等千余场，线上线下覆盖40余万人次。

在全市建档立卡贫困户中创新开展"三最"评比和"三好家庭"等创建活动，推选出"最美新娘""最孝儿女""最美家庭"共100人（户），创建以"好观念、好风俗、好习惯"为主要内容的"三好家庭"200户，并举办了隆重的揭晓仪式，营造了"主动向贫困告别，积极向富裕看齐"的社会风气。

开展"乡村振兴家风先行，移风易俗助力脱贫"主题活动20余场次，参与妇女近2000人次，向全市广大妇女发出"乡村振兴促发展，巾帼有为正当时"倡议5000余份，倡导移风易俗，引导广大农村妇女

弘扬家庭美德，树立良好家风，在乡风文明建设中发挥积极作用；举办"最美家庭"故事分享活动43期，受益妇女5000余人（次），讲述三晋最美家庭成员、市脱贫致富最美女性武黑女送儿上"战场"、带领全村妇女复工复产，省五好家庭成员张贵清坚守岗位、默默奉献的励志感人故事，用身边人身边事教育影响广大贫困妇女向上向善向好。

2020年12月29日，时任忻州市委副书记、宣传部长郭奔胜在市扶贫办调研指导脱贫攻坚工作并召开座谈会时指出：巩固拓展脱贫攻坚成果和推进乡村振兴要做到"三个衔接"：一是思想衔接，精神要传承；二是状态衔接，作风要保持；三是行动衔接，工作要升级。以脱贫攻坚的办法推进乡村振兴，以乡村振兴的办法巩固脱贫成果，为推进全市农业农村现代化继续贡献力量，书写新的篇章。

保德县率先实施了精神文化脱贫工程，以培育和践行社会主义核心价值观为工作主线，以"扶贫先扶志"为工作思路，以"美丽乡村·文明家园"建设、文明村创建和文化惠民工程为载体，按照"生产发展、生活宽裕、乡风文明、村容整洁、管理民主"的总体要求，通过政策宣传、典型带动、文明创建、文化惠民、民风建设等方式，着力开展"十个一"活动，即组建一支宣讲队伍、营造一个全民参与的舆论氛围、壮大一支志愿服务队伍、建成一个道德讲堂、运行好一个自治组织、建造一面文化墙、选树一批脱贫致富典型、建强一个文化阵地、开展一系列主题活动、共建一批文明示范村。

全县13个乡镇158个贫困村50%要建成县级及以上文明村，13个村级文化示范中心按照"有舆论氛围、有志愿服务活动、有自治组织、有美德文化墙、有脱贫典型群众、有文化阵地、有村规民约、有家风家训"的要求，将贫困村培育成文明亮点村，实现物质、精神双脱贫的目标。建设文化墙22面，建设村级文化示范中心58个，开展文化、科技、卫生"三下乡"活动59次。

先后开设了"我的脱贫故事""易地搬迁进行时"等专题栏目，跟踪拍摄以县、乡、村三级干部、贫困户、致富带头人、帮扶人、第一书记为主要对象的系列电视片，通过电视台、网站、报纸、微信公众号等平台向全社会推送，从民生视角宣传脱贫攻坚过程中人民群众的所想所盼所为，记录人民群众生活的变化变迁，展示县委、县政府同人民群众同心同德、决战贫困的生动实践。县电视台、县广播电台、保德新闻网、保德社区报、"你好，保德"微信公众号对全县脱贫攻坚跟踪报道。县电视台制作播放完成的专题片《弘扬中国梦挥洒精气神》《黄河壁画》分获中国地域文化传播二等奖、三等奖。县文明办、县电视台组织制作《保德好人》4集、《我的脱贫故事》6集，分别刻录15套150份光盘发放全县，并巡回播放。精神文化脱贫工程正在吸引越来越多的群众参与进来，凝聚起实现全面脱贫、全面小康的强大力量。

保德珍珠塬新貌　来源：保德新青年

余条，新建文化墙61块、移风易俗栏74个、善行义举榜31个、乡贤榜26块、文化活动室300个。实施了第二批8个村综合文化服务中心示范工程建设项目。新建了马家滩村小学少年宫。

各乡镇先后举办脱贫典型事迹宣传33次，建立村规民约宣传栏160块，开展邻里守望行动46次、道德讲堂16场次，开展司法、科普、政策、创业就业及实用技能培训618场次，开展"献爱心、送温暖"活动、洁净家园行动、邻里守望行动和各类公益活动433次。成功举办了"德耀林涛·助力脱贫2017年精神文明创建颁奖晚会"，对全县一年来在各行各业涌现出的10名"保德好人"、10名"十佳乡村少年"、10名"十佳志愿者"、25个"脱贫光荣户"和1个"助力脱贫特别贡献组织"、10个"文明家庭"进行了表彰。全年4个单位获省级文明单位，28个乡镇、村、社区、企业、学校、单位获市级文明单位系列荣誉，保德县被评为忻州市文明县城。

送文化下乡活动全面铺开。开展了"文化惠民·助力脱贫"送文化进基层文艺巡演68场次，"文化惠民·助力脱贫"送电影进基层、进学校巡演4287场次，利用流动图书车进基层、到农村送书共计98余次。各乡（镇）村书写脱贫攻坚标语1023

群众文体活动丰富多彩。正月二十五古会期间，举办街头文艺展演，参加队伍15支，参加人数达1200余人。举办了第五期保德县民歌培训班，参加人数达60余人。协助杨家湾镇段家沟村举办了"以花为媒、宣我两红、乡村旅游、助力脱贫"采摘活动。成功举办了保德县第六届"保德读书月"活动，并发放宣传资料1000余份，向学校和市民免费赠书2000余册，接待过往读者2600余人次。组织15名书画摄影家参加了首届山西艺术节活动。《黄河风》编辑出版6期，基本实现了刊物作者由过去以离退休老同志为主向老中青相结合的转移，刊物质量明显提高。全县已发展书画培训班5个、舞蹈培训班4个、音乐培训班4个、民间演艺团体8个、书画交易平台1个、社区书画活动室1个，不断满足群众日益增长的精神文化需求，创造性地开展了多项文艺宣传活动，有力地提升了保德形象。

静乐县坚持扶贫与扶智、扶志相结

合,突出抓好"静乐裁缝""小杂粮面点师"技能培训,下大力气抓好能力建设,激发贫困群众脱贫的内生动力,让贫困群众变"没办法"为"会致富",增本领、拔穷根。

加大政策宣传力度,驻村工作队员、第一书记和结对帮扶干部把宣传政策、解疑释惑、落实政策作为工作重点,进村入户,讲清讲透,做到家喻户晓、人人皆知,切实提高贫困群众参与脱贫攻坚的主动性和积极性。

通过实行扶贫与扶志相结合,引导群众树立自力更生、脱贫光荣的理念和志向,鼓励群众通过辛勤劳动、自身努力脱贫致富,摒弃"等靠要"的思想,实现由"要我脱贫"到"我要脱贫"的转变。

深入开展学习刘桂珍先进事迹活动,典型引路,以表彰的先进个人、集体为榜样,对脱贫攻坚过程中涌现的先进典型,及时总结、扩大宣传,用身边事教育身边人,让贫困群众学有榜样、赶有方向。

持续深入开展机关干部一对一结对帮扶活动、"两代表一委员"四送四帮活动和"脱贫攻坚先锋行"主题实践活动,形成攻克深度贫困的强大合力,把贫困群众的积极性、主动性、创造性调动起来,主动参与脱贫攻坚,确保打赢脱贫攻坚战。

文化部从1995年开始在静乐县定点包扶,20多年持续致力扶贫开发。2017年1月7日,带着党中央、国务院对贫困老区群众的牵挂,国家文化部党组书记、部长雒树刚在静乐县慰问贫困群众,调研脱贫帮扶、文化扶贫开展情况。

在文化部援建的一流的文化中心,雒树刚观摩了国家非遗保护项目——静乐剪纸的现场制作,详细了解从业人员收入情况;察看了文化部捐赠的文化共享工程国家公共文化数字支撑平台的服务内容。在实地走访文化部援建的全国第一所爱乐希望小学时,观看欣赏了书法音乐教学成果,同时向学校捐赠价值9万元的3000册少儿类图书。

雒树刚强调,文化扶贫是扶贫整体工作的重要组成部分,扶贫与扶志紧密相连。要加强非物质文化遗产保护扶持,与文化扶贫紧密衔接,将丰厚的文化资源变成强大的文化产业;要"种文化""送文化",倾斜扶持地方剧团发展,开展中央剧团送文化下乡和基层人员培训;要加大文物保护工作力度,帮助建立县级文保体系,发挥文物资源在促进旅游发展中的作用;要加强文化建设,加大对县级文化站、图书馆、博物馆等相关工作人员的培训力度,促进基层公共文化服务体系建设;要扶持发展文化产业,从文化角度突出创意发展,实现精神提升的同时促进产业发展,使贫困地区群众在小康路上一个都不掉队。

2019年7月在陕西省神木举办的"华夏根·黄土情"陕西(神木)第二届全国合唱艺术节颁奖晚会上,评委组专家宣布:获得本次艺术节一等奖的有静乐县教师合唱团;获得优秀指挥奖的是静乐县教师合唱团指挥孙毅;获得优秀钢琴伴奏奖的是静乐县教师合唱团钢琴伴奏李舒曼……

2020年11月4日，以"云聚畅想，拥抱未来"为主题的第十五届中国国际合唱节落幕，经过国际国内知名评委严格考评，山西省静乐县教师合唱团被组委会评定为成人混声组"一级合唱团"，获得金奖，成为有史以来唯一一个夺得金奖的县级合唱团。静乐县童声合唱团同时获银奖。

吕梁山国家连片特困县的静乐县教师合唱团不仅在全国艺术节上大满贯夺魁，而且拿得国际合唱节金奖，这不能不说是个奇迹。这个奇迹就是在定点包扶静乐的文化部自愿帮扶者、中国交响乐团老艺术家、著名女中音歌唱家李克老师指导下创造的。

她和王军、李舒曼等老师往返静乐从来都是自掏腰包，没有向静乐要过一分钱，从文旅部争取到的培训经费也全部交给县里用于合唱团团队建设。在文旅部、中国交响乐团大力支持下，随着以李克为代表的"声爱静乐"文化扶贫志愿服务队的组建，一支以"免费"和"高配"为重要特征的文化志愿服务队伍就这样与静乐结缘，静乐两支合唱团就这样在李克老师的付出和奉献中成长。

2020年11月20日，在全国精神文明表彰大会上，静乐县荣膺第六届"全国文明城市"称号。这是静乐继拥有"中国民间文化艺术之乡""国家卫生县城""国家园林县城""中国藜麦之乡""中国天然氧吧""中国最具特色旅游目的地"等国字号县域名片后，获得的又一殊荣。

创建全国文明城市，是县委、县政府带领全县人民3年来孜孜以求、不懈努力、众志成城、共同奋斗的结果，是静乐人"上下同欲者胜"的"静乐精神"镕铸的"深度贫困县建设全国文明城市"之"静乐奇迹"。

在这里，我们要点赞那些才出这道巷、又进那家店的"人民公仆"；我们要点赞那些晨迎朝阳起、夜顶星星睡的"环卫清洁者"；要点赞那些风雨无阻、夏晒冬寒的"交通值勤者"；要点赞那些"辛苦我一人，幸福千万家"的"城管护卫者"；要点赞那些任劳任怨、不计得失的"无私志愿者"；要点赞……

山川之灵，其发有机；天地之气，其会有时。经过冬的积蓄，春的耕耘，夏的浇灌，静乐县创建全国文明城市工作迎来了金灿灿的收获。

原平市充分发挥精神文明在脱贫攻坚中的重要作用，在制定精准脱贫任务目标时不忘文化扶贫。按照"有一个文明和谐的村容村风、有一个积极乐观的精神状态、有一个持久有效的脱贫措施、有一个干净整洁的家庭环境"的"四有"目标，依托乡文化站、广播站、手机微信等载体，实施"思想引领"工程，提振贫困群众脱贫致富信心，积极引导贫困群众从"要我脱贫"向"我要脱贫"转变。在各村打造主题文化墙，开展"文明新风五进户"活动，即政策宣讲进户、法制教育进户、科普知识进户、医疗服务进户、文化生活进户。利用流动宣传车，向群众宣传精准扶贫、脱贫攻坚的典型先进事迹，营造积极向上、文明和谐的良好风气。

以"基层党建质量提升年"为契机，实施基层党组织阵地建设升级达标行动，提升农村党组织的服务能力，确立了"抓班子、带队伍，树理念、强意识"的扶贫思路。结合"两学一做"学习教育、"维护核心、见诸行动"主题活动、"三基建设"任务落实，开设农民讲习所讲党课，加强党性教育。狠抓村"两委"班子建设，举办乡村干部群众工作能力专题培训班，进一步提升乡村干部组织群众、服务群众的能力，把基层党组织建成脱贫攻坚的坚强战斗堡垒。抓好农村"领头雁"及第一书记和驻村帮扶干部专题培训。采取现场观摩、现身说法、现实体验的"三现"模式，帮助贫困户树立脱贫信心。

拨出专项资金，充实全市47个贫困村的农家书屋，凝聚起脱贫攻坚的强大力量。对贫困村的农家书屋、文化大院、文体广场建设作出具体部署，并拨出专项资金用于购买图书、器材和相关设施。市文化部门选派文艺骨干担任第一书记，对贫困乡村的文化爱好者进行培训，充分利用农村赶集、庙会等时机进行文化交流，丰富农村留守老人、妇女和儿童的精神文化生活。在送戏、送电影、送文化下乡活动中，原平市组织本地文艺骨干力量排练了《打金枝》《算粮》等传统戏曲，下乡演出达50多场。

市诗词协会、散曲协会、书画协会还经常到贫困乡村举办文化活动。此外，通过开展评选原平好人、讲原平故事、编原平小戏等活动助力精准扶贫，重点发掘在脱贫工作中不等不靠、主动脱贫的贫困户，敢于担当、尽心尽力的第一书记，依靠基层党组织的力量、带动整村脱贫的农村"两委"干部等事迹展开巡回宣讲，既鼓舞了士气，又加强了精神文明建设。

下大力气抓好精神脱贫，深入开展"牢记嘱托、感恩奋进"主题宣讲活动，组织贫困户积极参与村民议事会、禁毒禁赌会、道德评议会、红白理事会，开展"小手拉大手、脱贫一起走"社会实践活动和文化下乡活动；推广积分换物品的"爱心超市"做法；开展星级文明家庭评议、"三最三好"评选活动，推动移风易俗，树立文明乡风，全力营造脱贫光荣的社会氛围。大力宣传脱贫模范的励志事迹，充分发挥先进典型的示范带动作用。积极引导优秀农村人才、本土人才回乡创业、回村任职，着力培养造就一支懂农业、爱农村、爱农民的农村基层干部队伍。结合"双培两带"工程，依托乡农民文化学校举办职业技能培训和实用技术培训班，让农民掌握一技之长，努力实现"培训一人，转移一人，脱贫一家"。

偏关县组建乡村新时代农民传习所91个，美丽乡村建设等课题开展各类讲习活动140余场次，全县90个贫困村党支部开展了约60余种主题党日活动，增强了党支部的凝聚力，提升了贫困村党员的精神境界，促进了党员示范带头作用的

原平市三吉村踩圈秧歌 来源：原平故事 聂建国 摄

发挥。

针对贫困户精神贫困方面的问题属性，90个贫困村采取单独组建、邻村联建的方式，全部建立了"爱心超市"，引导贫困群众通过勤奋创业、公益劳动等方式获取积分，然后凭积分卡到"爱心超市"免费兑换所需日用品。同时，全覆盖建立了"一约四会"制度，大力选树孝亲敬老、最美媳妇、最美家庭等先进典型，引导村民移风易俗，促进风俗风尚美起来。

结合脱贫攻坚工作实际，大力宣传脱贫攻坚过程中涌现出的先进典型，从贫困群众、脱贫带头人中评选了花三叶、张吉珍等先进典型，并拍摄成《脱贫路上勇担当》《张吉珍同志先进事迹》等微电影。这些微电影通过真实事例，反映了勤劳致富模范自力更生、艰苦奋斗、主动脱贫的精神，以此来影响人、感染人，营造了依靠自身力量改变贫穷落后面貌的浓厚氛围。

通过黑板报、给家长打电话、家长微信群、召开家长会等多种方式广泛宣传教育扶贫政策，让教育扶贫惠民政策深入每个贫困户、每名贫困学生心中。累计发放教育扶贫政策宣传资料15000多份，在县城政务公示栏、乡镇信息公开栏、农村活动场所等公示教育扶贫政策210余次。因校谋划、因生施策，确保扶持到校、资助到生。严格审核学生信息，公开受助学生情况，最终确定贫困学生花名，达到了每名被资助对象识别精准。为确保教育扶贫资助资金精准发放，严格审核资助程序，在资金发放环节，创新出台了家长告知单方式，健全各项资助资金的发放流程和制度，严格按照标准将资助金打入监护人或学生本人银行卡，让学生及家长明白所享受的教育扶贫政策，并全程签字留痕，规范扶贫档案管理。

偏关中学积极与进山中学、徐沟中学对口联系，通过听课、上课、评课、反思等教研活动，有力地提升了偏关中学的整体教学水平；县职业中学也积极与山西省电力职业技术学院进行联系，山西省电力职业技术学院投资15余万元为该县职业中学援建了厨艺实训室，同时还捐赠电脑显示器、阶梯教室桌椅等设施385台(套)。

五寨县把加强远程教育工作与全县精准扶贫工作相结合，以政策宣传、教育培训和示范带动为抓手，使远程教育学用资源成为农民脱贫致富的好帮手。

注重扶智、扶志相结合，加强教育引

导、政策宣传，开展典型示范，惩戒不良习气，激励群众转变观念、自力更生、诚实守信、勤劳致富。

开展"五寨好人"评选表彰活动，在全县范围内树立脱贫攻坚包扶单位、包带企业、乡镇、村委、第一书记等一批先进单位和先进个人典型，进行大力宣传和表彰。开展"传承好家风、争创文明户"等活动，为建设宜居、魅力、幸福五寨提供强大思想道德支撑。

2016年，忻州市文化和旅游局开始五寨县的扶贫工作，向五寨的李家口村、胡会乡西鸡儿洼村和小胡会村各派驻一支工作队，每支工作队3人，由一名队长负责。李家口位于五寨老城之东，距老城不足2里，现在基本跟县城连为一片，成了五寨新城的一部分，李家口村里的"八大角秧歌"是五寨县的一张文化名片，代表五寨县于2014年成功申请纳入了省级非物质文化遗产保护名录。

文旅局正是看准了这一点，以此为切入点，大力弘扬传统文化，积极推进精神扶贫，确定了"文化强村、科技富民"的扶贫工作总思路。扶贫工作队队长冀逢春与村两委商量，在原来的基础上改组"八大角秧歌队"，演员不能局限于仅有的几位老艺人，要培养年轻的后继者，输入新鲜血液，增强传统文艺的活力。要求每位老艺人带一名年轻人做徒弟，演员搭配也尽量做到老、中、青三结合，增加演出场次，由春节、元宵节前后应县委、县政府号召演出三五场，改为给各单位、企业拜年演出，走出去与县域内其他乡镇、村庄的秧歌进行会班演出等。这样一来，仅2017年两节期间的演出场次就有60余场，比以往5年演出场次的总和还要多。

八大角演出取得成功后，工作队经过研究，决定利用文旅局优势，进一步扩大演出队伍，争取让李家口的每位村民都参与进来，增强村民的文化自豪感，提振村民的精神追求。

村民们起初还在犹豫、观望，后来发现演员们自己舞蹈高歌，服装、乐器、音响设备还是扶贫单位掏腰包购置，如果演出好了，拜年博得的"彩头儿"还可以分红，纷纷来报名参演。秧歌队很快从一支演员少而老的单薄队伍扩充成了多而壮的两班，报名的人数还在增多，且其中有不少贫困户。怎么办？工作队群策群力，最后在局长的点拨下，除秧歌队外，又增加了其他演出形式，不到半年的时间里，李家口的文艺表演团队就新增了"群星艺术团""群芳腰鼓队""五寨道情培训班"，参演村民超过120人。局里又拨出专款用于这些团队的服装、道具的采购。演出场次也猛增至680余场，观众达4万多人次，规模空前，令人振奋。还参加了"全国文化信息资源共享工程"组织的"迎七一·颂歌献给党"群众歌咏比赛活动，并获得了全省优秀组织奖。一个晋西北国家级贫困县治下的不足千人的小村落，能获如此殊荣，让全村人感到意外，更感到自豪。工作队也没有想到，这样一座土窝里的村庄，这么一群土窝里的人竟能爆发出如此强大

的精神力量，真的印证了毛主席的话："一切依靠群众"；印证了习近平总书记的话："社会主义文艺，从本质上讲，就是人民的文艺。"更让村民们意外的是，2018、2019年，李家口"八大角秧歌"队先后两次到北京恭王府、忻州古城进行专场演出，受到当地人民群众的热烈欢迎，而陈荣生、刘建华被选入省级非物质文化遗产传承人保护名录，蔚存光被选为忻州市非物质文化遗产"八大角秧歌"传承人。

这一消息，一时传遍了五寨的大街小巷。人们恨不得当下拉起队伍，来一段《大拜年》。当时正值"美丽乡村"建设工作初起步，投资 8 万元的文化广场刚落成，文旅局也一激动，毅然加大投资，又增拨 5 万元专门新建了一面"八大角秧歌"主题文化墙，将这一古老的艺术定格成乡村的记忆，希望人们欣赏它的同时，记住它、传承它。现在，文化墙就傲然矗立在文化广场与村级活动中心之间，像一座炫丽又庄严的丰碑，提醒人们这一"非遗"项目是李家口的文化品牌，更是李家口人民的文化根脉。

围绕这一项目，文旅局、村两委又配合镇党委、政府对李家口的基础设施进行了一次全面的改造与提升，硬化大街小巷共 2 万平方米，粉刷美化墙壁 600 平方米，改造下水管道 2400 米，亮化安装路灯 80 盏，绿化植树 1200 株，实现了有线电视与网络信号全覆盖，彻底改变了村容村貌。

与之同时发生改变的，是村民们的生活习惯：三五成群聚在一起打麻将、甩纸牌、打平和、喝烧酒的越来越少，人们更愿意坐在文化墙前看看"引头靶子"的造型，模仿模仿"扇风的"潇洒飘逸的动作，或笑一笑"愣小子愣女子"的丑态；大多数妇女则是踏着《最炫民族风》《酒醉的蝴蝶》的节奏跳广场舞，引逗得边上的孩子都在托着长椅脖子扭扭、屁股扭扭；男人们乐呵呵地看着场中的媳妇儿，不时拍个短视频发到朋友圈或快手上，与远亲近友、也与陌生人一起分享短暂休闲时的快乐。

在提高精神面貌的同时，文旅局帮助李家口大力发展种植业、养殖业和其他扶贫产业。按照"因地制宜、因户施策"的原则，引导村民广种玉米、土豆，种小杂粮、蔬菜，光种植业一项，帮助贫困户一年增收 55 万元，全村贫困户 172 户 402 人，人均增收 1355 元。在壮大养殖业上，到 2018 年，合计养殖鸡 1523 只、羊 511 只、猪 79 头，牛、骡、驴、马 27 头（匹），帮助增收 120 余万元。其他产业上，到 2020 年年底，村民在村里、县内开小饭店 5 家、小作坊 7 间、小超市 10 家、家政服务 6 家，有个体加工业 10 户、其他行业 27 户，可增收 195 万元。为了逐步提高村民的劳动技能和从业技能，保证他们从业的持续性，文旅局协同村两委、县就业局及各级帮扶干部不断开展送政策、送培训、送就业活动，加大力度进行农村劳动力转移就业培训。现在，全村劳动力中在本地务工的 146 人，外出务工的 68 人。虽说李家口的 357 户 757 人离生活富足还有一段距离，但也已彻底挖掉了"穷根",人均纯收入超过了4000元。

忻州市文旅局从2017年开始推动村级集体经济企业化管理,培育、发展、壮大村集体经济,增强村集体经济自身的"造血"功能和实力。2018年利用财政扶贫专项资金30万元,建成一座100千瓦地面集中光伏电站,年收益31500元,光伏收益17.4万余元,分配到户15.8万余元。盘活了集体土地资源,将7亩集体土地承包给本村村民尹俊峰开办预制厂,为村集体带来2万元收入,同时解决了本村15个就业岗位。李家口村真正焕发了生机。

岢岚县坚持正面引领、典型示范、持续深化、整体提升,激活传统道德力量和村民自治意识,充分发挥"爱心超市""孝善基金"的激励作用,开展"四面红旗选树""星级文明家庭评定"创建活动,实现社会爱心捐赠与群众个性化需求精准对接,让广大群众感悟认同主流价值观,成为文明乡风建设的受益者,使移风易俗的成果转化为推动美好岢岚建设的新动能。

以树起新时代红旗党支部、乡风文明红旗村、脱贫攻坚红旗工作队、自主脱贫率先小康红旗示范户"四面红旗"基层党建为引领,以"一约四会"为依托,推进"四美"社区建设,长效开展道德讲堂引导、文明习俗培育、孝善基金奖补、爱心超市激励等行动,积极开展"卫生文明户"评比、"幸福生活大讲堂""家庭家风家教""法律讲座"等活动,营造安居乐业、文明和谐的良好环境。

完善公共文化服务体系建设,提升乡镇综合文化站、村级综合文化服务中心覆盖面,大力推进全县141个行政村文化服务中心的建设及设施配套工作。落实文化惠民政策,开展"送戏、送电影、送书籍"下乡活动,扎实推进文化旅游产业开发,支持贫困村和贫困群众参与乡村旅游创业就业,为贫困人口创业、就业、增收提供平台,共享文化旅游发展红利。

在全国第五个扶贫日来临之际,县文化局、文联组织全县书画爱好者创作并展出了一批以"脱贫攻坚,你我同行"为主题的书画作品。书画展有50余幅参展作品。书画作者用不同的表现手法描绘了岢岚人民对美好生活的向往和脱贫摘帽的信心,弘扬真善美,传播正能量,具有较高的艺术性、思想性和观赏性。

河曲县传承和弘扬红色文化、优秀传统文化,加强乡村文化建设,为精神扶贫注入"源头活水"。

实施基层党组织"321"典型示范工程,重点在全县创建选树村级党组织示范典型30个,以党组织"四有""四强"标准带动引领群众树立自强意识;打造脱贫示范村,评选脱贫示范户,评选模范帮扶干部,加大先进典型的宣传力度,弘扬"正能量"、提振"精气神"。选树自主脱贫、勤劳致富、热心公益、孝亲敬老各类典型203名,选树"最美第一书记"、驻村工作队员116名。广泛开展文化下乡,编创精神扶贫主题民歌、二人台小戏60余首(部)。制定新时代村规民约,创评乡风文明"红黑

榜",在农村广泛开展"三最三美"评选,推动农村移风易俗。

抓住扶贫领域"作风建设年"契机,进一步锤炼干部作风,激发干部干事创业活力,牢固树立"扶贫最光荣、奋斗最幸福"的理念,用帮扶干部的"硬作风"鼓舞带动贫困群众脱贫内生动力。

全县314个村都成立了道德评议会,在评选过程中本着标准不降、实事求是、公开公平公正、不得歧视特殊群体的原则,由村"两委"组织村道德评议会成员、全体党员、村民代表、新乡贤及第一书记、驻村工作队员等召开评选会议,主要围绕孝老爱亲、环境卫生、移风易俗、遵纪守法、热心公益、脱贫致富等六方面(每次评选不少于两方面)按季度开展一次评议,实行动态管理。对评选出的"红榜"人员,实行积分制予以奖励,在"爱心超市"兑换相应物品,同时,在各项惠民政策上给予适当倾斜;被列入"黑榜"的人员,采取一对一精神帮扶、谈心谈话、教育引导、依法惩治的方式纠正其错误或不良行为。

从2012年开始,保利集团连续5年就河曲文化艺术、职业教育、特色农产品开发等扶贫项目进行帮扶,累计投入资金800万元,有效助力河曲脱贫攻坚。在教育扶贫方面,保利集团出资300万元援建河曲县巡镇中学的"保利—巡中"体育场;在巡镇中学设立教师基金,每年提供30万元助力提升师资力量,提高升学率。在开展文化扶贫方面,出资300万元,通过节目包装、组织巡演等方式,让河曲二人台"走出去、唱得响、创品牌",成功打造河曲地区的新名片;每年出资20万元助力二人台剧团发展,推进送戏下乡等活动。

2018年7月26日,全市精神扶贫现场推进会在河曲县召开。会议期间,与会人员观看了河曲县精神扶贫工作专题片和"饮水思源不忘党恩"汇报演出,实地观摩了河曲县旧县乡杨家洼村、文笔镇岱岳殿村、楼子营镇柏鹿泉村、县职教中心等地的精神扶贫开展情况。

市委对河曲县精神扶贫工作给予充分肯定。市委领导指出,河曲县把弘扬西口精神、曲峪精神与激发党员干部和贫困群众内生动力紧密结合,县委统筹到位,乡镇组织有力,乡村措施精准,实践成效显著,全县"一约四会"、红黑榜、宣传队、讲习所基本实现了全覆盖,为深入推进精神扶贫工作提供了参考和示范。

繁峙县组织开展县、乡、村三级扶贫干部全员培训1850余人次。实施年轻干部培养工程,"滹源大讲堂"每月定期举办专题培训。制定实施《繁峙县2018年"领头雁"培训实施方案》,农村"两委"主要负责人"领头雁"培训分3期共培训700余人,"走出去"到汾阳市贾家庄村示范培训1期72人。大规模大力度的教育培训,全面提升了干部服务群众、奋力攻坚脱贫的能力。

结合工作实际建设新时代农民讲习所。建立了县、乡、村三级讲习阵地,组建精干师资队伍,定期开展讲学活动,采取讲政策、讲理念、讲经验、讲技术、讲道德、

"保利情"唱响河曲文化扶贫曲　来源：忻州网·河曲视窗

讲故事等"六讲"活动，县、乡、村先后开展讲习活动1300多次，受教育群众8700多人次。聘请离退休老干部收集整理身边的发展产业致富能手、自主脱贫户、龙头企业带贫脱贫、农发村党建引领整村提升等典型事例，改编成故事在各讲习所巡回宣讲，用身边事教育身边人，激发思想共鸣、激活发展动力。同时将涵盖了全县2018年贫困户可享受的农、林、牧、水利等各类扶贫政策67项改编成通俗易懂的顺口溜作为教材印发各讲习所，充分发挥新时代农民讲习所的思想引导主阵地作用，进一步增强了群众脱贫攻坚的精神动力。

健全完善以考核表彰、约谈问责为核心的正向激励、反向鞭策机制。分领域组建易地扶贫、脱贫攻坚、项目建设等多个考核组对各项重点工作进行考核，大张旗鼓地对各领域涌现的优秀单位和个人进行表彰，同时对于表现消极、工作推进滞后的干部进行约谈、问责。目前，全县累计约谈干部79名，通报干部70余人次，2名干部因脱贫攻坚不力而被调整岗位。

代县脱贫摘帽百日决战行动打响以来，将精神扶贫工作摆在脱贫攻坚的重要位置，充分发挥精神扶贫的感召作用，三措并举深入开展精神扶贫活动，充分调动贫困户思脱贫、想脱贫、谋脱贫的积极性，进一步激发了广大群众脱贫致富的内生动力。

充分发挥基层党组织的战斗堡垒和党员的先锋模范作用。坚持"调研在前、因户施策"，推进实施帮扶措施精准到户、政策宣传送到户、各项服务落到户。设立扶贫爱心超市、孝善敬老基金，开展"脱贫致

富示范户""孝亲敬老模范户"等评选活动,营造脱贫光荣、勤劳致富氛围。协助村委会完善村规民约,营造节俭办事的良好社会风尚。激发贫困群众脱贫致富的积极性、主动性,增强贫困户自身"造血"功能和自我发展能力,为打赢脱贫攻坚战提供强大组织保障,让党建活力转化为脱贫动力。

治穷先治愚,扶贫先扶志。代县坚持将精神扶贫工作纳入乡镇每周调度会汇报内容和脱贫摘帽百日攻坚督查内容,实行每周"一督查、一通报",有效解决精神扶贫上热下冷问题。各乡镇整合各村包村干部、驻村工作队、村"两委"班子这一现成的宣传队伍,邀请乡贤能人、先进典型组成"百姓宣讲团",采取入户走访、集中讲习等灵活多样的方式,深入开展精准扶贫、脱贫政策学习宣讲活动,着重宣讲党和政府出台的产业、金融、就业、教育扶贫及医疗保障等方面惠民政策,推动政策措施落地惠民,着力提升农民群众文化修养,教育引导群众牢固树立"人穷志不穷、脱贫最光荣"的理念,努力形成"扶贫先扶志""贫穷落后不光荣"的舆论氛围。

各贫困村充分利用村级光伏电站收益,设立脱贫攻坚先进典型奖补资金,在各乡镇广泛开展脱贫光荣户、孝老爱亲户、文明家庭户评树和先进典型学习活动,深入挖掘先进典型,引导广大群众向身边模范学习,比孝老爱亲、比家庭和睦、比文明礼貌、比邻里和睦、比发展生产、比脱贫致富等。充分利用每月主题党日活动等党性教育活动,采用"党建+扶贫"模式宣传脱贫致富的典型事迹、典型人物,做足贫困群众情绪疏导工作,营造"精神扶贫"的浓厚氛围,激励和引导贫困群众后进赶先进,通过自己的辛勤劳动实现脱贫致富。

为广泛宣传代县全国脱贫攻坚模范刘桂珍同志的先进事迹,激励和动员全县广大党员干部在全面脱贫、全面小康实践中建功立业,在全县范围内开展"我们身边的好书记"系列活动。"我们身边的好书记"评选活动中的20名候选人,累计投票数539774票,累计访问量4326919次,发挥典型人物引领作用,营造了真抓实干的浓厚氛围。上磨坊乡党委、乡综合文化站开展了庆祝中华人民共和国成立70周年文艺巡演活动。演出活动充分表达了村民对中华人民共和国成立70周年来生活水平不断提高、生活环境日渐变化的喜悦之情。

一直以来,北京体育大学按照党中央、国务院关于扶贫工作的总体部署,深入贯彻国家体育总局"立志、立教、立业"的扶贫工作指导思想,坚持"突出体育扶贫,扶出体育特色"的扶贫方针。

在国家体育总局帮扶繁峙与代县的脱贫攻坚中,2019年4月、6月,北京体育大学师生参加了在两县举行的"寻找美丽中华"定向越野赛和在代县举行的"2019中国代县雁门关国际骑游大会"。中国武术学院(中华民族传统体育研究院)专家,联合山西体育局武术管理中心和河南少林鹅坡教育集团赴代县开展了调研并进行工作规划，推进山西省代县杨家武术项目的挖掘和整理工作。

2019年6月，36名师生在两县开展暑期社会实践和健美操、啦啦操展演。从繁峙县到代县开展了足球、羽毛球、篮球、乒乓球、柔力球、太极拳、广场舞七大类的教学实践培训活动，两县参与人数超过1500人，包括当地体育社团、学校、俱乐部以及普通市民。在两县进行的两次艺术团慰问演出和健美操、啦啦操展演，吸引了2000多名观众观看。

2019年7月，二青会中国式摔跤在山西代县举办期间，重竞技教研室教师沈志坤担任裁判工作，以优异的表现被组委会评为"优秀裁判员"并获得赛会颁发的"体育道德风尚奖"。竞技体育学院2016级党支部与繁峙县滨河小学、第二中学党支部联合开展了红色"1+1"活动。同时，16名师生在两校还分别开展了跆拳道、篮球、体适能、乒乓球、有氧健身操等内容丰富的课程教学。

2019年全国大学生篮球精英赛——京晋高校大学生篮球交流赛在代县新城体育馆隆重举行。本次全国大学生篮球精英赛共有太原理工大学、山西大学、首都经贸大学和北京体育大学的4支球队参赛。

2019"奥跑中国"系列赛繁峙站比赛于9月1日开赛。中国田径学院派出1名教师和8名学生参赛，共获得1金2银1铜、两个第5名、1个第6名的好成绩。中国田径运动学院高级教练、2000年悉尼奥运会女子20千米竞走冠军王丽萍随中国田径协会专家组来代县开展体育培训活动。马克思主义学院教师周学政前往代县为非公和社会组织党组织书记培训班授课，讲授"四中全会精神解读"，共计144个党支部书记144人参加培训。

2020年9月，由中国足球运动学院和教育学院16名学生组建的大学生扶贫支教团赴繁峙、代县开展为期一年的支教服务工作，为两县的体育运动、教育发展贡献力量，为巩固脱贫成果提供动力支持。

2020年11月，北京体育大学青少年足球特色训练基地落户山西繁峙县滨河小学和代县五中。北京体育大学党委常委、副校长周启迪和相关部门负责同志赴山西繁峙、代县，为两县北京体育大学青少年足球特色训练基地挂牌。

宁武县坚持扶贫与扶志、扶智相结合，实施"三自一带"、志智"双扶"工程，充分发挥"一约五会"在文明新村建设中的积极作用，广泛宣传党的扶贫政策、农村发展变化、农民得到的实惠以及脱贫标兵等主动脱贫致富的先进典型，不断增强贫困群众自主脱贫意识和自我"造血"功能。

投资470万元新建、维修、改造村卫生室86个，将全县441个村卫生室整合为98个中心卫生室；全面落实文化"三下乡"政策，建成251个贫困村的文化场所。在常住人口100人以上的农村安装了126套农村"小喇叭"，通过广播反复宣传

政治理论、时事新闻、脱贫政策、惠农措施和扶贫知识,用"小喇叭"发挥了扶贫大作用。在"宁武你好"微信公众平台、宁武电视台等县级媒体开辟扶贫政策宣传专栏,各乡镇创立新时代文明实践所(夜校),村村开通"小喇叭",第一书记、驻村工作队和帮扶责任人入户宣传,发放"口袋书"、政策图解、学习手册,积极宣传中央和省市脱贫攻坚决策部署,传递党对贫困群众的深切关怀,形成比学赶超、争先脱贫的浓厚氛围,全县涌现出69名"脱贫标兵"。

创作的脱贫专题小戏《懒三脱贫记》成为国家文化和旅游部2017年度戏曲剧本孵化计划项目,其创作团队被中国文化管理协会、中国演出行业协会授予优秀团队称号;续篇《懒三求婚记》连获市级6项大奖,成为全市宣传扶贫政策和营造脱贫氛围的一大亮点。

忻府区突出文化扶贫,投入农村文化建设经费70万元,重点用于农家书屋的添置更新,优先保证所有贫困村的农家书屋建设。投入资金18万元,为贫困村送戏下乡36场。确保所有贫困村每年放映12场农村公益电影。为2000户贫困户新安装广播电视直播户户通。

在18个300人以上贫困村建立扶贫讲习所,组织党员干部、技术人员、致富能手、脱贫模范组建师资队伍,开展讲政策、讲理念、讲经验、讲故事、讲技术"五讲"活动,提升农村群众自我脱贫能力。

定襄县根据市委要求结合自身实际,制定出台《关于进一步激发脱贫攻坚内生动力打好精神扶贫主动战的实施方案》,把精神扶贫任务分解为6大措施28项任务,由15个牵头单位和28家责任单位协同完成。

在9个乡镇普遍设立农民讲习所,以县统筹党员干部、技术人员、致富能手、脱贫模范组建师资队伍,通过讲政策、讲理念、讲经验、讲故事、讲技术"五讲"活动,加强对贫困群众的励志教育、诚信教育、传统美德教育、技术技能科普教育。运用农村远教平台,组织贫困户定期开展农业技术、生产技能及产业项目培训活动,提升农村群众自主脱贫的能力。

大力推进村级组织活动阵地标准化规范化建设,以硬件带软件,持续提升村级党组织的组织力,强化村级党组织的政治引领功能。开展形式多样的乡村振兴主题创建活动,提高群众的集体意识、参与意识和奉献意识,着力促进文明城市创建活动向农村延伸,发挥好村级党组织凝聚群众、组织群众和动员群众的作用。

在全县范围内开展推荐"精神扶贫"各类先进典型选树活动。分别从帮扶工作典型、先进基层党组织、自主脱贫典型、精神文明典型、其他类型典型5类中择优向市里报送优秀典型推荐人选31人、先进基层党组织5个,通过为精神贫困人口树立榜样,增强自我奋斗内生动力,变"要我脱贫"为"我要脱贫";定期表彰奖励脱贫攻坚一线干部,提高他们在各类表彰中的比例;结合贯彻中央有关政策要求落实县委激励干部担当作为、合理容错改革创新

"两个实施办法",激发脱贫攻坚一线干部活力;选拔重用一批在脱贫攻坚中实绩突出的优秀干部,激励基层干部在主战场攻坚拔寨、冲锋陷阵;加大先进典型的宣传力度,弘扬"正能量"、提振"精气神"。

神池县治穷先治愚,扶贫先扶志。由组织部门牵头,举办了"新时代农民(市民)讲习所",通过讲政策、讲理念、讲经验、讲故事、讲技术等"五讲"活动,唤醒贫困群众主动脱贫意识,帮助他们分析致贫原因,引导他们牢固树立自强自立、自力更生、不等不靠的信心。结合全县干部素能提升工程的推进,在县级层面开设大讲堂,开展了扶贫论坛12期、理论讲座5期、经验交流2期;在乡镇开展巡回宣讲,10个乡镇每周举办1期,目前已分别举办15期;在全县设立农民讲习所41个,通过开展"五讲"活动,加强对贫困群众的励志教育、诚信教育、传统美德教育和科普教育。同时,开设"党旗飘扬"栏目,发现群众身边的脱贫典型,以榜样的力量鼓舞人,给群众以精神动力,切实改变"等靠要"的落后思想。

结合全市开展的《扶贫者》大型纪实专题片摄制采写活动,在全县选树发展产业先进典型21名、勤劳致富先进典型5名、热心公益先进典型9名、孝亲敬老先进典型5名、邻里互助先进典型1名,来彰显贫困群众在全社会的帮扶下自强不息、立志脱贫的信心。

坚持典型引路,树立标杆,在县电视台新闻频道开设了"党旗飘扬"系列电视专栏,制定了实施方案。由各乡(镇)党委、县直各党(工)委、党总支围绕该县脱贫攻坚、三基建设等重点工作,选树能够展现集体及个人优秀成果的典型;县委组织部、宣传部对所选送材料共同进行审核,并确定最终选树对象;最后县电视台负责采编、拍摄等工作。通过专栏的开设,大力宣传了党组织和党员干部的先进事迹,形成了争先创优、奋发向上的良好氛围,进一步激发了广大党员干部干事创业的热情和潜力。

着眼于大力实施乡村振兴战略、推动农村集体经济增收、集中整顿软弱涣散党组织等重要工作,解决农民增收后劲不足、农村自我发展能力较弱、农村基层战斗堡垒不牢的突出问题。按照"产业兴旺、生态宜居、乡风文明、治理有效、生活富裕"的总要求,推动村民在精神上先富起来,倡导新思想、弘扬新风尚,通过脚踏实地的脱贫行动提升生活幸福感。

开展文化活动。将关爱老人服务纳入村规民约,倡导尊老爱老的文明风尚,设立孝道"红黑榜",选树报道一批先进典型。组织开展全方位、立体式、持续性的专题宣传报道,大力宣传先进典型和扶贫政策,曝光一些不作为、乱作为、慢作为的落后典型,激发全县广大干部群众投身脱贫巩坚的积极性,营造浓厚的攻坚氛围。

全县人大代表和政协委员发挥自身优势,积极投身社会帮扶。能人返乡创业扶贫。开展"人才回归工程",吸引能人、大户回乡创业,既帮助农民解决了就业问

题，又为企业提供了充足的劳动力资源。组织"两代表一委员"与贫困户结成对子200余个，开展"送思想、促感恩"活动，每月与贫困户进行走访谈心不少于1次，及时把党的政策、温暖送到贫困户家中，帮助贫困户牢固树立"幸福是奋斗出来的"正确观念，实现自强自立。

五台县实施文化惠民工程。全面完成贫困村综合文化服务中心示范工程建设任务，加强农村文化活动的引导与管理，让公共文化服务更加贴近群众；通过举办各种展览展示、比赛汇演和广场舞培训活动，积极发现和培养农村文艺拔尖人才和业余创作人才；加大政府购买公共文化服务力度，继续办好送文化下基层、送戏下乡、全民阅读、农村电影放映和广播电视有线全覆盖等公益性文化活动；积极推进集新文化馆、体育馆、档案馆、图书馆、博物馆为一体的文化综合馆建设，切实提升人民群众的文化获得感。

打造文化企业。坚持把社会效益放在首位，实现社会效益和经济效益相统一，以开放引入新的发展元素，以发展元素的新组合推动创新，以创新发展为指向推动改革，继续深化国有文化企业改革，建立具有文化特色的现代企业制度；积极支持全县小微文化企业发展，大力发展温氏澄泥砚、锦泰工艺、金山灯笼及木雕、刺绣等传统旅游工艺品，加强对外宣传和文化交流，推动更多文化企业和文化产品走出去，开眼界，谋合作，增效益。

融合文化旅游。借助"五台山文化节""网络媒体忻州行"采风活动等平台，做好驼梁景区的"清凉五台"山水文化品牌、佛光景区的"唐代佛光"古建文化品牌和永安村的"千年永安·徐帅故里"红色文化品牌宣传推介工作；主动接受北京文化产业辐射，搞好文化产业园区规划建设，积极推进佛光村山西日报传媒集团文化创意产业园区、驼梁A级景区和滴水崖省级旅游度假村等文化旅游产业项目的建设，切实把文化旅游产业培育成造福全县的战略性支柱产业。

团城村以"不忘初心，牢记使命；文化精神扶贫，助力乡村振兴"为主题的首届农民文化艺术节在欢快的锣鼓声中开幕，一台完全由当地文化团体、民间艺人、乡村农民参与编导演出的综艺晚会，在村中心搭起的舞台上演出，包括传统《五台八大套》民乐、旗袍秀、晋剧小品等多种文艺形式的精彩表演，赢得周围十里八乡村民的阵阵掌声……

风景这边独好

大美太行在山西、黄河之魂在山西、长城博览在山西,忻州市是山西省唯一一个同时拥有三大板块旅游资源的市域。全市旅游资源文化内涵深厚,自然风貌优质;旅游资源分布广、品种齐全、品位高,是大山大水大生态大旅游格局的旅游资源大区和旅游热区。境内峰峦叠嶂,川流纵横,形成了独具特色的"山水关城"文化旅游资源,是享誉中外的旅游目的地。忻州境内有全国重点文物保护单位36处(42点)、省级文物保护单位57处,全国仅存的3座唐代建筑,有2座在忻州,国家级非物质文化遗产16项、省级非物质文化遗产76项、国家A级景区40处、世界文化遗产1处、国家地质公园2处、国家历史文化名城1处、国家级自然保护区1处、国家级森林公园4处,忻州已成为海内外游客心仪向往的旅游目的地。

近年来,忻州市优先发展六大旅游引领区。

一、五台山"双遗产"旅游区

以世界遗产、国家风景名胜区、国家5A级旅游景区五台山为核心,充分发挥龙头带动作用,加强与周边区域联动发展,形成大五台发展格局,打造世界级旅游康养目的地的龙头景区。

二、长城古塞旅游区

以世界遗产、国家5A级景区雁门关为核心,以平型关、宁武关、偏头关等为支撑,通过修缮保护、文旅融合、业态升级、龙头引领,形成长城旅游带增长极、边塞风情旅游目的地,打造长城军事文化、民族文化、红色旅游与休闲体验基地。

三、忻州古城旅游区

以忻州古城为中心,向东承接五台山、向南对接太原、晋中,向西联动芦芽山、老牛湾,向北辐射雁门关,充分利用忻州古城国家级旅游休闲街区的影响力,借助创建国家级夜间文化和旅游消费集聚区的契机,把忻州古城打造为忻州文化旅游的新品牌、产业升级的新龙头、城市发展的新名片。

四、芦芽生态旅游区

坚持保护为先、适度开发,整合芦芽山、万年冰洞、汾河源头、情人谷等生态景区,形成大芦芽山旅游发展核心区,力争创建国家5A级旅游景区,构建忻州西部旅游发展的龙头引擎和区域增长极。

清凉胜境——五台山 杨国军 摄

五、黄河风情旅游区

以老牛湾、乾坤湾等黄河峡湾地质地貌景观为核心吸引，整合"黄河+长城+古堡+峡谷+夏水+冬冰+美食+田园"多种自然与文化资源，发挥"长城、黄河握手地"的资源优势，文旅融合、体旅融合、特色发展，打造老牛湾风景名胜区，力争创建国家5A级旅游景区。

六、温泉康养旅游区

以忻府区奇顿合温泉、定襄汤头温泉、原平大营温泉为基础，云中河旅游度假区为核心，提升温泉开发水平，高标准、高水平打造国家级温泉康养旅游度假目的地，引领山西温泉康养度假产品，打造山西省康养产品的标杆、忻州市康养产品的龙头。

忻州旅游业在全市五大新型产业中，是重点打造发展的产业。全市旅游业以年均20%以上的速度增长，旅游接待人次从2010年1052万人次增加到2015年的2896万人次，旅游总收入从2010年的106亿元增加到2015年的284.6亿元，年均增长21.8%。以后逐年增长，2017年度，忻州旅游总收入408.34亿元，累计接待入境旅游人数58318人次，旅游外汇收入1963.69万美元，接待国内旅游人数4214.25万人次，国内旅游收入407.13亿元。

在脱贫攻坚战中，忻州市牢固树立"五大发展"理念，以转型升级、提质增效为中心，做长旅游产业链，创建旅游扶贫示范村39个、全省AAA级乡村旅游示范村10个、全省首批"黄河人家、长城人家、太行人家"54个，全市22个景区、34个涉旅经营主体、41个旅游项目，累计带动3.4万人持续脱贫。在原有旅游资源基础上，又增加了乡村旅游资源新内容，为全市以第三产业带动乡村振兴注入了新的

"造血"功能。

脱贫攻坚以来，忻州市以"全域旅游、产业发展、脱贫攻坚、交通先行"为统揽，以习近平新时代中国特色社会主义思想为引领，以交通旅游融合发展为路径，着力完善忻州三大板块旅游公路网络。创新旅游交通产品，提升旅游交通服务品质，创建国家全域旅游示范区，基本建成集生态休闲观光、文化产业提升、经济转型崛起、社会发展进步、精准扶贫带动的全域旅游大通道，逐步形成全市旅游景区循环圈和经济发展大动脉，努力打造忻州市"风水宝地、人杰地灵"的旅游名片，为忻州市乡村振兴、率先全面建成小康社会提供强有力的交通支撑和战略保障。

2017年2月28日，全市文化旅游产业改革发展大会召开，这是一次具有里程碑意义的重要会议，会议分析现状，指明今后改革发展奋斗目标，首次提出全力推动全域旅游示范区建设，全力打造文化旅游战略性支柱产业，加快忻州由文化旅游资源大市向产业强市转变，奋力开创全市文化旅游产业改革发展新局面。之后，忻州开始了"壮士断腕式"的深化景区景点体制改革，五台山、雁门关、芦芽山先行先试，很快全市所有的景区景点都实现了所有权和经营权的分离，大企业、大集团纷纷进驻，改革迈出坚实步伐。此时，活力山西正在奏响转型发展的新乐章，提出了做好黄河、长城、太行山三篇旅游大文章，这是山西旅游发展大格局的升级版，同样也为忻州创造了重新调整接轨的历史机遇。

忻州市三大板块旅游公路串联12个A级景区，覆盖100余个旅游景点，构筑起全市三大板块"内联网、外循环"慢游网络，形成展示壮美忻州的"万里山河路"，与高速公路、国省干线、铁路和航空共同形成"城景通、景景通"的快旅慢游体系，让游客深度体验"壮美忻州行"。

规划到2022年，建成三大板块主体区旅游公路网络，连通5个A级景区，覆盖全市11个贫困县，形成板块外快速通达、板块内互联互通的旅游公路网格局，实现从快速通达节点30分钟到达景区。

旅游公路配套服务设施基本健全，公路出行服务水平显著提升。旅游路、生态路、文化路、产业路和安全路建设初见成效，有力支撑和引领经济社会发展。

忻州市三大板块旅游公路，规划由3条旅游公路主线、4条旅游公路连接线、68条旅游公路支线构成，共计约2984千米，总投资约197亿元。

1.三个1号旅游公路主线

我市境内黄河、长城、太行三个1号旅游公路主线总里程为636.3千米。

黄河1号公路主线：起点与吕梁市兴县黄河板块旅游路相接，途经保德县、河曲县，终点位于偏关县老牛湾，全长179.7千米。串联钓鱼台、西口古渡、娘娘滩、弥佛洞、万家寨水利枢纽、老牛湾等旅游资源。

长城1号公路主线：起点位于偏关县老牛湾，途经神池县，在宁武县高崖上村

进入朔州境内,经朔州段进入我市繁峙县长咀村,终点与繁峙县平型关太行1号公路主线相接,全长271.6千米。串联老牛湾、偏关县水泉红门口地下长城景区、繁峙县平型关景区等旅游资源。

太行1号公路主线:起点位于五台县韩家楼村阳泉界,途经五台山风景区,终点与繁峙县平型关长城1号旅游公路主线相接,全长185千米。串联五台县石盘洞、白求恩模范病室及纪念馆、红花梁生态旅游区、五台山风景名胜区、驼梁旅游风景区、繁峙县仰头山旅游风景区等旅游资源。

2.三个1号旅游公路连接线

我市境内黄河、长城、太行三个1号公路连接线总里程为729.4千米。

黄河长城连接线(1号连接线):起点位于保德县林遮峪乡,与黄河1号旅游公路相接,途经岢岚县、五寨县、宁武县、原平市,终点位于宁武县阳方口(与长城主线相接),全长250.5千米。串联保德县康熙枣园农业观光旅游区和宁武县芦芽山生态旅游区、情人谷景区、汾河源头景区、万年冰洞景区、马仑草原景区、悬崖栈道景区、石门悬棺景区,原平市天涯山景区等旅游资源。

段家堡至砂河连接线(2号连接线):起点位于原平市段家堡,经代县,终点位于繁峙县义兴寨(与长城主线相接),全长128.8千米。串联原平市大营温泉旅游度假区、五峰山森林公园、代县雁门关风景区、雁门关伏击战遗址,繁峙县滹源景区、

憨山文化旅游区等旅游资源。

黄河太行连接线(3号连接线):起点位于岢岚县岚漪镇,与黄河长城连接线相接(1号连接线),途经宁武县、静乐县、忻府区、定襄县,终点位于五台县陈家庄乡(与太行主线相接),全长262.6千米。主要串联岢岚县宋家沟景区、岢岚古城、宋长城景区,宁武县宁化古城,静乐县天柱山景区,忻府区奇顿合温泉康养中心、云中河景区、貂蝉文化园景区、忻州古城、禹王洞景区,定襄县河边民俗博物馆、凤凰山旅游度假区、七岩山景区等旅游资源。

长城太行连接线(4号连接线):起点位于代县上馆镇,终点位于五台县坪上村,与黄河太行连接线(3号连接线)相接,全长87.5千米。串联代县赵杲观景区、夜袭阳明堡飞机场遗址,五台县延庆寺、南禅寺、佛光寺、徐帅故居及纪念馆等旅游资源。

3.三个1号旅游公路支线

我市境内黄河、长城、太行三个1号旅游公路支线共68条,总里程为1618.3千米。路线涉及14个县(市、区)和五台山风景名胜区,对全市22个A级景区和100余个旅游景点形成全覆盖。

另外设置有忻州环线。

依托我市区位优势,重点打造黄河、长城、太行三大板块旅游忻州环线公路。

我市境内三个1号旅游公路主线连接线实施后,可以形成一个黄河、长城、太行三大板块旅游忻州环线,路线绕行忻州全境,行程1106千米。即偏关县长城1号

旅游公路→神池县长城1号旅游公路→宁武县黄河长城连接线（1号连接线）→段家堡至砂河连接线（2号连接线）→繁峙县长城1号旅游公路→繁峙县太行1号旅游公路→五台山太行1号旅游公路→五台县太行1号旅游公路→黄河太行连接线（3号连接线）→岢岚县黄河长城连接线（1号连接线）→保德县黄河1号旅游公路→河曲县黄河1号旅游公路→偏关县黄河1号旅游公路。

忻州市委、市政府把发展和振兴旅游产业作为重中之重，2017年，时任忻州市委书记李俊明心中的旅游发展振兴总思路是："叫响世界品牌，构建龙型格局，讲好忻州故事，打造战略产业，实现兴景富民，迈向国际水准"，作为"十三五"旅游业规划的目标。"举龙头"，就是突出五台山风景区在文化旅游产业中的龙头地位；"舞龙身"，就是以平型关、宁武关、雁门关、偏头关和长城为龙身，提升各类景区的文化内涵，打造忻州旅游业的新优势；"挺龙胸"，就是将芦芽山风景区打造成北方的"香格里拉"；"活龙水"，就是统筹黄河、汾河、滹沱河、桑干河和四大温泉、高原天池，打造知名休闲旅游度假区，把忻州文化旅游资源大市打造成产业大市。

2016年，在山西旅游发展大会主办城市申办活动中，时任忻州市委副书记、市长郑连生给这座城市赋予了新的含义。忻州，心灵之舟——从忻府出发，经五台—繁峙—偏关—保德回到忻府，在这个环形路网上，镶嵌着五台圣境、雁门雄风、黄河风情、芦芽美景、奇顿温泉五颗明珠，我们一路走去，五台圣境净化心灵，雁门雄风激荡心灵，黄河风情愉悦心灵，芦芽美景陶冶心灵，奇顿温泉洗涤心灵。

2020年9月9日至10日，山西省第六次旅游发展大会在忻州市成功举办。办好旅游发展大会是山西加快培育文化旅游战略性支柱产业、打造国际知名文化旅游目的地的重要举措。

忻州市进入国家旅游局公布的第二批创建"国家全域旅游示范区"名单，标志着忻州作为全域旅游大市的格局已经形成。从丰厚旅游基础条件出发，发挥旅游资源分布广、品种全、品位高的优势，努力打造"全市旅游一盘棋"格局；发挥忻州历史悠久、人文荟萃，拥有历史文化、佛教文化、黄河文化、边塞文化、名人文化、戏曲文化、民歌文化、民间文化、民俗文化、民间工艺文化等十大文化特色的优势，建设独具魅力的"优秀旅游城市"。加大旅游商品及其市场的开发力度，大力支持开发佛教文化用品、根雕、砚台、面塑、剪纸、野生蘑菇、小杂粮等极富地方特色的旅游商品，以旅游商品消费促进地方经济的发展。加大旅游宣传力度，重视旅游人才培养，全面提升景区景观形象，提高旅游服务水平。

偏关依托黄河、长城、古村、古堡等得天独厚的优势资源，不断发展壮大乡村旅游经济，在旅游企业发展空间提升、农村集体经济破零、贫困户内生动力激发等方面成效凸显，"景区带村，企业带户"的创

不负人民——忻州特色的脱贫攻坚之路

黄河入晋　来源：偏关县融媒体中心

新模式已经成为带贫增收的重要支撑。在万家寨、新关镇等5个乡镇12个贫困村实施的旅游扶贫项目正在全力推进。项目涉及贫困户225户600口人，建成后预计人均年可增收800元。通过在景区开办农家乐及6家旅游企业帮扶等方式，让88户贫困户258人人均收入达到4326元，有效促进了贫困户稳定增收。

规划引领，科学布局。编制完成了《偏关县全域生态旅游总体规划》《山西偏关县老牛湾旅游区总体规划》，明确了全县乡村旅游发展方向和具体措施，为旅游扶贫指明了方向；组织开展了旅游扶贫示范村发展规划实地勘察，摸清全县乡村旅游重点资源分布特点，科学研判乡村旅游产业发展趋势，明确了乡村旅游扶贫发力方向。

招商引资，激活机制。按照省、市关于景区体制机制改革创新的安排部署，以盘活整合文旅资源为总目标，以实现景区"两权分离"为突破口，偏关县于2017年在全市率先完成旅游景区（景点）体制机制改革创新工作任务，为构建全域旅游发展格局，把文旅产业打造成为全县战略性支柱产业奠定了坚实基础。

旅游扶贫，道路先行。为实现"城景通、景景通"，紧紧围绕全省"331"旅游战略新格局，在狠抓基础设施建设的同时，重点推进境内近140千米的"黄河一号"旅游公路和"长城一号"旅游公路建设；以夯实县域旅游"一核两带八景"发展思路为突破点，完成了国道209、南迤线的改造升级。

丰富业态，多元发展。通过第二届全国大众速度滑冰马拉松系列赛老牛湾站比赛、长城黄河极致越野徒步赛、忻州旅游文化嘉年华、"看黄河、走长城、穿越太行"越野拉力赛、偏关县首届长城徒步活

281

动等一系列旅游活动,充分宣传以老牛湾村为典型代表的古老村落、地方美食、边塞风情、黄河长城等丰富多彩的乡村旅游资源,坚定了全县贫困人口脱贫致富的信心和决心。

景区带村,农村集体经济破零。以"建好一个景区,发展一个村子"为目标,老牛湾村委会通过土地出租等形式实现村集体经济破零。大力发展农家乐、乡村驿站等民宿产业,让景区的飞跃带动周边乡村旅游产业的蓬勃发展,努力形成景区联动、社会参与、协同发展的乡村旅游一体化发展格局。

公司带户,拓宽增收渠道。积极引导旅游企业与贫困村、贫困户进行结对帮扶,并通过安置贫困户在景区经营和参与项目建设、定点采购与销售贫困户的农副产品和旅游商品等方式,拓宽贫困户的增收渠道。

加强培训,扩大人才储备。积极参加全国各类乡村旅游专项培训,组织开展新型职业农民乡村旅游专题培训,使贫困户开阔了眼界、转变了观念、学到了知识,进一步拓宽了致富渠道。

脱贫攻坚中偏关县水泉乡水泉村、新关镇白龙殿村进入省级旅游扶贫示范村,万家寨镇老牛湾村为省级AAA级乡村旅游示范村。

水泉村成为省级旅游示范村,与中国建研院后勤部帮扶偏关的水泉乡水泉村驻村第一书记张大勇分不开。

水泉村历史悠久,文化底蕴丰厚,张大勇积极响应县委、县政府提出的"突出古关古韵、挖掘特色资源"的号召,充分发挥中国建研院的专业技术优势,配合建设红门口地下长城景区,将水泉村打造成由红门口遗址、水泉营古堡、战备地道三部分组成的红色旅游区。在工程建设完成后,为周边单位提供党性教育培训,促进红色旅游升级,通过旅游带动经济发展,为水泉村带来新的经济收入,振兴水泉村的文化产业,使水泉乡村旅游成为偏关边塞军事历史风情游的一部分。

在旅游项目实施过程中,他联系中国建研院技术人员进行实地勘测,检查施工进度、把握施工质量,确保工程能够如期竣工。焕然一新的村容村貌、日趋完善的公共设施、干净整洁的道路、平整美化的墙体以及宣传标语,都能让大家感受到水泉村脱贫致富的信心和决心。

村里充分利用好旅游产业优势,打造特色产业,做好乡村旅游文章,以农产品加工业、休闲农业、乡村旅游和电子商务等新产业新业态新模式为引领,积极探索发展壮大村集体经济的多种渠道,进一步提升村产业融合水平,带动村民增收致富,巩固脱贫成效,实现乡村振兴。

白龙殿村附近有白衣殿、老牛湾、偏关乾坤湾、隆岗寺、偏关烽火台等旅游景点,有偏关小米、羊肉、豆腐,窑头乡陈醋、偏关炖羊肉等特产,气候宜人,绿荫成林,交通便利。农产品有葡萄、西葫芦、黄瓜、绿苹果、玉米、胡萝卜等。

白龙殿,原名"云空禅寺",又称云空

寺,是国家二级文物保护单位。寺院坐北朝南,位于崖石腰间,背靠悬崖石壁、三面群山环抱,山顶烽火墩台耸立、祥云飘绕,寺前幽谷清泉、翠涌峰峦,是偏关最为秀丽的寺院,门额石匾刻有"云空禅寺",山门东西两侧各有八海僧窑三间,山门内东西各有门洞一孔,可通僧窑,进山门有台阶十六踏,直通寺院。

山门为二层窑阁共建,底层为面阔七间青石窑洞,二层正中为面阔一间木结构楼阁一座,上院有正大殿,正殿两旁均有洞窟式配殿,西为"观音洞"。山门顶向内有韦陀护法殿,东有配房三间,西有配窑三间,东跨小院一处,建有正窑二间,向南有跨院大门。寺院之南门楼两侧,各有南北开窗八海窑两间。

正阁东西山墙和正顶上,均有各种悬塑,绚丽多彩。四大天王十分逼真,整个塑像保护基本完好。殿门两侧壁画两幅,水墨素彩,线条流畅,为陈奇、郑伦肖像,栩栩如生,别开生面。东两间洞阁内分别供奉着弥勒佛和关帝塑像。寺庙东北角窑洞内还供奉着儒道等三位先祖。寺南院除三亩大的开阔地外,便是悬崖绝壁。

旧县志十景载"石沼兴龙"即指此地。春眺云空寺宛若画境,花香鸟语、林泉衬映;夏朝古刹山果遍地,进香拜佛者络绎不绝;秋临庙宇古柏参天、清风泉韵,风景绝佳;冬来寺院纵石横垒,唯显红墙一处。寺内补塑后的佛像依然栩栩如生、面部饱满。特别是正殿墙壁上、梁柱上幸存下的悬塑巧夺天工、更具特色。墙壁上悬塑的祥云莲花千姿百态、妙趣横生。梁柱上悬塑的佛像威武庄严、精致雄壮更胜一筹。这些悬塑成为该寺院最大的看点,也是研究古代佛像雕塑艺术的宝贵资料。

偏关老牛湾依山傍水,滔滔黄河与巍巍长城在这里"握手"。在老牛湾与万家寨之间,还有黄河最优美曲线、酷似一幅太极图、号称"天下黄河第一湾"的乾坤湾。

历史上,祖祖辈辈的老牛湾人,守着黄河没水喝,背靠大山没柴烧,庄稼十年九不收,很长时期都过着"男人走口外、女人挖野菜"的凄苦生活。

今日的老牛湾,山还是那个山,水也还是那个水,而"老牛湾"三字却美名扬天下,老牛湾人也"靠山吃山、靠水吃水",过上了富足甜美的小康生活。

当地土生土长起来的曾连任三届村党支部书记、现仍为村党支部委员的市人大代表吕成贵是老牛湾村"乾坤大挪移"的见证者和建设者。吕成贵父亲在抗日战争时期就已入党,是一名有着深厚为民情怀的老党员,曾担任老牛湾村党支部书记几十年。从小在父亲影响教育下长大的吕成贵,对老牛湾的山山水水、老牛湾村的父老乡亲,有着一种与生俱来的深厚情结。从他懂事时起,心里就暗暗发誓,要改变老牛湾村的贫穷落后面貌,让乡亲们过上好日子。

吕成贵小时候上学偏科,喜欢学习数理化,爱动脑筋,酷爱发明创造。在上初中时,他的小发明就曾屡获全省乃至全国的高等级奖项。高中毕业后,他没有考上大

不负人民——忻州特色的脱贫攻坚之路

学,便选择了自主创业,先后在偏关、包头办企业、建研究所,生意搞得红红火火。打拼了几年之后,吕成贵返回忻州,建起了当时全市第一个民办科研机构"笨鸟研究所"。他的很多专利技术,因为理念超前、实用性强,吸引了很多商家上门咨询购买。也正因为他不拘泥传统、喜欢求新求变的思维方式,便总是能察觉到商机,走出一条别具特色的创业路子。

1998年,万家寨引黄入晋工程开始蓄水,老牛湾骤然出现了一种"高峡出平湖"的壮丽景象。头脑敏锐的吕成贵立刻从中看到了发展旅游业的商机。他认为,老牛湾碧波荡漾的黄河水和虎踞龙盘的长城有其独特之美,如果善加开发利用,必能让旅游业发展成气候,造福当地百姓,彻底改变老牛湾村的历史面貌。于是,他一边自掏腰包,自发组织人员对老牛湾的旅游资源进行摸排和梳理,并形成专业性报告;一边迅速开始行动,在老牛湾建宾馆、买快艇、筑鱼坝、购渔船,大刀阔斧地干起了旅游业。虽然起初由于种种原因生意做得并不顺利,但他信念笃定、矢志不移。

吕成贵认为,发展旅游业,必须打名气、树品牌。为了打出老牛湾的名气,他经常自掏腰包招待那些来自五湖四海的摄影家和媒体人等在社会上有影响的人士。有一年,中国著名长城摄影大家李少白到老牛湾采风,吕成贵把李少白一行人拉到自己的宾馆,每天管吃管住,还为他们背相机和行李,陪他们山上山下东奔西跑地拍照片。李少白一行在老牛湾整整待了一个礼拜,直到把所带的胶卷全部拍完了才离开。李少白一行在老牛湾的摄影作品在国内外知名媒体杂志上大量发表,极大地提高了老牛湾的知名度和影响力。后来,越来越多的摄影家、媒体记者等慕名而来,在他们的传播影响下,偏居一隅的老牛湾名气越来越大、品牌越来越响亮,吕成贵的旅游业生意也随之风生水起、越做越好。老牛湾村跟着他做旅游业、开农家乐的人也越来越多。

在市委、市政府,县委、县政府的大力支持下,吕成贵和村民们十几年如一日奋发努力,老牛湾村终于旧貌换新颜,所有村民都脱贫致富、过上了小康日子。

在吕成贵担任村党支部书记期间,为了实现改变老牛湾村贫穷落后面貌、让乡亲们过上好日子的愿望,他们积极实施了强村富民"六个起来"(支部强起来、红旗飘起来、喇叭响起来、创业火起来、腰包鼓起来、百姓乐起来)的工作举措,团结依靠支部一班人,因地制宜,带领全村村民大办农家乐、发展旅游业。开始时,许多人缺乏积极性,在那里观望。他就采取了一个办法:只要有人办农家乐,他就资助给一部分装修的材料费,还有一些其他补助。在他的示范带动和优惠政策的激励下,村民办农家乐的日益增多,腰包也一天天地鼓了起来。为了推动农家乐的规范化经营和健康快速发展,吕成贵每年还带上一些骨干分子走出去参观考察,帮助他们解放思想、学习先进管理经验,从而有效地推

动了老牛湾村旅游业的长足发展。

"老百姓选我当村支书,就是想跟着我增收致富,我不能让他们失望。"吕成贵说,"我当了三届村支书,村里的人均收入从一千多逐渐增加到了一万多。现在的老牛湾村,村民靠着办农家乐都富起来了。就算是年逾古稀的老人,只要能摆个小地摊,一年也能轻轻松松挣个两三万。"

谈到进一步推进乡村振兴的话题,吕成贵说:推进乡村振兴、加快农业农村现代化,路子很多。就我们忻州来说,发展旅游业就是一个很好的路子。忻州的旅游资源很丰富,几乎每个地方都有自己可以发展旅游业的特色资源。只要切实保护好、开发利用好资源优势,依靠旅游业,就能有效推进乡村振兴、加快农业农村现代化。我们老牛湾的优势就是独特的文化和自然资源。我们要好好珍惜这天然的禀赋,深度挖掘,进一步把乡村旅游产业做好。同时,要进一步加快信息化进程,利用网络、大数据等现代科技,打通信息壁垒,让更多的人了解老牛湾、喜欢老牛湾,充分利用老牛湾的名气和品牌影响力,做大做强偏关县的旅游产业,带动其他产业发展,进而全面推进偏关县的乡村振兴、加快农业农村现代化。"

全村33家农家乐,涉及55户农民,超过全村户数的60%。其中党员农家乐有8家,在经营理念、服务设施、管理水平等方面带动其他20余家,每年每家农家乐至少增收3万元以上。

老牛湾水上娱乐有限责任公司成立以来,公司4名党员共带动村内20户致富,其中贫困户3户12人,脱贫成果得到巩固提升。概括起来,老牛湾村党支部通过三个"提升",进一步带动贫困户顺利脱贫。

一是全方位提升老牛湾村党支部党建水平,充分发挥村党支部战斗堡垒作用和党员先锋模范作用。

二是村容村貌提升。进一步实施全村美化绿化,修缮村路户道,增加路灯数量,建立标准公共厕所,建立购物点、观景台等公共服务设施,为全村旅游发展提供优良环境。

三是服务水平提升。通过学习强国、微信群等学习平台,采取"走出去、引进来",组织村民考察学习,开阔视野,提高个人素质,提升服务水平。

新建停车场3000平方米、文化舞台800平方米,扶持发展农家乐33家。通过挖掘古堡传统资源,开发出快艇、游艇、垂钓等休闲旅游项目,带动村民160余人发展旅游业,全村日接待能力达2500余人。2019年接待游客达40余万人次,旅游收入500余万元,村民人均纯收入超过2万元,13户贫困户于2016年年底全部脱贫。吸引青壮劳动力返村达到40余人,涉及10余户。同时,太原理工大学、内蒙古师范大学等院校写生基地及黄河速度滑冰、马拉松户外活动基地在老牛湾村挂牌。并推出老牛湾摄影节、长城徒步挑战赛和荣泰祥沿黄河、长城摄影作品展等项目。

在老牛湾村党支部的带领下,全村党员群众干事创业氛围浓厚,全村经济发展势头强劲。老牛湾长城、古堡被列入省级重点文物保护单位,石板古村被国家三部委联合命名为第二批中国3A级传统古村落。老牛湾村先后荣获山西精神文明委授予的"文明和谐村""山西最美旅游村"等荣誉称号。老牛湾村党支部荣获万家寨镇"五星级党支部"、偏关县"先进基层党组织"等荣誉称号,2019年底被推荐为"忻州市标杆村党组织"。

乾坤湾可以说是黄河入晋第一湾。她天造地设,暗合天地自然之理,十分独特。凡目睹此湾地理地貌的游人和文化学者,无不震撼:黄河向南奔涌而来,虽遇高山险阻,却没有暴跳如雷、惊涛拍岸,而是欲进先退、智慧转身、迂回向北、从容向南。

乾坤湾观景区位于偏关县万家寨到老牛湾之间,被中外专家、学者、广大旅游观光人士誉为"太极图"的天然发源地。主景区东西长约760米,占地42亩。景区主题定位:建设成为以黄河文化为特色,集观光、写生、摄影、文化体验、徒步为一体的高品位旅游景点。主要有"一区八景":"一区"即乾坤湾旅游观景区,"八景"即明门、八卦台、乾塔、坤阁、神牛犁河雕塑、人行景观步道、景观墙、三不猴观景亭。

明门入口宽度7米,明门主体高9.99米,几何形状呈梯形,总体感觉为一座挺拔的山峰,象征偏关县人民世世代代自强不息、积极向上的奋斗精神。立面材质为青石护坡状,与本地地质条件相协调。

乾塔是一个八角塔,仿明代风格,形成"南有文笔塔,北有乾塔"的相互呼应格局。登上塔顶放眼望去,远近风光一览无余,特别是鸟瞰乾坤湾全景,居高临下,美丽风光尽收眼底。乾塔建筑层数明5层暗9层,塔座高5.68米、长24.1米、宽15.2米,塔身对角线长9.3米,周长24.8米,建筑总高度39.1米,占地面积490.3平方米,建设面积663.3平方米,框架仿古结构。

坤阁平面布局呈正方形,阁身长10.7米、宽10.7米。建筑层数两层,建筑面积228.7平方米,建筑高度17.1米,为砖木结构。

"神牛犁河雕塑"景观,高4.3米、长7.5米、宽2.6米。"神牛犁河"演绎了一个"太上老君帮助人间治理黄河,根除水患"的美丽传说。

脱贫攻坚中,河曲县创建了楼子营镇罗圈堡村、柏鹿泉村两个旅游扶贫示范村。

罗圈堡距河曲县县城10千米,位于楼子营镇河湾村附近,地处娘娘滩对岸,整座城堡建置在独立山体的高山顶上,始建于明朝初年,城堡全由青砖包砌,高三丈五尺,正南设有瓮城。东连接寨子,南有饮马泉沟、纸房沟,西有八墩台,北有边墙长城。边墙随山而建,东连石城口,西连石梯隘口,是整个河曲东西往来的咽喉之地。

罗圈堡不但有完整的土堡和延伸进

黄河的长城,还能俯览娘娘滩全貌,是拍摄的好地方。罗圈堡是当年的兵营,明朝为了防止蒙古兵突破,沿黄河修筑了百公里的长城,建了4座大型驻兵屯粮的古堡军塞——桦林堡、楼子营、罗圈堡(旧志称鲁家堡)、焦尾城,4座堡城互为掎角,前前后后共16座营堡绵亘牵连,除桦林堡属偏关境内,其余3座都在河曲。罗圈堡作为当年的兵营镇守着北纬37°农耕文明线的边墙,现在看来仍然保留了当年战火硝烟、风雨侵蚀的种种痕迹。

柏鹿泉村位于河曲县城以东、楼子营以南,距县城7.5千米,由柳家村、贾家村、周家村和围畔4个自然村组成,因村中寺暖沟一土崖下有川流不息的白鹿泉水而得名。

近年来,柏鹿泉村在河曲县委、县政府,楼子营镇党委、镇政府的正确领导与支持下,在河曲县卫计局、河曲县中小企业局和山西国信投资集团有限公司的大力帮扶下,以农业供给侧结构性改革为主线,围绕农村一、二、三产业融合发展,于2017年率先脱贫摘帽,2018年被河曲县委确定为整村提升示范引领村,同时村党支部连续四年被评为五星级党支部,2019年被山西省文化和旅游厅评为旅游扶贫示范村。

"荷塘月色不夜谷"。柏鹿泉村不仅打造生态健康绿色食品,同时按照产业兴旺、生态宜居、乡风文明、生活富裕的总要求充分发挥柏鹿泉的自然资源,优化乡村旅游环境,打造集观光、养生、休闲、游乐、农耕体验、度假于一体的最具特色休闲度假胜地。

海潮庵,位于旧县城东南1里处,又名海潮禅寺,有"晋西北小五台山"美称,1986年被列为省级重点文物保护单位。该寺始建于明万历(1573—1620)年间,明建清修,深隐山腹,其北枕高岗,南临大河,清泉下流,绿荫覆庭,为佛家寺院。占地20余亩,容12座庭院,数十楼阁,整体布局倚山势而建为三层,以弥勒殿、观音殿、藏经殿三点为一线中轴,东有碾磨院、菩提院、九师塔院;西有十方院、方丈院、西花园。寺内殿宇楼阁、雕梁画栋、楹联匾刻构思奇妙,具有较高的建筑艺术和文化艺术鉴赏价值。每逢农历正月初八举行庙会。

河曲县传统旅游景点有十余处,河神庙位于河曲县城西门外,又名禹王庙,清乾隆十六年(1751)建造,临黄河建有古戏台,每年农历的七月十五举行祭禹活动和规模较大的河灯盛会,届时僧人诵经、鼓乐吹奏,夜间用装点一新的木船将360盏河灯放于河中,景致十分壮观,吸引着秦、晋、蒙的无数边民。每逢农历正月十五、七月十五举行庙会。

香山寺庙位于楼子营镇辛家坪村,建在村的南山腰。寺院坐北向南,有天王殿三间,据传建筑年代大约是明代,明成化和清雍正、光绪及民国均做过修葺。每逢农历四月初八举行庙会。

宝塔寺位于鹿固乡城塔村,于2009年农历七月十八修复完工。寺由观音大殿

（供文殊菩萨、观音菩萨、普贤菩萨）、关帝庙、财神庙、土地庙、窑神庙构成，建筑气势宏大，每逢正月初八、七月十八至七月二十、腊月十八举行庙会。特别是腊月十八，庙会场面很是壮观，值得一看。

岱岳殿古庙位于笔镇的岱岳殿村，该庙始建于金天会十二年(1134)，主体属道教，但也有佛教诸神和民间俗神，儒、道、佛三教合一。每逢农历三月二十八举行庙会。

弥佛洞与石径禅院位于县城东北25千米处的黄河绝壁上。从上到下层层下跌，彼此间栈道、独木桥相连。峭壁底处是汹涌澎湃的黄河水，咆哮万端；高处却祥和宁静。每逢农历正月初八、农历二月十九举行庙会。

文庙位于文笔镇旧桥儿街北(原庙址在现工商银行)，清乾隆四十八年(1783)建，道光二十二年增建崇圣祠、名宦祠、乡贤祠等，规模较大，居全县庙文化之首。同治、光绪、宣统、民国文庙祀位：大成殿正位，至圣先师孔子。东配：复圣颜子，述圣子思子。西配：宗圣曾子，亚圣孟子。每逢农历二月、七月两次祭祀。

娘娘庙位于娘娘滩，地处晋蒙交界。娘娘滩位于县城东北7.5千米的黄河中流。岛上绿树参天，硕果满枝，居住着30多户黄河人家。相传汉文帝和其母薄太后被吕后诬贬于此，故作"娘娘滩"。与此遥相呼应的，还有上游不远处的另一小岛太子滩。曾建庙其上，以祀黄河。明正统年间被毁。近年来太子滩上出土的瓦当，上书"万岁富贵"。娘娘滩是黄河中唯一有人居住的小岛，娘娘庙始建于明万历年间。近年来，改扩建为"圣母殿"，殿内供奉薄太后塑像。每逢农历五月初五举行庙会。

三官庙位于巡镇。三官庙也叫三元庙，每逢农历四月十四日过会。

状元塔(又名文笔塔)。河曲县城，像众多紧傍黄河的县城一样，民风淳厚，建筑古朴，每日，黄河涛声伴随小城人家酣然入梦。状元塔始建于清代乾隆年间，高31米，形似状元郎的如椽巨笔，高耸入云。日出时状元塔长长的倒影，穿越黄河，可以直达黄河对面内蒙古的大口村。河曲城在乾隆年建立了状元塔后，翌年一年兴旺，竟成了南来北往晋商必经的水陆码头。驼帮满载着中亚、新疆、内蒙古的毛皮由此赴中原；马帮满载着南方的精绸茶叶，由此赴西北。小小的河曲县城，经常是客商云集、货栈爆满。

保德县抓住山西打造黄河、长城、太行三大旅游板块和陕西省沿黄河旅游公路开通的重大机遇，对接全市"五区一线"旅游产业发展布局，全面完成全县旅游业发展总体规划，打造黄河峡谷风情游、乡村特色体验游、生态农业观光游三大旅游板块。重点发展飞龙山森林公园，规划建设飞龙谷生态水系景观，完善基础设施，提升景点品位，提高服务质量，年内争取申报国家3A级旅游景区。大力开发乡村旅游，采取委托经营、整体转让等方式，挖掘钓鱼台、康熙枣园等旅游资源，建设"黄河·故城"特色旅游景点，连点成线、以线

带面,推动旅游与脱贫攻坚、乡村振兴、文化体育、康体养生深度融合。加大品牌宣传力度,以"黄河·保德"为主题,精心策划举办摄影展、民歌大赛、赏花节、采摘节等文化活动,彰显西口文化、红色文化底蕴,打造具有保德特色的旅游名片。

依托黄河文化、康熙枣园、保德民歌等旅游资源,发展旅游产业,打造"三山生态游""黄河·故城"等特色旅游王牌,发挥精品景区辐射作用,实施以生态休闲和文化旅游为主的乡村旅游扶贫工程。整合行业部门资源,抓好旅游基础设施和公共服务能力建设。抓好乡村旅游扶贫人才培训,培育乡村旅游扶贫带头人。鼓励贫困村以土地使用权入股、联营等形式,与企业、个人共同开展乡村旅游扶贫。

重点发展适宜贫困户经营的采摘园、农家乐、沟域经济,打造沿黄高效生态农业观光旅游带和贺家山生态旅游区。以"黄河鲤鱼""黄河绵鱼"的良好口碑,在沿黄乡镇示范发展15个农家乐;以花园村第一届红枣采摘节取得的成功经验,推动发展特色水果采摘园21个;以安家山沟域治理为契机,发展沟域经济50个;以"陈家大院"示范带动,发展古民居、古建筑等其他形式的乡村旅游景点10个。同时,进一步探索创新旅游扶贫组织方式,加强与贫困户利益联结,对带动贫困户稳定增收的新型旅游经营主体,每带动1户奖补2000元。

充分利用境内黄河风情、高原地貌、历史人文等景点众多、旅游资源丰富的优势发展全域旅游。重点以关帝庙、钓鱼台、古城墙、魁星阁为载体,投资3000万元整治古城特色风貌村;投资2000万元整治行宫焉特色风貌村;以井油山、贺家山、陈家山11.57万亩防护林和16种野生动物为载体,开发贺家山旅游区;以晋商陈徐保家院为载体开发"陈家大院";同步推进发展了一批采摘园、农家乐、古民居古建筑旅游点。杨家湾镇段家沟村依托特色水果资源,2021年春、秋两季分别举办了赏花节和采摘节,取得了良好的经济效益和示范效果。以杨家湾镇段家沟村为代表的乡村旅游景点吸引了众多游人。这是保德县脱贫攻坚的重大举措。保德县地处晋西北高寒山区,气候凉爽,无霜期短,夏季持续高温,为海红果树、红枣树的生长提供了得天独厚的条件。海红果营养丰富,药食同源,用途广泛,含钙量居水果之首,素有"果中钙王"之美称。保德油枣已有380多年的栽培历史。保德油枣因用黄河水灌溉滋养,个大核小甘甜,益气养元,味道与众不同,营养价值颇高。

持续推进农村人居环境改造"四大工程",健全生活垃圾收运处理体系,科学规划建设农村污水处理设施,改造农村旱厕11543座,逐步建立人居环境长效管护机制。加强传统村落保护和农村风貌管控,继承发扬乡村优秀历史文化,保持乡村整洁,保留乡村记忆,保护田园风光,统筹推进10个农村建筑特色风貌整治村、60个美丽乡村、207个环境综合整治村建设,引领新农村建设提档升级。

杨家湾镇故城村是山西省首批3A级乡村旅游示范村。东关镇城内村、窑洼乡道座山村是省级旅游扶贫示范村。

杨家湾故城村党支部书记刘培军以发展乡村旅游产业为核心带领村民脱贫致富，将生态观光旅游作为整村产业发展升级突破口。把故城村历史景观资源和生态优势纳入旅游产业脱贫范畴，与村"两委"干部向上级争取扶贫资金，修缮了关帝庙、魁星阁、明清四合院等10多处观光点，新建了游客服务中心、美食城、广场、绿化、卫生等景区基础建设项目，大力改善观光旅游条件，从而吸引更多的游客前来游玩，带动农户增收。

引导村民参与乡村旅游建设，发展农家乐、民宿、茶馆等产业，增加群众经济收入。向上级争取旅游发展资金为村里建设美食城1座、停车场1个，增加了游客体验项目，也给贫困群众带来了经济收益。利用招商引资项目，把闲置的村集体土地出租给顺鑫公司发展休闲农业、养殖业，在丰富乡村旅游内容的同时，还为村集体经济每年增加20万元的收入。通过重新整合资源，引导部分贫困群众开发了黄河边钓鱼台闲置土地搞采摘项目，既对黄河进行了生态保护，又增加了贫困群众收益，拓展了乡村旅游发展空间。

为响应上级加强美丽乡村建设的号召，改变故城村基础设施建设慢的现状，刘培军多方奔走寻求资金，积极争取上级的重视和支持，从相关企业及部门争取资金760多万元投入故城村的基础设施建设，涉及新修道路、水利工程、旅游发展、民生改善等20多个项目，为故城村休闲旅游高质量发展打下了坚实基础。2019年，故城村入选山西省首批3A级乡村旅游示范村名录，该村的乡村旅游以及千亩水地成为保德县一张响当当的名片。

岢岚县宋家沟乡宋家沟村、大涧乡吴家庄村、王家岔乡王家岔村均为山西省首批3A级乡村旅游示范村，宋家沟、王家岔还是省级旅游扶贫示范村。

立足脱贫、衔接振兴、着眼小康，变劣势为优势，挖掘和培育光伏、中药材、乡村旅游等新兴产业，推动贫困村改天换地，引领贫困村快速增收，是岢岚县实施产业扶贫的又一亮点。

宋长城景区是岢岚县人民政府与山西六建集团合作启动实施的一项脱贫攻坚重点项目，总投资53226.66万元。项目辐射王家岔乡、宋家沟乡8个行政村300余户村民。景区除拥有全国唯一的宋代长城外，还有3.6万亩的高山草甸，是一个高寒地域旅游休闲宝地。一期工程通过吸收贫困劳动力参与、为贫困户提供营商平台、组建旅游合作社、土地经营权流转等，已直接和间接带动了260户贫困户脱贫增收。

王家岔乡拥有全国唯一宋代长城遗址，境内的荷叶坪亚高山草甸和原始次森林更是旅游好去处。7月初，千亩油菜花开，大批登山游客前来赏花，王家岔不少脑筋转得快的人，立马转型兼做旅游生意。宋长城脚下的武家沟村村民已尝到吃

上"旅游饭"的甜头。漫步村中,青砖、灰瓦、木制的屋顶门头,院子外墙上抹着黄色的稻草泥,修缮一新的村民住宅处处流露着古朴的乡村风情。抬头远望,清晰可见山间蜿蜒起伏的宋长城。村民靠发展民宿,一年间接待驴友挣到了小一万元。黄土坡村民沈贵才是村里第一个养马拉客的,以前游客不多,一年也能收入个七八千元。乡政府计划扶持成立马队、办农家乐,村里有好多人也养了马,骑马的游客也很多,平时地里侍弄油菜、蘑菇,七八月份上山牵马拉客,一年下来挣个一两万。

借助开发"宋长城",王家岔乡按照"五有"标准,还建起寇家村纯粮酿酒厂、王家岔油坊、酒醋联合生产线,启动实施蘑菇山货加工等项目,探索构建企业、合作社、贫困户相互依存的利益联结机制,引领贫困户由"靠天吃饭"向"专产专业"转变,确保有稳定收入。

"将乡村旅游放在产业扶贫的大格局中,岢岚有着深刻的考量和长远谋划:那就是让贫困群众真正拥有一个值得留恋也能够守得住的家乡。"

全县90个贫困村实现"五有"全覆盖;22个企业、346个合作经济组织作为产业经营主体,与贫困户建立起紧密、半紧密利益链接机制;2018年纳入产业扶贫范畴的贫困户,户均增收3500元以上……

让传统产业、特色产业、新兴产业成为贫困户"生钱"的产业,让产业发展与乡村振兴齐头并进……岢岚的产业扶贫之

树开枝散叶,迸发出前所未有的旺盛生命力。

宋家沟村紧邻宋长城遗址、亚高山草甸荷叶坪,具备打造精品旅游线路、开发旅游产品的潜力。2017年3月,宋家沟作为有特色风貌、特色资源、特色文化的示范村、样板村进行整治提升。在宋家沟农村建筑特色风貌整治中,中国乡建院以陪伴式、系统性乡建的理念,实行驻地设计、实地测绘、旁站指导、全程参与的工作模式,把所有乡村参建干部分配到专门的前线指挥部、办公室和专项工作组。在村委会、驻村工作组、规划设计单位的指导下,历时3个月,全面完成了市政基础设施、样板区建设、安置区房屋新建及公共建筑、沿街景观等的改造,村标、绿化、公共浴室、公厕、导引牌、景观照明等的整治,实现了拆迁满意、搬迁愿意、整治顺利、高效推进,并开展了"洁家净院"环境卫生活动。经过整治,村容村貌、人居环境发生显著变化,错落有致的民居、宽敞整洁的街道、古色古香的院落、舒适明亮的住宅展现在人们面前。

宋家沟移民新村,在旧村旁连接新村,以农村建筑特色风貌整治为契机,充分利用闲置资源,保留了传统农家小院的风格,凸显了石墙青瓦等建筑元素,在方方面面的支持和自身努力下,宋家沟村以生态旅游褪穷颜、美丽乡村建设改穷貌、发展生产拔穷根,逐步建设成一个宜居、宜业,以旅游为特色的新型小镇,吸引了晋、陕、内蒙古等地游客。这一思路,也构

岢岚宋长城　吴杰强　摄

成了整村搬迁中建设美丽乡村、特色小镇的新潮流。

2018年5月,宋家沟村获评山西省首批3A级景区。后又通过国家3A级景区评定,是忻州市唯一的国家3A级景区乡村旅游点。每逢周末节假日,包车或者自驾游客纷至沓来。祖祖辈辈面朝黄土背朝天的村民们渐渐找到商机,有的在街上摆起凉粉摊,有的卖自己采来的山蘑、瓜子、茶叶,有的开起饭馆、民宿……昔日靠山山穷、靠水水浑的宋家沟,一改破败颓废旧貌,全村人均收入近万元,村民日子越过越红火。退耕还林十几年,四周的大山都已被次生林覆盖。

走进宋家沟村,晋西北风格的民居街巷,扑面而来的乡风古韵,迤逦错落的客栈店铺,勾起人们"淡淡的乡愁"。2018年以来,村里举办了两届乡村旅游季,接待游客48万人次,收入200余万元,形成每年从端午节到农民丰收节4个月的旅游旺季,还顺利通过了国家3A级旅游景区评定。伴随乡村旅游的兴起,村里发展电商、实体店、农家乐等55家,开设民宿客栈26户。村民郑仙仙原来靠种地为生,眼看村里游客越来越多,就把在太原打工的儿子叫回来,办起了村里第一家农家乐,光靠经营食宿和卖山货特产,2019年就挣了3万多元。

宋家沟村已成为岢岚县旅游发展的一个新亮点,省内外的游客络绎不绝,省内市、县也纷纷组团到宋家沟观摩、考察。为全县农村振兴起到示范引领作用,提供了可资借鉴的宝贵经验和做法。

吴家庄村位于岢岚县城南20千米处,交通便利、气候宜人,风景秀丽、民风淳朴。全村91户,户籍人口234人,耕地面积1343亩,林地面积1700亩。全村在党支部的带领下,积极发展高效设施农业,使村民们在很少的土地上创造了最大的经济效益,是全县经济增长幅度最高的

一个村，也是忻州市党员教育培训基地和新农村建设及乡村旅游的典型示范区。

吴家庄村在当地民营企业家张春生的带领和资助下，累计投入 7000 余万元建设新农村。2007 年投入 1726 万元建成了规划统一的 72 套居民住宅小区一处；规划建设了公共设施，包括两委办公室、党员活动室、学校、超市、卫生所、农民培训中心、计生服务室和文化活动中心；硬化村庄街巷、广场、小区 3150 平方米；安装路灯及灯箱 45 盏；在街道两侧、周边山头、空闲地种草 1080 平方米，种植各类树木 7000 余株；实施坡改梯工程 600 亩，种植干果经济林 500 亩，全村实现了硬化、绿化、亮化、美化，营造了优美的生态环境。累计投资近 1000 万元在吴家庄村建成占地面积 300 亩的日光温室 200 座，通过采用新技术，引进新品种，推广新模式，培育和发展特色品种，逐步使吴家庄村走上了绿色上质量、特色增效益的致富路子。

在农村产业蓬勃发展、村民收入大幅度提高的同时，吴家庄依托本村交通便利、风景秀美的有利条件，依托生态园林村，在国新能源岢岚分公司的鼎力帮助下，投资 2350 万元筹建五星级吴家庄农民培训中心；农民入股投资 500 万元建设小杂粮加工厂和蔬菜恒温保鲜库；投资 350 万元建设"新、奇、特、精"无公害采摘园和观光蔬菜大棚，吸引更多的城里人来体验诗画般的田园生活。以农业带动旅游，以旅游促进农业，实现产业转型发展。家家住新房、户户有大棚。是岢岚县集农业观光、乡村旅游、文化休闲、购物娱乐、生态康养于一体的田园综合体示范项目。

2017 年，吴家庄村对乡村旅游进行升级改造。吸引社会资本成立岢岚县万达生态农业旅游观光发展有限公司，开始植入旅游业态项目，推出农旅融合型发展思路，延伸"旅游—农业"生态产业链，以休闲观光农业发展为基础，完善乡村功能要素，加快乡村旅游基础设施项目建设，提升、配套互补性产品，完善旅游接待服务设施，生态绿色大棚对外开放，吸引着周边城市太原、忻州、北京等地的众多游客，日均接客量 400 多人。

吴家庄村通过移民搬迁、发展现代农业、壮大乡村旅游，走出一条脱贫致富奔小康、乡村振兴的新路子。

五寨县抓住芦芽山争创国家 5A 级景区的机遇，继续开发"一山、一沟、一坪"(芦芽山、五寨沟、荷叶坪)旅游资源，将整沟治理、整村拆除与乡村旅游结合起来，推进乡村旅游建设，打造晋西北生态旅游亮点和"南有九寨沟，北有五寨沟"的旅游品牌。以省级旅游扶贫示范村砚城镇李家口村、前所乡薛家村带动建档立卡贫困人口 45 户 125 人年人均实现增收 3710 元。

李家口村地处五寨县城东郊，北傍政府路，东与清涟公园相连，南临宋长城及南山生态林，新开南环路横贯村南，属县城郊区，水、电、交通便利，地理位置优越。全村有 265 户 821 人，总耕地面积为 2062 亩，其中水地 786 亩，退耕还林地

1276亩。村民多以种蔬菜为主。

2009年李家口村和五寨县文化广电体育局、五寨县图书馆携手创建了五寨县第一个"文化信息资源共享工程"基层示范网点。网点内除由县文化广电体育局和图书馆配送的书柜、书架、图书影像等资料外，还配置了投影等现代放映设备，使全村村民和周边居民看上了自己的小电影。

2010年在新农村建设过程中，建起有史以来全村第一座村级活动综合大楼。大楼活动场所总占地2275平方米，建筑面积560.26平方米，总投资53万余元，大楼内设有办公室、党团员活动室、图书室、文艺活动中心。

2010年和2011年春节、元宵节期间，该村的"文艺演出队""八大角秧歌"多次在全县范围内演出。该村"群星文艺演出团"元宵节在县政府剧院广场进行了专场演出，给"两节"增加了热闹和喜庆，受到广大城乡居民的称赞。2010年和2011年传统"八大角秧歌"还拍成影像资料保存并发到优酷、土豆网等网站展播。在大抓"文化兴村,科技富民"的进程中，全村还投资9万余元硬化活动场地1237平方米，场内设有篮球场、乒乓球场地和运动健身器材，大大地方便了村民的休闲娱乐和健身锻炼。

薛家村位于五寨城东南郊、南峰水库下游，东邻芦芽山旅游公路，西靠清涟河、清荷公路，全村62户208口人，党员6人,耕地193亩。村党支部针对人多地少的情况，积极引导农民在发展生产的同时组织青壮劳力外出打工，努力增加农民收入，全村呈现出政通人和、安居乐业的景象。

神池县两个旅游扶贫示范村都在太平庄乡，一个是小磨沟村，一个是宋村。

小磨沟村三面环山，神池旅游公路由北向南从小磨沟村贯穿而过。山西省公安厅政治部民警张鹏2018年5月被选派到村担任驻村工作队队长。张鹏到村后考察旅游资源，利用多方支持的30万元建设资金，促进旅游服务区建设项目正式开工。张鹏积极参与项目施工建设，与村委、施工队共同研究建设方案，推进工程进度，仅用4个月就完成服务区硬件建设，形成了集停车场、农家乐、农产品展示区于一体的乡村旅游服务区。

2018年10月14日，小磨沟村旅游服务区成功举办太平庄乡首届农民丰收节暨小磨沟旅游市场启动仪式，展示了脱贫攻坚给这个昔日小山村注入的发展动力和无限活力。

2019年2月，张鹏积极参与全省第二批旅游扶贫示范村申报工作。小磨沟村以良好的基础设施建设和旅游发展思路入选"山西省第二批旅游扶贫示范村"。小磨沟"旅游扶贫示范村"由蓝图变为现实。

宋村有159户348人，其中,贫困人口83户190人,占总人口的52%,靠山吃山、重农抑商的传统思想严重影响了村子的发展。2017年4月，张晋东受忻州市神池县人力资源和社会保障局选派，赴太平

庄乡宋村担任驻村第一书记。为了提升宋村文化品位，张晋东苦心创作了《闯王使命·宋村传言》，以此激励村民。张晋东还自筹3.2万元修建进村道路、村标和文化小广场，就此打响创建"乡村旅游扶贫示范村"的第一炮。

宋村山高林深土地少，种不成地就养牛，养不成牛就搞旅游，旅游不成直接搬迁。村民也知道致富门路在哪里，只是不敢轻易站到起跑线上。张晋东和村两委共谋"山字经"，由村两委跑外地谈"牛事"，张晋东跑山头踩点建景区。

宋村的莜面好，人人知晓。张晋东精心策划，连续举办了三届乡村莜面文化节，不仅打出了宋村"三晋莜面第一村"的牌子，更吹响了宋村脱贫奔小康的号角，使全村人看到了致富的光辉前景；一曲取材于宋村实景的《炕角角》更是唱出了宋村人对美好生活的向往。2017年10月22日，为了增强群众脱贫致富的信心，张晋东在党员活动室外悬挂了"党在我心中，我在群众中"的宣传标语，安装了电子显示屏、维修了大喇叭，还购买了一面大号国旗。2018年1月3日早晨，宋村举行了历史上首次隆重的升旗仪式。仪式结束后，大家眼里蒙着层层泪水，久久仰望天空。"40多年了，村里没见过五星红旗。"村民说。

2018年5月1日，村里自主开发旅游项目筹备组成立，集资5万元重修隋末农民起义军首领宋金刚姻缘宫和刘武周点将台；招商50万元建起了驯马场；通过线上线下开展宣传，筹资60余万元建成"宋村人家"小院。2018年，宋村被确定为全省首批旅游扶贫示范村。2019年，张晋东应邀走进山西电视台"第一访谈"栏目。

宁武紧抓"一县一策"优势机遇，深化"旅游+扶贫"理念，打造东寨镇坝沟村、高桥洼村，涔山乡大石洞村，余庄乡海子背村，西马坊乡营房沟村5个省级旅游扶贫示范村，涔山乡王化沟村是山西省首批3A级乡村旅游示范村。

打造"三大旅游板块"、构建"龙型旅游格局"。宁武县按照省、市要求，用足"一县一策"专享政策，立足资源优势，践行两山理论，做足山水文章，助力脱贫攻坚，把生态修复、旅游开发和脱贫攻坚有机结合起来，依托芦芽山自然保护区实施旅游扶贫项目，锻造生态旅游品牌，推动了全域旅游和脱贫攻坚深度融合发展。

构建全域旅游大格局。高起点规划设计，编制完成了《创建国家5A旅游景区提升规划》和《全域旅游总体规划》。深度挖掘芦芽山的资源独特性、物种多样性和生态丰富性，积极申报芦芽山列入国家自然遗产名录，加快推进申报世界自然遗产，全力推进芦芽山5A级景区创建。开展了"万年冰洞·世界奇观"系列宣传推介活动，通过召开新闻发布会、制作微电影、开展文体活动和举办高层论坛，形成了5000万+曝光量的广泛密集传播，提升了万年冰洞的国内、国际影响力，叫响了"世界第八大自然奇迹"旅游品牌。2018年全年接待游客78万人次，旅游综合收入5.7亿元，分别同比增长21.9%、21.3%。芦芽山风景区荣获社会责任类"中国优秀旅游景区"、芦芽山风景区管理中心荣获"山西省旅游系统先进集体"、西马坊乡荣获"中国生态魅力乡"等称号。

打造旅游扶贫路线图。围绕打造精品景区、精品线路，对汾河源头的3条支流进行整沟治理，重点实施了马仑沟、冰洞沟治理项目，共完成河道治理21.6千米、旅游公路改造51.2千米、绿道建设23千米。对景区内的21个村进行了建筑特色风貌整治，对70个村实施了环境整治，完善了生态停车场、旅游公厕等旅游服务设施，形成了地方山水生态精品景点。

积极推进汾河中上游山水林田湖草生态保护修复工程。全县受益贫困人口达到14172人，森林覆盖率比"十二五"末提高了4个百分点，实现了生态建设与脱贫攻坚互促双赢。稳步实施整沟治理，沿沟寻"路"，整沟布"景"，围绕"治沟、治村、治河、治山、治林、治人"立体开发，对汾河源头的涔山沟、马仑沟、梅洞沟进行全流域、全方位综合治理，让山沟成为风景，让河道成为景观，让农舍成为民宿，3条沟脱贫52村3360户8418人，山庄窝铺变成了"宜居宜业宜游"风水宝地，推动了贫困山区"生态+脱贫+振兴"的"宁武模式"，成为全市整沟治理的样板。

培育旅游扶贫产业链。采取"景点+合作社+贫困户"的模式，鼓励贫困户以土地、山场、闲置农宅和扶贫贷款等入股开发旅游，组建了10个扶贫旅游合作社，依托芦芽山风景区投资3.1亿元建设了13个旅游扶贫景区景点，吸纳5个乡镇133村1672户3847人入股。此外，新建了扶贫民宿、农家乐、合作社等旅游服务网点共计415家。芦芽山景区和服务网点优先录用本地贫困户人口，同时引导贫困户销售土特产品，提供载客代步、旅游向导等旅游服务。目前，入股乡村旅游项目的贫困户达2275户5770人，参与就业的有2415人，参股贫困户共分红122.5万元，直接带动8000余人增收。

充分利用当地自然景观和宁武关人文历史，以麻地沟和前马仑两条沟为主线，重点再提升14个景点，同时带动村庄民宿等旅游服务建设，推进大山、大水、大生态自然风光游，做大做强宁武区域品牌。继续开展落实"一县一策"总攻行动，推进旅游扶贫项目，通过参与经营管理、旅游产品销售、吸收劳务就业等多种途径带动贫困户增收，让芦芽山的绿水青山真正变成群众增收脱贫的"金山银山"。

涔山乡王化沟村隐在管涔山的崇山峻岭和茫茫林海中，村庄从远处眺望好像悬在空中的楼阁，所以人们形象地称它为"悬空村"。2010年7月22日，王化沟村入选第五批中国历史文化名村。

据传说，明朝末年，崇祯皇帝四皇子的随从因躲避战乱来到这人迹罕至的大山深处，在半山腰上建起了家园，不断开枝散叶，繁衍生息至今。但也有学者认为悬空村村民系伐木工人的后代，因常年伐木而逐渐定居下来。

芦芽山雄姿　曹建国　摄

不负人民——忻州特色的脱贫攻坚之路

王化沟村海拔2300多米,群山环抱、远离尘嚣。整个村庄建立在半山腰的悬崖峭壁边,背靠大山、面临峡谷。村庄顺崖就势而建,房屋院落错落有致。从山脚到村庄有许多沿山势蜿蜒曲折的小路都可以进入村子。最东面还有一条用条石铺成的石阶路。村庄主要道路是一条长约1千米的"空中栈道"。用松树原木建成的栈道横贯整个村落,将村里的院落连为一体。

村里的房屋多以石头和当地的华北落叶松及云杉为主建造,具有明显的晋北民居特点。房屋顺山势高低错落,一字排开,坐北朝南,避风向阳。因地方狭窄,有的房屋后部坐落在崖石上,前半部则悬空而建,下面以木柱支撑着竖立在天然石壁上,与江南的吊脚楼有异曲同工之处。村东口有一座龙王庙,只有一间房子,说是庙其实里面并没有塑像而只有一眼泉水,是村民日常生活的水源。

由于过于封闭,几百年来,王化沟村村民延续着原始古朴的生活习惯,吃的是莜面、豆面和土豆,喝的是山泉水,睡的是土炕,烧的是木柴,运输靠骡马驮运,每天日出而作、日落而息。

王化沟村附近有长城机械厂办公区旧址、雪仰头陀塔、悬空村民居、泥湾村石刻、长城机械厂组装车间旧址、长城机械厂家属区旧址等旅游景点,有澄泥砚、宁武莜麦、涔山芥菜、一窝丝、宁武油炸糕等特产。

静乐县积极推进乡村旅游建设。依托丰润镇庆鲁村、辛村乡张家庄村、丰润镇李家会村、神峪沟乡东大树村省级旅游扶贫示范村,打造"百里汾河川、太原后花园"的目标,发展绿色生态、红色教育、贫困体验、观光采摘、特色产品、垂钓休闲、农家乐、养生度假等乡村旅游。做好汾河川国家湿地公园建设以及天柱山 4A 级景区升级改造、风神山 30 万亩森林公园和岑山 10 万亩山地公园建设项目申报。同时做好龙家庄龙湖栖贤谷景区建设、汾河川特色小镇建设,利用文化部在静乐定点扶贫的优势,实施"种文化"战略,促进文化产业与旅游产业的融合发展,引导贫困人口通过发展乡村旅游脱贫。

王阿伦是山西大学派驻静乐县庆鲁村驻村工作队员。驻村工作以来,他始终坚持党员本色,主动担责,踏实苦干,真心帮扶,以实际行动彰显高校担当,助力静乐早日脱贫摘帽。

争当脱贫攻坚的"战斗员"。带头学习党的扶贫政策方针,驻村笔记认真"留痕";帮助村民买药取东西,自己多跑腿,群众少跑路;入户走访常态化,底清事明村务熟;扶贫资料重更新,各类台账本本清。严格执行"五天四夜""5+2、白+黑""全脱产住村"、签到和请销假等要求,经常周末加班工作。

严格落实"五个一"要求,走进贫困户家中拉家常,配合学校结对帮扶责任人做好精准贫困户的结对帮扶工作,增进感情联络。个人调动社会力量购买贫困群众生产的土豆、小米、藜麦、莜面、胡麻油、土鸡蛋、羊肉、黑猪肉、核桃等各种农副产品上万斤,赠送亲朋好友,促进贫困户脱贫增收。协调帮助村"两委"干部,立足生态脱贫和旅游脱贫,发挥高校特色优势,联系山西大学历史文化学院专家学者制定了

宁武万年冰洞　曹建国 摄

庆鲁沟流域的发展规划,积极探索生态修复、产业发展的"庆鲁"模式,努力把庆鲁村打造成为静乐县首个农村生态脱贫试验村、乡村康养旅游示范村。村旅游产业拥有可容纳30人的窑洞宾馆、1小时左右的健身步道1条、休闲广场1个、村史馆1个、康养钓鱼场2个。

按照"生产发展、生活宽裕、乡风文明、村容整洁、管理民主"的美丽乡村建设目标,推动庆鲁村的环境卫生整治和基础设施建设,组织贫困户公益人员,打扫村内道路,参与村集体公益劳动,保持河道和村容村貌整洁干净,倡导人人爱护环境,共同建设绿树成荫的美丽乡村,争做教育扶贫的先行者,文明乡村、绿色乡村的倡导者。通过电话、微信、村级广播等,动态跟踪、核查贫困群众"两不愁三保障"和饮水安全。2020年9月,王阿伦被省扶贫办评为"全省干部驻村帮扶工作模范队员"。

繁峙县大力发展生态观光、关隘文化、休闲养生度假等特色旅游项目,重点推进砂河养生小镇、文化旅游产业园、平型关文化旅游景区、灵岩山文化旅游景区等多项重点工程,同时大力发展乡村旅游产业,建设平型关村、茨沟营村等10个集农家乐、休闲旅游、观光农业、红色旅游于一体的旅游示范村,建设省级旅游扶贫示范村光裕堡乡大李牛村、东山乡天岩村,山西省首批3A级乡村旅游示范村伯强村等全县较为成熟的10个文化旅游产业经营主体,带动632户贫困户增收393万元。

伯强村位于山西省忻州市繁峙县东山乡南17千米处,是砂河镇通往五台山的必经之地,四面大山环绕,村间大河相伴,山青水秀。1948年4月7日下午,毛泽东、周恩来、任弼时等同志由陕北进驻河北西柏坡途中,路居此地。在这里,毛泽东、周恩来亲自接见了伯强村党支部书记兼村长耿明昭、贫农团长耿祥明和村财政委员李生密3位同志,听取了伯强土地斗争工作的开展情况。当天,毛主席写下了著名的《再克洛阳后给洛阳前线指挥部的电报》。

伯强村是繁峙县首个省级爱国主义教育基地,同时也是繁峙县党员干部廉政教育基地。2019年12月31日,入选第二批国家森林乡村名单。

天岩村在繁峙县城东40千米的五台山北麓,岩山脚下,距五台山主景区台怀镇直线距离20余千米,有着著名金代壁画的全国重点文物保护单位岩山寺就坐落在村西北角。天岩村"默默"传承着传统的元宵节民间文化活动形式,当地百姓称之为"耍玩意儿"。每到元宵节,这里起龙、饮龙、请灯官,演唱自编秧歌,晚上开始唱大戏,还有挠阁、高跷、社火、秧歌等"玩意儿"在街道和庙场院轮流表演,热闹非凡。这种传统的"闹元宵"文化活动形式最根本的目的,就是当地百姓为了祈愿新的一年风调雨顺、幸福安康,对美好生活憧憬向往。活动传承至今已有百余年。

传统的天岩村元宵节活动从正月十

雁门关胜景　宫爱文　摄

三下午"起会"开始,其间会有"灯官问案""唱秧歌"等传统的民俗文化活动,也有挠阁、高跷等精彩的文艺表演;十四是"拜人"。上午各表演队会沿大街小巷游行表演,下午会在舞台上唱繁峙秧歌;晚上各花会要在特定的地点表演节目,以示对为花会作出贡献的族人之敬拜。十五是"行香",即上香,上午沿一定的路线,在村中各庙宇间游行上供、焚香,称为"行香";下午、晚上的内容与十四相同,玩意儿会耍起来。十六"谢人",这一天的活动为表示对花会送钱、献物、出力的所有人员的感谢,所以称之为"谢人";晚上还会由社火队在戏台演出《平江南》《武松卸膀》等,最后唱秧歌,深夜方散。

天岩村依托岩山寺和灵岩山景区开发的基础,积极开展群众文化活动,以文化扶贫促进经济扶贫,以经济扶贫强化文化扶贫。

代县依托雁门关军事文化情景旅游区、代州古城边塞文化休闲区、杨家将忠义文化寻根祭祖旅游区及太和岭口、阳明堡飞机场等红色旅游景区,带动长城、古堡、乡村度假村建设,在省级旅游示范村雁门关乡陈家庄、上馆镇橙草沟村,山西省首批3A级乡村旅游示范村枣林镇鹿蹄涧村和雁门关乡太和岭口村、南口村、前腰铺村、雁门关村、后腰铺村以及峨口镇峨西村等20多个乡村发展旅游服务业,带动了当地农民脱贫致富。

为支持山西省代县雁门关旅游景区建设优化升级,北京体育大学派出体育休闲与旅游学院孙海滨等组成的专家团队于2019年4月完成了对代县国家5A级旅游景区雁门关景区的设计规划服务。

鹿蹄涧村位于忻州市代县县城东18千米。108公路路北属枣林镇,原名联庄,杨忠武祠就在该村。地处平川,耕地3271亩,人口978人,十之七八都是杨家后裔,杨业开始,至今已延绵五十一代。现在仍保持武术传统,喜练武艺。此地盛产水果,红富士很有名气。

传说元朝初年,杨业的十四世孙杨友和他的弟弟杨山,率军屯垦于留属村。一天,二人外出狩猎,行至马峪河忽遇一只梅花巨鹿。杨友张弓搭箭,射中鹿蹄,鹿带箭而逃。杨友、杨山策马紧追,追至联庄,巨鹿以头触地,顿时失踪。杨氏兄弟急令亲兵在鹿没处挖地三尺许,发现一块怪石,上面现出一只梅花鹿的形象。杨友将这块怪石带回后,经加工雕饰留作纪念。后来,杨家认为"鹿"与"禄"同音,鹿之所入处,必为祥瑞之地,便将杨氏一族迁到联庄定居,并改村名为"鹿蹄箭"。因村子左右各有深涧,又改名为"鹿蹄涧"。后奉旨兴建杨家祠堂,并将"鹿蹄石"置于祠堂后院大殿前。英雄的杨氏族人从此在这块英雄神奇的土地上繁衍生息直到今天!

杨家人缅怀先祖精忠报国的高尚情怀,鹿蹄涧村年年农历三月初九都举行村祭,年年村祭必定唱戏,唱戏必唱杨家将戏。海内外杨氏后裔纷纷来鹿蹄涧村寻根祭祖旅游观光。

上馆镇橙草沟村拥有丰富的乡村文化旅游资源。村西七星河谷西侧是雁门古道的重要组成部分,留有驿站遗址。本村文化大家族谢氏,明朝时人才辈出,仕途通达,进士谢兰高居兵部右侍郎之职。本村清代晋商大家族张氏家族之张逵所建六大院有四处保存完整。张氏之一的后人张天相因惩治盗匪有功,被朝廷御赐"紫金梁"一根、嘉奖令一道。张继平注重整理相关资料,积极与省市县的全域旅游发展规划接轨,利用本村优越的地理优势和人文优势在旅游服务上大做文章。

2018年10月1日上午,代县上馆镇首届农民丰收节暨农产品展销会在橙草沟村举办,以橙草沟村和周边村的农副产品展销为主,配合大型灯展、民俗文化展示和朱之文演唱会等多种活动,取得了可喜成效。展销会促成了橙草沟村两委和晋中龙腾公司合作协议的正式达成,"公司+合作社+农户"的七星河旅游开发项目自此拉开序幕。

2018年12月,橙草沟村成立了代县七星河旅游发展有限公司,凭借七星河的资源优势和区位优势,按照"土地整理+生态治理+乡村旅游+产业聚集"的模式,编制了整沟治理项目规划和实施方案。由方盛酒业饮料有限公司协助疏通河道,清理垃圾两万立方米,填挖土3万立方米,完成场地平整100亩,建成大型灯展区200亩,建成长1千米、宽10米的七星河旅游公路一条。

橙草沟村不仅环境卫生首屈一指,村民精神风貌更是百里挑一。2018年,村里舞蹈队去雁门关乡西段村进行比赛。别的村都是自行组织,唯有橙草沟村给租上中巴车,拉上矿泉水,集体前去。舞蹈队员们打扮得漂漂亮亮的,没有因为路上风吹日晒而使她们的服装和形象受到影响。表演时,动作整齐,精神饱满,从前到后都显示了良好的精神风貌。

2019年1月25日"春满代州·欢乐人家"大型主题灯展美食节在橙草沟灯展景区举行。2019年4月,橙草沟村成功入选山西省旅游扶贫示范村。

橙草沟村是忻州市美丽宜居新农村。在这里，人人都是精神文明"宣传员"。2019年9月26日，由代县农业农村局、上馆镇人民政府主办，橙草沟村委会承办的代县第二届农民丰收节暨国庆70周年现代农业成果展览会在村文体广场隆重开幕，将当地独特地域文化与旅游进行了深度融合，推动了全域旅游事业的快速发展。

橙草沟村"轻工业、乡村旅游业、特色种养业"三业并举，绘出扶贫新形象；"产业先行、项目带动、精准落户""三条腿走路"，走出脱贫新路径，确保了群众脱贫不返贫，真正实现致富奔小康。

五台县旅游扶贫示范村有耿镇方子口和驼梁景区黑崖堂村、草芽沟村、跑泉厂村。

方子口位于五台县东部，村庄四面环山，屋腔河穿境而过。周边有五台山风景名胜区和驼梁景区。

驼梁自然风景区位于山西省五台县东部，总面积74.5平方千米，沿太行山跨省交界线长20多千米，其主峰海拔2281米，为晋冀两省四县（山西省五台县，河北省阜平、灵寿、平山县）交汇处，驼峰山峦蜿蜒、此起彼伏，犹如"静卧巨驼"而取名驼梁。与世界文化景观遗产五台山风景名胜区东北相望、遥相呼应，有其独特魅力。

景区内主要有驼峰（南驼）、石湖瀑布、白猫仙泉、百草坨（北驼）天然桥瀑布、白云洞、青龙山、材林里松林和箭杆沟古桦、灌木林区八大自然景观及跑马泉聂荣臻元帅抗日军械一处革命遗址。

所有景点尤驼峰为胜。每逢盛夏，山花烂漫、林海松涛、云海苍茫、气势恢宏。游客游走于茫茫林海，陶醉在扑鼻芳香的松软草甸上，尽情享受着天然氧吧的乐趣。更有那文人骚客登驼峰，一览众山小，燕赵大地尽收眼底，岗南水库浩波荡漾，叶斗北台佛光隐现，顿觉心旷神怡，留下了"太行山绿宝石"和"云顶花海"之美称。

驼梁景区气候湿润，素有"高山公园""天然氧吧""天然动植物园"之称。山山有泉，沟沟有水，既有宁静清澈的小溪，又有湍急奔腾的瀑布。最值得称道的是遮天蔽日的原始森林，依山势高低而品种各异，组成了一幅巧夺天工、美不胜收、令人流连忘返的风景画。周边的大石湖、白云洞、黑崖堂、草牙沟等自然景观又构筑了一道道亮丽的风景线，使之成了花的海洋、森林的世界、鸟兽的乐园、人间的仙境。

潜龙壁像腾飞在白色崖壁上的几条飞舞的蛟龙，其龙形花纹由白色石英岩脉构成，这种形象逼真的岩群造型，是在新生代的造山运动中，青白两种岩浆交错凝固时形成的特有现象。

夏日冰瀑，高20余米，宽30多米，最厚处达10余米，晶莹夺目、寒气逼人，格外壮观。这块冰瀑全部消融要到每年六月中旬，故名夏日冰瀑。此冰瀑为太行山中目前发现的最后消融的一块天然寒冰，在炎炎夏季，是难得一见的天赐珍品。

人字瀑(九瀑十八潭),落差4米,自然分叉成"人"字形,故名"人字瀑"。除此之外,驼梁山还有五指瀑、飞龙瀑、白龙瀑、三叠瀑等许多千姿百态的瀑布,所以驼梁山有"一山苍翠,万瀑齐飞"之称。所在的这条峡谷,也因此被命名为百瀑峡。从人字瀑开始,就是整个驼梁山景区瀑布最集中、最典型的地带,俗称九瀑十八潭。

马趵泉,是驼梁最高的山泉。马趵泉即滹沱河的重要支流卸甲河的发源地。站在此处,朝远处冀晋交界的西北方向望去,就会明白此山之所以命名为驼梁的原因。那山形正像一匹横卧在天幕下的巨型骆驼,山梁此起彼伏,形成两峰,正如骆驼峰脊。

云顶草原,是令许多人魂牵梦绕的驼梁亚高山草甸。远处的落叶松林都是后天人工栽植的,因草甸地域广阔平坦,又位于驼梁山海拔2000多米高的顶部,因而被称为云顶草原。驼顶金莲花海又为驼梁山的一大奇观。金莲花是一种名贵的药材,花朵晒干,既可入药又可冲茶,清热泻火。

五台山风景区金岗库乡蛤蟆石村依托五台山资源发展优势,抢抓政策机遇,把精准扶贫工作作为密切联系群众的纽带,创新扶贫模式,全力推进整村改造工程,探索了一条以美丽乡村建设助推精准脱贫新路径,把蛤蟆石村打造成一个宜居、宜业、宜游的美丽新农村。

脱贫攻坚工作开展以来,蛤蟆石村深入贯彻落实"联村联户、为民富民"政策,村两委干部、第一书记、驻村帮扶干部以及扶贫工作队针对蛤蟆石村贫困户致贫原因,聚焦贫困村条件改善,实施整村发展提升工程,进一步夯实乡村振兴基础。蛤蟆石村先后打造了文化广场,硬化了村主干道路,修建了停车场,改造了通村大桥,完善了村级公共服务基础设施建设,很大程度上改善了村民的生产生活环境,村庄面貌焕然一新。

2016年,依托地理环境与旅游资源优势,投资35万元在村口通往中心区的主干道旁修建了旅游市场,设立42个摊位,优先贫困户使用,充分调动起了群众经营的积极性,户均年收入达1.58万元,实实在在富了贫困户的口袋。为了方便游客和群众,又在市场旁边修建了一个高标准的卫生厕所。

蛤蟆石村仍在继续全力推进旅游扶贫与其他产业的联动,在这套强有力"组合拳"作用下,整村脱贫,美丽的"致富梦"正在一步步实现。

原平拥有"古寺、古树、古村落"深厚文化积淀,扶贫中积极发展乡村旅游,申报旅游扶贫项目。南白乡清水沟村和大林乡西神头村被评为省级旅游扶贫示范村,西神头村的古楸树荣列"中国最美古树"行列,秦始皇长子扶苏、大将蒙恬戍边的历史故事引无数游人慕名前来。总投资1500万元的高标准旅游路,惠及大林乡5个村1508户农户;五峰山旅游公路连接中阳、苏龙口2个乡镇,惠及31个村的全部贫困人口。

原平市西神头村柏枝山下，当地乡民世代祭祀、纪念秦始皇长子扶苏。秦朝时期，扶苏和大将军蒙恬率军在此筑城戍边抗击匈奴，却遭到奸臣陷害含冤死去，后人为纪念扶苏，在此建造了扶苏庙。以后历经魏孝文帝"遣有司谕祭"，唐太宗李世民敕封"柏枝大王"，并令尉迟恭督工扩建庙院，到北宋建隆年间改称"柏枝神祠"，后又经元、明、清各朝多次维修。

扶苏庙历经沧桑，但乡民祭祀庙会代代相传。扶苏庙内仍存有元、明、清石碑，记载历次修缮、祭祀事迹。庙内最有名的是4株有上千年历史的汉楸唐柏，一对鸳鸯柏，树龄1300余岁；一对龙凤巨楸，树龄2000多岁。其中，一株龙楸树树围13.2米，高35米，被林业部门定为中国现存楸树中树径最大、树冠最高、树龄最长楸树，誉为"华夏第一楸"。这棵古树中空的树洞可容纳4个人打牌、嬉戏。当地乡民在忻州市交警大队退休干部李白厚带头下，筹款修复了扶苏庙，同时对这举世罕见的4株汉楸唐柏予以精心保护。山西省绿化委员会将其列入省级古树名木保护名单，并将其列为重点保护对象。

扶苏庙临近的南神头村，有崞山神庙。崞山，一名围屏，又曰马头崖。县志记载：在县治西三十里，连峰叠嶂，翠色森郁，县以此山名，为邑之主山，旧志所谓八景之一，曰"崞山叠翠"。上建秦蒙恬将军庙，敕封崞山大王。山前三里许，石上有马蹄痕，相传为蒙恬将军遗迹。相传崞县城初建时，有神兵出入山麓，以助修筑，因立庙报功。齐世祖永明八年暨魏孝文时，并遣有司谕祭。宋政和五年，明弘治壬子，清康熙己酉，先后补葺，康熙二十二年（1682）地震倾圮，雍正初重修。每年七月初五日致祭。金王无竞尝题"崞山神"三字庙额，元好问宝贵之，刻诸石而为之记。

清水沟村位于原平市区东南25千米处，属典型的丘陵山区地貌，全村667人，党员34名，贫困户131户290人。在村党支部的带领下，先后组建了"两社一公司"，推行"合作社+贫困户""公司+贫农户"的模式，不仅帮助村民改善了生活，也让不少村民走出了贫困的境遇。

2009年，村里成立了原平东山林业专业合作社，主要从事营造林、林产品加工及销售等。从那时起，在村党支部书记信炎斌的带领下，村"两委"成员特意去外地考察取经，发现辽宁"礼品二号"核桃的市场价格为每斤38元。为提高农民收入，信炎斌带领大家用三年时间把所有老品种核桃树嫁接为"礼品二号"，很快赢得了市场青睐，所有核桃销售一空。

村里还发展了600亩红枣。为了避免受新疆骏枣的市场影响，2015年，合作社开始举办红枣采摘节和农家乐旅游项目，目前已经举办了三届，平均每年接待游客2000人，实现了核桃和红枣就地销售。合作社自成立以来前后共带动46户贫困户脱贫。清水沟村实现了巨大跨越，因地制宜发展干果林，实现了"一村两品"，实现了脱贫的初步梦想。

2016年，清水沟又成立了原平市新

修复改造活化后的忻州古城　张宇　摄

东山扶贫攻坚造林专业合作社，带领村民绿化了周边荒山，扩宽了采摘园1千米道路，嫁接了10亩观赏林，吸收了很多村民，其中贫困户28户。通过在合作社务工，社内贫困户全部脱了贫。

2017年，经党支部研究决定，信炎斌组织村"两委"成员到浙江考察两次，经过综合考量并结合本村实际情况，决定做锁具的生产组装。当年冬天，清水沟成立了山西星文斌安防科技有限公司，主要从事锁体来料组装加工。公司吸收本村及邻村村民40余人，不仅优化了清水沟的产业结构，而且提高了村民的整体收入。通过栽种核桃、红枣和发展锁业，全村已有91户225人脱贫。

忻府区立足全域旅游发展，以开发活化忻州古城为核心，挖掘发展陀罗避暑、仙人棋盘、东岩映月、金山六洞、石岭晴岚、伞盖青松、双乳浮楼、阴山吃石"忻州古八景"等旅游胜地，以及禹王洞、云中河4A级景区，建设康养基地，推进旅游康养一体化发展，让游客在忻州慢下来、停下来、留下来，享受五台山下的自在生活。坚持把文旅康养产业培育成全区战略性支柱产业。

推进续建项目1个，总投资13.81亿元；拟开工项目6个，总投资40.97亿元；拟落地项目5个，总投资50.2亿元。重点推进忻州古城保护改造项目建设和投产运营；推进投资16.7亿元的云中河温泉康养旅游项目、投资3亿元的奇泉温汤度假康养项目、投资14.27亿元的顿村温泉康养示范区项目等6个项目建成开业；推进投资3.4亿元的山西泰和温泉康养小镇有限公司合索温泉康养项目、投资13亿元的三亚新弘天康养开发有限公司山西奇村弘天温泉生态康养度假区项目、投资32亿元的上海响策市场营销策划有限公司北合索温泉康养度假项目等5个项目落地开工。

2016年11月1日，忻州市忻府区古城开发管理处开始了"秀容古城开发建设项目"的申报。2016年12月12日，忻府区委、区政府专门举办古城修复改造规划专题研讨会，开始进入制订古城修复保护具体规划程序。2017年1月1日，忻府区再次召开古城修复改造规划专题研讨会。2017年1月22日，忻州市秀容古城修复保护改造建设工程完成专家论证。开发建设总体规划编制完成，拟将对已有1800多年历史的古城进行修复改造。

古城保护改造以"中国杂粮之都"为支撑，三产融合发展为目标，忻州全域旅游为联动，汲取晋北民居建筑文化精髓，融入现代人文精神，打造具有浓郁忻州地方特色的历史文化保护片区，让沉寂上百年的忻州古城"秀容"再现。

古城保护改造集遗产保护、文化展示、传统商业、旅游休闲为一体，致力于旧城活化，复现明清时期忻州古城商贸繁盛之貌，融入现代假日旅游、休闲安逸的生活形态与景观。

古城重获新兴，秀容再现，是忻州市委、市政府从2012年以来连续大干城建年，实施"五城联创"取得的又一丰硕成果，新旧城区联为一体，现代化的高楼大厦与古朴典雅的彩楼画栋交相辉映，创建国家园林城市，又增耀眼明珠；千年古城凤凰涅槃，经济腾飞如虎添翼；开放高地窗口敞开，文旅产业发展再加活力。这意味着忻州市委、市政府在习近平总书记殷切希望忻州"必须横下一条心，加快培育新兴产业，加快推动经济转型发展，实现产业结构全面升级、发展动力深度转换，真正走出一条产业优、质量高、效益好、可持续发展新路"的落实上，又迈开了新的一步。

时任忻州市委书记郑连生高瞻远瞩："家有梧桐树，才有凤凰来。我们建设城市、开发古城的最终目的，是打造忻州的良好环境，建设公平、公正、规范、有序的市场秩序，完善健全的市场机制，吸引更多的人流、物流、资金流进入忻州，为我们忻州群众提供更多的就业岗位，提升我们的收入水平和生活水平，这才是我们的根本目标，一切工作都要朝这个目标来努力。"

忻州市委书记朱晓东的话坚定有力："要做好'产城融合'的文章，筑牢产业新城主阵地。要按照'以产促城、以城兴产、产城融合'的思路，紧紧围绕打造核心功能区和数字经济发展先行示范区，在完善城区发展功能、提升产业容量能级、强化区域协调联动上加快步伐、谋求突破，努力打造有特色、有魅力、有品质、生产生活性价比最优的精品城市。"

忻州市委、市政府2017年启动的古城保护改造项目第一期工程修复改造涉及22个大项，规划面积1.9平方千米，包括秀容书院、泰山庙、关帝庙、财神庙、东城门楼及城墙、南城瓮城及城墙6个项目。

忻府区北合索温泉　宫清华　摄

云中河温泉康养　刘纪森　摄

2017年3月，修缮工队先后进入工地，忻州古城保护修复一期工程正式开工。规模浩大的忻州古城保护改造建设工程逐渐展开……

按照一产为二产提供原料、一产为三产提供基地的理念，着力做优做大种植基地，扶持发展农产品初加工和精深加工，大力发展休闲观光农业等新型产业形态和消费业态，着力构建城郊休闲型、通道景观型、景区辐射型、农业观光型、户外活动型等复合型乡村旅游业，着力打造好北合索、禹王洞两个乡村旅游和休闲农业亮点，促进一、二、三产业融合发展，壮大第六产业，促进农业增收。

加速引进战略投资，大力发展特色小镇、美丽乡村一体化开发，培育一批乡村旅游精品、旅游扶贫示范村合索乡黄龙王沟村、奇村镇井沟村和山西省首批3A级乡村旅游示范村忻府区合索乡北合索村。不断提升忻府区在全省文旅331格局中的地位和作用。

北合索村距离忻州市8千米，交通便利，风景优美，2013年荣获山西省休闲农业与乡村旅游示范点，2015年被评为"中国最美乡村"，2016年被评为山西省四星级休闲农业示范村。

北合索村实施农业合作社＋基地＋种植户的融合发展理念，先后建起1000亩下凹式节能温室大棚、100座富硒西瓜采摘园和配套1000平方米保鲜库及3034平方米育苗车间，种植富硒香瓜、葡

不负人民——忻州特色的脱贫攻坚之路

萄、草莓等多种绿色瓜菜，成为市民观光休闲采摘园区。北合索村以温室大棚为载体，组建现代设施农业园区。经过多年的探索发展，尤其是忻府区富村园农业专业合作社和忻州市天天鲜蔬菜仓储有限公司已经成为当地经济新引擎。2010年，富村园农业专业合作社被农业部授予全国农民专业合作优秀示范社。

2011年，北合索村依次建起32个室外养生池、5座水冲式星级厕所和国标游泳池、儿童游泳池、特色农家餐厅、民俗农家乐、土特产品展厅、游客接待中心等基础项目；2016年，经党支部、村委会提议，村民代表一致通过，90%村民自愿入股发展乡村旅游，极大地带动了村民共同走上富裕之路的积极性。

北合索村全力发展乡村旅游，从过去"土里刨食"的穷村，成为现在远近闻名的"桃花源"。每逢小长假，北合索村都会以每天近五千人的游客量成为周边市民乡村旅游目的地。

北合索村新建的室内生态馆、水上冲浪等项目深受游客青睐，成为集吃、住、行、游、购、娱等要素齐全的多元化乡村旅游度假区。

温泉度假区先后接待了澳大利亚、加拿大、韩国等13个国家的农业官员考察调研，以及上海、新疆、香港等2.1万人次前来参观学习。另据统计，该村每年接待游客达40万人次，有力地促进了乡村旅游的发展。

为振兴乡村经济，发展乡村旅游，北合索村党支部、村委会利用村民的旧宅基地，进行美丽乡村建设，集中建成13栋764套楼房，并利用地热资源集中供暖，温泉水送到各家各户，有线电视、网络、社区卫生院、超市等基础设施完善，成为忻州市新农村建设示范村。

北合索村以打造"康养北合"为契机，着力构建乡村旅游新业态，全力培育"温泉养生游""运动娱乐游""休闲度假游"三大特色项目，进一步完善基础设施，大力提升人居环境，为振兴美丽乡村建设不懈努力。

黄龙王沟村位于忻州城西23千米处，属丘陵山区地形，共有户籍人口74户157人，其中贫困户31户67人，总面积1.3万亩，耕地面积128亩，人均耕地不足一亩。虽然陀罗山旅游风景区就在其境内，但进山道路泥泞，古老的建筑失修，有山有水，风景独特，村民却守着天然"死资源"过着穷生活。

如何让农村沉睡多年的秀美山水成为旅游资源，引来四方游客，发展特色旅游促脱贫？这是忻府区教育局驻黄龙王沟村第一书记白海滨每天都在思考的问题。2015年11月，在村"两委"班子的努力下，忻府区黄龙旅游管理有限责任公司成立，这是黄龙王沟村历史上第一个村集体企业。

2016年4月，村民大会商议决定对陀罗山景区进行升级改造。当时，公司账户、村委会账户资金均为零。为了使工程顺利进行，白海滨带头捐款2万，出借3

万,在他的带领下,村委会主任范润田,支部书记阮存西各出借1万元,村民自筹资金10万元,在景区入口处修建了凉亭、吊桥、钓鱼池、景区牌楼、烧烤园,整修了石碑,栽植油松5000余株,绿化了景区公路;争取省交通局投资102万元拓宽了进山公路3.2千米。基础设施得到较大改观。从此,陀罗山这个被誉为"忻州古八景之冠"的风景区"浴火重生"。

为了扩大知名度。让更多的游客认识陀罗山、了解陀罗山、爱上陀罗山,村党支部利用微信平台、航拍技术进行了广泛宣传,组织了登山节、旗袍秀、山地自行车比赛等活动。2016年至今,每年接待游客2万余人次,每年门票收入20余万元,解决了14～16户贫困户的就业,每户每年增收4500～5000元,这些贫困户都于2016年底脱贫,均得益于陀罗山风景区的开发。

2017年,公司以每年3000元的承包费将烧烤园承包给贫困户范文建经营,当年,范文建获利5万元,烧烤园为5户贫困户提供稳定的就业增收岗位,每户年增收3000元。

积极探索和建立财政专项扶贫资金与贫困户的利益联接机制,利用上级专项资金10万元,入股黄龙旅游管理有限公司,优先吸收有劳动能力贫困户就业,优先收购贫困户生产的农副产品,每年安排贫困户就业岗位不低于总岗位数的40%,分10年期限,每年每人分红100元,并且对村内60岁以上老人实施"一颗蛋"工程,即全年给每位60岁以上老人360元的生活补助,

极大地改善了民生。发展旅游,基础设施、村容村貌要改变,黄龙王沟村大力实施美丽乡村、智慧农村建设,清理河道,清理垃圾,新建垃圾中转站,拆除违建,栽植油松,设置隔离栏,修建美化墙,配套健身器材,改善村硬件基础设施。吸引投资商投资180余万元,改造闲置旧房屋15处50余间,涉及农户15户,其中贫困户9户,获利98万元。不仅使贫困户闲置的房屋变成了现钱,在房屋修缮时,也给群众带来了务工收入,群众务工收入15万元,其中贫困户务工收入10.4万元。

2019年忻府区财政投资800万元进行特色风貌整治,新建游客接待中心和党支部办公室,新建三星级厕所,新建100个小车停车位、10个大巴停车位。抓住农村特色风貌整治和贫困村整村提升的机会,推动基础设施建设上档次、上水平,增强了游客接待能力。

在旅游脱贫的带动下,2016年底,黄龙王沟村建档立卡贫困户人均纯收入由建档立卡初期的2216元一跃上升为8500元,31户67人稳定脱贫。

2019年3月,黄龙王沟村入选山西省第二批旅游扶贫示范村,借助旅游扶贫的有利契机,黄龙王沟村全体党员干部、群众将陀罗山风景区打造成为户外运动场地、休闲度假胜地、纳凉避暑重地、观光农业基地,最终实现黄龙王沟静心康养谷的功能定位。

井沟村位于忻府区西北30千米的云中山脚下,属于建档立卡贫困村,贫困户

75户186人，帮扶单位为忻府区牧马河水利管理处。依托本地优质的杏林资源，在区委、区政府和有关部门的大力支持下，井沟村党支部、村委会积极探索，创新观念，大力发展乡村旅游。通过金融扶贫、特色种植、入股分红、发展养殖，井沟村已于2017年实现全部脱贫。2018年，井沟村积极实施贫困村提升项目，新建卫生室1座。

借助井沟村独特的杏园优势，奇村镇已连续举办五届"温泉杏花旅游周"，通过网络宣传和丰富多彩的文艺演出吸引了大量游客前来，提高了井沟村的知名度，成就了井沟村远足踏青、游览赏花、绿色采摘的特色品牌。

2019年，区委、区政府将井沟村纳入特色风貌整治村，对井沟村实施贫困村提升工程，明确井沟村为"米家寨乡土文化旅游区"这一区域职能，突出"乡土风光摄影基地"这一主题。

通过整治，井沟村庄特色风貌将形成"一轴一带三节点"的景观结构。"一轴"，即沿村庄主干路打造南北向景观轴；"一带"，即沿村庄北侧主干道打造东西向景观带；"三节点"，即在村庄南侧入口设置标识，在北侧建有两个休闲广场。

村民们实现了物质和精神的双丰收，基本完成了美丽乡村建设、特色风貌整治等一系列农村环境整治行动。粉刷一新的黄色墙面，笔直平坦的柏油路，崭新的活动场地，干净整洁的村街小巷，疏密有致的绿化布局……勾勒出一幅幅宜居宜业宜游的美丽乡村画面，涌现出定襄县旅游扶贫示范村河边镇赵家庄村、河边镇阎家庄村和山西省首批3A级乡村旅游示范村定襄县晋昌镇西河头村。

赵家庄村曾是定襄县抗日县政府所在地，这里流过英雄的血，也种下了红色的火种。当年，抗日县政府就在窑洞里办公，家家户户都住着八路军战士。在解放太原的战役中，村里前后两年共23人参军。在赵家庄村几十年的沧桑巨变中，凝结着六代人的不懈努力与奋斗，印证了村民们从"玉茭窝窝也吃不上"到脱贫摘帽安享惬意生活的伟大转变。

赵家庄村地处太行山余脉的滹沱河峡谷中，俗称东峪，交通不便，耕地少，农业发展以种植花椒、核桃、红枣、香椿、柿子等经济林为主。由于耕地少，吃不饱就成了赵家庄村面临的最大问题。中华人民共和国成立后，赵家庄村人紧紧抓住农村合作社成立这个机会，在全村修了18台水车。在第一代人奋斗的基础上，赵家庄村的第二代人兴修了1条大渠、3个高灌站和1座小型发电站，充分利用自然环境为发展创造有利条件。赵家庄村的第三代人修坝筑堤、挖沟整田，依旧在农业和水利上摸爬滚打。经过三代人的不懈努力，赵家庄村的农业发展已经迈上了一个全新的台阶，彻底改变了村里无水浇地的局面，也使水利事业得到了极大的发展。第四代人开始向外求索，在领头人的带领下，赵家庄的村民又撸起袖子搭桥架梁，让更多的人能够走出大山，过上更好的生活。到了第五代人，赵家庄村解决了人畜

吃水的问题，他们把山里甘甜的泉水引到村里的家家户户中，让赵家庄村成了当地第一个常年不停水的村子。

赵家庄村进行了特色风貌整治，修建停车场500多平方米，修整过渠防渗路60米，硬化村级活动场所，村容村貌得以改善。赵家庄村的香椿很受欢迎。香椿树种得多，收入也可观，全村30多户光靠香椿共收入30多万元。

看着赵家庄村的新面貌，村支书武乃明一边抚摸着刻有"抗日县政府旧址"的石碑，一边盘算着赵家庄村的未来，他希望这里的红色遗迹能够得到更好的保护和重视，红色事迹能够世世代代流传下去，不断教育后来者，也希望这个美丽的村庄能够搭上旅游发展的东风，让村民们的好日子过得红红火火。

西河头地道战遗址位于定襄县城西2千米处，地道开挖于民国31年（1942），到民国36年（1947）秋，地道筑成后武工队和地方民兵与敌人展开灵活的地道战，多次击退国民党阎匪军及地方武装的进攻，为人民解放战争的胜利作出了不可磨灭的历史贡献。1995年被中共山西省委、省人民政府和省教委首批命名为省级爱国主义教育基地和德育基地。1998年被山西省国防教育委员会命名为国防教育基地。

抗日战争和解放战争时期，西河头村的战略位置十分重要，抗战时处于五台山抗日根据地的西线前哨，是扼守晋察冀边区的西大门。解放战争后期，西河头村更是抵御智村、忻县、太原之西面之敌进犯定襄城东解放区的重要屏障和门户。

为了防御敌人的袭击，保存自己，消灭敌人，西河头民兵从1942年开始挖掘地道。初为一般秘密地窖形式，只能藏人，不能作战。后来根据斗争形势的需要，逐渐发展成为比较复杂的隐蔽地道并逐步完善。1947年秋，动员500余人，经40个昼夜挖成。地道全长5千米，南、北、中3条主干线和纵横交错的52条支线网络全村。其结构分为三层：上层有出入口、出击口、上下翻口、卡口、陷阱、翻板、迷魂阵、明暗枪眼、地堡、水井、厨房等，地道与高房工事、祠堂、庙宇、碾盘、矮墙等相互联通，地道口以锅台、牲口槽、神像、夹壁墙等作掩护；中层设有指挥部、休息室、储蓄室等；最下层是武器库、机要室等。整个地道集中运用了当地人民对敌斗争的经验，地道内既有保障安全的各种生活设施，又有便于作战的各种战斗工事，可防火、防烟、防毒，一旦敌人发现并破坏了上层地道，我方仍然可以依托二、三层地道坚持战斗。在抗日战争和解放战争年代，西河头人民和定襄武工队依托地道，与敌开展地道战，缴获各种武器400余件，为中国人民的抗战胜利和解放事业做出了重大贡献。

从1942年开始至解放战争时期的1948年，定襄全县150多个村庄，就有80多个村庄挖了地道，地道总长200千米，构成了一座密如蛛网的地下长城。

西河头地道战遗址生动地记录了晋北人民在抗日战争和解放战争中的光辉

业绩。

宽沟村是定襄县蒋村乡的一个只有206人的贫困小村子，坐落在东山的一道山坡上。宽沟虽然穷，可它的自然生态非常好，是一个很适合旅游的地方。宽沟有杏花沟，春天花开，十里花海，蜂戏蝶绕，美不胜收；春天花谢，十里铺红，宛若地毯，一望无垠。夏天杏熟，满树金黄，玲珑剔透，香气满沟。宽沟有大片的森林，是旅人理想的探奇寻幽之地。宽沟还有硕大的山洞，不仅能容放几千人，曲曲绕绕地还通着山那边，有村民走过，一来一去要走一天的时间。还有一层层的梯田，可以种满绿草，建立滑草道和滑雪道……这个村子在驻村第一书记闫智峰和村党支部、村委会的努力下，大力发展旅游事业，并已取得不小成绩。现在已跟外地的一家公司签订合同，分三期工程完成旅游产业。现在一期工程已基本完工，观景台已建成，滑草道也已修起，少年儿童的拓展营地也基本建起。2020年是新冠疫情猖獗的一年，但宽沟已被越来越多的人知晓，一些人已迫不及待地走进了宽沟，全年收入8万多元。收入是微不足道的，但既走出第一步，就会有第二步、第三步……

风景这边独好！忻州独特旅游资源正在吸引着越来越多的游客。现在，好多有识之士认识到，旅游业就是个金碗碗，是振兴乡村的有力武器，他们正在不断努力。相信不久的将来，忻州的旅游业会有一个很大的发展。

乡村振兴"忻保障"

2019年4月15日至17日，中共中央总书记、国家主席、中央军委主席习近平在重庆考察，并主持召开解决"两不愁三保障"突出问题座谈会。习近平总书记说："到2020年稳定实现农村贫困人口不愁吃、不愁穿，义务教育、基本医疗、住房安全有保障，是贫困人口脱贫的基本要求和核心指标，直接关系攻坚战质量。总的看，'两不愁'基本解决了，'三保障'还存在不少薄弱环节。在义务教育保障方面，全国有60多万义务教育阶段孩子辍学。乡镇寄宿制学校建设薄弱，一部分留守儿童上学困难。在基本医疗保障方面，一些贫困人口没有参加基本医疗保险，一些贫困人口常见病、慢性病得不到及时治疗，贫困县乡村医疗设施薄弱，有的贫困村没有卫生室或者没有合格村医。在住房安全保障方面，全国需要进行危房改造的4类重点对象大约160万户，其中建档立卡贫困户约80万户。一些地方农房没有进行危房鉴定，或者鉴定不准。在饮水安全方面，还有大约104万贫困人口饮水安全问题没有解决，全国农村有6000万人饮水安全需要巩固提升。如果到了2020年这些问题还没有得到较好解决，就会影响脱贫攻坚成色。"

2019年5月22日，忻州市脱贫攻坚"两不愁三保障"突出问题整改现场推进会在五台县召开。

会议要求，要落实义务教育保障、"雨露计划"实施等6方面教育扶贫政策，落实基本医疗保障等12方面健康扶贫政策，落实农村危房改造政策、易地扶贫搬迁政策、饮水安全政策、产业扶贫政策、就业扶贫政策、生态扶贫政策、金融扶贫政策、综合保障脱贫政策等，随着政策不断出台，落实政策也要不断完善跟进。实现义务教育有保障，主要是让贫困家庭义务教育阶段的孩子不失学不辍学；实现基本医疗有保障，主要是让所有贫困群众都参加医疗保险制度，常见病、慢性病有地方看、看得起，得了大病重病后基本生活能够正常进行；实现住房安全有保障，主要是让贫困群众不住危房；实现饮水安全有保障，主要是让农村群众喝上放心水，统筹解决饮水问题。要准确把握标准、坚持精准识别、着力对症下药、切实统筹推进、突出群众主体、始终立足自身、全面领会精神、全面抓好落实,同时在实践中不断探索创新丰富提升,认真回答好上述四问,"两不愁三保障"的要求就能落到实处。

会议强调,要一鼓作气、一抓到底,坚决打赢脱贫攻坚战。一要认真贯彻省脱贫攻坚成效考核《整改方案》文件精神,严格对照省《整改工作清单》和各县反馈《问题清单》,从严落实市委、市政府《实施意见》和《整改方案》相关要求,大干50天,问题大整改。市级包县领导采取"四不两直"方式,随机抽查包联县不少于5个村,市委9个跟进指导组跟进督导,教育、住建、水利、卫健、医保等相关部门各司其职、各负其责,把脱贫工作重心、政策支持重心、社会帮扶重心向"两不愁三保障"聚焦发力,把人、财、物聚集到解决"三保障"突出问题上来,严格标准,全面排查,逐项对账销号。二要坚持分类推进,确保脱贫质量。脱贫看进度看数量更看质量,脱贫交账最终要拿质量来说话。5个计划摘帽县要补短板、强弱项,严把贫困退出关,确保真脱贫、真脱贫;3个深度贫困县要运用好"一县一业"政策;6个脱贫摘帽县要把防止返贫摆在重要位置;4个非贫困县(市、区)要扫盲点、防漏项,切实做足脱贫成色。我们将彻底告别忻州绝对贫困,完成我们这一届、这一代人的历史使命。要大力宣传总结好我市在土地增减挂交易、光伏扶贫、后续扶持、全域创园助力生态扶贫、整沟治理、精神脱贫等方面的鲜活生动典型,总结有说服力可复制的成功经验,讲好忻州故事,彰显忻州特色,为乡村振兴打牢基础。

2019年12月23日,市政府适时推出遏贫防贫《忻州市精准防贫"忻保障"实施方案》。

"忻保障"实施方案聚焦"两不愁三保障",紧盯"因病、因学、因住"等易致贫返贫关键因素,分类设置防贫救助指导线。对建档立卡贫困人口因病住院,以年度自付费用6000元为防贫救助起付线,超出此线的实行阶梯式救助。标准为:自付费用扣除6000元后,剩余部分在5000元以内、5000元至1.5万元之间、1.5万元至3.5万元之间、3.5万元以上,分别按30%、40%、50%、70%的比例发放救助金。户年救助不超过10万元。对临贫边缘人口因病住院,以年度自付费用2万元为防贫救助起付线,超出此线的实行阶梯式救助。户年救助不超过10万元。

"十三五"期间,全市符合救助条件的贫困人口全部纳入农村低保或特困救助供养范围。全市共有12.7892万贫困人口纳入农村低保或特困救助,其中纳入低保11.2769万人、纳入特困供养1.5123万人。2016年以来先后7次统一提高农村低保标准,由2012年的每年每人2286元提高到2020年的4778元,平均增加2492元。累计支出困难群众救助资金453263.4万元。保障特困供养人员23517人,其中有集中供养意愿的1085人全部实现集中供养。供养标准分别为:集中供养每年每人7787元,分散供养每年每人

6217元。累计实施临时救助117209人次，支出9623.56万元。

医疗保险应保尽保，全市贫困人口全部参加了城乡居民医疗保险，累计缴纳基本医疗保险30046.91万元；享受医保帮扶212563人次；享受门诊慢性病帮扶待遇227010人次，报销11285.3万元；享受住院医疗保障帮扶待遇72932人次，救助3948.37万元。大病集中救治28786人，救治率99.9%；慢病签约服务救治69690人，救治率99.9%；重病兜底保障救治999人，救治率100%。分类救治119341人，累计入院救治333805次，救治资金自付比例为8.03%。实现贫困人口基本医保、大病保险、补充保险救助全覆盖。

市妇联立足民生优先原则，联合市卫健委等部门为全市11个贫困县35～64岁建档立卡农村妇女提供"两癌"免费检查。全市超额完成11个国定贫困县农村妇女"两癌"免费检查任务；共为1000余名贫困"两癌"妇女发放救助金900余万元；携手中国人寿保险股份有限公司忻州分公司为五台、宁武、静乐、偏关等县600名建档立卡贫困妇女捐赠保额1200万元的"两癌"保险；推进乳腺专家工作站在忻州市妇女儿童医院挂牌成立并举办乳腺癌健康讲座；联合卫健委、妇女儿童医院、中医院等部门开展女性健康知识讲座，向贫困妇女传递健康理念，增强健康意识。联合卫健委为市直机关、厂矿、企事业等单位妇女群众开展妇科病优惠检查活动并建立健康档案；邀请市中医院、妇幼保健院、恒伦口腔忻州分院等专家多次深入基层为贫困妇女进行免费义诊，提升患病知晓率。

特困救助应助尽助，把老弱病残作为重点保障对象，织密织牢兜底保障网。全市为25215名高龄老年人发放补贴5154.715万元，为2937名失能老年人发放补贴1574.80万元；救助困难残疾人33276名、重度残疾人31158名，落实补贴资金11125.68万元；适配基本型辅助器具16517人、托养服务4401人、无障碍改造1666户；保障孤儿525名、无人抚养儿童614名，落实补贴资金5305.51万元。

建档立卡贫困人口和临贫边缘人口子女注册正式学籍、在接受义务教育之外的全日制学历教育（不含高费择校）期间，以年支付学费、住宿费、课本费等合规收费合计8000元为防贫救助起付线，超过此线实行阶梯式救助。标准为：超过起付线3000元以内、3000元至5000元之间、5000元以上，分别按100%、80%、60%的比例发放救助金。

对建档立卡贫困人口和临贫边缘人口危房改造，分别以户自行承担费用1.4万元和2万元为防贫救助起付线，超出此线的实行阶梯式救助。户年救助不超过5万元。

"忻保障"方案的实施要经过8个程序：个户申请、村级初审、乡镇审核、委托经办服务机构入户调查、部门协查、审核公示、实时救助、县级公告。资金筹集采取两种方式，首先由市、县两级财政以建档立卡贫困人口和临贫边缘人口两数之和为基数，按每人每年16元承缴设立扶贫救助资金，同时鼓励社会资金、援助资金及其他非政府投资用于"忻保障"救助资金。

市妇联充分发挥妇联组织"联"字优势，聚合各方力量，助力脱贫攻坚。举办"情系困境妇女、贫困留守儿童"暖心行动、"关爱贫困母亲、牵手健康脱贫"爱心活动、关爱贫困"最美家庭"救助仪式等爱心捐赠。依托"春蕾计划"等各类公益平台，为社会爱心人士和贫困妇女儿童搭建信息桥梁，推行"一对一"直接帮扶，争取各类社会慈善项目资金向贫困地区、贫困妇女倾斜，号召社会各界爱心人士为贫困妇女儿童做好事、献爱心，推动巾帼扶贫社会化。联系机关妇女干部和巾帼志愿者积极参与关爱留守儿童结对帮扶活动，对其实施生活关心、学业关怀和心灵关爱。全市共为3000余名困境妇女儿童发放近400万元的慰问金慰问品。

"十三五"期间，学前教育阶段资助5.06万人5060万元；义务教育阶段全部免除学费，免费提供教科书，为8.23万名家庭经济困难寄宿生提供生活补助5840万元；普高阶段免除学杂费4.1万人，为5.7万人发放助学金1.1亿元；中职阶段免除学杂费9.9万人，为3万人发放助学金5820万元；高等教育阶段资助579名贫困家庭学生57.9万元；为8124名贫困家庭学生发放生源地信用助学贷款11.16亿元；投入10.25亿元完成13个县（市）的"全面改薄"任务。

一

宁武县坚持产业扶贫为主。2016年以来通过产业多轮覆盖，构建起"4+7"（即以生猪养殖、光伏发电、乡村旅游、生态经济为主，以发展小杂粮、食用菌、特色养殖、劳务用工、煤炭运输、中药材、电商扶贫为辅）脱贫产业体系。2020年用足用活"一县一策"，壮大产业集群联动。提高移民扶贫产业园、服装加工产业园和扶贫农业产业园三大产业园区的承载力，实施"三个百"扶贫工程，带动贫困群众多渠道增收、长期稳定受益。

把产业发展作为拔穷根、摘穷帽的根本举措，多措并举、多管齐下，培育壮大特色扶贫产业。挖掘绿色资源，借"光"脱贫，采取"林光互补、多村一站、因户推广"模式，建成集中式电站1个、联村电站103个、户用电站466个，总装机容量10.72万千瓦，年纯收益达8400万元，覆盖贫困户12635户，每年户均收益1万元。

建设绿色基地，以扶贫农业产业园为引擎，采取"基地+龙头企业+贫困户"模式，大力发展有机旱作农业和健康养殖，建设百万头生猪等6大特色农业基地。依托扶贫农业产业园和电商平台，发展6条农业全产业链，提高农业综合效益。落实"一县一策"，通过"景点+合作社+贫困户"入股乡村旅游项目的贫困户达2275户5770人，参与就业贫困户2415人，参

原平震宇特殊教育学校开展"助残助学"捐赠活动　来源：原平之声

股贫困户共分红122.5万元。

聚焦"三保障"，因人因户落实脱贫政策，逐条逐项细化帮扶措施，确保一户不落、稳定脱贫、全部清零。教育扶贫进一步优化从幼儿园到大学集免、助、贷、补多位一体的学生资助工作体系，加强"控辍保学"工作；健康扶贫落实"三保险、三救助""136"扶贫措施和农村贫困人口"先诊疗、后付费""一站式服务"等便民服务措施，巩固"双签约"服务长效机制；住房保障按照"两个鉴定全覆盖"要求，继续开展危房改造鉴定和质量排查"回头看"工作，对排查出符合危房改造条件的住房及时进行改造。

认真对照"村退出、县摘帽"指标要求，把补齐农村基础设施"短板"作为脱贫攻坚战的重要民生工程，加快实施贫困村基础设施和公共服务设施建设工程，全县村卫生室、安全饮水、通动力电、宽带网络实现了全覆盖；通村公路硬化率、文化广场达标率、易地搬迁入住率分别得到有效提升，农村环境整治工程完成工程量的60%。

围绕落实10条共享政策，在扶贫项目建设用地等方面简化了审批程序，先建后批、边建边批；民生项目一律通过政府采购定向议标的方式，由扶贫专业合作社实施。县政府将新增债券资金、土地出让金收入全部用于脱贫攻坚。县财政向农发行申请的贷款，全部用于贫困村提升工程。对标村13项、户5项指标，对水、电、路、网等基础设施和村容村貌进行全面排查、全面整治、全面提升，夯实乡村振兴基础。坚持扶贫与扶志、扶智相结合，继续实施"三自一带"、志智"双扶"工程，充分发挥"一约五会"在文明新村建设中的积极

317

作用,广泛宣传党的扶贫政策、农村发展变化、农民得到的实惠以及脱贫标兵等主动脱贫致富的先进典型,不断增强贫困群众自主脱贫意识和自我造血功能。

严格落实学前教育补助、"两免一补"等教育扶贫9项政策,建立从幼儿园到大学的贫困资助体系,学前教育贫困幼儿每生每年享受1000元资助,义务教育阶段所有学生享受"四免一补",高中、职中学生实行"四免一助",累计减免补助资金564万元。全面实施贫困家庭"雨露计划"和生源地信用助学贷款政策。合理划定招生范围,严格学籍系统管理,避免"择校返贫"问题。全面落实教育减免和资助政策,全县贫困幼儿资助达到"全覆盖",义务教育阶段学生实现"全免费",高中、职业教育贫困学生实现"全免费"。确保学前和义务教育阶段学生不发生辍学。"双签约"贫困人口,通过大病救治一批、慢病服务一批、重病兜底一批,解决支出型贫困问题,确保低保、五保等人口兜底脱贫。有针对性地对贫困户进行亲情帮扶、教育帮扶、医疗帮扶等,使每个贫困户都有帮扶责任人。

落实"三保险、三救助""双签约"等健康扶贫11项政策,推进大病集中救治、"双签约"、重病兜底保障"三个一批"行动计划,做好14类免费公共卫生服务,累计补贴727.47万元。住院医疗费用个人实际报销比例提高到90%左右,大病、特殊慢性病、长期慢性病门诊医疗费用个人实际报销比例提高到80%左右。全面落实贫困人口医疗报销一站式服务和"136"制度,贫困人口签约率达到100%。投资470万元新建、维修、改造村卫生室86个,将全县441个村卫生室整合为98个中心卫生室。全面落实残疾人康复和保障政策,2016年以来,共审核发放重度残疾人护理补贴4328人次258.68万元,对262名残疾人(贫困户70名)进行了就业和适用技术培训。已有365名贫困残疾人脱贫。

落实低保、五保等10项兜底政策,保障兜底机制更加完善,全县低保户7163户11185人,五保户1865户1865人,实现了应保尽保。敬老院扩建工程全面完成,建成残疾人康复中心和12个日间照料中心。

对因突发性事件、自然灾害等原因陷入生活困境的人口及时给予救助,投入救助资金220万元,共救助贫困群众1500多人次。计划实施161户农村危房改造任务和43个贫困村饮水安全工程,现已全部开工。全面落实"文化三下乡"政策,建成251个贫困村的文化场所。在常住人口100人以上的农村安装了126套农村"小喇叭",通过广播反复宣传政治理论、时事新闻、脱贫政策、惠农措施和扶贫知识,用"小喇叭"发挥了扶贫大作用。

针对村庄"散、乱、差"的短板,坚持提前对标、基础先行,全面加快水、电、路、网、房等基础设施建设。全县贫困村安全饮水达标率、村卫生室达标率、行政村和具备条件的自然村通动力电比率、通村公路硬化率和行政村客运班车通车率、贫困村宽带覆盖率5项指标均已达到或超过

标准。

保德县确保贫困人口不愁吃、不愁穿；保障贫困家庭孩子接受九年义务教育，确保有学上、上得起学；保障贫困人口基本医疗需求，确保大病和慢性病得到有效救治；保障贫困人口基本居住条件，确保住上安全住房。量力而行，既不降低标准，更不擅自拔高标准，坚决防止贫与非贫待遇间的"悬崖效应"，留下后遗症。

通过教育精准扶贫"拔穷根""保公平"，在落实好国家教育扶贫学前教育资助、义务教育"两免一补"、高中教育资助、中职教育资助、"雨露计划"教育扶贫、本科大学生资助、贫困大学生贷款7个方面的专项支持基础上，同时出台了4项县级特惠政策。形成了"7+4"教育精准扶贫政策体系，打出了教育扶贫的"组合拳"。

按照初中生每年1250元、小学生每年1000元的标准为建档立卡的贫困生补助生活费。全县1117名建档立卡的学生全覆盖；在落实好国家教育扶贫7项政策的基础上，保德县出台了县级4项特惠政策，普通高中实现全部免学费，惠及全县2060名高中学生（其中建档立卡的贫困学生471人）；在免除所有在校生学费的基础上，按照2000元/生/年的标准为建档立卡的贫困高中生落实国家助学金，336名贫困高中生全覆盖；在全部免除普通职业高中在校生学费的基础上，对全县职业教育全日制正式学籍一、二年级在校涉农专业学生和非涉农专业家庭经济困难学生，按照2000元/生/年的标准落实国家助学资金，205名建档立卡的贫困生全覆盖；对考入中职、高职院校的贫困学生每年资助2000元。由财政资金对建档立卡的贫困学生进行特惠补贴，对考取二本B类以上建档立卡的贫困学生，在国家补助的基础上，考取当年县里再一次性补助5000元；对考取二本C类学校和对口升学同类院校的建档立卡贫困学生，给予一次性补助5000元；已考取本科院校的建档立卡贫困学生在享受国家补助的同时还可享受县里特惠政策给予的补助；家庭经济困难的高校新生和在校生可向生源地申请助学贷款。由县财政注资400万元，募集社会爱心人士资金460余万元成立全市首家教育扶贫基金会，用于奖教奖学，资助困难学生，推动全县教育健康发展。

在全面落实"三保险、三救助"基础上，出台了健康扶贫"4+1"特惠政策，进一步深化大病集中救治、慢病签约管理、重病兜底保障行动，深化"1+1+1""双签约"服务，全面实施"先诊疗后付费"和"一站式"结算服务，有效打通服务群众"最后一公里"。积极落实健康扶贫政策，为建档立卡贫困人口补充医疗保险，在国家政策允许的范围内，通过降低报销起付线，提高新农合报销比例，有效避免因病返贫。县内县外大病保险惠及贫困人口740人次，补偿金额达到584.5万元，补充医疗保险惠及贫困人口3250人次，补偿金额达62.4万元。累计报销各项医保、救助595万元。

针对造成贫困户超额支出、出现返贫问题的因素，保德县拿出222.9万元为34024名贫困人口办理了政府救助保险，运用保险机制有效解决因病、因灾、因年老和子女就学等原因而导致的返贫问题。农村低保提标扩面，将建档立卡贫困户8063人纳入低保兜底范畴，贫困线、低保线"两线合一"。

保德县地理条件较差，自然灾害频发，对农业生产影响较大。为提高农村、农业、农民的抗风险能力，保德县政府为全县48978亩玉米、51677亩马铃薯、60532亩红枣统一办理了保险，涉及贫困人群12549户，合计减免种植亩数26500多亩，减免金额21.5万元，使贫困户的农业生产和收入稳定得到了强有力的保障。保德县还免除了贫困人群的保费自交部分。

持续加大基础设施建设投入力度，"水电路网房、环境整治"齐头并进，加快完成全县198处饮水安全巩固提升工程；完成144个村光伏电站配套并网工程和65千米农网改造工程；完成"资源路、旅游路、产业路"建设规划工作；建设中铁援保192千米扶贫公路改造项目，完成59.2千米村道改造工程，新建2个乡镇汽车客运站，为农村群众便捷出行、农产品外运提供良好的交通运营保障。打造了7个特色风貌整治村，总投入4.77亿元实施县乡村公路提质升级，已累计完成投资1.6亿元188.5千米；新建、维修文化场所250处、卫生室228个；投入约1.7亿元，实施人居环境改善工程。完成村通宽带全覆盖和123个村光纤覆盖提升工程；分类分期推进危房改造工程；不断提升公共服务水平，进一步提高对基础教育、医疗卫生、社保、文化信息综合服务等方面的资源整合和平台建设。

继续壮大集体经济，确保村集体经济收入达到3万元以上；加强乡风文明建设，破除封建迷信陈规陋习；发挥典型作用，实行激励机制，激发贫困户内生动力。行政村通动力电比率、通村路硬化率、综合文化活动场所场地覆盖率均达到100%，147个行政村全部开通客运班车。农村饮水、互联网实现全覆盖。

把贫困村提升与人居环境改善、特色风貌整治有机结合，大力推进27个美丽乡村、34个示范村、207个乡村清洁村的环境综合整治工程，统筹推进非贫困村建设，努力实现城乡环卫一体化，让优美的环境激发贫困户对美好生活的追求。

总投入4.75亿元，采取政府委托代建、并联审批等方式，打造了惠民家园、幸福家园、富民家园3个移民小区；筹资4000余万元，将3335名同步搬迁人口建房补助资金提高到与贫困搬迁户同等水平；筹集5000余万元奖补简装修资金，提高实际入住率，完成2880户8387人的安置任务。危房改造与户容户貌整治同步推进，采用农户自筹、政府补贴的办法，全面整治。

为了鼓励贫困户搬迁入住，投入9600万元，用于装修奖补和提高同步搬迁人口建房补助，群众搬迁积极性空前高

涨。同时通过完善搬迁小区后续服务体系和落实楼顶光伏电站收益及劳务输出、专设城镇公益岗位、金融扶贫、社保兜底等多种后续帮扶措施，确保搬得出、稳得住、逐步能致富。

开发式扶贫与保障性扶贫相统筹，造血式扶贫与输血式扶贫相协同，一策为主、多策跟进、综合施策，发挥叠加效应。把开发式扶贫作为脱贫基本途径，让有劳动能力的贫困户有志想做、有事可做、有技会做、有钱能做、有人帮做；加强完善保障性扶贫措施，让贫困户老有所养、幼有所教、病有所医、居有所安、难有所帮。

2002年、2004年、2008年，保德县三度跻身县域经济基本竞争力提升速度最快的"全国百强县"。2018年9月25日，获得商务部"2018年电子商务进农村综合示范县"荣誉称号。

神池县2016年以来投资2835万元，推进光伏发电、坡改梯、特色种植、电商、金融等扶贫产业，使贫困户获得稳定收入。统筹谋划布局产业就业，采取开发公益岗位、金融贴息贷款、就业技能培训、生态效益补偿、光伏收益分配等形式，确保每户至少1人就业。加快旧村复垦工作进度。健全治理体系，推行"社区、网格、楼长、单元长、搬迁户"五级治理机制，构建网格化管理框架，实现搬迁群众有序融入。推进干部驻村帮扶。中央、省、市、县四级137个机关企事业单位，结对帮扶139个贫困村。举全社会之力，助推脱贫攻坚，如期实现了30个村出列、3919人脱贫的年度目标，脱贫攻坚首战告捷。推进两场战役，打造绿色生态"米粮川"。落实扶贫政策，筑牢防范返贫致贫"保障网"。做好扶贫搬迁后续帮扶，使贫困群众"钱袋子"鼓起来。

县域建档立卡贫困人口全部达到"两不愁三保障"标准，139个贫困村高质量退出。强化"两类户"监测预警和跟踪帮扶，784户"两类户"针对性预防帮扶措施覆盖率达到100%，全部消除致贫返贫风险。始终把发展长效产业、促进稳定就业作为稳定脱贫的硬支撑，建档立卡贫困人口人均纯收入从2013年底的1878.8元增长到2020年底的12371.6元，净增加10492.8元，年均增幅79.8%。在贫困户家庭收入主要来源中，工资性和经营性两项收入连年升高，占比达到70%以上，收入结构更加合理。严格落实"136付费机制""三保险三救助""双签约""先诊疗后付费""一站式结算"等各项健康扶贫政策，确保贫困人口就医有保障。持续深化义务教育控辍保学机制，扩大资助范围。加强低保制度与扶贫政策有效衔接，完善最低生活保障制度，及时提高低保标准，健全社会救助申请家庭经济状况核查机制，确保应保尽保。

精准落实教育扶贫各项政策，持续开展控辍保学和"送教上门"活动，全县无一学生因贫辍学。整合全县教育资金90万元，实现贫困生学前教育生活补助和义务教育"两免一补"全覆盖；利用航信集团教育基金和春蕾计划、"雨露计划"资助贫困大学生441名；免除443名家庭困难高中生学费35.44万元，向280名贫困高中生发放国家助学金56万元；免除126名职高学生学费25.2万元，为42名贫困职高学生发放国家助学金8.4万元。为1737名大学生办理了生源地助学贷款申请手续，资助72名贫困大学生36万元；在中国航信教育奖励基金下设立贫困大学生助学专项资金，资助建档立卡贫困本科、大专学生304名。团县委"圆梦行动"、妇联"春蕾计划"以及工会等救助平台共资助贫困学生50余名。

全县为农村低保、五保对象缴纳个人入保费用153.6万元，为61名孤儿、1888名失能老人和高龄老人、2286名残疾人发放各类补贴248.5万元；为278名慢性病患者、378名重大疾病患者建立健康档案。

为了让农村贫困人口"看得起病、看得好病、看得上病"，对住院建档立卡贫困人口及医疗保障扶贫对象全覆盖实行"先诊疗后付费"制度。免除医疗保障扶贫对象在县内新农合定点医院普通门诊挂号费。将农村贫困人口全部纳入重特大疾病医疗救助范围。对患大病和慢性病的农村贫困人口实行分类救治，慢性病建档人数278人，重大疾病建档人数378人。对参加新农合的个人缴费部分给予财政补贴，提高政策范围内住院费用报销比例，加大对大病保险的支持力度。优化统筹补偿方案，使住院费用报销比例达到75%以上，普通门诊报销比例达到80%，大额慢性病门诊补偿比例达到70%。

进一步深化贫困地区公立医院改革，先行探索制定绩效工资总量核定办法，调动医务人员积极性。与山大二院、太钢总院、阳煤集团医院、市人民医院建立了对口帮扶协作关系。全县设立村卫生室121所，配备乡村医生176名，并按标准配置了基本设备和基本药品，实现村卫生室标准化建设全覆盖，为基层群众提供连续高效的基本医疗和基本公共卫生服务。县人民医院、县中医院分别与全县10所乡镇卫生院建立医联体及对口帮扶关系。由50名工作人员组成3个健康扶贫"五个一"活动医疗小分队，分乡包片、入村进户开展疾病筛查活动。共服务患者676人次，出具健康处方477份，签订服务协议2650份，为2650名患者留有亲情号码，使得全县常见病、多发病、部分危急重症的诊疗能力显著提高。基本实现了"小病不出乡、大病不出县、保健在基层"的目标，群众获得感明显增强。

在退养99名村医的基础上，公开招聘基层医疗卫生人员81名，充实基层医疗队伍。投资1033万元建设神池县妇幼和计划生育服务中心业务楼。投资2243万元建设中医院住院门诊综合楼。投资125万元建设县医院血液透析中心。此外，县医院、中医院共增加床位编制130支，龙泉、义井、八角3所乡镇卫生院已正式开展医疗工作，全县医疗服务能力全面提升。持续推进"双签约"服务工作，力求从"坐堂行医"传统模式向上门服务模式

转变,完成"双签约"人数 4571 人,服务人数 4571 人,服务率 100%;家庭医生签约 81366 人,签约率 74.51%。积极开展门诊特殊慢性病集中鉴定、认定、帮扶治疗,目前,慢性病认定通过 2454 人,其中贫困人口 823 人。贫困人口累计就诊人数 4903 人次,总费用为 4433.3 万元,基本医疗保险报销 2693.26 万元,"136"兜底报销 477.4 万元,大病保险赔付 559.8 万元,补充医疗保险赔付 89.04 万元,民政救助金额 272.27 万元,报销比例达 92.23%。积极为 35~64 岁农村妇女进行宫颈癌和乳腺癌检查,完成 4509 人。为城乡怀孕妇女免费进行产前筛查和诊断服务,完成 250 人。新生儿疾病筛查 272 人,孕前优生健康检查 400 例。

建立城乡居民纸质健康档案 98399 份、电子档案 93762 份。老年人中医药健康管理服务 4198 人。0~36 个月儿童中医药健康管理 1129 人。艾滋病检测 10800 人。严重精神障碍患者 436 人,规范管理 423 人,规范管理率 97.02%。易肇事肇祸精神病患者管理 38 人。已签订以奖代补协议 38 人,随访率 100%。

全面落实社保政策,为 11869 名农村低保对象每月提高保障金 20 元。农村低保、特困供养人员全部实现应保尽保、应养尽养、应救尽救。建档立卡贫困人口参保费用由财政全额代缴,基本养老保险和基本医疗保险参保率达到 100%。

累计实施饮水安全提升改造工程 151 处并建立长效运行管护机制,确保所有贫困群众喝上"放心水"。电网改造全面升级,共新建改造 10 千伏线路 97.4 千米,配变 171 台,改造低压线路 100.5 千米;累计投入 3.26 亿元。

实施交通扶贫项目 32 个,新建、改造县乡村道路 415.8 千米,行政村通村公路硬化实现全覆盖,建制村客车通达率 100%。

积极推进电信普遍服务工程,所有行政村接通互联网且全部为光纤接入,覆盖率达 100%。

累计完成"四类对象"危房和危险土窑洞改造任务 3409 户,实现农村住房安全全覆盖。文化活动室、农家书屋、文体广场及健身器材配套齐全,覆盖率达到 100%。

2019 年神池县首批 18 名家政服务员正式启程赴京,此次家政进京务工就业活动由中国民航信息集团有限公司联合神池县人民政府发起。

2018 年 9 月 25 日,神池县荣获商务部"2018 年电子商务进农村综合示范县"称号。

二

为认真贯彻落实中央、省、市脱贫攻坚工作要求及全县脱贫摘帽和县委、县政府关于驻村、结对帮扶工作的具体要求,进一步增进乡村干部、驻村帮扶干部和结对帮扶干部与贫困群众的感情,激发贫困群众脱贫致富奔小康的内生动力,静乐县在出台"八看八帮扶"活动的基础上,对开展"八看八帮扶"活动的内容进行了进一步细化和分解，要求全县乡镇党委、政府、县直单位、驻村帮扶单位及全县农村第一书记、驻村工作队员、结对帮扶干部，要把入户走访作为日常工作的重要方法，对照"两不愁三保障"目标要求和"100问"工作细则，多频次深入贫困群众家中了解情况，逐户检视问题、逐户厘清症结、逐户推动整改，特别是要把贫困户庭院环境整治、居室卫生清洁、卫生习惯养成、精神面貌提振等作为迎接脱贫攻坚成效考核期间的工作重点，精准发力，开展"八看八帮扶"活动，进一步提升帮扶质量，提升贫困群众的获得感和满意度。

对所有贫困户住房进行逐户核查，看梁墙柱窗等主要构件是否牢固，看危险房屋是否有人居住，看房屋周边环境是否安全。对 2016 年以来的 4330 户危改户进行了逐一回访，对 724 户新鉴定出的危房进行了改造，对改造完成但仍存在隐患的 55 户房屋进行了修缮，确保了贫困群众危房应改尽改、应建尽建、应搬尽搬，让贫困群众住得安心、住得舒心。

对所有贫困户家庭成员"三保险"参保情况进行逐一核实，看健康扶贫"双签约"服务是否落实，52 种慢性病患者是否办理鉴定、享受慢性病报销政策，24 种重特大疾病患者是否落实大病集中救治措施；看村卫生室药品、器材是否按要求配备到位。累计帮助患病贫困群众落实一站式报销、分类救治、先诊疗后付费"136"等健康扶贫政策共 5013 人次。

对全县贫困户家庭子女接受教育情况进行逐户排查，看适龄儿童是否入园、入学，义务教育阶段学生是否存在因贫辍学情况；看各类教育资助政策是否落实到位，确保不让一个贫困学子因家庭经济困难而失学，有效防止一人上学全家返贫情况发生。通过家校互动，劝返厌学、弃学的适龄学生 36 人；结对帮扶干部跟踪了解贫困群众子女入学情况，主动引导贫困群众结合家庭经济情况合理择校 86 人次。

逐村逐户看水质、看水量、看供水方便程度、看供水保证率是否达标。由水利部门跟进改造，累计实施饮水安全提升工程 95 处，改造"一个窨井、一根水管"的简易取水设施 50 处。逐户开展安全饮水政策宣讲，由医卫系统组织的 26 支工作队深入农村宣传引导群众节约用水、卫生用水、妥善处置生活污水，有效提升了贫困户生活品质。

以结对帮扶干部为主体，帮助贫困户开展户容户貌提升活动，着力推动居室清洁、垃圾入池、杂物进仓、畜禽入圈，教育引导群众养成良好的个人卫生习惯。县财政局组织结对帮扶干部每月两次入户帮助清理，把悬钟村打造成了户容户貌样板村。全县累计完成院落和居室卫生清洁 8000 余户。贫困群众注重家居个人卫生、自觉维护公共卫生的习惯初步形成。

逐村逐户看务农收成、打工收入、产业发展，看人均纯收入是否能够达到标准。逐户帮助贫困户核对生态补偿金、粮种补贴金、土地租金、征地收入等，收集相关发放清册，既要落实政策，又要算账，让

不负人民——忻州特色的脱贫攻坚之路

困群众的精神状态和脱贫信心是否坚定，扶贫更扶志，引导群众感恩社会关爱、感恩党的关怀，主动参与到发展产业、勤劳致富的洪流中来。

全县"一约四会"基本实现全覆盖，村规民约全部上墙，红白理事会、道德评议会成为村民自治的重要平台。新建"爱心超市"56处，累计发放了价值65.8万元的奖励物品；评选脱贫先锋、孝亲模范等各类典型170人；"静乐裁缝"等劳务品牌吸收贫困人口就业1980人。"劳动脱贫光荣"的正确导向得到全面强化。

原平市苏龙口镇工作人员走进康馨敬老院开展慰问活动
来源：原平之声

三

群众认可。引导贫困户弘扬勤俭持家的传统美德，开源节流，理性消费，防止因盲目攀比致贫返贫。

县妇联组织开展"最美新娘选树活动""节俭婚庆"专题宣传活动，多渠道做说服教育工作，为28对农村新人减少彩礼支出56万元。

常态化开展入户走访"谈一次鼓劲话、吃一餐炕头饭、办一件暖心事、干一次农家活、算一笔收入账"的"五个一"活动，与贫困群众做朋友、增感情，看贫困群众是否能讲清已享受的惠民政策，确保政策入脑、红利入账、感恩入心。逐村逐户看贫

代县聚焦"两不愁三保障"突出问题，坚持"四个不摘"要求，理清工作思路，提高工作能力，确保打赢打好脱贫攻坚战。

各乡镇加大力度推进"十项清零"工作。帮扶责任人做到了入户认真核实排查，针对"十项清零"涉及的十个问题逐项核实，认真填写清零台账，以结果为导向，因户施策，精准发力。逐级压实责任，做好劳动力建档立卡和危房改造复核工作。发挥基层工作人员和党员的作用，下沉到村，深度动员，广泛开展，实行拉网式的信息采集和危房复核。

坚持问题导向，注重整改成效。以问

题导向为总抓手,补短板、强弱项,巩固脱贫攻坚取得的成果。聚焦"两不愁三保障"查找突出问题,摸清底数、看透原因,拿出切实有效的措施,制定整改台账进行整改,全力补齐义务教育、基本医疗、住房安全和饮水安全等方面的短板,逐项逐户对账销号。把脱贫攻坚成效考核中发现问题的整改工作,同中央专项巡视反馈意见整改结合起来,统筹推进,并将整改成效与个人考核结合起来,通过正向激励和约谈问责,倒逼责任落实。

"两不愁三保障"政策精准兑现,贫困村基础设施建设和公共服务全面提升。统筹整合各类涉农资金3.8亿元,县级专项扶贫资金投入4257万元,连续三年实现总量和增幅"双增长"。"9341"产业扶贫工程全面实施,3676人全部搬迁入住。全年退出贫困村46个,减贫3336户6944人,累计减贫20372户47284人,全县236个贫困村全部退出,贫困发生率降至0.27%。脱贫摘帽14项指标全部达到退出标准,顺利通过国家脱贫攻坚第三方评估和国家专项扶贫资金绩效考核。

上馆镇成功创建省级美丽宜居集中连片示范区,新高村、段家湾村成功创建省级农村人居环境整治示范村。县财政投资1500万元完成五里村、峨西村、堡内村等12个村的农村特色风貌整治,补助396万元完成危房改造2168户,配套9168万元新建改建、提质完善农村公路208条165千米。

合理布局农村小学,充分考虑农村小学生就读的方便和安全。推进教师"县管校聘"改革,建立统一管理、按岗聘用、有序流动的用人管理机制。加大教师业务培训力度,提高课堂教学效果,把教学质量作为评优评模的主要依据。落实中小学教师绩效考核制度,实现多劳多得、优绩优酬。加强师德师风建设。坚持思想教育与制度管理相结合、考核评价与典型引领相结合,不断增强教师的荣誉感和责任感。学前教育适龄幼儿入园率达96%,义务教育适龄儿童全部入学,"两免一补"政策全面落实。雁门济困助学基金会、牧原公司持续资助906名贫困学生完成学业。

深化县乡医疗卫生机构一体化改革,扎实推进医疗集团"六统一"管理机制,稳妥推进医疗卫生领域财政事权和支出责任划分改革。加强公共卫生服务体系建设,推动基本公共卫生服务和医疗服务均等化、便捷化。加大职业病防治力度,开展尘肺病专项攻坚行动。加快妇幼保健服务中心网络医院建设步伐,实施县医院综合医技楼建设项目,积极争取中医院建设项目。加强医保基金监管,确保使用安全。增强社会保障能力。深入实施社会保障全覆盖工程,推动重点群体持续参保。认真落实疫情防控期间阶段性减免企业社会保险费有关政策。开展城乡低保专项治理"三年行动",做好特困供养和困难群众临时生活救助。整合资金1039万元,新建村卫生室74所,改造维修村卫生室28所。城乡居民医疗保险基本实现全覆盖。

农村饮水安全达到100%。社会救助

不断加强,城乡低保标准每人每月提高了75元,全年发放低保金5512万元。

忻府区通过摸底排查,有1291名建档立卡学生在忻府区教育系统就读,进一步完善了建档立卡学生档案。从学前教育到高等教育的各个阶段,实施精准资助,按照国家相关政策规定,对每一位贫困生予以资助,确保不让一个学生因贫失学。投入财政专项扶贫资金45万元用于"雨露计划"补助,并竭力争取国家倾斜支持,引导社会各界捐资助学,多渠道筹集贫困生资助资金,积极推动社会力量帮扶贫困生,杜绝因学返贫现象发生。建成一所移民搬迁配套六轨制小学。通过摸底排查,有1291名建档立卡学生在忻府区教育系统就读。

投入区级财政专项扶贫资金289.45万元,用于贫困户基本医疗保险和补充医疗保险;投入区级财政专项扶贫资金56.85万元用于贫困户大病保险及意外险。

投入37.45万元财政专项扶贫资金用于贫困村创业致富带头人培训;投入财政专项扶贫资金39.38万元,用于移民搬迁贷款贴息等。

农村饮水安全巩固提升工程25处,2017年以前已经退出出现反复的村庄6个,共涉及8个乡镇31个贫困村,现有7处工程开工建设,完成投资79万元,已完工项目3处。配合北京碧水源科技股份有限公司在忻府区3个乡镇已安装水质净化设备12套,改善了农村饮用水水质。经过两个月的工作,完成了农村饮水安全工程调查评估的外业调查及数据录入工作。庄磨镇南河、太河村沟坝地治理工程,治理面积328亩,投资200万元。工程涉及1个贫困村、1个非贫困村,受益贫困户159户、贫困人口336人。

以县乡公路升级改造、通村公路路基路面拓宽改造为重点,加快贫困地区道路改造,完成好县乡道路改造41千米,改善阳坡、三交、庄磨等乡镇的出行条件;贫困退出村道路不畅改造工程29.988千米。积极推进城乡公交一体化改造,力争到2020年底实现具备条件的建制村通客车率达100%。

按照"两不愁三保障"的要求完成好500户贫困人口的危房改造工作。实行低保线与扶贫线"两线合一",农村低保标准与扶贫标准同步提高。从2018年起,农村低保标准提高到3518元/人/年。实现应保尽保。农村低保涉及20个乡镇317个村4523户6695人,金额2056.7万元;五保供养涉及20个乡镇227个村839户839人,金额345.6万元;残疾人生活补贴涉及19个乡镇193个村852户873人,金额52.3万元。对低保户、五保户进行电价补贴,每户每月7.16元。

原平市对建档立卡贫困户在校子女应助尽助,市爱心助学站累计筹资1643万元,接收学习生活用品7万余件,帮助品学兼优的特困学生完成学业;"雨露计划"项目补助中职、中技建档立卡贫困生435人,每生2000元;资助二本B类以上贫困大学生48人，每生5000元；为考上二本B类以上本科的贫困大学生发放救助金18万元。认真落实家庭困难学生扶贫救助政策，资助入园幼儿、小学生、初中生、普通高中生和中职校学生共34446人，共资助或免收金额1320.1万元。还有贫困家庭大中专以上生源地助学贷款8712人5493万元。

对建档立卡贫困户中7955名患病人口开展"双签约"服务，覆盖率100%。农村最低生活保障标准每月增加21元，达到每人每年3278元，超出脱贫线2.4%。全市将3866户贫困户3914人和五保对象1046户1092人全部纳入保障范围，无一漏扶。

对贫困户劳动力开展转移就业焊工、月嫂护工、种植、养殖等技能培训873人，就业率达43%，同时在各行业、各单位开展助贫就业献爱心社会活动。开展全民技能培训5845人，其中农村剩余劳动力5431人，培训建档立卡贫困劳动力196人，实现就业34人，开展创业致富带头人培训3期70人；搭建劳务输出平台，3758名贫困人口外出务工，有137人在公益性岗位就业。

推动"两线合一"，2018年农村低保按照A级3518元、B级3300元、C级3120元、D级1800元的标准落实，农村五保按照集中供养6143元/人/年、分散供养4573元/人/年的标准，全市共纳入低保贫困户2406户3742人、纳入五保贫困户1061户1065人，以上两项合计3467户4807人，占贫困户户数的44%，保证了符合条件的兜底人员脱贫有保障。

提升乡村治理水平，落实"四议两公开""村务监督"等制度，建立健全"一约四会"组织，教育引导群众革除陈规陋习，弘扬公序良俗，培育文明乡风。以党建统领基层自治、德治、法治，不断提升乡村治理的效能和水平。

扎实推进已有产业项目达产见效，防止项目烂尾，完善"五有"机制，提升带贫益贫效果，做好扶贫资产管理，确保资产保值增值，发挥长期效益。深入推进贫困村提升工程和农村人居环境改善查漏补缺，持续改善水、电、路、房等基础设施，坚决防止半拉子工程、豆腐渣工程。强化就业培训，掌握贫困劳动力的就业意愿，排查摸底，落实建档立卡管理，帮助贫困人口走出去就业。

定襄县坚持六环联动，做好整村搬迁后的产业培育、就业帮扶、服务配套、社区治理、社会融入、拆旧复垦、权益保护等后续扶持重点工作，完成扫尾、形成闭环，推动"人、钱、地、房、树、村、稳"七个问题全面解决，全部清零，确保人搬出、房拆除、地复垦、村销号。

聚焦深度贫困人口，全面落实社会保障政策。围绕贫困人口，特别是深度贫困人口，全面落实最低生活保障和特困供养、临时救助、残疾人帮扶等兜底保障政策，强化综合保障性扶贫，确保应保尽保、应养尽养、应救尽救。聚焦未脱贫人口，确保如期脱贫。聚焦"两不愁三保障"这个基

本要求和核心指标，对剩余106名贫困人口进行人人建档、户户立卡、综合研判、精准施策，逐人逐户落实政策，落细帮扶责任与措施，确保剩余贫困人口如期脱贫、全部清零。

采取"县级主抓、乡级主战、部门协同、跟踪督战"的作战机制，设立了定襄县脱贫攻坚大决战总指挥部，下设六个专项作战指挥部，坚持统一指挥、坚持联合作战、坚持协调顺畅、坚持从严考核的作战要求，坚持"一盘棋谋划、一张图作战、一体化推进"作战思路，统筹、协调、指导、监督各乡镇作战工作。

坚持问题导向、坚持结果导向、坚持奖惩并举，以督查促整改、以整改促规范，发现遗漏问题，攻坚疑难问题，持续推动补短板、强弱项工作，确保脱贫攻坚圆满收官，确保与全国同步实现全面小康。

建立脱贫攻坚长效机制。特色产业扶贫、易地扶贫搬迁、培训就业扶贫、生态补偿脱贫、社会保障兜底、基础设施改善、公共服务提升、社会力量帮扶、金融扶贫九大工程取得重大突破，实现攻坚工作再战再胜。

围绕选准特色产业项目，实施"一村一品一主体"产业扶贫，开展优特杂粮提质增收、规模健康养殖业增收、设施蔬菜业增收、特色高效种植业增收、农产品电商营销增收、乡村旅游产业增收六项工程，带动全县建档立卡贫困人口2000人实现脱贫，增强贫困村持续稳定脱贫能力。

改善贫困地区群众出行条件；实施危房改造计划，确保不因建房致贫返贫；实施农村饮水安全巩固提升工程，提升贫困地区农村自来水普及率、供水保障率、水质达标率，使贫困村自来水普及率达到90%以上。实施公共服务提升工程。主要实施教育扶贫行动、健康扶贫行动、科技扶贫行动、文化扶贫行动。实施社会力量帮扶工程。完善农村最低生活保障制度，实现农村最低生活保障制度与扶贫开发政策有效衔接，对无法依靠产业扶持和就业帮助脱贫的家庭实行政策兜底保障；完善临时救助、医疗救助、农村特困人员供养救助制度，逐步构建以农村低保、特困供养、医疗救助、临时救助、养老保险等制度为主体，社会力量参与为补充的社会救助体系；推进残疾人"两项"补贴发放工作，为精准扶贫贫困户中一、二级残疾人申报、发放重度残疾人每月50元、全年600元的护理补贴；增强残疾人技能培训，确保每个贫困残疾人掌握1~2项农村实用技能。

2020年，五台县脱贫攻坚大决战总指挥部为了稳定脱贫"交总账"，确保"六个靶心"精准无误，出台了《五台县脱贫攻坚决战完胜"交总账"行动工作方案》，明确了责任领导，细化了责任人员。硬性要求党政干部真正把"军令状"和"交总账"放在心上、扛在肩上、抓在手上。紧紧盯住剩余的315户712人，大力实施开发式扶贫。一是聚焦深度贫困。做好整村搬迁的拆旧、复垦、销号、产权改革等扫尾工作，推动"人、钱、地、房、树、村、稳"七个问题全部解决,确保人搬出、房拆除、地复垦、村销号。全面落实最低生活保障和特困供养、临时救助、残疾人帮扶等兜底保障政策,聚焦"两不愁三保障"这个基本要求和核心指标,坚决啃下"贫中之贫"和"困中之困"这块硬骨头,确保剩余贫困人口如期脱贫、全部清零。二是聚焦返贫防贫。紧紧扭住返贫风险大的"两类户",按照"识别不建档、救助不断档"的原则,因户因人施策,持续跟踪监测,保持政策的稳定性、延续性。全面摸排适龄儿童学前入园情况及贫困村九年义务教育阶段因贫辍学学生情况,从严从实抓好义务教育阶段控辍保学工作。全县为1737名大学生办理了生源地助学贷款申请手续,资助72名贫困大学生36万元;免除困难高中生、中职生学费522.79万元;发放幼儿、小学生、初中生困难资助380.49万元;发放中职助学金、"雨露计划"补贴、考取二本B类以上院校一次性补贴638.1万元。为147名贫困家庭大学生和1327名贫困家庭职业学院学生发放

原平孤儿院　来源:山西新闻网·忻州站

了补贴,为贫困人口统一办理了大病医疗保险和意外伤害保险。在中国航信教育奖励基金下设立贫困大学生助学专项资金,资助建档立卡贫困本科、大专学生304名。团县委"圆梦行动"、妇联"春蕾计划"以及工会等救助平台共资助贫困学生50余名。把防贫返贫摆在突出位置,真正做到"未贫即防、返贫即扶",精准框定保障对象,明确细化救助范围。三是聚焦风险防控。做好责任、政策、工作"三落实";做

到识别、帮扶、退出"三精准"。已发放上一轮退耕还林7.51万亩的补贴资金675.53万元，受益群众24642户73926人，其中贫困户7200户20160人。对各类反馈问题整改情况要"回头看"；对各类问题线索或疑似问题要"过筛子"；对其他问题要进行举一反三"大排查"。各类问题要确保在6月底前全部整改到位。四是聚焦质量提升。做好58820名已脱贫人口的巩固提升，对所有贫困退出村和贫困退出户都要持续跟进、帮扶、支持，巩固脱贫成果，确保脱贫人口收入稳定增长。在实现"两不愁"的基础上，围绕义务教育、基本医疗、住房安全"三保障"和安全饮水突出问题，明确部门职责，列出指标清单，细化政策措施，落实责任人员，切实做到每一项指标都有部门负责、每一项工作都有专人落实。做到一项一清零、一户一销号。强化责任落实，分类施策，采取统建、分建、自建等多种方式迅速推进危房改造，做到应改尽改、不留死角，让每一个贫困户都能住上安全房。高标准完成贫困村基础设施和基本公共服务建设，全力推进农村饮水安全巩固提升工程、建制村通硬化路和建制村具备拓宽条件的窄路基路面拓宽工程、贫困村通网络工程、贫困村卫生室建设、贫困村实施文化广场建设、贫困户低保办理、农村妇女"两癌"免费筛查。做好24项社会保障政策落实，到村到户到人到位。着力健康保障脱贫。县财政投入253万元为全县所有贫困人口办理了大病医疗保险和意外伤害保险，每人投保38元，进一步缓解因病致贫的难题。五是聚焦脱贫成效。对脱贫攻坚开展"全面体检"。查问题、找差距、补短板、强弱项，集中上半年时间开展脱贫攻坚问题排查、整改、审计、评估、评价专项行动。六是聚焦答案答卷。系统梳理脱贫攻坚取得的成效、成功经验、典型案例，宣传好脱贫攻坚故事，推送好脱贫攻坚报道，总结提炼好脱贫攻坚精神，举办好扶贫日系列活动。建立低保和五保标准自然调整机制，及时将贫困人口中低保和五保对象全部纳入救助范围，充分发挥教育、医疗、民政等社保的托底作用，稳步健全贫困人口保障网。着力推进社会救助与扶贫开发两项政策有效衔接，充分发挥政策兜底保障作用。农村低保标准提高到3026元与脱贫线相衔接，发放各类补助、救助、补贴4108.9万元。全县为农村低保、五保对象缴纳个人入保费用153.6万元，为61名孤儿、1888名失能老人和高龄老人、2286名残疾人发放各类补贴248.5万元，为278名慢性病患者、378名重大疾病患者建立健康档案。

四

五寨县打通政策落地"最后一公里"，全面落实教育、健康、社保、民政、残疾人等领域的扶贫政策，确保国家扶贫政策不折不扣落实到位。实施12年教育免费、农村义务教育学生营养改善计划、"雨露计划"和"一颗鸡蛋"工程，落实学前教育、义务教育、中职教育、高中教育各项资助政策,并加大对乡村教师补助,从根源上阻断贫困代际传递。建档立卡贫困人口中,幼儿园412人、九年义务教育阶段1541人、普通高中阶段642人、中(高)职教育阶段473人、二本B类及以上151人,全部享受了相应的教育扶贫政策。

研究制定农村低保线和扶贫线"两线合一"的实施办法,将低保标准相应提高,实现退出贫困村和低保贫困人口低保线略高于贫困线目标。同时继续实施重大疾病补偿、大病保险等7项健康扶贫行动。全县建档立卡贫困人口中,社会保障兜底人口涉及4303人。

通过"低保+光伏+土地流转金+政策措施+集体经济股金分红"等收益叠加保障,如全县建成30兆瓦集中式光伏电站1座、村级光伏电站134座,可覆盖兜底贫困户3270户8175人,年人均实现收入达3000元;兜底户人均耕地8亩,土地流转金约200元/亩;再加上农机收益和国家低保金年3528元/人等保障措施,使兜底贫困人口人均可支配收入全部超过国家贫困线。

注重扶智、扶志相结合,加强教育引导、政策宣传,开展典型示范,惩戒不良习气,激励群众转变观念,自力更生、诚实守信、勤劳致富。全县有372户580名建档立卡贫困人口通过县外贸、餐饮、服务、汽修、运输、商业等行业就业,年人均实现纯收入10921元;有2041户3989名建档立卡贫困人口通过县内汽修、服务等行业就业,年人均实现纯收入6100元。全面实施"基础设施建设、公共服务提升、人居环境改善"三项行动,改善和提升人民群众的生存环境和生活条件。

偏关县坚持以一个"交总账"方案为统领,细化制定了6路攻坚分项作战方案和问题排查、评估评价、专项审计、就业扶贫、生态扶贫5个专项行动方案,在"两不愁三保障"上坚持"七个聚集"。同时建立了脱贫攻坚大决战工作机制和指挥协调机制两个保障性机制,确保思路方案符合要求、战略战术符合实际。共涉及党员干部405名,细化举措108项,全县形成专班专组、专人专项抓落实的攻坚决胜势头。做好15个整村搬迁村的拆旧、复垦、销号、产权改革等扫尾工作,推动"人、钱、地、房、树、村、稳"七个问题全部解决、全部清零,确保人搬出、房拆除、地复垦、村销号;围绕138户317名深度贫困人口,全面落实最低生活保障和特困供养、临时救助、残疾人帮扶等兜底保障政策,确保应保尽保。

聚焦已经摸排出的558户(1041名)边缘户和236户(523名)脱贫监测户等返贫风险大的人群,因户因人施策,持续跟踪监测,保持政策的稳定性、连续性;紧盯搬迁群众最关心最直接最现实的利益问题,扎实做好深度贫困村搬迁后的产业培育、就业帮扶、服务配套、社区治理、社会融入、拆旧复垦、权益保护等后续扶持重点工作。

坚决落实"四个不摘"重大要求,确保9836户2459名脱贫人口的巩固提升这

一关键,在保持贫困户人均纯收入低于5000元的129户、脱贫后收入下降的346户和转移性收入较高的1268户当前占比不高于全省平均水平的基础上,因户制宜,重点攻坚,力求"三组关键数"持续下降,争取做到全面清零。因人制宜,持续帮扶"三类关键人",确保317名深度贫困人口、剩余462名贫困人口、摸排出的558户边缘户1041人和236户监测户523人实现绝对清零。强化问题导向,提高"三保障"水平;强化技能提升,提高工资性收入;强化产业发展,提高经营性收入;强化产权改革,增加财产性收入;强化政策落实,增加转移性收入。

开展脱贫攻坚资金专项审计、政策专项评估、数据专项核查等工作,确保脱贫攻坚成果得到巩固、重点难点问题得以解决。

共设立督战组6个,并分别制定了专项督、全面督、联动督、挂牌督、问题督、责任督工作方案,聚焦巡视、督导、评估、政策、专项、排查等反馈和发现问题的整改情况进行挂牌督战,既抓点对点问题的整改,又抓整改成果的巩固,进一步推进工作、政策、责任"三落实",推动问题得到彻底清零、政策得到合理合规落实、成效成色得到全方位显现。

全县学前教育共资助幼儿542人次,资助31.87万元;义务教育阶段5994名学生享受"两免"政策,496名农村义务教育阶段贫困在校寄宿生享受"一补"资金补助,资助资金82.0583万元;普通高中免学费共资助1008人次,资金40.32万元,普通高中国家助学金资助994人次,

原平市康馨养老院　来源:互联网·舆情忻州

资助金99.4万元；中职学生学费共资助173人次，金额17.3万元，中职学生国家助学金共资助48人次，资金4.8万元；家庭经济困难大学新生入学资助155人，发放资助金11.35万元；生源地助学贷款政策共办理2223人，贷款资金1419.35万元；建立深度贫困县建档立卡家庭学生教育扶贫个人资助账户164人。

岢岚县聚焦"两不愁三保障"，坚持开发式扶贫和保障性扶贫并重，举全县之力扎实推进"十五个小康行动"。抓好整村搬迁，形成"1+8+N"城乡一体化融合发展格局。对115个深度贫困村1719户4008人进行整体搬迁，把县城广惠园移民社区和8个中心集镇作为主要安置点，形成县城、中心集镇、中心村"1+8+N"城乡一体化融合发展格局。

突出产业扶贫。把培育产业作为打好打赢脱贫攻坚战的根本出路，推进羊、豆、马铃薯、沙棘、食用菌、生猪六大传统产业和光伏、中药材、乡村旅游三个新兴产业"6+3"产业开发，构建多种联企入社创收模式，带动11462名有劳动能力的贫困人口人均增收1331元，带动农民人均年可支配收入达到6476元，连续3年同比增长8%以上。

突出生态扶贫。坚持扶贫开发与生态保护并重，成立74个扶贫造林合作社，全县1774名贫困人口通过造林务工人均收入1.2万元；聘用1234名贫困人员为生态护林员，人均增收1万元。完成5万亩沙棘林改造任务，保障1266户2955名建档立卡贫困人口受益，推动企业与沙棘合作社签订收购协议，可带动1980户贫困户年增收2800元。

强化政策落地。全面落实教育扶贫九项政策，实现各学段贫困学生资助政策全覆盖，实施健康扶贫行动，对贫困人口全覆盖，落实基本医保、大病保险、医疗救助政策，着力解决因病致贫返贫问题。提高惠农补贴、城乡低保、重点对象救助等标准，对全县7474人实施低保兜底，为925名失能高龄老人、919名贫困残疾人口、43名孤儿落实生活补贴、护理补贴，实现"低保线"和"贫困线"两线合一。

突出精神扶贫。把激发内生动力摆在更加突出的位置，坚持扶贫与扶志、扶智、扶能、扶德相结合，扶持贫困户发展生产，引导群众向全县的致富能手和脱贫攻坚先进典型学习，鼓励有劳动能力的贫困群众想干、能干、会干，主动向贫困宣战，奋力向小康进发。

以"抓党建促脱贫、抓脱贫强党建"为工作思路，按照支部班子好、党员队伍好、工作机制好、服务能力好、工作业绩好、群众反映好"六好"标准，树起新时代红旗党支部，充分发挥红旗党支部示范引领作用，充分发挥基层党组织战斗堡垒作用和基层党员先锋模范作用，壮大集体经济；树起乡风文明红旗村，健全自治、法治、德治相结合的乡村治理体系；树起脱贫攻坚红旗工作队，激发驻村帮扶动能，为基层留下一支"不走的工作队"；树起自主脱贫、率先小康红旗示范户，充分发挥示范

带动效应。

以整村搬迁、整治风貌、整村提升、整治软散、整沟治理"农村五整"为主阵地，实施产业巩固提升行动，采取"农超对接"和"公司＋专业合作社＋农户"的形式，壮大农副产品加工业，形成"龙头带基地、基地连农户、农户组织化、产加销一体化"的生产经营格局。

实施就业创业帮扶行动，实现贫困群众稳定增收的有效途径；实施易地搬迁后续巩固提升行动，构建整村搬迁产业保障体系，构建移民就业保障体系和服务保障体系；实施生态扶贫巩固提升行动，助推岢岚生态扶贫迈上新台阶；实施综合保障巩固提升行动，解决全县城乡困难群众突发性、紧迫性、临时性基本生活补助；实施基础设施改善提升行动，大力推进农村四好路建设、加大安全饮水保障力度、推进农村电网改造升级、推进农村宽带网络建设，为农村发展提供坚实的基础保障；实施人居环境提升行动，构建住房安全监测体系，提升整村智力水平；实施公共服务提升行动，全面提升教育教学质量、医疗服务保障，持续丰富文化惠民载体，为贫困群众创业、就业、增收提供平台；实施内生动力激发提升行动，不断强化教育引导，创新帮扶方式，培树新风正气；开展社会力量帮扶行动，突出"村企共建、合作共赢"的理念，构建企业连带帮扶体系，充分发挥支持政策的激励作用，引导社会力量参与帮扶，发挥群团组织的作用，打造特色鲜明的精准扶贫品牌。

河曲县紧紧围绕特色产业增收和固定收益增收，实现了对10265户22734名贫困人口的"两个全覆盖"。在产业增收上，县财政每年拿出4500余万元，整合扶贫资金2.4亿元，出台了20项产业奖补政策。

为确保"搬得出，稳得住，逐步能致富"，该县全面实行了"社区乡镇双服务"，投资3100万元，在全省首家建成占地38亩的易地扶贫搬迁就业基地，连同1158亩扶贫农业产业加工园区，实现了搬迁劳动力全部在家门口就地就近就业；"量身定做"两大类11种就业菜单，对1326户有劳动能力的搬迁人口，举办服装加工、手工编织等30多项免费培训。

针对因学、因病、因残、因灾、因意外致贫返贫的5类深度贫困群体，河曲县精准"配方"，靶向施策，与保险机构协调，由县财政出资770万元，创新性为全县所有残疾人和贫困人口购买扶贫救助返贫保险，每人每年投保350元，化解支出型贫困，实施保障式扶贫。

建设安置住房已落实1484套，交房交钥匙1054套，启动装修839套，搬迁入住186套。剩余430套附属设施正在施工，2018年年底实现搬迁入住，确保入住率达到要求。

紧盯就业率，确保集中安置建档立卡有劳动能力的贫困群众搬有所业，用好两大类11种政策菜单，让群众自主"点菜"，选择就业途径。加快推进小区周围路网、卫生室、治安室、矛盾调解中心、党建活动场、文化活动场等一系列配套设施的建设进度。努力实现整村搬迁闭合链条。33个整体搬迁村搬迁安置全部完成，拆迁复垦基本结束；拆除宅院637处3.6万平方米，复垦土地372.43亩；搬迁人口户籍全部转移，村委会全部撤并销号，全县行政村由340个压减为314个。

饮水安全方面，投资95万元为26个集雨场供水村农户451户增配的净水装备进行替换升级；每年拿出143.8万元对农村水价进行补贴，解决农民吃不起水的问题。危房改造方面，对确定的危改户713户（其中贫困户598户），采取加固维修、置换、新建、长期租用等四种方式进行陆续改造。

村通客运班车方面，全县314个行政村，具备条件的289个村已全部开通客运班车，剩余的25个村2018年8月底全部开通。通互联网方面，全县不通互联网的行政村23个，其中贫困村13个。村级文化活动场所方面，结合贫困村振兴提升工程，通过与村委院落共享、改造新旧学校场地等措施解决。

做好危房改造工作，做到应改尽改，结合实际因户制定改造方案，确保群众住房安全。加大对供水设施的建设和维修力度，定期进行水质监测，保障贫困群众正常安全用水。

完善基本医保、大病保险、医疗救助和商业保险等制度的衔接机制，形成医疗保障合力，切实解决贫困群众就医报销难问题；建设利用好贫困村卫生室，配齐相关硬件设施，保证正常运行。加大健康扶贫各项政策的宣传力度，落实好大病保险及大病补充保险、"136"保障机制、门诊慢性病报销结算、一站式服务、先诊疗后付费等各项普惠政策和便民举措，尤其是要发挥好"双签约"作用，帮扶干部和帮扶医生要履职尽责，帮助贫困户办理慢性病鉴定、医药费报销等事项，让各项惠民政策落到实处；加快推进残疾人辅助器具的采购发放，开展好残疾人劳动技能培训，加大残疾儿童筛查力度，着力关心关注弱势群体。做好民政兜底各项工作，低保、五保、大病救助等各项政策落实到位。落实教育扶贫政策，切断贫困代际传递，确保九年义务教育阶段无因贫辍学现象。

继续完善城乡居民基本养老保险制度，多措并举提高贫困人口参保率。谋划实施好产业扶贫工作，补齐产业发展短板，培育壮大农业产业，带动贫困户稳定增收。

做好整村提升工作，全面推进贫困村环境整治，展现良好精神风貌。做好民政、残联、低保兜底、残疾人护理补贴、康复救助等相关工作。

精准扶贫的财政资金投入总规模达25234万元。大力支持"五个一批"扶贫项目。用于贫困大学生补助及"雨露计划"、乡村医疗机构修缮装备及"山西护工"就业培训、千村万人就业培训、农村贫困劳动力免费职业培训、中小学校舍维修改造等。用于贫困户大病医疗补充保险与意外伤害保险、"五位一体"扶贫小额贷款保证

保险补贴、建档立卡贫困人口补充医疗保险及基本医疗保险。用于贫困户产业发展、新建马铃薯储藏窖、片区开发马铃薯产业项目、渗水地膜谷子穴播技术示范推广农机补贴、新型职业农民培育、脱毒马铃薯原种繁育、农业技术推广与服务、肉猪育肥场"三通一平"、养驴及畜牧产业提升工程、光伏扶贫、"一村一品一主体"实施主体使用低息借款的周转金等。

繁峙县全面推动教育、健康、住房保障政策精准落实,努力提升农村基础设施和公共服务水平,政策兑现落实落细,实施教育扶贫,切断贫困代际传递。高标准落实教育扶贫12项政策措施,安排财政资金1613.69万元对全县7850名建档立卡贫困户家庭学生进行各个学段的全覆盖资助。全力实施总投资9391万元"薄弱学校改造"工程。采取面试+考核的办法专门为砂河中学招聘补充28名研究生学历教师。安排1800万元实现农村义务教育营养改善全覆盖。落实学前教育幼儿资助、"两免一补"、贫困家庭大学新生资助、"雨露计划"等12项教育扶贫政策措施。全县建档立卡户贫困家庭入学子女8136人,为学前教育、义务教育、普通高中、中职教育、大学教育阶段贫困家庭学生累计发放各类补助3113万元。特别是高中教育全免费、二本B类以上和职高对口升学的贫困大学生每学年资助2000元的政策,让贫困家庭学生都能上得起高中、大学。

将健康扶贫与深化医药卫生体制改革和县乡医疗卫生机构一体化改革紧密结合,在省七项健康扶贫政策的基础上,

不负人民——忻州特色的脱贫攻坚之路

忻府区东楼乡卫生院开展义诊活动
来源:黄河新闻网·忻州频道

再出台六项县级政策,全面推进"双签约",最大限度、更高标准覆盖所有健康扶贫对象。完善医疗救助制度,加大临时性救助力度,县财政投入734万元对建档立卡贫困人口参加城乡居民医疗保险个人缴费部分进行全额资助;投入403万元缴纳医疗补充保险。扎实推进"三个一批",对具备条件的3646名慢性病患者纳入健康扶贫管理,对92名大病患者进行集中救治和兜底保障。安排县级财政资金679万元推进实施"三保险、三救助",有效解决农村贫困人口因病致贫问题。县财政专门安排300余万元,对2016年、2017年整村脱贫的113个村卫生室进行标准化改造。

完善五保供养制度,做到应保尽保。加大对农村高龄老人的福利补贴力度,健全农村关爱老人服务体系。对全县健康扶贫对象分类制定帮扶措施,切实解决"因病返贫"和"因病致贫"问题,以金山铺乡为重点全面推进健康扶贫示范乡镇建设。加大农村鳏寡、孤残、智障等各类特殊人群的低保救助力度,实现对完全丧失劳动能力人群全覆盖。

全县四类重点户危房存量6586户,其中危险土窑洞3494户。在推进967户年度农村危房改造任务基础上,将"十三五"期间剩余危房同时进行改造。危房改造开工754户、危险土窑洞改造开工2570户,改造完成835户。

全力推进农村安全饮水工作。投资1605万元改善和解决"十三五"期间75处75个村5.61万人、0.88万头大畜饮水问题。已经投资760万元实施完成22个村安全饮水工程。

持续深化农业供给侧结构性改革,农业农村发展取得了显著成效。成功创建"山西省食品安全示范县",累计认证无公害农产品、绿色食品、有机农产品150个次,认定无公害、绿色、有机农产品基地面积20万亩次,宏钜大磨坊、福康醋业等9个龙头企业获得QS认证资格,"繁峙白水大杏"取得地标产品认证;农村常住居民人均可支配收入达到7523元,增速连年快于城镇常住居民人均可支配收入,脱贫攻坚再战再胜,5738户15834名贫困人口高质量脱贫,贫困发生率下降到10.1%;农村水电路网等基础设施日趋完善,城乡公共服务均等化水平不断提高。

繁峙县从农村带头人队伍选人用人、本领提升、制度建设三方面入手,全面强化农村带头人队伍建设,为实现农村脱贫致富、乡村振兴注入强大动力。

全面研判农村带头人队伍,分析他们的年龄结构、学历结构、工作能力、群众口碑等内容,及时更换不适合担任村"两委"主干的干部,全面推进农村"一肩挑"工作,从致富带头人、优秀年轻干部、退役军人、返乡人才等能人强人中选拔农村党组织书记。

积极推进机关事业单位干部担任农村党组织书记工作,重点将下派的优秀年轻干部选派到上访村、矛盾村、软弱涣散村、村集体经济薄弱村中,以此改变问题

村的精神面貌,激发问题村的发展潜力。大力推进农村"领头雁"培训工作,县委组织部扎实开展农村"两委"干部、选派第一书记及工作队成员"领头雁"培训工作,以党章党规、党内最新政策精神、乡村振兴、产业发展、脱贫攻坚等内容为主题,进一步拓宽带头人工作思路、提升个人素养;定期组织观摩学习交流,组织农村带头人队伍深入各乡镇典型示范村及外出实地考察交流,开阔他们的眼界,强化他们的本领,提升脱贫致富的信心和决心。

压实责任担子,要求农村带头人吃住在村,在党组织活动场所内开展工作,做好群众接待工作、脱贫攻坚工作、村集体经济壮大工作,对长期不在村的带头人,轻则约谈警告、重则及时调整;健全奖励制度,对农村党的建设、人居环境改善、产业兴旺发展、村集体经济壮大等工作突出的带头人,优先评先评优、提拔重用,激发他们的干事创业热情。

认真落实乡村振兴二十字方针总要求,推动全县农村产业更兴旺、乡村环境更美丽、乡风更文明、乡村治理更有序、农民生活更美好。

在推进产业转型上持续发力。聚焦农产品深加工产业,按照精细化、特色化、功能化的要求,以产品为龙头聚力打造了繁峙酿品产业、肉制品等农产品精深加工"十大产业集群"。

大力推进新型农业经营体系发展。重点抓好省级现代农业产业园区建设,涉及黄芪肉牛、肉驴养殖20个产业融合项目、粮改饲种植收贮项目等10个项目。同时,积极建设繁城农业生物园、大营蔬菜加工园区。

积极打造现代特色农业品牌。积极抓好"三品一标"认证,做好"繁峙大米""繁峙黄芪"地理标志产品的申报。依托"十大产业集群"的发展,积极打造"全国生态食材之乡"。用好"滹源味道"公共品牌,打造繁峙黄芪肉牛、黄芪肉驴两个"北肉"品牌。

大力推进村庄风貌整治。共投入5000余万元对茶铺村、下汇村、大李牛村、瓦磁地村、大营村等10个特色风貌村庄进行整治,对部分传统建筑进行修缮。全面实施整村提升工程,该项目共涉及全县270个村,累计完成投资53975.89万元。加大农村环境综合整治力度,深入开展拆违治乱、农村厕所革命、农村生活垃圾治理、农村生活污水治理等专项行动,不断健全完善垃圾收运和农村环境运行管护的长效机制,积极开展"五美一有"美丽庭院创建活动。

推动移风易俗,助力乡村德治。坚持文明村创建评选活动,大力开展农村道德模范评选、"推动移风易俗,树立乡风文明"活动。各村建立健全村规民约和道德评议会、禁赌禁毒会、红白理事会、村民议事会等制度。全县200多个村成立了道德评议会,评选出五星文明户5260户,县级孝老爱亲道德模范董美鱼等6人,忻州市"精神扶贫"先进典型候选人沙万里、韩美芳等7人。

树立法治观念,加强乡村法治建设。开展普法教育,振兴农村法治文化。"七五"普法以来,已开展"法律进乡村"13场,受教育群众达1万余人,发放宣传资料1万多册,提供法律咨询70多次;落实"谁执法谁普法"普法责任制,结合精准法治宣讲活动,深入开展"送法进企业"活动,对企业进行法律体检宣讲,帮助提升企业防范法律风险的能力;提供法治保障,振兴农村组织,大力推进"一村(社区)一法律顾问"工作,打通服务群众"最后一公里"。

以加强村级党组织、带头人队伍和党员队伍建设为重点,全面推行村"两委"主干"一肩挑",积极做好选派机关事业单位干部到村任职工作,扎实推进村级党组织标准化建设。不断健全村务监督机制。建立健全村务监督委员会,全面落实"四议两公开"工作法,依托村民代表会议、村民议事会、村民理事会、村民监事会等,形成了民事民议、民事民办、民事民管的多层次基层协商格局。

探索创新基层管理体制机制。完善"一门式办理""一站式服务"的乡村便民服务体系。加大农村普法力度,建立健全基层司法调解等纠纷调处机制。积极建设平安和谐乡村。大力推进农村社会治安防控体系建设,深入开展扫黑除恶专项斗争,着力打造"零上访、零事故、零案件"的平安村。

结合增减挂钩工作和整村提升工程推进,对照乡村振兴战略要求,按照"宜耕则耕、宜林则林、宜草则草、宜建则建"的原则,规划对70余个村庄8000余户破败院落和闲置凋敝宅基地复垦复绿、种草种花,全面开展美丽宜居示范村联创活动。实施整村移民搬迁村绿化造林和整村提升复绿1.4万余亩,推进了生态宜居乡村建设。同时,实现了村集体经济和农民经济收益的共享共赢。全县有210个村庄2.7万余户农户可通过增减挂钩项目实施直接补偿,受益户均1万元以上;140个村庄5500余户农户间接通过使用该项资金受益。村集体利用"增减挂钩"拓展整理出的集体土地发展集"高效农业、观光旅游、休闲采摘"为一体,村集体经济持续发展壮大。

结合繁峙县具体情况,从总体要求、产业发展、新型农业、整村提升、生态建设、乡风文明等方面初步规划了全县乡村振兴战略,并确定繁峙县实施乡村振兴战略的目标任务:到2018年,实现整县脱贫摘帽,乡村振兴规划编制完成;到2020年,脱贫成效全面巩固,乡村振兴取得重要进展;到2035年,乡村振兴取得决定性进展,农业农村现代化基本实现;到2050年,乡村全面振兴,农业强、农村美、农民富全面实现。

五

脱贫攻坚是乡村振兴的基础,乡村振兴是脱贫攻坚的延续和提升,两者相辅相成。脱贫攻坚目标顺利实现后,乡村振兴的主要工作对象将由贫困户、贫困村扩面

为所有农户和所有行政村,覆盖整个"三农"工作,工作主要内容也由"两不愁三保障"上升到"产业兴旺、生态宜居、乡风文明、治理有效、生活富裕"。

虽然忻州市脱贫攻坚工作取得决定性胜利,但脱贫县仍然是区域发展的短板,贫困地区自身发展能力仍然较弱,脱贫人口生产生活水平仍然较低,还存在巩固拓展脱贫攻坚成果任务繁重、易地搬迁后续扶持任务艰巨、群众增收渠道较窄等短板不足。"十四五"期间,将保持攻坚势头,持续苦干实干,巩固拓展脱贫成果,全面推进乡村振兴,奋力推动全市农业全面升级、农村全面进步、农民全面发展。

严格落实摘帽不摘责任、摘帽不摘政策、摘帽不摘帮扶、摘帽不摘监管的要求,持续巩固提升"三保障"成果。优化基层教育资源配置,筑牢医疗保障防线,加强对危房改造和饮水安全政策的实时监测、动态管控,动态解决"三保障"和饮水安全存在的突出问题。健全农村社会保障和救助制度,继续落实低保、养老、临时救助、残疾人帮扶等各类保障政策。健全返贫监测和帮扶机制,加大对脱贫不稳定户、边缘易致贫户和因病因灾因意外事故等刚性支出较大或收入大幅缩减导致基本生活出现严重困难人口的监测力度,依托扶贫信息系统,建立农户主动申请、部门信息比对、基层干部定期跟踪回访相结合的易返贫致贫人口发现和核查机制,健全易返贫致贫人口快速发现和响应机制,落实"忻保障"政策,分层分类及时帮扶救助,切实保障好他们的基本生活。

继续大力发展特色产业,在打造深化杂粮食品、肉制品、中药材、饮品、酿品、保健食品六大产业集群的同时,以县为单位规划发展乡村特色产业,组织特色种养业提升行动,配套完善全产业链支持措施。精准对接农产品流通企业、电商、批发市场,主动谋划农产品和仓储保鲜、冷链物流等现代设施装备建设。发展壮大已建成的现代农业产业园、扶贫产业园。大力培育绿色食品、有机农产品、地理标志农产品,打造更多具有忻州地域特色的区域公用品牌。实施"快递进村"工程,统筹推进县、乡、村三级物流体系建设。健全规范光伏电站运维管理、公岗设置、收益分配等机制。持续深化"十进十销",开展消费帮扶。

要持续深化持证就业,健全按需设岗、以岗聘任、在岗领补、有序退岗的公益岗位管理机制。做大做强扶贫车间,加快发展劳动密集型产业和创新创业。深化"人人持证、技能社会"建设,加大区域劳务品牌培育力度,加大劳务输出组织力度,确保脱贫劳动力持证上岗、稳定就业。搭建用工信息平台,与输入省市重点用工单位做好对接,加强疫情防控下县外就业的输送力度,点对点输出,抢占"两节"期间就业市场份额。扩大以工代赈项目实施范围,多渠道促进返乡、在乡脱贫劳动力就业。

坚持把扶贫领域腐败和作风问题作为执纪审查的重点,盯紧人、盯牢钱、盯住事,持续开展扶贫领域腐败和作风问题专项治理。2017年10月在全省率先开展了扶贫领域不正之风和腐败问题专项治理,聚焦资金项目,整治伸黑手、动奶酪、谋私利等问题;聚焦政策落地,整治不公开、不精准、不到位等问题;聚焦领导责任,整治不担当、不作为、乱作为等问题;聚焦干部作风,整治不务实、不扎实、不真实等问题,确保纪律"带电"、震慑常在。

"十三五"期间,全市各级纪检监察机关共查处扶贫领域腐败和作风问题5096件。其中,2016年97件,2017年404件,2018年2274件,2019年1676件,2020年645件,给予党纪政务处分2348人,组织处理3330人,移送司法机关69人。坚持用好用足通报曝光手段,先后通报曝光典型问题327起403人,持续保持高压态势,确保震慑常在、警钟长鸣。

脱贫攻坚期内贫困县乡党政正职保持总体稳定,到期的驻村工作队员和第一书记有序对接、梯次轮换。205名县(市、区)党政班子成员中具有乡镇党政正职工作经历的90名,占43.9%;370名乡镇党政正职中具有乡镇领导岗位任职经历的342名,占87.6%;注重"干"字当头、"实"字托底,出台《关于在脱贫攻坚主战场选拔重用优秀干部的原则意见》,在政治上关注、工作上关心、组织上关爱,确立了"有为者有位、吃苦者吃香、流汗者流芳"的鲜明导向。同时以问责唤醒责任意识、督促担当作为,累计召回156人,党纪政纪处分和组织处理48人。开展乡镇"五小"建设集中攻坚和提档升级两大行动。全面完成周转房建设任务,落实驻村干部"宿办分离"要求。为驻村干部每人每年拨付3000元交通补贴、2000元生活补贴。面对突如其来的新冠肺炎疫情,紧急配备防护口罩5.2万个,协调太平洋保险公司为1万余名驻村干部捐赠保障金额19亿元的疫情专属保险,确保驻村干部按时返岗,投入战斗。以树起新时代红旗党支部、乡风文明红旗村、脱贫攻坚红旗工作队、自主脱贫率先小康红旗示范户"四面红旗"基层党建为引领,以"一约四会"为依托,推进"四美"社区建设,长效开展道德讲堂引导、文明习俗培育、孝善基金奖补、爱心超市激励等行动,积极开展举办"卫生文明户评比""幸福生活大讲堂""家庭家风家教""法律讲座"等活动,营造安居乐业、文明和谐的良好环境。

2019年8月10日,市委、市政府在宁武县召开全市决战深度贫困助力乡村振兴现场推进会。

会议指出,要聚焦"三保障",强化"三落实",把问题整改贯穿始终。要聚焦"三保障",做足脱贫成色。要切实保障义务教育,确保适龄学生有学上、上得起、不辍学;切实保障基本医疗,加快卫生室建设速度,确保贫困群众能看上病、看得起病;切实保障住房安全,确保应改尽改、群众满意、社会认可;切实保障饮水安全,提高自来水普及率和稳定性。

要引深后续扶持,确保搬得出、稳得住。6个脱贫摘帽县要做好巩固提升工

忻州市人民医院　来源：《忻州日报》

作，把防止返贫摆在重要位置，对脱贫户进行全面"回头看"，对贫困退出村、脱贫户持续跟进帮扶，确保扶贫政策的连续性，实现已脱贫人口稳定脱贫。5个计划摘帽县要做好对标提升工作，重点围绕"县摘帽14项指标"，组织各级各部门进村入户，对退出指标进行分析研判，全面补齐"两不愁三保障"方面的短板弱项，及时纠正政策偏离标准或政策落实不到位的问题。4个非贫困县（市、区）要全面对标，聚焦提升工作，压实插花贫困人口的帮扶举措，加大对非贫困村贫困户的扶持力度，探索建立稳定脱贫长效机制。要分类推进，做到责任、政策、工作"三落实"，确保真脱贫、脱真贫、全脱贫。

会议指出，要突出抓好五项工作，助推乡村五个振兴，注重"两段"有机衔接。

一要大力发展有机旱作农业，助力产业扶贫和产业振兴。关键要抓达标、抓认证、抓品牌，抓项目、抓园区、抓集成，抓基础、抓特色、抓优势，全力实施"1855"有机旱作农业发展的部署。

二要大力推进农村集体产权制度改革，提供脱贫攻坚和乡村振兴的动力源。这是组织振兴的基础和条件，是中央赋予全市的使命，是全面深改的一号工程。市县乡村四级书记作为"施工队长"，要强化交账意识，抓好改革举措，要全面开展"回头看"，确保底数清楚、程序规范，对有集体资产的乡镇要设立乡镇集体经济合作联合总社，特别要认真总结整村搬迁后产权制度改革的特色路径，探索农村集体经济有效实现形式和管理模式，从根本上激发农村活力。

三要大力实施农村建筑特色风貌整治，为脱贫攻坚整村提升、乡村振兴生态宜居创造条件。这是文化振兴的根本要求，要按照市委"五个明白"总体思路，落实"3366"工作要点，加快推进"百村示范、千村整治"，强化技术标准、资金保障、责任落实，将农村建筑特色风貌整治与农村污水处理、垃圾处理和厕所改造紧密结合起来，并作为底线要求，坚决防止形式主义，确保高质量完成任务。

四要大力推进整沟治理，走出一条生态治理、脱贫攻坚、乡村振兴相结合的路子。这是生态振兴的有效途径和重要抓手，要像右玉栽树一样，实施百沟治理，实现县县破零。宁武、静乐两县要以实施汾河中上游山水林田湖草生态保护治理修复试点项目为契机，打造整沟治理精品工程，为国家试点作出示范。

五要大力抓好并村简干工作，巩固脱贫成效，推动人才集聚。这是推动农村资源整合、实现人才振兴的重要举措，各县（市、区）都要加快推进，按照序时进度，确保高质量完成各项任务，特别是要把并村简干与整村搬迁及后续扶持工作紧密结合起来，一体谋划、统筹推进，为乡村振兴筑牢基础。

会议指出，要站在政治和全局的高度统筹脱贫攻坚和乡村振兴，各级党政正职，特别是县委书记和县长要履行好第一责任人职责，行业部门要履行专项责任，市级领导干部要履行包县帮扶和督导职责，脱贫攻坚督导组要强化对督导人员的考核考评，市委3个推进指导组要履行"督战、出招、拿人"职责，确保整改落实，促进脱贫摘帽。

会议强调，把乡村产业振兴摆在更加突出位置抓紧抓实抓好，加快推动农业由生产型向市场型转变、粗放型向集约型转变、家庭型向融合型转变、数量型向质量型转变，"靠山吃山型"向"两山转化型"转变，最终走出一条独具忻州特色的乡村产业振兴道路，以产业振兴促进乡村全面振兴。

要不断深化认识，农业永远是朝阳产业，新型农民是一份新型职业，农村产业布局正处于调整形态，要转变观念，树立市场导向、效益导向、质量导向、集群导向、融合导向、创新导向，认真做好"三农"工作。

要坚持求实求是，着力推动忻州农业产业化。坚持以市场为引领，生产为基础，产品、营销、加工、仓储为环节支撑的六环联动体系，聚力打造杂粮主食、果饮品、肉制品、药品、酿品、功能食品六大全产业链集群，推动创建"中国杂粮之都"产业融合园区、中国杂粮产地交易市场、山西杂粮出口平台，带动全市农业现代产业转型升级。

要聚焦全面脱贫，决战决胜脱贫攻坚。要着力统筹推进，不断激活乡村面貌改善的动力和活力。要将农村改革作为乡村振兴的不竭动力、乡村治理作为乡村振兴的基础保障、人才培养作为乡村振兴的关键支撑、重大项目作为乡村振兴的重要

抓手，推动建立新型产业体系，推进城乡布局优化，全面转变工作方式，合力激发乡村产业振兴活力。

2020年11月12日，忻州市委农村工作领导小组暨市脱贫攻坚领导小组专题会召开。时任忻州市委副书记郭奔胜出席并讲话，副市长裴峰主持会议。郭奔胜强调，脱贫攻坚决胜收官在即，各部门要保持清醒头脑，把主流舆论引导好，把各类风险防范好，充分利用各类媒体资源积极宣传工作成效，讲好脱贫攻坚故事，把脱贫攻坚精神转化为全面建成小康社会的磅礴力量。要主动谋划，全面统筹今后的工作。各部门要统筹做好"十三五"收官、"十四五"开局的有效衔接，统筹推进巩固脱贫攻坚成果和乡村振兴的有效衔接，提前谋划，以更好的工作机制、工作措施，提升全域"三农"工作水平，确保形成"农业强市、工业兴市"的良好局面。

2021年1月13日下午，忻州市召开2020年度县（市、区）委书记脱贫攻坚专题述职会议。

会议指出，八年精准扶贫路，五年脱贫攻坚战。到2020年底，我市脱贫攻坚工作取得了决定性成就，民生保障全面提升，乡村风貌显著改善，干部作风不断优化，农村治理水平和效能显著提升，群众获得感和幸福感显著增强。同时，我们还要清醒地看到，全市巩固拓展脱贫成果任务依然艰巨，搬迁后续扶持工作仍然繁重，产业发展层次水平还比较低，脱贫群众自身发展能力还比较弱。全市上下必须继续保持乘势而上的强劲态势，着力推动巩固拓展脱贫攻坚成果，有效衔接乡村振兴。

会议强调，要强化机遇意识，在全面脱贫的新起点上凝聚乡村振兴的强大合力。去年，随着剩余4203名农村贫困人口全部履行退出程序，我市现行标准下农村贫困人口全部实现脱贫，2222个贫困村全部退出，11个国定贫困县全部摘帽，这是我市各级党委政府、各部门和各位同志克服重重困难共同赢取的。我们必须清醒地看到，脱贫攻坚不是终点，而是新的起点，特别是站在"十四五"这个新起点，站在巩固拓展脱贫成果和乡村振兴这个衔接点上，我们必须把思想统一到中央省委部署上来，强化机遇意识，在现有基础上谋划好、推进好、落实好各项新要求。

要顺应重心转变，在保持奋进状态中实现主动作为、更有作为。脱贫是初始性的、最基本的目标。巩固拓展脱贫成果、实现乡村振兴，实现"两个同步"，是又一个阶段性目标。我们必须咬定目标不放松，紧紧依靠我们原来的队伍和机制迎接好新的挑战。这是我们在脱贫基础上又一次为当地谋福利、推动当地发展的新机遇。

要认真进行总结，深刻汲取脱贫攻坚的经验教训。关心关爱扶贫干部，进一步激发广大干部做好乡村振兴的积极性和创造性。做好对口帮扶、基础设施、公共服务、产业发展等工作的有效衔接。

2022年8月5日，忻州市委副书记、市长李建国主持召开专题会，分阶段研究加大力度支持脱贫人口增收措施等相关事宜。

会议指出,确保脱贫人口收入持续增加、推动脱贫群众生活持续改善,是巩固拓展脱贫攻坚成果、全面推进乡村振兴的坚实基础,各级各部门要用足用好省市出台的一系列支持政策,特别是要落实好省市加大力度支持脱贫人口增收的30条政策措施,大力发展富民产业、持续带动增收;稳步扩大就业规模、持续促进增收;深入开展消费帮扶、持续助力增收;不断健全兜底政策、持续保障增收。牢牢守住不发生规模性返贫的底线,加快全面推进乡村振兴,努力让脱贫群众生活更上一层楼。

忻州正在扬帆起航,不断探索创新,走出巩固拓展脱贫攻坚成果同乡村振兴有效衔接的忻州路径。

后　记

马欣荣

2021年春天，按照忻州市领导的安排，忻州市文联党组经过认真研究策划，决定由我带队，组织我市作家彭图、王保国、韩玉光和办公室科员秦泽玉组成采风组，奔赴全市脱贫攻坚一线，深入开展采风创作活动。这个春天，我们一行5人马不停蹄地奔走在生机勃勃的忻州大地上。所到之处，满目春色一再让我们确信自己是步入了一幅诗意而隽永的时代画卷中。一路看来，这些年268万自强不息的忻州人民走出的无疑是一条极具忻州特色的减贫之路，更是一条处处闪耀着忻州光辉的振兴之路。

春来更有好花枝。说不清是浩大春潮在心里涌动，还是无限春光令人陶醉，在14个县(市、区)采访的日日夜夜，我们始终是激动的，时刻是感动的。那一个个精彩难忘的脱贫攻坚故事和一声声深情动人的乡村振兴序曲，都让我们真真切切感受到了一个不同于以往任何一个历史时期的崭新忻州。

在美丽新农村的高光样本宋家沟，看到乡亲们整洁的小院、安逸的生活，不禁想起2017年6月21日，习近平总书记在这片山川秀美的土地上对大家说的话："请乡亲们同党中央一起，撸起袖子加油干！"

几年过去了，在忻州的每一个村落每一寸土地上，上下同欲的忻州儿女在忻州市委、市政府的坚强领导下，不负嘱托，只争朝夕，创造了前所未有的忻州奇迹，书写了恢宏壮丽的时代答卷。

走访伊始，我们始终在想，"十三五"期间，忻州这片热土上究竟发生了哪些令人赞叹不已的巨大变化，人民群众实实在在的获得感、幸福感、安全感是否正在不断增强？这是我们在一串串闪光的数字背后迫切想具体了解到的东西。

我们5人中，王保国老师和彭图老师年龄最大，两位72岁的老作家不辞劳苦，坚持要深入到田间炕头，亲眼看看老百姓的屋里有什么、锅里有什么，一定要亲耳听听他们心里有什么话要说。看着他们两人在前面信步走着，花白的头发在春风中激情飞扬，不由得让人心生敬意。白居易说过，文章合为时而著，歌诗合为事而作。这次写作任务时间紧、难度大，市委宣传部、市文联高度重视，慎重点兵，最终确定了由时任市文联党组书记、主席王改瑛，党组成员、副主席马欣荣统筹，我市知名作家彭图、王保国、韩玉光3位老师执笔来完成这样一部全面反映我市决战完胜脱贫攻坚、乡村振兴奋力起航的大型纪实报告作品。在一个县接一个县、一个村接一个村的采访过程中，我们一次次被采访对象所感染、所感动。有时候，我们也在相互交流时谈到各自的所感所想，大家一致认为，忻州这艘乘风破浪的"心灵之舟"，正扬帆鼓劲向幸福的大海驶去，这自然是众人划桨开大船的忻州精神所带来的美妙图景，但回首来路，正是历经百年的红船精神在指引着我们的航向，让我们在面对激流险滩时，可以击水中流、平稳前行。

在春雪过后的雁门关下，我们见到了一肩挑着村支书、村主任、乡村医生、代课教师、妇代会主任几副重担的山西省人大代表刘桂珍。这位朴素得就像一粒春泥的乡村"领头雁"，给我们娓娓讲述了她与代县峪口乡段家湾村的故事。一个人，扎根大山，凭的是一个共产党员的初心和使命，靠的是一个基层党支部书记为民担当的真挚情怀。我们想象不出，这样一副看似纤弱的身板，如何就拥有了为群众披荆斩棘的拼劲，怎么就有了那么豪迈的勇气，能够脱口而出那样一句温暖人心的话语："只要群众需要，我随叫随到！"

而我们一路走来，遇到了更多像刘桂珍这样一心一意带领群众脱贫致富奔小康的基层党员、乡村干部，我们的心，似乎瞬间被融化了。我们也真正懂得了忻州市为什么能在全省脱贫攻坚主战场取得最后的决定性胜利。水可载舟，正是这些新时代最可爱的人，让我们看到了一个个光彩照人的奋斗者榜样。

穿行在大美忻州的锦绣山水间，我们看到了黄河奔涌、雁门巍巍，人文忻州已被注入新的内涵。从汾河源头到滹沱河两岸，从华北屋脊到芦芽叠翠，绿色忻州无处不在诠释着"绿水青山就是金山银山"的新发展理念。在每一处花园般的移民搬迁安置小区，在每一户新农家窗明几净的房间里，在每一个紧张忙碌的扶贫车间，我们看到了群众脸上的笑容，也听见了他们发自内心的笑声……这一切，不正是"两不愁三保障"的庄严承诺在忻州这块饱经沧桑的土地上落地生根开花结果的写照吗？

写本文时，我又翻看了一遍采访期间拍摄的那些照片，从感人至深的瞬间记录中，我们不难体会出八年来所有一线扶贫工作人员不负韶华、任重道远、砥砺奋进的酸甜苦辣，也不难看得出五年来所有参与到这场与时间赛跑、与贫困作斗争的脱贫攻坚现场的党员干部们不负人民、实干笃行、尽锐出战的精神风貌。

可以说，这是忻州人民强势起步，高站位回答时代之问的铿锵声音，这也是忻州上上下下各行各业激扬造势，全方位助力决胜之战的生动实践。

在静乐县，我们采访了主动请缨来天柱山下参与文化部定点扶贫的中国国家交响乐团国家一级演员李克老师，她的无私奉献，让快乐的歌声久久回荡在希望的田野上。

在繁峙县，我们在沙万里同志的荣誉室，见证了一个共产党员、一个民营企业

家的一片赤子之情。先做人,后做事,有了为人民服务的誓言,就有了让群众满意的一桩桩放心事。

每到一个地方,我们都能见到听到让人们心绪难平的先进人物的模范事迹,他们靠坚定有力的双脚,留下了自己闪光的足迹。甚至,有一些人已经用自己的生命谱写了人生的华章。

最难忘的是,在五台县沟南乡马家庄,村支书李秀平与我们回忆起倒在脱贫攻坚决战阵地上的忻州市卫健委驻村工作队队长张建山同志,几位村民在述说中几度哽咽。英雄远去,而忠魂长存,村后那高耸的凤凰山、绵长的滤泗河会记住他,过上好日子的村民们会想起他。

听说我们访谈的目的是要以纪实报告的形式来记录这一方水土所发生的忻州故事,每个被采访人都说自己所做的都是应该做的事,要多写写别的人……是啊,在这样一个堪称人类减贫史上伟大创举的中国脱贫攻坚神话中,忻州人民在默默地付出着、不懈地努力着。

这是一种愚公移山的忻州力量。仿佛春风吹开了花朵,仿佛阳光转化成了电能,为了更加美好的生活,忻州大地上涌现出了无数像裴峰、范武胜、王丹、张喜伟、王卫兵、沙万里、田丰、张鹏、董鹏、权威、刘小营、聂伟、董云龙这样的拓荒牛、孺子牛、老黄牛,这样的精神,这样的故事,在一个多月的采访中,深深地打动了我们。同行的小秦,是文联刚刚考录的公务员,一个长治小伙子,却无限感慨地说:"忻州,真是一个好地方……"

我们确信,忻州两个字,已经因智慧勇敢勤劳的忻州人民焕发出了新的时代光彩。

时任忻州市扶贫开发办公室主任杨志勇说,脱贫攻坚战以来,精彩的故事太多了,几乎每一天都在这片深情的土地上发生着。

是的,我们无法一一去采访去记录,但忻州本身就是一部让人不忍释卷的好书啊,每一年、每一月、每一天,都会有一批又一批外省的外市的朋友慕名而来,都会欣然打开它,慢慢读起来……

2022年,忻州市文联党组书记、主席王利民,党组成员、副主席刘存旺一起参与到此书编纂中。

这是一本永远写不完永远读不完的书。

适逢建党百年,我们愿以此书的出版为契机,在新的历史起点上,巩固拓展脱贫攻坚成果,接续推进乡村全面振兴。我们相信,忻州,始终在发展的路上、探索的路上、奋进的路上,忻州人民一定会再创新的奇迹、再铸新的辉煌。

我们将意气风发地向着第二个百年奋斗目标迈进。

我们将用新的文字去见证去书写。祝福忻州!并向各级领导、奋战在脱贫攻坚和巩固衔接一线的广大干部群众,向为此书出版付出极大心血的策划者、作者、编委会和三晋出版社及相关部门表示由衷的敬意和谢意!

2021年8月5日

图书在版编目(CIP)数据

不负人民：忻州特色的脱贫攻坚之路 / 郭奔胜总策划
—太原：三晋出版社，2023.7
ISBN 978-7-5457-2616-9

Ⅰ.①不… Ⅱ.①郭… Ⅲ.①扶贫–概况–忻州 Ⅳ.①F127.253

中国国家版本馆 CIP 数据核字(2023)第 140150 号

不负人民——忻州特色的脱贫攻坚之路

总 策 划：郭奔胜
策　 　划：王改瑛　王利民　刘存旺　马欣荣
撰　 　稿：彭　图　王保国　韩玉光
责任编辑：落馥香
出 版 者：山西出版传媒集团·三晋出版社
地　 　址：太原市建设南路 21 号
电　 　话：0351-4956036(总编室)
　　　　　0351-4922203(印制部)
网　 　址：http://www.sjcbs.cn
经 销 者：新华书店
承 印 者：忻州市文智彩色印刷有限公司
开　 　本：720mm×1020mm　1/16
印　 　张：22.5
字　 　数：400 千字
版　 　次：2023 年 7 月 第 1 版
印　 　次：2024 年 1 月 第 1 次印刷
书　 　号：ISBN 978-7-5457-2616-9
定　 　价：78.00 元

如有印装质量问题，请与本社发行部联系。　电话：0351-4922268

书中采用了部分媒体照片，请与忻州市文联联系，以便发放稿酬。
联系方式：0350-3039493